Helmut H. Schulz

Kaiserin Augusta

Helmut H. Schulz

Kaiserin Augusta

Ihre Ehe mit Wilhelm I.

NEUES LEBEN

ISBN 3-355-01473-7

Schutzumschlag: Verlag Neues Leben
Layout und Satz: Verlag Neues Leben
Lithographie: Reproanstalt/Neumünster
Druck und Binden: Druck- und Verlagsanstalt
Wiener Verlag GmbH

Der 9. März 1888

Der Schwächezustand Sr. Majestät des Kaisers dauert fort. Se. Majestät nehmen ab und zu etwas Wein und flüssige Nahrung zu sich. Im ganzen ist der Zustand ruhiger. So steht es im ärztlichen Bulletin über den Gesundheitszustand des Kaisers Wilhelm I.

Der 90jährige Greis liegt auf dem Feldbett seines Schlafzimmers, einem engen, spartanisch einfach ausgestatteten Raum, im Palais Unter den Linden No. 9 und ringt mit dem Tode. Bei ihm sind seine Frau Augusta; sie, um vierzehn Jahre jünger als der Kaiser, kann sich nur noch im Rollstuhl fortbewegen. Bei dem sterbenden deutschen Kaiser ist die Lieblingstochter Luise, deren Mann, ein Großherzog von Baden, und Erzherzog Friedrich Wilhelm und Prinzessin Victoria. Es fehlen: Der Sohn, Friedrich Wilhelm, und die Schwiegertochter Victoria; beide sind durch den alten Kanzler darüber unterrichtet, daß ihr Vater und Schwiegervater im Sterben liegt; die sofortige Rückkehr sei notwendig, aber der Erbe und Nachfolger Wilhelms ist leidend, seine Tage sind möglicherweise gezählt. Jedermann weiß, daß er an Kehlkopfkrebs unheilbar erkrankt ist.

Der Sterbende auf dem Feldbett beginnt zu sprechen. Augusta, schwerhörig, beugt sich vor, um die Worte zu verstehen, aber ihr Mann, jetzt wirklich bloß ein Mensch, der gehen will, erzählt etwas aus weit zurückliegenden Tagen, unzusammenhängende Ermahnungen, in denen von einem drohenden Krieg die Rede ist, von deutsch-russischer Waffenbrüderschaft, Dinge, die weit in das ausgehende Jahrhundert zurückreichen, bis in das Jahr 1805. Tochter Luise ist besorgt, daß sich der Greis zu stark erschöpfe. Sie bittet leise, er möge ausruhen. Indessen sieht Augusta, daß es sich nicht mehr um Tage, sondern um Stunden handelt. Der Abend geht in die Nacht über, sie bleiben, die erschienen sind, um dem Sterbenden in dieser Stunde nahe zu sein. Dann kommt die letzte Krisis; der Atem geht gegen Morgen in jenes Rasseln über, das die Nähe des Todes ankündigt. Noch einmal schlummert der Sterbende ein, ist das noch Schlaf oder schon der Übergang, denkt Augusta, die ausharrt. Hofprediger Kögel betet leise, und Tochter Luise fragt den Alten, ob er das Gebet verstanden habe. Endlich, gegen acht Uhr morgens des 9. März, entschläft Wilhelm, kurz vor seinem 91. Geburtstag; den hätten sie am 22. März feiern wollen.

Am Nachmittag des Todestages erscheint das amtliche Bulletin: Es hat Gott gefallen, steht da, Sr. Majestät, den Kaiser und König, unseren Allergnädigsten Herrn, nach kurzem Krankenlager heute 8.30 Uhr morgens im achtundzwanzigsten Jahre seiner reich gesegneten Regierung aus dieser Zeitlichkeit abzuberufen.

Die Stadt Berlin ist verregnet, schlaff hängen die auf Halbstock gesetzten Fahnen an den Masten, aber in der Straße Unter den Linden stehen die Leute dicht an dicht und starren hinüber zu dem berühmten Eckzimmer, wo der Kaiser zu Lebzeiten gelegentlich von der Straße aus gesehen werden konnte. Aufgebahrt liegt er in seinem Sterbezimmer. Erst nach Mitternacht wird die Leiche zur Aufbahrung in den Berliner Dom übergeführt, nachdem Augusta in ihrem Rollstuhl alle Verrichtungen beobachtete, die notwendig vorgenommen wurden. Im Arbeitszimmer Wilhelms schließen die Ärzte eine Balsamierung des Leichnams ab, am offenen Sarg, im sogenannten Vortragszimmer aufgestellt, nehmen alle Abschied, im Adjutantenzimmer wird der Sarg geschlossen. Augusta bleibt bis zur Auffahrtsrampe dabei. Gardedukorps trägt den Sarg durch ein Spalier bei Schneetreiben und Wind bis zum Dom. In den Tagen zwischen dem 12. und dem 16. März ziehen 200 Tsd. Menschen an dem Sarg vorbei; dann wird der tote Kaiser der Deutschen und König der Preußen im Mausoleum des Schloßparks Charlottenburg beigesetzt in Nähe seiner Eltern, der Königin Luise und Friedrich Wilhelms III. Es war das, was man in Österreich eine schöne Leich' nennt, und dennoch fehlte manch einem Repräsentanten etwas an Glanz. Augusta, die bis zuletzt bei ihrem sterbenden Gatten blieb, konnte den Bestattungsfeierlichkeiten nicht geleiten, sie war zu krank, konnte kaum laufen, aber auch der alte Kanzler fühlte sich nicht gesund genug, seinem Kaiser und König, der ja sein eigenes Werk gewesen, bis zur letzten Ruhestätte zu geleiten. Dem Sarg folgte unmittelbar der Kronprinz Wilhelm zwo, immerhin schon 29 Jahre alt, mit einem Trauerflor am Helm, aber es schien, als sei der Kaiser zu alt geworden, um seinen Nachfahren das ungeteilte Glück der Regentschaft zu hinterlassen. Augusta wird ihrem Gatten alsbald nachfolgen, der neue Kaiser kein Jahr regieren und sterben, der Kanzler schon 1890 von dem jungen Mann, einem Enkel des toten Kaisers, davongejagt werden, immerhin noch neun Jahre weiterleben. Zu langer Witwenschaft blieb Augusta nicht Zeit genug; sie war fast sechzig Jahre mit diesem Mann verheiratet. Es war eine seltsame Ehe, die sie führte, im Grunde war es die ihr einzig mögliche.

Der Fürstenhof zu Weimar

Weimar, am 17. Oktober 1828 ...

Gestern abend hat der Prinz von Preußen um meine Hand angehalten. Ein junger Achill! Nun, kein ganz junger vielleicht, aber voller Jugendlichkeit, auf Suche nach einer Minerva? Vielleicht. Schüchtern beinahe, jedenfalls zurückhaltend und von vornehmem Wesen (das zu leiten und zu lenken meine Aufgabe sein wird), trat er herzu, fand keine Worte, und Mitleid überflutete mich. Sein Auftreten erinnert an Hamlet, den unglücklichen Dänenprinzen. Ich weiß wohl, was W. bedrückte und ihn zögern ließ, es ist eine unerfüllbar gebliebene Liebe zu einer anderen. Die soll sehr schön sein. Was bedeutet das? Nun, ab jetzt sind wir das vom Schicksal berufene Paar und wollen dem Hunger der Welt nach freier Entfaltung der Menschlichkeit ein Gasse schlagen. Was gilt Preußen, auf das meine Mutter verächtlich herabblickt, was gilt Weimar gegenüber unseren höheren Pflichten, unser Gemüt zu bilden, unseren Geist zu erziehen? Von den Fürstensöhnen Deutschlands ist W. der berufene. Seit gestern nun bin ich ihm zur Seite gestellt, ich will, ich darf ihm helfen; eine Elisabeth von Valois, ein Carlos zu Füßen und eine Posa zugleich. So fordern wir unser Jahrhundert in die Schranken: Geben Sie Gedankenfreiheit, Sire. Ich fühle mich der Aufgabe gewachsen und will mich ihr ganz hingeben. Wilhelm ist älter, reifer, besonnener, wie er da stand und mich auf das Wort warten ließ, das auszusprechen er doch gekommen war. Wir hielten seinen schriftlichen Antrag in Händen, seine Brautwerbung. Aber mein künftiger Gatte schreibt Briefe in einem schönen, leider nicht ganz klaren Stil. Wie nun, kritisiere ich schon? Es ist wahr, daß mir für einen Augenblick der Gedanke kam, du weißt nichts von diesem linkischen und gehemmten Menschen, dessen Briefe eher Vexierspiele als Wahrheiten sind.

Mama sagte, daß diese Werbung etwas zu lange gedauert hat, um aus dem Herzen zu kommen, riet mir aber zugleich, mich eines solchen Gedankens lieber zu entsagen. Gleichviel, ich habe ihm mein Jawort gegeben, meine Eltern haben ihm als Schwiegersohn die Arme geöffnet. Der Lebensbund ist beschlossen.

Maria Pawlowna: Wir wären am Ziel. Was halten Sie von dieser Ehe, mein Freund, einer zwischen Ihrer klugen, etwas kühl temperierten Tochter, und diesem Herren aus dem Kostümfonds des Militärs?

Karl Friedrich: (lachend) Was haben wir zu befürchten, was Sie nicht vorausgesehen haben, Madame?

Maria Pawlowna: Nun, diese Art Werbung, mitsamt den Nebenumständen, war nicht vorauszusehen, wenigstens war sie so nicht gedacht. Als ich Wilhelm umarmte, war mir, als wäre ich an einen Holzklotz geraten. Wäre ich eine Bourgeois, würde ich alles für Augusta fürchten.

Karl Friedrich: Lösen Sie die Verlobung, wir leben nicht mehr im Mittelalter.

Maria Pawlowna: Unsinn, dazu ist es zu spät. Vielleicht sind diese Sorgen auch unberechtigt und die üblichen, wenn ein junges Mädchen aus dem Hause geht. Ich will Ihnen sagen, worauf sich meine Ängste für die Zukunft Augustas begründen. Sie ist ein Kind dieses Weimar. Hier ist zuviel Gleichnis, zuviel Allegorie, zuviel Wert legen Sie und wir alle mehr oder minder auf den Gedanken; die höchste Instanz ist uns der das irdische Mißgeschick mildernde und mäßigende Geist. Ist es nicht so? Was hier möglich war – ob es das noch ist, will ich nicht beantworten –, gilt woanders nicht viel.

Karl Friedrich: Jetzt haben Sie mir auf Ihre Weise beigebracht, wie lächerlich Sie unsere pädagogische Republik der Ideen in einer Welt der Taten finden

Maria Pawlowna: Tatsächlich? Das war nicht meine Absicht, aber vielleicht irren auch wir nur, die wir meinen, zu treiben, wo wir bloß getrieben werden. Brechen wir das Gespräch ab, es führt zu nichts, wie ich sehe.

Es ist heute kaum noch zu beurteilen, wieviel einem breiteren Publikum in Deutschland über dieses kleine thüringische Zentrum zur Zeit Karl Augusts, des Großvaters der Augusta, überhaupt bekannt gewesen ist. Noch fünfzig Jahre nach dem Tode Karl Augusts wird Goethe in den meisten Lexika zuerst als Minister aufgeführt und an zweiter Stelle, wenn überhaupt, als Dichter. Das literarische Deutschland, zumal die Berliner Salons nach 1820, wußten natürlich Bescheid, aber das klassische Zeitalter war bereits ein für allemal abgeschlossen, auch wenn sein strahlendster Vertreter noch hochbetagt in Weimar lebte. Wieland, der erste in der Reihe der Weimarer, starb 1813, gerade er hatte doch eigentlich alle literarischen Moden bis zur Klassik mitbestimmt. Im letzten Jahrzehnt des 18. Jahrhunderts begann sich Weimar zu einem so eigentümlichen wie überragenden Zentrum der deutschen Kultur zu entwickeln. Was der heutige Besucher und Spurensucher, kommt er nach Weimar, den kleinen Häusern, an denen alles mehr als bescheiden wirkt, nicht ansieht. Gewiß auch steht der Heutige mehr oder minder ehrfürchtig oder verstört, weil sich ihm der Genius loci nicht erschließt, vor dem Deutschen Nationaltheater, da die Deutschen gar keine Nation mehr sein wollen, nachdem sie zwei Jahrhunderte lang dafür kämpften, eine zu werden, oder er hält Andacht vor den Fürstengräbern mit den letzten Ruhestätten Goethes und Schillers, um zu bemerken, daß sich bei ihm zumindst kein Gefühl höherer Menschlichkeit regt. Erst auf dem Ettersberg stellt er die verwunderte Frage an das Schicksal, wie das alles nur möglich war?

Das Interesse an Weimar ist heute rein antiquarisch. Notwendigerweise sieht der Tourist das Denkmal Herders auf dem nach ihm benannten Platz und muß im Baedecker nachschlagen, was Herder erfunden hat, die Dampfmaschine oder den Mikrowellenherd. Ferner würde der Wanderer in der Hofkirche die Grabstätten des Dichter Musäus, der Christiane Vulpius, verehelichte Goethe, und das erste Grab Schillers im ehemaligen Kassengewölbe entdecken können. Durchwandelt er den Friedhof, begegnete ihm ein gut Teil deutscher Geistesgrößen und anderer Größen, zu schweigen von den Denkmälern der Frau von Stein, Wildenbruchs, Eckermanns und weiß Gott, wem noch. Auf diese Weise, nämlich per pedes, kommt er zum Stadtschloß, kurz, er durchwandelt ein ganzes Zeitalter. Den Weimarern mag der Rummel hin und wieder auf die Nerven gehen, weil es lästig ist, in einem Museum zu wohnen. Allein, noblesse oblige, und auch eine Stadt oder Landschaft kann verpflichtenden Adel besitzen oder ihn nicht loswerden.

In diesem Weimar wurde ich, Augusta, am 30. September 1811 geboren, hätte die Prinzessin geschrieben, würde sie es der Mühe wert gehalten haben. Ich bin die Tochter eines Karl Friedrich, Großherzog von Sachsen-Weimar, und die Enkelin Karl Augusts.

Der Maler Tischbein hat Karl August um 1795 gemalt; der Maler Tischbein hat überhaupt alle bedeutenden Leute seiner Epoche gemalt. Er war so etwas wie der Pressefotograf seiner Zeit. Daher wissen wir ungefähr, wie der Großherzog ausgesehen hat. Tischbein hat ihn nicht heroisch aufgefaßt, hat uns also kein reitendes, schon gar kein heldisches Blech überliefert. Am ehesten könnte dieses Gesicht einem grübelnden Gelehrten angehört haben. Im Jahre 1795 zählte der Großherzog 38 Jahre. Bei Anna Amalie, seiner Mutter, müßten wir uns etwas länger aufhalten, ebenso bei seinem Vater, Ernst August Konstantin, wollen aber die genealogische Tiefenkunde nicht weiter als nötig treiben. Diese Anna Amalie, die Urgroßmutter Augustas, hatte die Vormundschaft über Sohn Karl August inne. Von 1772 bis 1775, also bis zur Übernahme der Regentschaft durch den 18jährigen Fürsten, war Wieland sein Erzieher. Zufälliger- wie natürlicherweise gibt es von Wieland ebenfalls ein Bild aus jenen Tagen, und zwar aus dem Jahre 1775; Heinsius hat es gemalt, und es hängt oder es hing zu Halberstadt im Freundschaftstempel des Gleimhauses. Gleim, den freundlichen Alten, hielten alle jungen Dichter für ihren wahren Vater, und er tat ihnen auch nie etwas zuleide, anders als der kritische und jüngere Goethe. Wieland wurde 1733 geboren, zu oder bei Biberach, und er war ein Predigerssohn, was sonst? Als solcher lernte er in einem Kloster zu Magdeburg einiges über den lieben Gott und ein bißchen ausländische Aufklärungsliteratur kennen, und er wurde, nolens volens, Klopstockianer. Dieser hatte sich mit seinem Epos, dem Messias, 1748 in den Bremer Beiträgen teilweise abgedruckt, einen strahlenden Namen gemacht. Wieso die junge Generation diesen Klopstock schwärmerisch verehrte, ist eine zu verzweigte Angelegenheit, als daß wir uns hier damit befassen dürften. Eigentümlich bleibt jedoch, daß ein Werk dieses zeitgenössischen Aufschens heute kein Mensch mehr liest oder bloß kennt. Der Schweizer Bodmer, Gelehrter, Herausgeber, Schriftsteller, feierte Klopstock sogar als den deutschen Milton, dessen Buch »Das Verlorene Paradies« Bodmer hoch schätzte. Von Magdeburg kam Wieland nach Erfurt und später nach Tübingen. Nun aber tat Wielands Talent das, was jedes Talent gemeinhin einmal tun muß, will es überhaupt entdeckt werden: es brach aus, und zwar in Form von allerlei Dichtung. Natur der Dinge, einen Anti-Ovid, ein Heldengedicht Hermann verfaßte der junge Mann. Auch Klopstock hatte sich um die Hermann-Figur bemüht, alles dies geschah bis 1752, also ganz beachtlich für einen jungen theologischen Gelehrten. Wie wir sehen, wandelte Wieland durchaus weiter auf Klopstocks Spuren.

Wieland war ausnehmend produktiv; die deutsche Literatur verdankt ihm auch das erste Drama in Blankversen und einiges mehr, heute alles vergessen und Makulatur, bedenkt man, daß eine Gesamtausgabe von Wielands Werken beiläufig mehrere Dutzend Bände ergeben müßte. In Bern, wo Wieland Hauslehrer war, lernte er Julie von Bondeli kennen und verlobte sich mit ihr; 1760 wird er auf einmal Senator in seiner Vaterstadt und ist als ein Kanzleiverwalter ein gemachter Mann. Ab jetzt entwickelt sich Wieland zu dem Wieland, obschon niemand sagen kann, wie der wirkliche Wieland ausgesehen und was er angestrebt hat. Auf Schloß Warthausen, im Kreise des ehemaligen Kurmainzischen Ministers Friedrich von Stadion und eines Ehepaares La Roche, fällt Wieland dem leichtfertigen französischen Rokoko zu, seine Dichtung wird leicht und bisweilen schlüpfrig, so wie das Zeitalter. Eines muß der Neid dem Wieland indessen lassen; er war erstaunlich anpassungsfähig. Aus jeder seiner veränderten Lebenssituationen holte er das Äußerste an Erfolg und an Genuß. Wieland beugte sich immer stärker dem Zeitgeschmack und beherrschte das Handwerk des Schreibens immer besser, er sitzt in allen Sätteln gerecht, empfindet nach, dichtet, läßt sich anregen. Sein Bildungsroman »Geschichte des Agathon«, ein auf zwei Bände angewachsenes Buch, verschaffte ihm neues Ansehen. Er heiratete gelegentlich und wurde 1769 Professor der Philosophie in Erfurt, rückt also unserem Weimar geographisch ein Stück näher. Hier reicht der Platz nicht, um aufzuzählen, was der Wieland noch alles schrieb, aufschrieb, abschrieb und übersetzte, tatsächlich eine imponierende Menge. Bis die Herzogin Anna Amalie auf diesen genial Schreibfleißigen aufmerksam wurde und ihn als Erzieher für ihre beiden Söhne, darunter den Karl August, nach Weimar holte. Er blieb nur drei Jahre in diesem Amt, und es ist bloß zu vermuten, daß der Professor, ein Philologe, Alt- und Neusprachler, von ungewöhnlichen Kenntnissen, einen recht guten Pädagogen abgegeben hat. In fortgeschrittenem Alter befaßte sich Wieland mit der Herausgabe seines ungeheuer großen eigenen Werkes sowie mit der Übersetzung Ciceros. Wie kommt es, daß aus der räumlichen Enge deutscher Duodezstaaten heraus so viele Schulmeister Bleibendes aus der Antike übersetzt haben, wozu ein fundiertes Sprachwissen gehörte? Die Antwort darauf könnte simpler sein, als sich Schulweisheit träumen läßt; sie hatten einfach Zeit genug und brachten ihrem Gegenstand eine natürliche Begeisterung entgegen, die sie auf Reisen nicht befriedigen konnten. Sehnsucht hat sie alle getrieben, nach Schönheit, Kunstmaß und fernen Ländern.

Daß sich in den engen Grenzen dessen, was damals Deutschland hieß, derartig hohe Leistungen entwickeln konnten, mag noch andere Ursachen gehabt haben. Ab Mitte des achtzehnten Jahrhunderts beginnt im übrigen Europa der Kapitalismus, der sprunghafte Übergang von der Manufakturwirtschaft zu industrieller Produktion. Dieses neue Zeitalter bündelt alle geistigen Kräfte auf die Naturwissenschaften, der Ingenieur ist gefragt, nicht der Philologe. Der junge draufgängerische Kapitalismus erfindet, was wir heute Nationalökonomie nennen; das tat er nur nicht in Deutschland. Dieser neue Typus erzeugte technische Visionen, wollte die Welt verändern. Der Übergang von der einen auf die neue Produktionsweise zog eine Revolution nicht nur in den Volkswirtschaften nach sich; während sich anderswo die Leute mit der Erfindung von Dampfmaschinen beschäftigten und Homer in ihrem realistischen bis brutalem Weltbild keinen Platz mehr hatte, befaßten sich die Deutschen mit der physikalischen Unmöglichkeit eines Daseinsbeweises Gottes. Damit wird man Ehrenbürger im revolutionären Konvent. Zurück zu Karl August.

Das Jahr 1775 brachte eine andere Veränderung in das Dasein des jungen Herzogs, nicht bloß die Regentschaft; er heiratete am 3. Oktober Luise von Hessen-Darmstadt, womit der geschichtskundige Leser weiß, daß sich der Kreis, einmal geöffnet, mit einer Reihe anderer Allianzen schließen wird. Also, Karl August ist mit 18 Jahren ein verheirateter und regierender Großherzog, seine Erziehung ist abgeschlossen. Wir stecken nicht mehr tief im Rokoko, der Denk- und Lebensweise des Zeitalters Wielands, einem Gemisch von religiöser Skepsis, Aufklärung und diesseitiger Genußfreude. Der 18jährige Herrscher hat sich in Friedrich II. ein Vorbild erkoren. Preußens König steht auf der Höhe seines Erfolges; der Sieger in den Schlesischen Kriegen entwickelt seinen Staat ökonomisch und politisch, soweit es unter den gegebenen Umständen möglich. Unter Verwandten, Freunden und Feinden ist er als Philosoph bekannt, korrespondiert mit den berühmten Gelehrten seiner Zeit. Da uns einige Namen aus dieser Periode und dem Weimarer Kreis noch eine Weile begleiten werden, bis 1829, der Heirat Augustas, wird es angebracht sein, sie im Zusammenhang mit der Erziehung der Prinzessin aufzuzählen.

Da ist vor allem Karl Ludwig Knebel zu nennen, Offizier, Hofmeister des Prinzen Konstantin, den er auf einer Europareise begleitete, wobei das Paar den jungen Goethe in Frankfurt aufsuchte. Das war eine folgenreiche Begegnung, denn über Knebel kam die Berufung des Verfassers der Leiden des jungen Werther, seit 1774 in den Buchläden, mit einigen Umwegen nach Weimar zustande. Knebel ist zeitlebens ein Bewunderer Goethes geblieben; er förderte die Verbindung zwischen dem Dichter und dem etwas jüngeren Karl August, ließ sich zuletzt, mit einer Apanage verabschiedet, in Jena nieder und dichtete für den Rest seines Lebens allerlei, so wie sie alle allerlei heute Vergessenes dichteten. Merck, er starb schon 1791 durch Selbstmord und infolge einer unglücklichen Liebe, durfte dem jungen Mann aus Frankfurt ebenfalls ein wenig in den Sattel helfen.

Als Augusta zur Welt kam, hatte Goethe allerdings den Höhepunkt seiner politischen Karriere erreicht oder sogar schon überschritten. In den Adelsstand ließ er sich 1782 erheben und übernahm die Präsidialschaft über die Finanzkammer, also einem wichtigen Ressort des damaligen Doudezstaates.

Hält man sich vergleichend vor Augen, wer zu Weimar den Ton angab und was dort unter Kultur verstanden wurde, bedenkt man das Klima, in das die junge Augusta verpflanzt werden soll, so können die Verhältnisse nicht widersprüchlicher gedacht werden. Und Augusta wird sicherlich von Goethe, den sie gut kannte, mehr als einmal ein abfälliges Urteil über das Berliner *Hundezeug* gehört haben. Daran hatte sich zwar zur Zeit ihrer Eheschließung manches geändert, aber Sitz der Häupter der Romantischen Schule war nun einmal vorwiegend Berlin, und das offizielle Berlin hatte Schiller und Jean Paul die Anerkennung versagt. Es blickte möglicherweise mit einem tiefen Mißtrauen, zumindest aber ohne Verständnis für das Klassische nach Weimar und seinem liberalen Kulturhof. Dieser Riß ging tiefer und lag länger zurück; er reichte bis in die Zeit lebhafter Aufklärerei und datiert nicht erst seit der Romantik, die wiederum von den klassischen Weimarern verdammt wurde.

1811 – Geburt und Erziehung

Das Kind, wußte Charlotte von Schiller zu melden, liegt so vornehm und so vernünftig, daß man sich gar nicht wundern würde, wenn eine Krone mitgeboren worden wäre. Diesem Kind Augusta, das am 30. September 1811 geboren worden war, die künftige Kaiserin oder bloß Königin anzusehen, dazu gehörte entweder hellseherische Begabung oder die Biegsamkeit eines in höfischer Luft verkrümmten Nackens. Den frühen, gleichwohl völlig aus der Luft gegriffenen Prophetien folgten alsbald die Beobachtungen wachsamer Hofdamen. Die Prinzessin, bemerkt die Schillerwitwe später, hat einen kräftigen Willen und ist so stark und fest; sie läßt nicht los, was sie anfaßt. Zu dieser Zeit war die künftige Kaiserin ein Kleinkind, für das der Ausdruck Prinzessin ziemlich euphemistisch erscheint. Sie zählte knapp zwei Jahre und mag nach allem gegriffen haben, was in ihre Nähe kam, wie es einem Kind im unbequemen Steckkissen zukommt. Immerhin aber war Augusta gesund, und die uns überlieferten Bilder einer Frau zwischen fünfzig und sechzig Jahren lassen auf einen hageren, knochigen Typus schließen. Goethe, der sich zu jener Zeit schon angeschickt hatte, den Parnaß seiner ministeriellen Karriere wieder zu räumen, verfaßte ein hübsches Gedicht auf die junge Kaiserin in spe, die freilich erst neun Jahre alt war, aber sich um so lieber von dem inzwischen anerkanntermaßen größten Poeten der Deutschen andichten ließ. 1820 war jener ein Greis, aber die junge Dame nahm das Werk des Meisters huldvoll an, und wie sollte sie nicht an einem Musenhof huldvoll gegenüber ihren Anbetern geworden sein? Alle Pappeln hoch in Lüften, jeder Strauch in seinen Düften, alle sehn sich nach Dir um! Schrieb immerhin der Dichter der Deutschen neben seinem klassischen Spätwerk. Nachdem die Pappel gefällt, der Duft der Sträucher verweht war, kam allerdings Alexander von Humboldt, auf dessen Urteil vielleicht mehr Verlaß ist oder wenigstens sein sollte, und stellte an der inzwischen Fünfzehnjährigen eine ungewöhnlich große Ausstrahlung fest. Ihre Züge sind im höchsten Grade bedeutungsvoll, und ihre ganze Gestalt wird sich, wenn sie nicht ein wenig zu stark sein wird, in einigen Jahren gewiß noch schöner, als sie schon jetzt erscheint, entwickeln.

Nun, ja, wir befinden uns in einem Zeitalter, in welchem die häßliche Herzogin einer bürgerlichen Schönheit allemal vorgezogen wurde. Augusta ist also schön, und was wird die Welt erleben, wenn sie erst ganz entwickelt ist, ohne überflüssiges Fett angesetzt zu haben? Aber lassen wir die gehässigen Bemerkungen zu servilen Lobhudeleien gegenüber einem Kind, einer Heranwachsenden oder einem Duodezhof, und sehen wir nach, wie weit Augusta wirklich über den trüben Durchschnitt der Abkömmlinge von Fürstenhäusern hinausragte. Auch haben wir noch nie neben einem nässenden, wenn auch niedlichem Säugling eine Krone liegen sehen.

Ihr Großvater Karl August, an dessen Vortrefflichkeit kein Zweifel besteht, hatte seinen Sohn Karl Friedrich mit einer Zarentochter vermählt, der Großfürstin Maria Pawlowna. Dieser Karl Friedrich war 1783 geboren worden. Er hat mit 21 Jahren die um drei Jahre jüngere Zarewna geheiratet und sie von St. Petersburg nach Weimar gebracht. Immerhin war Großfürstin Maria Pawlowna, nunmehr weimarerische Großherzogin, sicherlich an andere Ausdehnungen gewöhnt und durfte daher auch einen höheren Anspruch stellen. Nachgesagt wird ihr ein energischer Wille. Übrigens hatte sie am häuslichen Herd einiges miterlebt.

Paul I., russisch Pawel Petrowitsch, ein Sohn Katharinas II., war 1796 Zar aller Russen und Reußen geworden und hatte ein beispiellos brutales Regime aufgerichtet. Als geschworener Feind der Französischen Revolution trat er 1798 der sogenannten Zweiten Koalition bei. Seine Generale kämpften nicht ohne Erfolge, da trat Pawel aus dem Freundschaftspakt wieder aus und suchte die Liebe der Franzosen. Dies hatte einen wichtigen Grund; er war nämlich zum Großmeister der Johanniter gewählt worden und erhob als solcher Anspruch auf die unter britischer Herrschaft stehende Insel Malta, den Stammsitz des Ordens. Aber die englischen Verwandten und Freunde wollten das gute und strategisch wichtige Stück Empire nicht herausrükken. Das zog ihnen den Grimm Pauls zu. Der Zar hatte sich auch noch andere, innere Feinde herangezüchtet, nämlich unter den Militärs. Benningsen und die Gebrüder Subow führten sie. Und so fand Pawel Petrowitsch in seinem eigenen Schlafzimmer ein jämmerliches Ende; als ihm die Verschwörer den sofortigen Rücktritt ultimativ nahelegten, weigerte er sich und starb mannhaft eigensinnig unter dem erdrosselnden Strick.

Da solche Vorkommnisse unter Fürstendächern nicht ungewöhnlich waren, trat der Sohn Alexander als der Erste seines Namens ohne große Schwierigkeiten innen wie außen die Nachfolge an. Nach ihm kam Nikolaus I., auch ein Sohn des unglücklichen Tyrannen. Alsbald aber hatte sich dieser Zar mit den Dekabristen herumzuschlagen und machte sich auch einen Namen als blutiger Unterdrücker. So etwa sah es in der Familie der Maria Pawlowna aus, die 1804 als Gemahlin unseres Karl Augusts sozusagen noch einmal davongekommen war. Von den furchtbaren Ereignissen in Petersburg und anderswo hatte die zur Mordstunde ihres Vaters 1801 gerade 15 Jahre alte Prinzessin genügend mitbekommen. Maria Pawlowna, die Enkelin Katharinas der Großen, Tochter des Zaren Paul, Schwester der Zaren Alexander I. und Nikolaus I., kam an einen zwar kleinen, aber säuberlich geordneten Kulturhof. In Alexander I. hat Europa seinen Befreier gefeiert, die Wiederherstellung des europäischen Königtums ist jedenfalls auf ewig mit seinem Namen verbunden. Er starb 1825, und seine Schwester durfte sich also des Glanzes erfreuen, den sein Name über Europa ausstrahlte.

Die Großfürstin, altrussisch und westlich gebildet, zog zur Erziehung ihrer Tochter heran, wessen sie im Weimarischen habhaft werden konnte. Ihr Schwiegervater Karl August war, der äußeren Not gehorchend, dem von Napoleon über die Fürsten verhängtem Rheinbund widerstrebend beigetreten, aber ab 1806 stand er wieder im Lager der Verbündeten bis zur Vierten Koalition, preußen-treu übrigens, denn seit 1792 und 1793 war Karl August schon mehr als ein Verbündeter Preußens gewesen, ein wahrer Glaubenspreuße. Daß Preußen die Führung in Deutschland zukam, vertrat er mit innerer Überzeugung. Alle diese Wandlungen, auch die der Überzeugungen, hatte Maria Pawlowna miterlebt. Sie genoß und nutzte auch die Segnungen, die dieser Kleinstaat der Klugheit seines Großherzogs verdankte. 1779 hatte die Regierung eine Zeichenschule eingerichtet, 1791 das Hoftheater; 1816 nach den Vereinbarungen des Wiener Kongresses wurde die Landständische Verfassung eingeführt, in einem der ersten Staaten, die sich zur Konstitution verpflichtet hatten. Die Universität Jena blühte auf; botanische Gärten wurden angelegt und landwirtschaftliche Mustergüter; kurzum, es war eine Lust zu leben, um mit Schiller zu sprechen.

In der Tat lebte es sich in Karl Augusts Ländchen vergleichsweise frei und auch ganz gut. 1811, einige Jahre nach ihrer Übersiedlung, brachte Maria Pawlowna Augusta zur Welt. Und das Kind, dessen Begabung aus der Körperhaltung, aus der Kopfstellung, aus dem Druck der Fingerchen leicht festzustellen war, falls man Hofschranze ist, bekam denn auch Zeichenunterricht und ging in die Musikstunde. Goethe selbst fungierte zwar nicht unmittelbar als Pädagoge, zu nichts war er wahrscheinlich weniger geeignet, pflegte aber gern Umgang mit dem aufgeweckten Kind, was, je länger, je mehr Wirkung auf die Entwicklung der jungen Dame zeitigte. Ihre lebhafte Art, ihre Geschicklichkeit in der Malerei, ihre Lernbegier dürften den alten Herrn gereizt und amüsiert haben. Der Verkehr zwischen diesen beiden Menschen dauerte beinahe 20 Jahre.

Nach dem Wiener Kongress waren ruhigere Zeiten für die Füstenhäuser gekommen; eine unmittelbare revolutionäre Gefahr drohte ihnen nicht. Der Zusammenhang zwischen den Duodezstaaten hielt, und Preußen hatte sich jedenfalls in den Befreiungskriegen als eine bedeutende, als eine führende Macht gezeigt.

Mit dem Geist von Weimar, mit der Milch klassisch-frommer Denkungsart, an der Quelle eingesogen, erhielt Augusta zugleich den äußeren Schliff französischer Bildung. Sie sprach ein bemerkenswert gutes Französisch, meinen die Zeitgenossen, und fiel auch später, wenn ihr was gegen den Strich ging, gern in diese zweite Muttersprache, wohl wissend, daß man sie um so mehr respektierte, je weniger man sie verstand. Die reife Augusta hat allerdings das Urteil ihrer Feinde, sie sei unangenehm hochnäsig und abstoßend kalt, nie zur Kenntnis genommen. Sie verehrte Goethe, aber sie war auch ein Kind des neuen, sentimentalen Zeitalters, der romantischen Dichtung und der aufkommenden Deutschtümelei, die der alte Herr gründlich als unnatürlich verabscheute. Zu einem Konflikt zwischen ihm und der jungen Prinzessin konnte es nicht kommen, weil sie ein Kind war und er ein Greis und sogar ein wenig gütig geworden. Wichtiger, Augusta lernte, alles Russische aus tiefster Seele zu hassen und alles Englische zu bewundern. Schuld daran war nicht nur die abschreckende Belehrung ihrer Mutter Maria Pawlowna, die gut mit den Bedingungen des Petersburger Hoflebens vertraut war, sondern auch die offenkundige wirtschaftliche Überlegenheit des westlichen Inselreichs. Nicht allein die französische Kultur bestimmte mehr den Geschmack; Möbel und Toilettengegenstände etwa kaufte man neuerdings in England, alle Bequemlichkeit des modernen Lebens nach den Franzosenkriegen hing überraschend mit etwas zusammen, für das der Begriff Industrie in Weimar zumindest kaum schon bekannt geworden war. Aus Rußland hingegen kamen die Knute, Leibeigenschaft und Unwissenheit. Ihre spätere Umgebung wußte sich nicht genug zu tun über Augustas Mäkelei an Haus- und Tischgerät, an Maschinen vielleicht Klage zu führen. Nichts war der Augusta also gut genug, und diese kritische Anschauung der Dinge geht ebenfalls auf die lockere Pädagogik in Weimar zurück. Goethe war ein zu eifriger Sammler von allerlei Gegenständen, um dieser Beobachtung der Dinge nicht einen hohen Wert beizumessen und seine Auffassung an solch ein Ziehkind zu vererben. Hiermit förderte er sicher auch die mentalen Anlagen der Prinzessin. Obwohl der Meister im Grunde keine gelehrten Frauen schätzte, sondern einfache, schlichte Schönheit bei Frauen suchte, fand seine Vorstellung von tätigem Fürstentum sehr wahrscheinlich in Augusta genau das Objekt solcher Begierde; das kluge junge Mädchen, nicht ohne den Charme, den kluge junge Mädchen bisweilen ausstrahlen, was vergessen läßt, daß sie nicht auffallend hübsch sind, kam dem Alten also entgegen. Ihr bildnerisches Talent, sie lernte an seiner Malschule oder der von ihm mitbegründeten Anstalt den Umgang mit allerlei Material, war für Goethe ein wichtiges Element der Erfahrung. Der Herr Minister besuchte sogar einen Scharfrichter regelmäßig, von dessen Sammlungen er gehört hatte, tauschte mit ihm Mineralien. Und dergleichen war damals unvergleichlich vorurteilslos, wo dem Freimann selbst der Besuch öffentlicher Gasthäuser verboten war, wie er vom gesamten bürgerlichen Verkehr ausgeschlossen blieb.

Dem Urteil so vieler Leute über die auffallend fortgeschrittene Reife des jungen Mädchens ist wohl zu trauen. Schwer vorstellbar, daß es im damaligen Deutschland noch einen Duodezhof gegeben hatte, wo sich derart viele Persönlichkeiten trafen, nicht nur ungezwungen ein- und ausgingen, sondern manchmal bleibende Quartiere aufschlugen. Herder, Bonnet, Humboldt, Saussure, Schiller natürlich, Jean Paul wenigstens vorübergehend lebten in oder streiften Weimar und traten also auch in die Welt Augustas, was auf das junge Mädchen nicht ohne Einfluß geblieben ist. Hauptform des Kontakts jener Zeit war der Brief; er enthielt nicht das Stenogramm bloßer Mitteilung, Briefe waren ausschweifende Darlegungen der Lage des Schreibers, seiner Beziehungen zur Welt. Es war ein Glück, daß der jungen Augusta die Last pietistischer Religiösität oder auch katholischer Dogmatik erspart blieb, obschon sie protestantisch getauft worden war. Evangelische Christin blieb sie zwar ihr Leben lang, aber ihr Christentum war weithin aus der historischen bis pantheistischen Beobachtung ihres großen heimlichen Erziehers gebildet. Rituale reizten die junge Dame bestensfalls optisch. Gewiß erfuhr sie die Süße der griechisch-orthodoxen Liturgie, den schwellenden Singsang der Psalmodisten, des mit den Elementen eines ursprünglichen, mit einer russisch-dörflichen Heilssuche verbundenen Gottesdienstes; sie hörte der schlichten Predigt des Pastors eher religionskritisch bis philologisch interessiert zu, und wahrscheinlich konnte niemand mit Goethe inniger verkehren und indogmatischer Religiösität verhaftet werden oder es bleiben.

Für Augusta mag das Streben des Doktors Johann Faust fast aufklärerischen Bezug gehabt haben. Weihrauch, die goldüberladene Ikone, deren Wirkung sich selbst der religiöse Skeptiker oder Atheist wie einer mystischen Beschwörung nur schwer entziehen kann, haben sie also ebensowenig berührt wie die römisch-katholische Liturgie. Es gibt kaum eine schriftliche Hinterlassenschaft von Augusta, in der sie sich maßlos übertrieben auf eine fürstliche Gottesgnadenschaft beruft oder sich christlicher Phrasen bedient wie ihr späterer Gatte Wilhelm. Was ihr an der Fürstenherrlichkeit blieb: ihr Hochmut gegenüber niedriger Klassierten ist immer ganz und gar von dieser Welt.

Als 1829 der preußische Wilhelm deutlicher in ihr Leben trat, nach manchem Hin und Her um sie warb, nahm sie die Werbung mit der Gelassenheit einer Philosophin entgegen, als habe sie ihn wegen seines Schrittes zu trösten. Sie dachte über ihn nach, über sein Leben und seine Vorstellungen. Sie hat im Grunde bis in ihre Witwenzeit hinein den Stil von Weimar gepflegt, hat gemalt, und nicht einmal ungeschickt, und wußte sich den Genuß zu verschaffen, der ihr einst in der Jugend aus dem Umgang mit erhabenen Geistern und tiefgründiger Unterhaltung erwachsen war. Dergleichen konnte sie bei Wilhelm nicht bekommen, und die literarischen Salons, die wenigen, die in Berlin noch blühten, waren ihr aus Standesrücksichten verschlossen, aber gerade dort wurden alle die wichtigen öffentlichen Angelegenheiten bei aufgeregtem Gehabe behandelt, die Augusta ihrer Erziehung und Natur nach reizten. Und die Gazetten, die Presse bestimmte den Ton der Gebildeten.

Brautwerbung

Als Wilhelm in ihr Leben trat, wußte Augusta, daß sie nur die zweite Wahl sein würde.

Weimar, im Winter 1829 …

Mama und ich sprachen heute darüber, wie ich mich gegenüber der Tatsache zu verhalten habe, daß W. eine unglückliche Liebe zur R. hat. Diese Elisa weckt mehr Anteilnahme in mir, als es schicklich wäre. Eifersucht kann ich auch bei ernsthafter Prüfung nicht die Spur bei mir entdecken. Mama findet das absonderlich, ich mußte ihr erklären, wie sinnlos es ist, auf eine Frau eifersüchtig zu sein, die mein Bräutigam selbst verstoßen hat; in Bürgerkreisen nennt man es wohl sitzenlassen. Peinlicher berührte mich die Frage Mamas nach meinen eigenen Empfindungen für W., habe mich gehütet, die Wahrheit zu sagen, daß ich ihn als Mann und Menschen zu befragen gedenke. Was in aller Welt erwartet man denn von mir? Mama wurde schließlich ärgerlich. Daß sie W. für beschränkt hält und für unfähig, etwas anderes als Selbstliebe zu empfinden, habe ich ihr ausreden müssen. Später in den Wahlverwandten gelesen, und weiter angeregt bei Stella nachgesehen. Zu meiner eigenen Überraschung hat der Gedanke einer so ungewöhnlichen geistigen, nur geistigen?, Beziehung zwischen drei Menschen für mich überhaupt nichts Erschreckendes. Ich versuchte, mir dazu diese Elisa vorzustellen, die lange auf W. gewartet hat, und ich betrachtete das Bild dieser Frau. Wäre ich damit einverstanden (und imstande), sie in unsere Ehe einzubeziehen, da ich keinen natürlichen Anspruch auf W. haben kann? Wo alles freier Wille ist, hört konstituiertes Recht auf. Besitzt sie etwas anderes als ich, oder hielt W. nur aus äußeren Rücksichten daran fest, sie zu heiraten?

Man schreibt aus Berlin, daß mein Verlobter eine weitere Beziehung zu einer Frau unterhält, was er vielleicht aus einem Bedürfnis seiner Nerven heraus tut. Unsere Moral ist leider ganz konventionell, gleichwohl müssen wir die Formen unseres Umgangs miteinander so ausgestalten, daß jedem sein Recht wird. Wenn das, wie in Stella, auf einer einfachen Erweiterung unseres Anspruchs geschieht, spottet die Natur jeder Frömmigkeit. Vor Mama will ich aber lieber über diese Einfälle schweigen.

In Berlin oder in Potsdam, wo wir wohnen werden, muß unser Haus allen Menschen freien Geistes offen sein; die großen neuen Ideen dieses Jahrhunderts werden bei uns Heimstatt haben und im freundlichen Umgang ausgetauscht werden. Muß mir eine Liste mit den Namen jener Männer anlegen, die in Berlin wirken und wertvoll sind. Humboldt! Mama besteht peinlicherweise darauf, daß alle unklaren Beziehungen meines Verlobten vor unserer Hochzeit gelöst werden müssen. Nun, dergleichen ist für unsere Beziehung ohne alle Bedeutung, da wir beide ja erst zueinanderfinden müssen. Ich habe den besten Vorsatz dazu.

Geworben war, das Jawort gegeben, nun mußten die Beziehungen des Ehemanns in spe allerdings geregelt werden. Zuallererst die zu der Wartebraut Wilhelms, Elisa von Radziwill. Über diese Affäre regte sich der Berliner Hof auf, und nicht nur der; ob aus der Liebe des Prinzen zu jener Frau etwas werde oder nicht, hatten verschiedene Gutachter entscheiden sollen, bis zuletzt der väterliche Machtspruch den Prinzen aus der Entschlußlosigkeit gerissen, als ihm die Braut Augusta befohlen wurde. Er selbst führte eher das Dasein eines jungen Gardeoffiziers mit mehreren Amouren, hegte und pflegte jedoch zugleich und ausdauernd das, was er für Liebe hielt zur schönen Radziwill. Inzwischen aber beschlief er noch eine andere; kurz, Mama Maria Pawlowna drängte nicht ohne triftige Gründe zur politischen Regelung dieser so liederlichen wie losen Allianzen. Augusta scheint der leicht skandalumwitterte Herr eher wegen dieser Ärgerlichkeiten interessant gewesen zu sein. Siewar im achtzehnten Jahr; ihr Stand und ihre Erziehung schlossen unbeaufsichtigte Beziehungen zu einem Mann aus.

Friedrich Wilhelm III. griff ein, er schickte der verflossenen Braut seines Sohnes Wilhelm anstatt eines Heiratsbriefes ersatzweise einen Orden, den Luisen-Orden, nach der berühmten Königin und Gattin, der Mutter des Prinzen und Brautwerbers. Und Elisa von Radziwill hatte sich diesen Entsagungsorden innerhalb ihres langen Wartestandes redlich verdient, in welchem sich beide, sie und Wilhelm, als Verlobte betrachteten. An sich hatte der Berliner Hof seit der Hurenwirtschaft unter Friedrich Wilhelm II., dem alten Liederjan, einen höchst miserablen Ruf bei den deutschen Fürsten, die es ja eigentlich nötig hatten, vor ihrer eigenen Haustür zu kehren. Und die haarsträubende Liebesgeschichte der Elisa und Wilhelms war natürlich europaweit bekanntgemacht worden, dafür sorgten schon die verschiedenen Gesandten.

In einer Zeit, in der die Vermählung eines Sohnes oder einer Tochter aus regierendem Hause keine Privatangelegenheit war, hing von solchen Allianzen einiges ab. Im Sommer 1826 waren die Würfel endgültig gefallen, nach einem sechs Jahre dauernden Interim. Wilhelm erhielt die Allerhöchste Order, sich des Heiratsplanes mit der unstandesgemäßen oder dynastisch unzulänglichen Elisa zu entschlagen. Da es dem Prinzen schien, er habe bloß immer zu gehorchen, und sein Teil sei die bittere Klage über die Härte seines Schicksals, konnte er einige Jahre später – schon als Ehemann der Augusta – an die Bahre der zu Freienwalde verschiedenen Radziwill treten, und zwar in einem herzzerreißenden Zustand, wie die Schwägerin Elisabeth deutlich bemerkt haben will, was sie auch sogleich an alle Welt schrieb. Daher wissen auch wir, wie es um den armen Wilhelm stand.

Daran, daß die schöne Radziwill und der nicht ganz so schöne Prinz einander nicht kriegten, soll die Mutter Augustas, Maria Pawlowna, keinen geringen Anteil gehabt haben. Was sich in den Jahren zwischen 1818 und 1826 – auf etwa acht Jahre datiert Wilhelm selber diese Frist – abspielte, davon hat Augusta ohne Zweifel alles, zumindest das sie betreffende, mitbekommen. Varnhagen, als diplomatischer Kopf gut unterrichtet, sagte schon 1826 eine Doppelhochzeit voraus. Karl, der Bruder Wilhelms, würde die Weimarerin Marie, Wilhelm die jüngere Schwester Augusta heiraten. So dachte er sich die Lösung, und so kam es auch. In diesem Fall war das Weissagen allerdings so schwierig nicht. Denn Maria Pawlowna hatte sich tatsächlich nachdrücklich in die Ehekabalen eingeschaltet und in Berlin wissen lassen, daß an eine Verbindung ihrer Tochter Marie mit Karl solange nicht zu denken sei, wie die Affäre Radziwill und Wilhelm in der Schwebe bleibe. In der Ehesache Elisa–Wilhelm unternahm der Vater und König Friedrich Wilhelm III. allerhand Winkelzüge oder auch nicht Winkelzüge, sondern gutgemeinte Demarchen, um seinen guten Willen zu zeigen. Unter anderem versuchte er, die Großfürstin matt zu setzen, indem er beim Zaren anfragen ließ, ob der nicht eine Möglichkeit fände, die Radziwill zu adoptieren. In diesem Fall hätte Maria Pawlowna keinen stichhaltigen Grund gegen die Eheschließung ihrer Tochter mit Karl gehabt. Allein, das alles scheint mehr Manöver gewesen zu sein. Der Zar, Bruder der Großfürstin, fand diese Möglichkeit nicht, und Friedrich Wilhelm III. wußte sicherlich, daß die beiderseitigen Interessen anders gelagert waren, zumindest werden sich die russischen Geschwister abgesprochen haben.

Der Preußenkönig manövrierte also. Weshalb? Um den Sohn zu schönen? Jedenfalls zögerte er die letzte Entscheidung über den Eheplan seines Sohnes mit der Radziwill hinaus, ließ etliche Gutachten anfertigen, die für und wider ausfielen und den Anschein erwecken sollten, der Vater träfe tatsächlich alle Vorsorge, dem Glück seines Sohnes aufzuhelfen. Der Zar Alexander I. hatte die Bitte Friedrich Wilhelms, Elisa zu adoptieren, sicher nach Rücksprache mit seiner Schwester in Weimar abgelehnt. Auch eine Annahme an Kindes Statt durch den Prinzen August von Preußen, einem Bruder der Luise, Elisas Mutter, kam nicht zustande, und sie hätte auch wohl die Forderung Maria Pawlownas gar nicht erfüllt. Es fragt sich aber doch, welche Absicht Friedrich Wilhelm III. mit diesem Spiel verfolgte, das letzten Endes dynastisch nichts gebracht hätte, selbst wenn alle Gutachter freudig für den Eheplan mit Elisa gewesen wären. Bewegung kam im Winter 1825 in die Affäre, als alle europäischen Höfe nicht nur Staatstrauer anlegten, sondern eilends Sondergesandte zu den Trauerfeierlichkeiten nach Rußland schickten. Auch Wilhelm reiste zu dem *getauften Bären*, streifte Posen, wo sich seine wartende Braut Elisa aufhielt, reiste weiter und so weiter und so weiter.

Plötzlich bestand die Großfürstin Maria Pawlowna nach dem Machtwechsel auf dem Zarenthron nicht mehr darauf, daß vor der Eheschließung ihrer älteren Tochter Marie mit Karl die Angelegenheit Elisa–Wilhelm zu bereinigen sei. Möglicherweise hatte sie überhaupt keinen ernsthaften Grund für ihre Vorbedingungen, wollte nur ihre Launen ausleben und sich nicht aus dem Spiel drängen lassen. Nun aber war es mit dem Zögern Friedrich Wilhelms III. zu Ende, und er erließ einfach eine Order, im Oktober 1826, daß sich beide Prinzen, Karl und Wilhelm, ohne Umstände und Nachfragen ungesäumt nach Weimar zu begeben hätten. Karl galt als so gut wie verlobt. Und so konnte der strenge Befehl für Wilhelm eben nur bedeuten, sich die zweite freie Tochter in Weimar genauer anzusehen. Wieder einmal ballte der Bräutigam in spe die Fäuste, freilich innerlich, denn: Der Befehl zu dieser Reise ist ein Beweis, daß mir das Leben nicht leichtgemacht wird, sagte er. Wo steht geschrieben, daß das Leben leicht sein muß?

Im übrigen hatte sich zwischen der so lax und leger auf englisch beendeten Affäre Elisa und der geplanten Brautschau in Weimar eine andere Dame eingeschlichen, Emilie von Brockhausen, die freilich zunächst einsichtig genug war, sich nicht in der eitlen Hoffnung zu wiegen, am Ende ihres Liebesglücks mit diesem schwankenden Freier könne eine Königskrone für sie liegen, wie sie die Schillerwitwe einst deutlich an der Wiege der Augusta gesehen haben wollte. Was nicht heißt, Emilie sei für jedweden Schmerz, für jede Verletzung ihres Selbstgefühls vollkommen unempfindlich gewesen. Auch anderen wurde es offenbar nicht leichtgemacht. Es liegt nahe, in all diesem Hin und Her tatsächlich etwas zu sehen, was der Prinz Wilhelm als Schikane empfand.

Da er nie selber und unabhängig handelte, mußte eben ein anderer die Entscheidung für ihn übernehmen. Gehorchen hat der Prinz von Preußen zeitlebens für Pflichterfüllung gehalten. Dieser bequemen Ausrede sollte er sich ein Leben lang bedienen, und es gelang ihm sogar, anderen einzureden, er täte überhaupt nichts anderes als seine Pflicht. Jedenfalls besuchte er die junge Dame Augusta, die zwischen 15 und 16 Jahre alt gewesen sein dürfte. Pikanterweise schrieb er seine Eindrücke an Tante Luise, seine beinahe Schwiegermutter und Mutter Elisas, und teilte ihr mit, daß Augusta schön geworden sei, woraus zu schließen, daß er sie nicht zum ersten Male sah, wohl aber zum ersten Mal ansah, und zwar gewissenhaft prüfend, ob sie sich zur Prinzessin von Preußen eigne. Außerdem fand er sie fast größer als ihre ältere Schwester und sehr formiert. Was darunter zu verstehen ist, können wir nur ahnen. Augusta war entwickelt, hatte viel Busen und weibliche Hüften, was einem solchen Kenner wie Wilhelm ins Auge fallen mußte.

Auf diese Briefe hin, die sich länger als ein halbes Jahr um ein und denselben Gegenstand rankten, nämlich um die Gefühle und Eindrücke des ehemaligen Liebhabers der Elisa von seiner künftigen Ehefrau, schnappten die beiden Posener Damen, Elisa und Luise, Tochter und Mutter, endlich und begreiflicherweise doch ein. Was sich dieser Herr nun eigentlich dabei denke, derart unverblümt über ein Mädchen zu schreiben, als handle es sich um eine Remonte, um ein ungerittenes Militärpferd? Was, das bleibt unerfindlich, es sei denn, ihn leitete die vollkommene Gleichgültigkeit, obschon er aus dem Handbillett des Vaters nach Weimar wissen mußte, was dieser von ihm erwartete, nämlich den Entschluß, seinen Heiratsantrag dort endlich abzuliefern. So schreibt er denn auch im Januar 1827 wiederum in seinem geschraubten Stil, dem kein klarer Gedanke zu entnehmen ist, an die Tante. Darin fragt er sich, ob die unter so merkwürdigen Umständen gemachte Bekanntschaft mit Augusta überhaupt einen Einfluß auf sein Leben haben könne, und er antwortet sich sogleich selbst: nie. Schon ein Vielleicht sei unmöglich, da ein Vergleichen, nämlich Elisa mit Augusta, Ersatz bedeuten würde. Das Auffallende an allen Briefen Wilhelms, die wir aus dieser Zeit nachlesen können, ist das Ungreifbare, Weiche, Phrasenhafte, sind seine seitenlangen Rechtfertigungen und fruchtlosen Erwägungen. Stets geht es um seine Leiden, nicht um die, welche er anderen verursacht. Und: Frauen, die er hinhält, haben die Pflicht, ihn zu bedauern. Indessen blieb alles in der Schwebe; die eine Braut wartete in Posen auf ihre Erlösung durch den Kuß dieses zaudernden Prinzen, die andere in Weimar, eine dritte wartete gar nicht, war aber in Berlin greifbar, sobald Wilhelm weiblicher Hilfen bedurfte.

Im Mai 1827 heiratete Karl endlich die Marie. Inzwischen war Wilhelm dreißig Jahre alt geworden, und ihm wurde von Vatersseite energischer bedeutet, was alle Welt von ihm erwarte. Da ihm die Neigungsehe mit der Polin nicht erlaubt sei, dürfte ein Berliner Konkubinat höchstens vorübergehenden Charakter haben. Wieder erfindet Wilhelm eine Ausrede, indem er dem Vater die Lage auseinandersetzt, wenn er diese Augusta wirklich zur preußischen Prinzessin mache, trete doch folgendes Dilemma ein: Augusta würde nämlich im Falle der Ehe mit ihm als Gattin des zweiten Prinzen vor ihrer älteren Schwester rangieren, die bloß den dritten Prinzen, also Karl, abgekriegt habe. Friedrich Wilhelm III. wußte auf diesen Unsinn keine Antwort. Er stellte seinem Sohn frei, sich allein weiter umzusehen. Übrigens erklärten nunmehr alle Gutachter in Ehesachen ihr vollkommenes Unvermögen, den Fall zufriedenstellend zu lösen. Es folgte eine ganze Reihe wenig ernsthafter Heiratsprojekte. Zwei schwedische Prinzessinnen, eine Großherzogin von Baden, Stephanie nebst Tochter Charlotte, kreuzen den Weg des Brautbeschauers, eine Prinzessin Pauline aus Württemberg; die Schwedin Cäcilie, eine Tochter des Königs Gustav IV. Adolf kam in die engere Wahl, weil sie eine sehr schöne Figur und einen noch schöneren Kopf hatte, leider aber sehr still gewesen sei. Letztere Dame erwies sich deshalb als still, weil sie, von ärztlicher Seite begutachtet, als erblich blödsinnig eingestuft werden mußte, und so wurde auch aus dieser Sache nichts. Einer anderen der Bewerberin-nen fehlte wiederum das normale Gehör; man sieht, die Inzestschäden waren überall weit vorgeschritten. Eine halbwegs ansprechende Dame mit einer relativ zuverlässigen Erbanlage unter den deutschen Fürstinnen zu finden, kostete bereits einige Mühe.

Daß sich die Brautwahl des Wilhelm zwischen 1827 und 1828 weiter verzögerte, hatte seinen Grund im sanften Drängen der Familie Brockhausen auf eine Verbindung mit der Emilie. Diese Beziehung zog sich schon etwas zu lange hin, um nicht den Geruch des Skandals anzunehmen, und Emilie würde einen Schaden fürs Leben davontragen, sollte nicht bald entweder die Trennung oder die Ehe vollzogen werden. Daran war nicht zu denken. Endlich mußte der Vater wieder als oberster militärischer Befehlshaber eingreifen; er befahl ganz einfach die Heirat mit Augusta. Aufschlußreich ist die schriftliche Antwort des Sohnes darauf; dem Vater hatte er nicht folgen können, dem Vorgesetzten schrieb er: Wie tief mich der Gedanke angriff, so weit nunmehr über meine Zukunft aufgeklärt zu sein, braucht keiner Worte. Und: Die getroffene Wahl war gewiß Sein Wille.

Aha, also Gott war es, der über die Ehe des Wilhelm und der Augusta entschieden hatte, freilich durch die Person des Vaters, dem schließlich der berühmte Geduldsfaden gerissen war. Sollte es wirklich Gottvater gewesen sein, der alles so wollte, dann hatte er sich geirrt, wie wir sehen werden, wenn wir den Lebensweg der Augusta weiter verfolgen. Nun hätte dieses arme Mädchen also gleich in den so geregelten Ehestand treten können; allein, der Sache stellten sich erneut Schwierigkeiten in den Weg.

Friedrich Wilhelm III. bestimmte den Termin für ein Treffen, auf dem einige Entscheidungen sachlicher Natur zu suchen waren, für den Mai 1828. Da aber verstarb der Großvater der Braut, Karl August, womit er für alles weitere nicht mehr verantwortlich gemacht werden kann. Hoftrauer war angesagt. Heißt es beim Wiener Opernball: Alles Walzer!, so hieß es hier: Alles Trauer! Maria Pawlowna war im übrigen schon wieder indigniert, weil sie den Eifer vermißte, den ein Bräutigam doch immerhin an den Tag legen sollte, wenn er von einer Braut günstig aufgenommen werden will. Hatte der Wilhelm mit seinen Freundinnen wenig Glück, so brachte er auch regelmäßig deren Mütter gegen sich in Rage.

Die Großfürstin verlangte nunmehr kategorisch, daß sich Wilhelm bis zum Herbst besinnen sollte, ob er wolle, oder ob er nicht wolle. Den Vorhaltungen der launischen Schwiegermama setzte nun wieder der Prinz von Preußen störrischen Trotz entgegen. Man habe, meinte er, nach ihm geangelt, und jetzt, wo er zu haben sei, ziere man sich zu Weimar. Am 12. Oktober 1828 schickte er dennoch das Bewerbungsschreiben ab. Dem wurde natürlich stattgegeben, und der inzwischen 31 Jahre alte Brautwerber begab sich nach Weimar. Dort traf er am 16. Oktober die junge Augusta. Ohne Affentheater ging auch die letzte Phase der Werbung nicht ab. Getreu seinem Stil, schilderte Wilhelm umständlich, wie er das Eheversprechen von Augusta bekam. Nach dem Souper am Abend des 16. Oktober ließ man die beiden allein, hoffend, sie würden die Sache unter sich nicht nur ausmachen, sondern der Werbung einen menschlich wärmeren Ton geben. Zu gut deutsch, sie würden sich überhaupt erst einmal ansehen, ansprechen, berühren und was dergleichen nebensächlich Wichtiges getan wird, bevor man heiratet. Dazu aber war der Prinz kaum fähig. Immer hatte er einen stummen Aufseher über sich, der ihm den Spiegel vorhielt und ihm Haltung abnötigte. Wilhelm hielt der jungen Frau einen Fächer hin, und zwar einen zerbrochenen – allegorisch, wie die Lumpen sind, nennt Goethe solche Art Auftritte. Augusta ging auf das Spiel ein und verlangte ihren Fächer zurück. Wilhelm griff nach ihrer Hand und fragte: Wollen Sie diese behalten? Worauf Augusta ihm gerührt die andere Hand gereicht habe. Und dieser Händedruck und ihr Blick sprachen alles aus, was ihr Mund nicht auszusprechen vermögend war.

Sie können denken, wie glücklich ich war und daß die Nacht ziemlich schlaflos dahinstrich, schrieb er dem Vater.

Halten wir inne. Wieso war der Mund Augustas nicht vermögend, zu sagen, was sie über diesen Auftritt dachte? Und weshalb ist Wilhelm auf einmal so glücklich, daß ihm der Schlaf geraubt war, nachdem er sich wie die Zicke am Strick gegen dieses Glück gesträubt hatte? Zuerst muß der Vater von dem neuen inneren Zustand wissen. Friedrich Wilhelm III. konnte sich gut vorstellen, was sein Sprößling empfand oder vielmehr, was er nicht empfand und nicht den Mut hatte zu schreiben: Ich habe Order pariert. Mag Gott diesem armen Mädchen helfen, ich kann es nicht.

Was die junge Augusta betraf, so gibt es kein ähnliches Zeugnis, in dem so dick aufgetragen wird wie in Wilhelms Briefen. Sie, die klügere, kühlere, war sich wohl darüber im klaren, auf was sie sich einließ, einlassen mußte. Vielleicht kam ihr der Herr, der mit einem zerbrochenen Fächer in der Hand so geschraubt zu ihr geredet hatte, ein wenig albern und theatralisch vor, aber als Kind ihrer Zeit und ihrer Gesellschaftsklasse mußte ihr auch die Gardehaltung ihres Bräutigams gefallen, ein Mann von ungewöhnlicher Körpergröße, seine etwas groben, aber regelmäßigen Gesichtszüge, die hellen Augen. Familieneintracht stellte sich nunmehr mühelos ein.

Als sich am Geburtstag Maria Pawlownas, vielmehr am Vorabend, die Sippe um die Großfürstin versammelte, wurde dem Wilhelm gestattet, Schwiegermutter und Schwiegervater in einem Nebengelaß unter sechs Augen in die Arme zu schließen. Wilhelm war durch derlei Gesten immer zu beeindrucken; er fühlte sich aufgenommen, akzeptiert; das Glück der banaleren Art, der Ruhe und der Zufriedenheit mit sich, stellte sich ein, er fiel seiner künftigen Frau um den Hals. Freilich, ohne ein Wort sprechen zu können. Behauptet er, behielt aber seine Schwatzhaftigkeit, ohne die Wirkung auf Augusta zu ahnen, daß er sich mit seinem Gerede den Weg zu seiner Frau verbaute. Das Gemüt dieses jungen Mannes war bewegt, er war nicht verliebt. Wirft man einen Blick auf alle seine Affären, dann ist ein solch luxuriöses Gefühl bei ihm eher auf Äußerliches reduziert. Was auch geschieht, Wilhelm beschreibt immer nur zuallererst seine eigenen Empfindungen, in allen seinen Briefen findet sich keine Überlegung, was seine Partnerin im gleichen Augenblick fühlt.

Er leidet; er leidet tatsächlich, vielmehr erleidet er alles; die Umstände machen in glücklich oder unglücklich. So mußte denn die Braut von 17 Jahren von ihrer Schwester Marie seine Bemerkung erfahren, daß sie, Augusta, ihn als Frau völlig kalt lasse. Er fände seine Braut schön und klug, nicht mehr. Daß Augusta klug war, wußte sie selbst, sie hätte es sich von anderen, geistig höherstehenden als ihr Tropf von Bräutigam, leicht bestätigen lassen können, wenn sie das gewollt hätte. Aber sie war auch eine junge Frau mit einem persönlichen Anspruch, nicht bloß Prinzessin, die Räson parierte, und wie jede Frau mußte sie eine öffentlich Herabsetzung treffen. Und es ist schlechterdings unmöglich anzunehmen, einem Mann von 30 Jahren hätte es an der einfachen Lebenskenntnis gefehlt, daß er annehmen durfte, diese und ähnliche Bemerkungen würde die Schwester seiner Braut taktvoll für sich behalten. Und er hielt sich anderen gegenüber keineswegs mit Invektiven zurück.

An den Ausdruck starker Empfindungen, großer seelischer Bewegungen, war Augusta gewöhnt, auch fähig, zu reflektieren; hier aber war sie Erlebende, Erleidende. Und ihr künftiger Gemahl fuhr fort, seinen Mangel an Gefühl für seine Braut öffentlich auszubreiten, als wollte er sich an ihr für seinen Verzicht auf eine andere rächen. Damit nahm er ihr die Hoffnung auf eine Gemeinsamkeit. Einerseits preist er Gott wegen der Gnade und Fülle seines Glücks, und er fleht darum, ihn würdig zu erhalten, das Glück zu genießen; sein Streben gehe dahin, die Prinzessin glücklich zu machen. Andererseits erklärt er schriftlich, seine Werbung sei einzig vom Verstande diktiert gewesen. Lieben könne man eben nur einmal im Leben. Dies schreibt kein heuriger Hase von 18 Jahren nach einem ersten mißglückten Liebesversuch, sondern ein reifer Mann, der seinem ersten schon einige andere Liebesglücke angefügt hat, der überdies seine gescheiterte Liebe zur schönen Radziwill wie eine andauernde Passion, wie einen ewigen Mummenschanz feiern will. Wenn es nur eine wirkliche Liebe gab, was war das andere? Noch sonderbarer: Maria Pawlowna, die Schwiegermutter, mußte 1829, im Hochzeitsjahr, den Schwiegersohn dringend ersuchen, die Affäre mit der Radziwill endlich in aller Form zu Ende zu bringen. Das tat Wilhelm, da es sich nicht umgehen ließ, und reiste im Juni 1829 nach Antonin, dem Sommersitz der Radziwills, um auch dort wieder eine reife Szene aufzuführen. Selbst Tante Luise war unangenehm überrascht vom Auftreten ihres Neffen, der sich in Tränen auflöste und sich nach Herzenslust gehen ließ. Dann allerdings, als er es hinter sich hatte, erfüllte Beruhigung sein Herz. Selbst die schönen Augenblicke verschwinden, meldet er vor sich selber und vor allem vor anderen. Als die schönen Augenblicke geschwunden waren, stand der Hochzeit nichts mehr im Wege.

Die Affäre ihres Bräutigams mit Elisa, die sämtliche Beteiligten fast ein Jahrzehnt lang in Atem gehalten hatte, war also bis in die Einzelheiten Augusta bekannt. Sie ahnte wohl, daß sie diese Geschichte nicht negieren durfte, die so offen lag und vor allem öffentlich gemacht worden war, wenn sie mit ihrem künftigem Gatten eine innigere Beziehung herstellen wollte. Äußerlich bot der Prinz von Preußen, Militär und in den eigentümlichen Pflichtvorstellungen Preußens erzogen, die wenig Raum für echtes Gefühl und für Frauen ließen, ein ganz nettes Bild. Und es wäre verwunderlich gewesen, daß eine Prinzessin von 18 Jahren ganz unempfänglich für ein so banales, wie blendendes Auftreten gewesen wäre. Ein starker Charakter schien ihr Wilhelm trotz seiner klirrenden Rüstung allerdings nicht zu sein, und er würde wohl auch immer zögerlich bleiben.

Da griff die junge Augusta zu den Werkzeugen der Seelenanatomie und ließ sich die Liebesgeschichte ihres Bräutigams haarklein von ihm selber repetieren. Sie wollte genau wissen, wie es angefangen und wie es geendet. Ferner versicherte sie ihrem Wilhelm, alles ihr menschenmögliche zu unternehmen, die zu ersetzen, die er vergebens begehrt habe. Ob Heuchelei und weise Voraussicht Augusta zu diesem Gelöbnis anhielt, ob Teilnahme und Unkenntnis, fast hätten wir geschrieben Unkenntnis des Herzens, ihr Verhalten diktierte, ist schwer zu sagen. Es war Unkenntnis, es fragt sich nur, was für eine. Jedenfalls erlebte sie den Roman Wilhelms empfindsam nach; er indessen brachte es nur zu einer seiner schwülstigen Ergießungen, als er erklärte, ihre Teilnahme an seinem Liebesunglück mache sie ihm so teuer. Nichts davon ist wahr gewesen, das eine wie das andere nicht. Diese ihre Teilnahme war ihm so gleichgültig wie seine Braut selbst. Und Augusta, worüber sollte sie mit ihm sprechen, wenn ihn nichts anderes interessierte als seine Klagen über das ihn vernachlässigende Schicksal? Sonderbare Szene: eine 18jährige Braut läßt sich von ihrem 32jährigen Bräutigam erzählen, was er für eine andere empfindet oder zu empfinden meint und wird sein Seelenarzt. So ging die Brautzeit dahin, mit kurzen Gesprächen unter vier Augen, mit Verwandtenbesuchen, mit Gerüchten über sie beide.

Von einer unter solchen Voraussetzungen geschlossenen Ehe war nichts Gutes zu erwarten, es sei denn, man einigte sich darauf, eine bloße Standesehe in getrennten Schlössern und mit eigenen Kreisen und Beziehungen zu führen, sich einmal im Jahr offiziell zu besuchen und den Verkehr auf den Austausch von Geschäftsbriefen und der leider notwendigen gelegentlichen Zeugung eines Thronerben zu beschränken. Daß der Prinz von Preußen nicht ganz unglücklich war, ist freilich auch zu konstatieren. Es lag in seinem Wesen, laufen zu lassen, was er nicht beherrschen konnte, und sich den Entscheidungen oder den Befehlen anderer zu fügen. Da nun aber wirklich alle Hindernisse beseitigt waren, konnte auch endlich gehochzeitet werden.

Hochzeit und Fackeltanz, Ritter und sonstiges

Weimar, Mai 1829 …

Mama will, daß der Hochzeitstermin aufgeschoben wird; aber ich denke, daß sie die Lage nicht so übersieht wie ich, und schließlich ist es auch meine Ehe und nicht die ihre. W. gilt ihr als kalt, da sie ihn näher kennengelernt hat. Jedenfalls wird er nie anders sein, als er heute ist. Nichts, als ob seine Handlungen für uns alle klarer werden könnten, er zögerte, solange er noch auf etwas Besseres, als ich es bin, gehofft hat. Aber er benimmt sich höflich und achtungsvoll, nur, Mama vermißt etwas wie Liebeswerben von seiten W.s. Es verletzt sie plötzlich tiefer als mich, wenn er herumschwadroniert und die Ehe, die er mit mir doch eingehen will, beinahe als Fehlschlag bezeichnet. So wenig er sich bisher geöffnet hat, so viel habe ich schon gegen seinen Willen über ihn erfahren. Geredet hat er wohl, über sich, über seine Gefühle zu E., doch mußte ich (und sollte ich) selber spüren, was er empfindet. Ist er lenkbar? Das genügte. Nur, von wem läßt er sich lenken? Schlimm wäre, was ich beinahe voraussehe, daß W. sich bald von diesem, bald von anderen bevormunden läßt. Könnte es denn sein, daß Mama den Plan, uns zu verheiraten, fallenläßt? Das wohl nicht, sie müßte einen Skandal befürchten, der Zar könnte Einspruch erheben. Und Mama fürchtet dieses unbegreifliche Rußland, ihr Geburts- und Heimatland. Damals, als russische Soldaten hier waren, redete sie mit mir zum ersten Mal über ihre Erlebnisse und Vorstellungen. Ich bin, das aber steht fest, eine wichtige, eine bedeutende Person geworden, vielmehr soll meine Bedeutung erst mit dieser Ehe wachsen.

Gestern bin ich beim Geheimrat gewesen, wir sprachen über seine Sammlungen, über meine Bilder. Am liebsten würde ich diesen bewundernswürdigen Greis mit mir nehmen als ein Stück meines Weimars. Er lachte. »Wissen Sie denn nicht, daß ich mit diesem Berliner Hundezeug einmal meine liebe Not hatte? Der Name Nicolai sagt Ihnen wohl nichts mehr? Er schrieb einmal einen sogenannten Anti-Werther gegen mich, ein elendes Machwerk; wir, das heißt Schiller und ich, haben es ihm freilich auch besorgt. Ich höre, daß er noch lebt? Oder nicht? Gleichviel; er und seinesgleichen gelten dort oben an der Spree als das Nonplusultra dessen, was sie Aufklärung nennen, und was nichts anderes ist als die dumme Umkehrung ihres Aberglaubens ins Reale. Damit werden Sie es also zu tun kriegen. Mit ihrem Friedrich, dem Großen, hatten die Leute da oben einmal einen auf dem Thron, einen wahrhaft weisen Monarchen. Nun, ich schmeichle mir, dies früh erkannt zu haben. Der hatte sie, die wirkliche Aufklärung, dem galt das Religiöse als Angelegenheit der Person. Erinnern Sie sich, Prinzessin, an den Fall des Professors Fichte, hiesig in Jena? Nein, warten Sie, da sind Sie noch nicht auf der Welt gewesen. Fichte hatte auch so etwas wie die echte Religion, was auch immer das sein mag. Ich fürchte allerdings, Sie und ich, wir passen beide nicht recht in das Schema der Herrschaften von Rom bis Halle. Sie werden es nicht leicht haben an diesem Hof. Halten Sie sich Humboldt, Prinzessin, der hat auch Religion, und vor allem hat er Naturgeschichte intus, soll denen da oben einst ein bißchen bessere Pädagogik beizubringen versucht haben, vergeblich. In diesem trockenen Sand faßt kein besseres Kraut. Na, aber es sollen, wie ich höre, eine paar tüchtige Leute jetzt dort lehren. Ich könnte Sie ein wenig begleiten, mein Kind, vielleicht würden wir gemeinsam ...«, er lachte wieder, wischte alles aus und nickte mir zu.

Gewiß ist daran nicht zu denken. Mir ist aber doch, als täte ich besser, von meinen Sympathien für die Jungen, die meine Generation sind (und die ich verstehe), zu schweigen. Aber vor dem Alten ist nichts ganz zu verbergen; er warf einen Blick auf meine Skizzen mittelalterlicher Schloßruinen und bemerkte trocken, man schule sich besser an der Natur der Dinge, als sich selbst zum Gegenstand des Alls zu machen. »Sehen Sie, was auf der Heide, die ich eben als trockenen Sand bezeichnet habe, noch wuchert, diese Unnatur, dieses aus zweiter Hand leben. Was soll das mit dem Kult des Mittelalters? Habt ihr Jungen denn dieses Zeitalter verstanden und nicht bloß auf ein paar Kostüme heruntergebracht, ein wenig Blech und eine Menge Weihrauch? Nutzt uns das, die wir in allem aufholen müssen, nach rückwärts zu starren und Heil zu erwarten? Nun, ich weiß schon, ihr haltet uns für veraltet, für verkalkt. Hüten Sie sich, Prinzessin, vor dem Spiel mit der Form!« Habe mich beeilt, ihm meine Ergebenheit zu versichern. Aber was half es? Geglaubt hat er mir nicht.

Dieser würdige Greis verfolgt ein uns fernes Ziel, in seiner gedachten Welt sind wir alle alles miteinander, Bauern und Fürsten, Künstler und Gelehrte, alles aus uns selbst heraus. »Sie werden also nun wirklich in dieses Berlin umziehen?« Ich spürte, daß er mich ungern verliert, kam sehr nachdenklich nach Hause zurück. Fand einen der merkwüdigen Briefe meines Bräutigams vor, die Aufzählung einer Menge von Belanglosem. Im ersten Anlauf war ich nicht imstande, diesen Quark überhaupt zu lesen. W. schreibt wie einer, der seine tägliche Pflicht, ähnlich der Inspektion eines Regimentes, erfüllt. Es soll ja Preußen sehr kriegerisch sein; ich meine, daß es kriegerisch ist, wird nicht bezweifelt, selbst Papa und Großvater bewundern Preußen auf das höchste seit den Taten Friedrichs, es ist kriegerisch im Sinne seiner Ferne von höherer Kultur. Das werden wir ändern, denn die Hochzeit soll ja doch sein. Gott, am Ende wird bei Preußens vor dem Mittagessen regelrecht der Herr angerufen?

Die Hochzeit war auf den 11. Juli 1829 festgesetzt worden. Wilhelm wünschte einen vorgezogenen Termin, Maria Pawlowna wollte ihn dagegen aufschieben und vor allem: Nicht in Berlin, sondern in Weimar sollte geheiratet werden. Der Umgang mit der Großfürstin Maria Pawlowna war nicht eben leicht, und er wurde immer schwieriger. Sie litt zunehmend unter Schwerhörigkeit, was das ihr angeborene Mißtrauen noch steigerte. Und die ganze Vorgeschichte dieser Brautwerbung war nicht dazu angetan, sie milde gegen den Bräutigam ihrer Tochter, eben diesen Herrn aus Berlin, zu stimmen. Seine Kälte, seine offen bekundete Gleichgültigkeit für ihre Tochter ließen sie für die Ehe Augustas fürchten. Ihr war natürlich bewußt, daß es sich um eine dynastische Kuppelei handelte, ja, sie hatte an eben dieser Kuppelei recht lebhaft teilgenommen, allein ganz sorglos war der Eheknoten nun doch nicht geknüpft worden. Menschliche Güte und Größe sollten die Nachteile solcher Heirat denn doch auch ausgleichen. Weimar als Trauungsort war wieder Schrulle, und die preußische Seite bestand allerdings darauf, daß die Ehe in ihrer Residenz geschlossen wurde.

Nach manchem Hin und Her entschlossen sich Großherzogin

und Großherzog, um wenigstens daran zu erinnern, daß es auch einen Großherzog gab, nach Berlin zu reisen und an der Trauung teilzunehmen. Zur Hochzeit wurde der neue Zar Nikolaus I., Wilhelms Schwager, weil dieser mit dessen Schwester Charlotte verheiratet war, in Berlin mitsamt Gemahlin zu Gast erwartet. Nikolaus, der Bruder Maria Pawlownas, und Alexandra Feodorowna, wie sich Charlotte jetzt nennen ließ, bildeten denn auch in Berlin und Potsdam erwartungsgemäß den Mittelpunkt, nicht das Hochzeitspaar, wie alles Russische in Berlin Respekt und höchste Bewunderung auslöste, zumindest seit Alexander I. sich mit Luise und Friedrich Wilhelm III. an der Gruft Friedrichs II. die Hände zu ewigem Bündnis und unverbrüchlicher persönlicher Freundschaft gereicht hatten, seit den Tagen der Waffenbrüderschaft.

Aber die Sympathien schwankten doch auch stark; allemal wenn Russen in Berlin auftraten, stellten sie höchste Ansprüche an Aufwand, sie waren nicht nur Autokraten, sondern den römischen Päpsten gleichgestellt. Irgendwie hatten die deutschen Fürsten alle das Gefühl einer Minderwertigkeit, als ob ihre Bedeutung in dieser Welt permanent aus den Händen der russischen Befreier empfangen wurde. Loswerden konnten sie die Russen allerdings nicht mehr.

Daß es mit der russischen Freundestreue ein eigen Ding ist, wußte niemand besser als die Großfürstin Maria Pawlowna, die ihrer Tochter einen Abscheu gegen den zaristischen Absolutismus eingeimpft hatte. Was nichts daran änderte, daß bei einem Zarenbesuch regelmäßig etwas mehr getan werden mußte, als das Protokoll vorgeschrieben hätte, würde es eins gegeben haben, und weil der Herrscher aller Russen und Reußen zugleich als der orthodoxe Papst auftreten konnte, falls er es wollte. Und natürlich wuchs sich die Hochzeit zu einer endlos langen Feierlichkeit aus.

Der 11. Juni 1829 war ein Donnerstag und ein lauer Sommertag. Braut und Bräutigam wechselten die Ringe, der Bischof Eylert hielt die Rede oder Predigt, während die im Lustgarten aufgestellten Kanonen Salut schossen. Es war Augustas erster öffentlicher Auftritt in diesem Berlin. Schwiegervater Friedrich Wilhelm III. war in ihrer Nähe, ein zugeknöpfter, allerdings auch wohlwollender König, die Prinzen von Preußen, Karl, ihr Schwager zumal, der gewöhnliche Hofschranzenpöbel, die Örtlichkeit, an der nichts die junge Frau an das heimische Weimar erinnerte, Hunderte Augenpaare, die lauerten, um Augusta bei einem Fehler zu ertappen. Ihr kamen erste Ahnungen, daß sich dieses Land, dieser spröde Hof nicht ganz leicht ihren frommen Hoffnungen ergeben würden, sondern eher so bleiben wollten, wie sie waren. Die Uniformen störten sie, das militärische Zack, Zack schien ihr nicht passend für die Hochzeit einer Weimarischen Prinzessin, etwas ganz Besonderes, mit einem nicht mehr jungen Prinzen, der aus ihren Händen die höheren Weihen des freien Geistes empfangen sollte. Es befremdete sie, keines der Bücher in Nähe ihres Gatten gesehen zu haben, die zu kennen Augusta für unersetzlich hielt, die Weimarer Klassik, die Romantiker, einiges Englische, Französische. Er erschien ihr plötzlich recht oberflächlich, im Auftreten gekünstelt. An Pomp entfaltete der sparsame Schwiegervater genug.

Die junge Augusta wurde ihrer Rolle nicht völlig gerecht. Wie die Zeitgenossen berichten, vermochte ihre Haltung niemand hinzureißen. In ihrem Brautstaat wirkte die Weimarerin überdies schlecht angezogen, fein gemacht, sie hatte vielleicht zu wenig Wert auf das strahlende Kostüm gelegt. Sie beschloß in genau dieser Stunde, in allem peinlich korrekt am Zeremoniell festzuhalten; niemand sollte sie bei einem Fehler ertappen. Der endlos langen Gratulationscour nach dem Festakt folgte der in Preußen traditionelle Fackeltanz, eine Art Polonäse, bei der die Hofchargen gehend und schreitend Fackeln herumtragen. Diese Zeremonie soll bis auf eine Sitte der Antike zurückgehen und war in Berlin schon in der Kurfürstenzeit üblich. Welche Bedeutung er hatte, das konnte der jungen Frau niemand erklären; allein, sie schritt und walzte mit ihrem Herrn Gemahl, dem alles offenbar verteufelt wichtig war, seiner Ernsthaftigkeit nach zu schließen, und mit den Hofchargen durch den Saal. Dann war dies überstanden. Die Brautnacht kam. Was sich in der ebenfalls traditionellen Brautkammerflucht des Berliner Schlosses unter vier Augen abspielte, darüber äußerte sich der neugebakkene Ehemann öffentlich ausnahmsweise einmal nicht.

Der folgende Tag brachte Hofoper; gegeben wurde Spontinis Agnes von Hohenstaufen. Dieses Singdrama hatte sich der Ehemann bestellt, er kannte es von der Uraufführung her, und es ist möglich, daß er die Wiederaufnahme dieser Oper aus Anlaß seiner Hochzeit aus einem sehr triftigen Grund veranlaßt hat. In dem Werkchen des Kleinmeisters und ungekrönten Berliner Musikerkönigs Spontini geht es nämlich um die unglückliche

Liebe eines Herzogs von Braunschweig zu einer Agnes, eine Liebe, die von der Schwiegermutter des Braunschweigers zwar gebilligt wird, aber zu keinem glücklichen Ende kommt. In dieser ärmlichen sentimentalen Klitterei erhaschte Wilhelm eine traurige Analogie zu seinem eigenen Schicksal.

Dergleichen Firlefanz hat er bis in sein reifes Alter hinein getrieben. Dem Gemahl der Augusta ermangelte es auch deshalb an gutem Geschmack, weil er seiner verabschiedeten Geliebten, dem Fräulein von Brockhausen, nicht die Gratulationscour ersparte, die ihm pflichtgemäß mit einem Knicks alles Gute wünschen mußte. Dies also ist die eine seiner Konkubinen, mag die junge Ehefrau gedacht und das von dem Aufwand nicht unbeeindruckte junge Mädchen prüfend betrachtet haben. Wie mag nur die andere sein? Älter und reifer jedenfalls. Hat die Brockhausen ein Kind von ihm? Ah, man redet viel an diesem Hof, und man redet nicht grundlos und ohne Zweck. Letzterer ist meist mit einer Bosheit an diesen gemeinen Hof verknüpft, dies merkt man nach einigen Tagen ganz wie von selbst.

Man hätte ja übrigens Gelegenheit gehabt, die berühmte Oper Webers zu hören. Der Freischütz war 1821 uraufgeführt worden und hatte den Spontini in der Öffentlichkeit längst entmachtet und auf einen letzten Platz verwiesen. Davon hatte der Prinz schon deshalb keine Kenntnis genommen, weil die Ebene der Agnes Hohenstaufen unzweifelhaft die Vornehmere war.

Im Berliner Opernhaus fand darüber hinaus noch eine besondere Art Mummenschanz statt. Augusta mußte in russischer Nationaltracht dem Zarenpaar aufwarten und huldigen, also die erneuerte Eintracht der beiden Mächte in persona bekräftigen. Sie tat es, die Unmöglichkeit, sich zu weigern, einsehend. Eine kluge Regie hatte alle diese Festlichkeiten so zu legen verstanden, daß auch noch der Geburtstag Charlottes, also Alexandra Feodorownas, in Berlin gefeiert werden konnte. Am 13. Juli 1829 wurde eine jener seltsamen Feten zu Potsdam im Neuen Palais veranstaltet, die hier so hoch beliebt waren. Sie trug den Namen: Fest der Weißen Rose. Weiße Rose deshalb, weil die Zarin ganz in Weiß gekleidet war, mit einem Kranz weißer Rosen auf dem Kopf. Offenbar mußte der Name zu dieser Aufführung erfunden werden, um der Symbolik willen. Im Hof des Palais tuteten 115 Trompeter die Weiße Rose ein, alle Herrschaften traten zwar unter dem alten Preußenbanner Schwarzweiß auf, schleppten aber eine Menge mittelalterliches Blech und Gold und Silber mit sich herum. Wilhelm war in eine Rüstung gestiegen, in der Grundfarbe Blau; alle Ritter hatten Schwerter umgehängt, um sie zu ziehen und vor der Weißen Rose zu senken, so wie man sich ein mittelalterliches Turnier vorzustellen hatte, bevor es begann. Das stürmische Angebot dieser Ritter, sich für die jeweilige Dame ihres Herzens nach Mittelalterbrauch zu raufen, wandelte Charlotte in ein harmloses Lanzenstechen nach Kränzen weißer Rosen um. Entschieden besser wäre es gewesen, die Schlägerei zuzulassen und die Welt wenigstens von einem Teil ihrer Throne und Herrschaften zu befreien, wenn auch nur zeitweilig.

Zum Abschluß gab es eines der im Rokoko erfundenen und noch immer hochbeliebten lebenden Bilder, man stellte kostümiert bestimmte Szenen aus der Geschichte dar. Dabei ging es recht freizügig zu; Rübezahl und die römische Göttin des Krieges Bellona traten unter den kritischen Augen Augustas auf, und schließlich tanzten nach einem Bankett Ritter und Ritterfräulein bis in den Tag hinein. Wilhelm legte blecherne Rüstung und Adlerhelm wieder ab, und der papierne Alltag der Ehe begann. Diese Hochzeiterei hatte in Augusta nicht die Spottlust geweckt; satirische Betrachtungen lagen ihr nicht, auch Humor besaß sie kaum. Dergleichen Hof- und Gelegenheitsfeste kannte sie auch, selbst der Geheimrat pflegte gelegentlich eines seiner Plunderweilernischen Vergnüglichkeiten beizusteuern. Allein war am Fest der Weißen Rose irgend etwas vergnüglich und nicht nur gespreizt, so war es Augusta gewißlich entgangen.

Glücklicherweise feierte man in Preußen nicht täglich solche Lanzenstechereien. Augusta, junge Ehefrau, begann sich in diesem Berlin, also im näheren Umkreis, denn Berlin ist auch zu einem guten Teil Potsdam gewesen, nach geeignetem Personal umzusehen. Sie durfte sich aber eingestehen, daß der ganze Hochzeitsspuk keinen sehr tiefen Eindruck bei ihr hinterlassen hatte; sie nahm ihn einfach hin wie ein notwendiges Übel. Sie stellte rasch fest, daß zu den ästhetischen Gesellschaften, die sie geben wollte, ein recht kleiner Kreis zugelassen war, ganz anders als in Weimar, wie sie meinte, nicht bedenkend, daß sich auch der Geheimrat für die Hofgesellschaft zu kostümieren pflegte und allein kommen mußte, ohne die Geheimrätin.

Berliner Salons, ästhetische Tees

Es wird nunmehr Zeit, die Nutzanwendung aus den ersten Kapiteln um die Verhältnisse der Residenz Weimar zu ziehen und mit Berlin, dem Berliner Hofleben der ersten Ehejahre Augustas zu vergleichen. Auch Prinzessinnen haben so etwas wie einen Alltag. Goethe hatte geschrieben: Mag es ihr wohl ergehen in dem ungeheuer weiten und bewegten Element, nämlich der jungen Augusta in dem weiten und bewegten Berlin. Wir nehmen mal an, der Dichterfürst hat diese Stadt gemeint, von der er selbst gar nichts hielt.

Das junge Paar bezog eine erste Wohnung in Potsdam, und zwar im sogenannten Kavaliershaus bei Sanssouci. Hält man sich die Architektur Potsdams wie deren Zweck vor Augen, Wohnstadt für Militärs, Beamte und Dienstleute zu sein, bedenkt man die daraus hergeleitete gesellschaftliche Struktur Potsdams, die abgeschotteten Salons der Offiziersgattinnen, die Kränzchen der Probst- und Predigerswitwen, die Unterhaltungen sitzengebliebener Pfaffentöchter, die Masse subalterner Beamtenschaft, dann wird deutlich, was die junge Frau mit dem Wort *Verdutztheit* ausdrückt, mit dem sie ihre Lage beschrieb. Sie war nicht die erste, die, nach Preußen verpflanzt, verzweifelte und von einer unbestimmten Angst geschüttelt wurde, für die das Wort Verdutztheit eher eine Verkleinerung ist. Vor der Kälte des Hofes und der ihrer neuen Verwandten, dieser Atmosphäre ständigen Mißtrauens, der Intrige und des gegenseitigen Belauerns brach der Mut der jungen Augusta, sich in diesem Berlin auf eigene Füße zu stellen. Hatte ihr Gatte einst zuviel süßliches Gefühl an eine Liebe verschwendet, die er vielleicht gar nicht real genießen wollte, so kehrte er jetzt den Mann der Pflichterfüllung heraus. In diesem Kodex war selbst die Ehe so etwas wie eine Frage der Räson, wie der Dienst – sollten einem Prinzen die Freuden nicht vergönnt sein, die jeder Stalljunge besitzt? –, besaß er nur ein wenig menschliche Qualitäten, war er zur Liebe und zum Haß wie zum Genuß fähig.

Wie der Prinzessin von Preußen Augusta, so war es auch Luise ergangen, ihrer Schwiegermutter, als diese nach Berlin gekommen war. Auch sie war in den ersten Jahren der Ehe beinahe an diesem Hof zerbrochen, hätte sie nicht den besonnenen Gatten an der Seite gehabt, der sie übrigens auch wirklich liebte, was alles ein wenig leichter machen kann, leider aber auch im Falle Luises nicht machte. Wilhelm hatte seine Arbeit, er war Soldat, nahm allen Dienst ernst, oder mag ihn zumindest in dieser Zeit ernster als nötig genommen haben, um auf den Unterschied zwischen einem nutzlosen Kulturhof und einem Hof heroischen Soldatencharakters hinzuweisen. Und dieser Hof hatte draußen neben seinem Ruf unendlicher Kälte, grenzenloser Mißgunst und beispielloser Intrigenwirtschaft, noch den einer aus dem Rahmen fallenden Liederlichkeit.

Der jungen Ehefrau wurde sorglich zugetragen, mit wem ihr Gatte es gerade hatte, in der Regel mit einer Ballettratte, einer Schauspielerin, und sie mußte es noch als Ritterlichkeit dankbar hinnehmen, daß Wilhelm seinen Ehebruch ihr gegenüber geheimhielt. Er setzte das Leben eines Gardeoffiziers fort, als sei er noch ledig, und es ist schwer zu verstehen, weshalb er über sein schweres Schicksal Beschwerde führte, da er doch ganz gut zu leben verstand. Noch komischer ist, was er seiner Schwester über seine moralischen Vorstellungen schrieb: Nichts Schrecklicheres denke ich mir, als gegenseitig aneinandergefesselt zu sein, ohne Achtung vielleicht sogar oder auch ohne Freundschaft, denn an Liebe denke ich doch nicht mehr, wenigstens nicht an eine solche, wie ich sie kannte. Wer hier leben und existieren und nicht absterben wollte, der mußte sich eine eigene Welt schaffen, der mußte allerdings auch gewärtig sein, von Hofdamen, Lakaien und Diplomaten auf Schritt und Tritt belauert und durchgehechelt zu werden. Diesem Klima war nicht leicht zu entkommen. Selbst Heilige fürchten das Gerücht, hatte ein berühmter Kirchenfürst einmal weise gesagt, als seine makellose Lebensweise gerühmt worden war; um wieviel mehr mußte eine Fremde, eine blutjunge Frau und ein unbeschriebenes Blatt, die Nachrede fürchten, auch dann, und dann vor allem, wenn sie auf eine saubere eheliche Lebensführung achtete und nicht nur wie ihr Gemahl auf eine saubere eheliche Geschäftsführung.

Eigentlich hätte ihr ihre Umgebung Verständnis geschuldet. Allein, Augusta machte es auch Wohlmeinenden nicht leicht, sich ihr zu nähern. Sie wollte vor allem nichts falsch machen, nicht auffallen. Heimweh plagte sie verständlicherweise, heftiges Heimweh nach Weimar und nach dem so herben wie lieblichen Thüringen, nach der Begrenztheit und Überschaubarkeit des Daseins. Sie war von Klassikern erzogen worden, mit einem Bild vom Menschen, in Naturrechten gleich geboren, wenn schon nicht in der Realität, so doch als Weg und als pädagogisches Ziel. In diesem System sollten auch Fürsten gute Gründe für ihre Existenz finden. Am Preußenhof galt der einzelne nichts, sondern nur die Kategorie, Kaste, Militär, Beamter, Kammerherr, Lakai und so fort.

Wilhelm, ihr Mann, sah sich als Soldat; er war es wirklich, und nicht nur aus Tradition, sondern aus Berufung. Sein ganzes Leben hing fest mit allem Militärischen zusammen. Selbst als kommandierender General tat er wirklichen Dienst, wie es einem General zukam.

Seiner Frau blieb der Spielraum ihres Salons. Sie hatte später erst täglich Teestunde mit interessanten Leuten; in der ersten Zeit ihrer Ehe sammelte sie noch, wie jeder Salon, angelte aber nicht nach großen Geistern. Das wäre ihr auch verwehrt gewesen. Wilhelm stieß unregelmäßig zu den Gesellschaften seiner Frau, ließ sich Tee geben, hörte den Reden und Gegenreden zu, ohne sich selbst an den Gesprächsgegenständen zu beteiligen, von denen er glaubte, nicht genug davon zu verstehen, um mitreden zu können. Nicht so seine junge Frau. Augusta war an dieses offene, ungeschäftsmäßige Gesellschaftsklima gewöhnt, und sie dachte nicht im Traum daran, eine Meinung deshalb zu unterdrücken, weil diese falsch sein könnte und einer Korrektur durch besser Unterrichtete bedurfte. Ja, aus diesem Grunde – unter anderem – wurden doch Salons geführt. Ihrer Art nach griff sie lebhaft ins Gespräch ein, widersprach einem Professor Curtius auf seinem Gebiet antiker Grabungen, ließ ihr Urteil dankbar richtigstellen, fiel einem Flügeladjutanten ins Wort und gefiel sich als anregender Mittelpunkt ihres eigentlich noch bescheidenen Kreises. Noch fiel hier kein politisches Wort; man war nur sozusagen angeboren liberal. Dieser Umgang war dem Ehegatten eine Greuel. Er saß wie auf Kohlen, wollte und konnte gar nichts tun, als diese Leute aus dem Hause zu jagen, falls er einen Skandal in Kauf zu nehmen bereit war.

Die Geschichtsschreibung hat Wilhelm gelegentlich den letzten Preußen genannt, da Preußens Könige seit dem Soldatenkönig so etwas wie Heerkönige sein wollten und gewesen sind, mehr oder minder, aber die europäische Welt, und selbst die preußische, hatte sich geändert. Auch eingeborene Preußen waren seit den Napoleonischen Kriegen nicht mehr nur Untertanen, Hintersassen, Abhängige. Augusta mag es kaum für erstaunlich, ihren Erfahrungen widersprechend empfunden haben, daß sich alle Leute in ihrer neuen Umgebung nach den Zeiten Friedrichs des Großen zurücksehnten, da solches Modelldenken durchaus ihren eingelernten Übungen entsprach. Anscheinend gedachten diese Preußen, die feudale Monarchie zu erhalten und zugleich etwas anderes an deren Stelle zu setzen. Sie waren vielleicht ein wenig ratlos diesem Widerspruch gegenüber geworden, eine konstitutionelle Monarchie zu wünschen und andererseits den autarken Staat des vergangenen Jahrhunderts zu konservieren. Auch fand sie im Brandenburger einen ganz anderen Menschenschlag als den lebhaften, offenen Thüringer. Mitunter verstand sie nicht einmal, was der gewöhnlichste ihrer Untertanen überhaupt wollte. Sie erschienen ihr verschlagen und mürrisch, und sie gedachte einer vielleicht öfter gehörten Bemerkung ihres großen Erziehers, des alten Geheimrates, daß ein gar rauhes Volk an der Spree lebe.

Wilhelm verstand etwas vom Soldatentum; er dachte und fühlte ganz in den Ehrbegriffen des Offizierskorps. Nichts aber verstand er von der Kultur, wie man sie anderswo als in Preußen pflegte. Selbstredend aber hatte die Klassik als Lebensgefühl alles Lebendige in Deutschland durchdrungen und untilgbare Spuren hinterlassen. Als Künstlerin mußte Augusta von dem klaren Baustil Preußens begeistert sein, der den Menschen hier entsprach. Die gerade Straßenführung, die am Zeichentisch erdachten Stadtviertel, die Villen Schadows und die Parks des Lenné, damit konnte sich Preußen überall sehen lassen. Nein, ihr Gatte war kein Banause, er kannte und liebte das Theater, die Musik, er war selbst in seiner Jugend an Liebhaberaufführungen beteiligt gewesen, soweit sie einem Prinzen erlaubt sind. Es fehlte ihm nicht an Verständnis für die modernen Wissenschaften, das neuere Ingenieurwesen, ohne das ja übrigens keine Armee inzwischen mehr auskam. Klassisch war in Berlin wie in den preußischen Provinzen alles; Preußen konnte auf einen Humboldt, einen Kant verweisen. Die Oper Unter den Linden, das alte neue Schauspielhaus, die Preußische Akademie und die

Singakademie trugen den Ruf Berlins als Kunststadt weit hinaus, wenngleich es, verglichen mit Paris, London oder Wien, immer noch bloß ein Nest genannt werden mußte. Aus der Enge seiner Verhältnisse heraus hatte Preußen sich und damit anderen den Weg der Neuerweckung klassischer Vorbilder bereitet, philologische Leistungen und historische Forschung gefördert, zu schweigen vom aufblühenden literarischen Leben Berlins der nachfriderizianischen Zeit.

Bis in die Jahre des Biedermeiers hatten die Salons geblüht. Ihre Anfänge reichten noch in die letzte Zeit Friedrichs II. Prinz Louis Ferdinand verkehrte ungezwungen im Salon des Bürgertums, sicher, hier dem Weltenbummler, Literaten, Musiker oder Philosophen zu begegnen. Der bürgerliche Salon war zunächst der Lebensweise des Adels abgesehen; bald aber entwickelten diese Bankierstöchter ihre eigene Salonkultur. Es wurde vornehm-langweilig im preußischen Adelssalon. Aber selbst wenn sie es gewollt hätte, der bürgerliche Salon wäre Augusta verschlossen geblieben. Was in der nachfriderizianischen Ära nicht denkbar, hätte sich nach 1830 überhaupt nicht verwirklichen lassen.

Um einen wirklich großen bürgerlichen Salon zu unterhalten, bedurfte es freilich erheblicher Geldmittel. Im Grunde hat das Bürgertum nur die gesellschaftlichen Usancen des Adel nachgeahmt, als es sich einen Besuchstag schuf, den Jour fixe, an dem das Haus allen offenstand, allen, die ihm freundschaftlich verbunden waren. Wer hier ständig zugelassen war, der durfte einen Freund, Verwandten oder Bekannten zum Empfangstag ungefragt mitbringen, mußte allerdings auch gesellschaftlich für ihn bürgen. Nach Prüfung der betreffenden Person durch die Gastgeber, ob er in den Kreis hineinpaßte, durfte er fortan allein zum Jour fixe kommen, dem Diener oder Hausmädchen seine Visitenkarte abgeben mit der Bitte, sie der gnädigen Frau nebst der Anfrage zu überreichen, ob sie ihn empfangen wolle. Die heutige Party ist nichts anderes als der Empfang. Auf diese Weise formten sich allmählich bestimmte gesellschaftliche Salons. Einen der letzten Adelssalons mit einem großen Ruf haben die Radziwills in der Zeit ihres Berliner Gastspieles unterhalten. Selbstredend gab es weitere gesellschaftliche Treffen.

Besonderes geboten wurde in bürgerlichen Salons eigentlich nichts, im Gegenteil; die Gastgeber erwarteten eher etwas von den Gästen, Buch- oder Manuskriptlesung, einen Gesangsvortrag, virtuoses Klavierspiel oder bloß die interessante Unterhaltung. In der Tat war der Salon eine soziale Notwendigkeit geworden, Begegnungsstätte Gleicher oder Gleichgesinnter; alles hing jedoch von der Persönlichkeit der Haufrau ab, von deren Neigungen, Fähigkeiten und Wünschen.

Der Salon, den die Rahel Varnhagen führte, erlangte neben anderen Häusern eine gewisse Berühmtheit. Dank der Vorurteilslosigkeit Enses, ihres Gatten, versammelte er ein buntes Sammelsurium aller Stände. Prinzen und Lebedamen wie Pauline Wiesel, Dichter wie Heine und Grabbe zählten zu ihren Gästen und Briefpartnern. Schon die Zeitgenossen machten ihr die naive Unbekümmertheit, mit der sie alle möglichen Leute zuließ, zum Vorwurf. Varnhagen von Ense hätte der Jüdin Rahel infolge seines Standes wahrscheinlich den Zugang zur besseren Gesellschaft auch ohne Salon eröffnen können, aber den Salon brachte sie ihm sozusagen mit in die Ehe. Varnhagen hatte Medizin, Philosophie und allerlei Literarisches studiert, war im Gefolge des Staatskanzlers Hardenberg 1814 beim Wiener Kongreß attachiert worden, später Ministerpräsident in Karlsruhe gewesen, um die Beschlüsse des Kongresses umzusetzen. Dort scheiterte er und wurde wegen zu großer liberaler Neigungen gefeuert. Seither nannte er sich Schriftsteller und ließ sich in Berlin nieder, und irgendwie ist sein Salon oder der seiner Frau vom Werdegang und politischem Standort her typisch gewesen.

Die Rahel selbst kommt aus wohlhabendem jüdischem Hause; gleichwohl wurde sie nach dem Tode ihres Vaters von ihren Brüdern finanziell kurzgehalten und mußte ihre erste Salonresidenz in einer Dachkammer in der Berliner Jägerstraße aufschlagen. Diese Karriere ist durchaus kein Einzelfall. Neben ihr glänzte etwa der Salon von Henriette Herz, Frau des Naturwissenschaftlers und Arztes Markus Herz. Noch einen wenn auch weniger bekannten Salon führte Frau Schlegel, Dorothea, eine geborene Mendelssohn. Ihr philosophischer Vater, inniger Freund des Bücherschacherers Nicolai, tat ihr und sich keinen großen Gefallen, als er ihr eine europäische und christliche Erziehung verordnete, da er zugleich erwartete, sie werde in alltestamentlichem Judentum ausharren. Dorothea mußte 1783 einen jüdischen Orthodoxen heiraten, der allerdings Bankier war und Simon Veit hieß. Damit hielt der Vater die Existenz seiner Tochter für nach allen Seiten hin gesichert. Sie brachte dem Veit zwei Kinder zur Welt und brannte anschließend, 1798, mit dem um zehn Jahre jüngeren Friedrich Schlegel durch. Die Salonleiter noch höher hinauf ging es mit einem Schwesternpaar Meier, Sarah und Marianne. Sie entstammen einem reichen jüdischen Haus und konnten entsprechend verheiratet werden, nämlich in einen höheren Adel hinein, als ihn Varnhagen zu bieten hatte.

Neben diesem Salontyp entwickelten sich bald auch andere, freiere Formen, alles das wäre in der friderizianischen Zeit gar nicht denkbar gewesen, weil das Personal für solch edlen Wettstreit gefehlt hätte. Ein ganz anderes Produkt der Salons, freilich nicht nur der Salons, ist der neuartige Antisemitismus. Es konnte wohl nicht anders sein, daß dem bürgerlichen Aufstieg nach dem Fall der Judengesetze die Assimilation und dieser die Abgrenzung der Christenheit folgte. Wilhelm Hauff verfaßte beispielsweise gegen Ende der 20er Jahre des Jahrhunderts schon einen Jud Süß, und Hauff war kein Antisemit. Gemeint ist natürlich jener Jud Süß-Oppenheimer; der Fall wäre zu bekannt, als daß hier näher auf ihn eingegangen werden müßte, wenn Hauffs Sicht auf Personen und Vorgänge nicht Kommendes ahnen ließe. Süß wurde 1738 hingerichtet; Hauff aber beschreibt den Sturz des Geheimen Finanzrates Oppenheimer 1827, also neunzig Jahre später. Der Ewige Jude tritt zusammen mit Satan in einem Teil der Memoiren des Satans auf.

Auffallend oft befaßt sich Hauff mit dem Berliner Salon, bei ihm der ästhetischce Tee. Da er Süddeutscher und später geboren ist, fehlte ihm die Anschauung des tragischen Gesellschaftsmoments. Satan besucht mit dem ewigen Juden einen ästhetischen Tee. »Du darfst, sagte ich ihm, in einem ästhetischen Tee eher zerstreut und tiefdenkend als vorlaut erscheinen. Du darfst nichts ganz unbedingt loben, sondern sieh immer so aus, als habest du sonst noch etwas in petto, das viel zu weise für ein sterbliches Ohr wäre. Das Beifallslächeln hochweiser Befriedigung ist schwer und kann erst nach langer Übung vor dem Spiegel völlig erlernt werden. Man hat aber Surrogate dafür.« Etwas später entwirft Hauff die Personage eines solchen Salons: »Die milde und sinnige Frömmigkeit, die in dem zarten Charakter der gnädigen Frau vorwalten sollte. Der feierliche Ernst, die stille Größe des älteren Fräuleins, die, wenngleich

Protestantin, doch ganz das Air jener wehmütig heiliger Klosterfrauen habe, die, nachdem sie mit gebrochenem Herzen der Welt Ade gesagt, jetzt ihr ganzes Leben hindurch an einem großartig interessanten Schmerz zehre. Das jüngere Fräulein, frisch, rund, blühend heiter, naiv, sei verliebt in einen Gardeleutnant, der aber, weil er den Eltern sinnig (soll wohl heißen prosaisch) genug sei, nicht zu dem ästhetischen Tee komme. Sie habe die schönsten Stellen in Goethe, Schiller, Tieck usw., welche ihr die Mutter zuvor angestrichen, auswendig gelernt und gäbe sie hie und da mit allerliebster Präzision preis.«

Hauff ist 1802 geboren und starb bereits 1827; er hat also die Periode der Befreiungskriege nur als Kind miterlebt. Daß aber um die Mitte der 20er Jahre des 19. Jahrhunderts der Berliner Salon in Süddeutschland bereits zur Persiflage herausforderte, ist schlechterdings erstaunlich und läßt nur den Schluß zu, daß der Berliner Salon innerhalb kurzer Zeit alle Stadien des Ruhmes wie des Niedergangs durchlaufen hatte, Gegenstand triefend ironischer Satire geworden war. Harren wir noch ein wenig bei Hauff aus als einer Quelle, an der selten geschöpft wird.

Der junge Erfolgsdichter hatte sich von seinem Verleger dazu überreden lassen, die Persiflage auf einen anderen Erfolgsautoren jener Tage fälschlicherweise mit dessen Namen zu zeichnen: Clauren. Dem Hauffschen Buch gaben Autor und Verleger den Titel »Der Mann im Mond«. Ganz geklärt sind die näheren Umstände der Herausgabe nicht, nur daß Hauff unversehens zwischen zwei Feuer geriet. Erstens ging der bestohlene Urheber gegen den Mißbrauch seines Namens gerichtlich vor und gewann den Prozeß. Selbst einem jungen Mann wie Hauff hätte klar sein müssen, daß er die persönlichen Rechte eines anderen gröblichst verletzt hatte, da er dessen Namen unter ein Werk setzte, das diesen madig machen, ihn als literarisch Wertlosen bloßstellen wollte. Aber sollte es das überhaupt? Lag nicht eher eine ganz andere Absicht dem Bubenstück zugrunde, nämlich die Idee des Verlegers Franckhe, den Namen Clauren einfach absatzerhöhend zu nutzen? Zweitens aber, was für den jungen Dichter Wilhelm Hauff viel schlimmer, die Rezensenten glaubten nicht an die Persiflage, sie hielten das Buch für ernsthaft gewollt, wie es da vorlag. Der Buchhändler Friedrich Franckhe, auf dessen Betreiben vermutlich alles zurückgeht, war mit den geschäftlichen Gepflogenheiten des Buchhandels natürlich vertraut; er hätte das Manuskript unter allen Umständen ablehnen oder seinen jungen Autor davon abhalten müssen, es falsch zu deklarieren. Das Gericht zu Eßlingen erlegte dem Franckhe bloß auf, ein paar Taler zurückzuzahlen. Bei Hauff ging es um seinen guten Ruf. Aber dieser sonnige und liebenswürdige Jüngling, was ein schönes Wort für den Zustand der Dußligkeit eines Heranwachsenden ist, wußte sich geschickt aus der Klemme zu ziehen, da er nämlich eine sogenannte Kontroverspredigt verfaßte, in der er für seinen eigenen guten Geschmack und gegen den schlechten Geschmack Claurens, dessen Namen er gerade schändlich mißbraucht hatte, polemisierte; damit ging Hauff auf eine weite Reise. Sie trug ihn durch halb Europa, woraus hervorgeht, daß sich seine wirtschaftliche Lage erheblich gebessert und daß er eine Karriere vor sich hatte. 1826 kam er denn auch nach Berlin, um den hier residierenden Literaten und ihren Literaturpäpsten respektvolle Aufwartung zu machen. Damit hatte es eine hübsche Sonderbewandtnis. Hinter dem Pseudonym Clauren verbarg sich nämlich der Berliner Postrat Karl Heun, ein königlicher Beamter. Hauff hatte wieder Glück, er fand unendliches Wohlwollen, trotz des Bubenstükkes, sein Name war in Literaten- und Publikumskreisen wie ein neuer Stern aufgegangen. So machte er durch Vermittlung Hitzigs, auch ein Stern, und zwar ein publizistischer, seine Aufwartung beim zweiten Sekretär der Mittwochsgesellschaft, Willibald Alexis. Dieser Literaturverein war mittlerweile so groß, daß er zwei Sekretäre benötigte, um den Lesebetrieb förmlich zu regeln. Hauff wurde weitergereicht zu Chamisso und zu Fouqué, zum Schauspieler Devrient und den Bildhauern Schadow und Rauch. Selbst Friedrich Wilhelm III. legte Wert darauf, den Märchendichter kennenzulernen. Unter donnerndem Beifall trug Hauff seine Philippika gegen Clauren und für die Reinheit der Literatur in der Mittwochsgesellschaft, einem mittlerweile zur Literaturclique verkommenen Klub, vor, was freilich auf den ersten Blick einem Kanonenschuß auf den Spatzen gleichkam. Denn dem Postrat Heun hatte nichts ferner gelegen als ein außergewöhnliches Literatendasein. Seine Bücher schadeten keinem, er schrieb unterhaltend für das minder gebildete Publikum, so wie diesem und jenem auch heute das Herz offenbar stärker vom Trivialautor gewärmt wird als vom Nobelpreisträger, was ohnehin eine fragwürdige Lobpreisung geworden ist. Verstehen wir uns; nicht als ob man keine eigene Meinung über die Literatur eines anderen haben dürfte; zumal Literaten davon leben, den anderen Literaten madig zu machen. Hier sind es eher die Nebenumstände, die einen redlichen Mann nach Prüfung aller Fakten eher auf die Seite des armen Postrates Heun treten lassen sollte. Merkwürdig, daß niemand gemerkt haben will, wie anrüchig das Unternehmen Hauffs gewesen ist. Ein Jahr später, 1727, war der junge erfolgreiche Wilhelm Hauff mausetot und der alte unglückliche Postrat am Leben und prosperierend wie eh und je. Den armen Mann Heun alias Clauren wäre ohne Zweifel der Zutritt zu den höheren Sphären des ästhetischen Zirkels versperrt worden, hätte er sich darum beworben. Von 1820 bis 1824 redigierte Heun die Preußische Staatszeitung, schließlich wurde er im Generalpostamt Preußens Geheimer Hofrat, wo er offenbar Zeit genug zum Schreiben fand. »Das Dijom-Röschen« heißt einer seiner Titel, den wir mitteilen, ohne etwas über das Buch zu sagen, weil wir keine Bücher rezensieren, sondern gesellschaftliche Zustände. Und der Postrat brachte es auf 25 Werke.

Das Treiben ging fort; Wilhelm versuchte, seiner jungen Frau diesen Freiraum des Denkens, der Geselligkeit streitig zu machen. Er schrieb an andere, bat sie, ihren Einfluß auf Augusta geltend zu machen. Diese Themen, wie sie oben bloß angedeutet werden konnten, diese immerwährenden Zeitalterdebatten, die herangezogenen Beispiele, die das gesellschaftliche Leben in Preußen anders schilderten als das der Hofgesellschaft, verstimmten ihn. Der Altersunterschied machte sich ebenfalls bemerkbar. Der um 14 Jahre ältere General mit einem vom Kasernenhof begrenzten Weltbild – noch nie war ein Preußenprinz zu einem Studium der Wissenschaften abkommandiert worden, das setzte erst Augusta bei ihrem Sohn durch – konnte dem Gespräch selten so weit folgen, daß er die Tiefe der Argumente verstand. Ihm schien es aber, als verhalte sich seine so junge Frau nicht nur unstandesgemäß, sondern vorlaut. Sie wollte bei solchen Dingen mitreden, die sie nach seiner festen Überzeugung gar nicht verstehen konnte, sie machte sich in seinen Augen bloß lächerlich. Das mag wohl von Fall zu Fall eingetreten sein, allein, Wilhelm räumte doch immer wieder ein, wie weit ihm diese Frau geistig überlegen gewesen ist. Der Streit um ihre Teegesellschaften sollte ein ganzes Eheleben lang andauern, bis Wilhelm, alt und grau, vom Theater kommend, wo er sich für gewöhnlich noch als Kaiser zu erholen pflegte, spät abends bei seiner Frau den Tee nahm und endlich so weit gekommen war, ihrem Gerede nicht mehr zuzuhören.

Das Schwedter Palais

Potsdam, im Frühjahr 1831 …

Vielleicht sind Jahre nötig, um in Potsdam das zu sehen, was ein Preuße darin erblicken mag, die Wirk- und Weihestätte zweier Könige, die aus einer Sandwüste, aus Heide und Moor ein Land und einen Staat gemacht haben, was alle deutschen Fürsten bewundern. Soweit es mich betrifft, hält sich meine Bewunderung in engen Grenzen, seit ich Potsdam aus der Nähe kenne; dennoch führe ich das traditionelle Dasein einer Prinzessin von Preußen. Meine Wohnung ist das hiesige Kavaliershaus, in welchem wir, Prinz und Prinzessin, gewissermaßen zur Miete wohnen. Der König ist ein Knauser und hat uns dieses Quartier zugewiesen, wir wohnen hier durch allerhöchsten Befehl. Nichts geschieht in meiner Ehe ohne Befehl; ich habe mich darauf eingestellt, alles für verboten zu erachten, was mir nicht ausdrücklich gestattet worden ist. Das Haus ist klein, aber man hat mir auf meine Klagen bedeutet, daß sich preußische Königsfamilien zu beschränken wüßten, was eine ihrer Tugenden gewesen sei. Darin lag eine Kritik, versteht sich.

In Potsdam und noch mehr in Berlin, das wir glücklicherweise nicht zum dauernden Wohnsitz befohlen bekamen, leben die Leute in ihren streng abgeschlossenen Kreisen. Ich erregte Aufsehen, als ich mich in der mir gewohnten Art und Weise zu bewegen gedachte. Hier wird, wie gesagt, im allgemeinen alles befohlen. Eine Prinzessin wird nicht eingeladen, gebeten oder bestellt, zu was auch immer, sie erhält einen Befehl, sich dort und dort in diesem und jenem Aufzug einzufinden und abzuwarten, was man ihr weiter befiehlt. Dieses Ritual, daß der König immer alles für einen regelt, hat das ganze Leben hier durchfärbt; in bürgerlichen Zirkeln und Kreisen verkehren die Leute natürlich weit lockerer, locker bis leider vulgär, wie ich höre. Potsdam wimmelt von Offizieren, Kurieren, Equipagen und Kaleschen, aber alles läuft wie auf Bahnen, sie reiten und fahren alle zu einem Zweck, der durch Order vorgegeben ist. Ich habe nicht den Eindruck, daß irgendwer bummelt oder sich in der Öffentlichkeit einem Nichtstun hingibt, falls er eine Uniform trägt, Militär ist oder Beamter. Er würde auch auffallen.

Was sich hinter den Wohnungstüren und innerhalb der vier Wände abspielt, mag ich nicht wissen. Immerwährend ist von Tugend die Rede, von Pflichterfüllung; indessen sind nur wenige tugendhaft, den Skandalgeschichten nach zu urteilen, die stets wie ein Lauffeuer die Runde machen. Selbst die Pfaffen haben hier einen irrsinnigen Zug, ihre Bigotterie ist sozusagen eine Folge des allerhöchsten Befehls, und ihre Schrullen machen sie nicht immer liebenswürdiger. (Ich gehe, wie befohlen, in die Kirche.)

Da die öffentlichen Schulen, verglichen mit den unseren, geradezu elend genannt werden müssen, gibt seine Kinder, wer die Mittel dazu hat, einem Privatlehrer zur Ausbildung. Der ist meist ein Konrektor, untersteht also immer einem Superintendetnen, und pflegt irgendeinen sanften Wahn. Dabei ist es ungewiß, wen die niedere Geistlichkeit als obersten Herrn über sich anerkennt, Gott oder die papierene Order des Konsistoriums bzw. des Königs. Daraus ergibt sich eine mir widerwärtige Mischung aus Kleinlichkeit und Kriecherei, die die Kompensation durch das Gerede von Tugend und Befehl herausfordert. Da war die Bürgertugend eines Robespierre von anderem Schrot und Korn. Ein wirklich gebildeter Bürgerstand, der den Namen verdient, ist kaum zu entdecken, und wenn es ihn gäbe, wäre er mir auch verschlossen und existierte in den Zirkeln der Akademie, der Unviversität oder im Haus eines der neuen Reichen, der Bankiers zumal.

Also wir, mein Herr Gemahl und ich, werden nach Berlin befohlen oder ins Marmorpalais oder weiß Gott, wohin. Es läuft immer gleich ab; ein Kurier erscheint im vollen Galopp, als ob es brennt, und zieht eine versiegelte Order aus dem Rockärmel. W. liest das Schriftstück mit allem Ernst und trifft seine Vorkehrungen. Eine Abteilung der Potsdamer Garde zieht auf, begibt sich an den befohlenen Ort, schwenkt nach links, nach rechts, der König oder der Kronprinz Friedrich Wilhel, oder Karl, meine Schwäger, entsteigen einer Kutsche, schreiten durch ein salutierendes Spalier, hinein in ein Haus. Das war alles. Darin besteht ein Großteil unseres Lebens. Jeder meiner Schritte wird beobachtet, ich will nicht sagen, ausspioniert. Was ich gestern falsch oder richtig gemacht habe, kann ich am Gesicht meines Gatten ablesen. W. spricht nie aus, was er denkt, er läßt seine Mißstimmungen von mir erraten. Was ihm allein wichtig, ist eine unerbittliche Reputanz; er fürchtet den Klatsch und die Lächerlichkeit wie der Papist den Doktor Luther. Das ist nicht etwa bloß Charaktereigenschaft, sondern der Stil dieses Hofes. Bei offiziellem Anlaß steht der König in der Mitte des Hauptquartiers in einem Halbkreis aus Familienmitgliedern bestehend; uns gegenüber bilden die Minister, Räte und Höflinge die Linie. In meinem ganzen Leben habe ich noch nicht so viele Uniformen gesehen, nicht einmal während des Krieges, bei dem ich allerdings noch so klein gewesen bin, daß mir die bunten Kriegsröcke wie Kostüme erschienen sein mögen.

In der ganzen Zeit meines Hierseins habe ich jedenfalls noch keine zehn Sätze persönlicher Art mit einem meiner neuen teuren Verwandten gesprochen; keiner hat mich bisher gefragt, wie ich mich hier fühle, ob es mir wohlergeht, ob mir etwas fehlt und was mir vielleicht als philiströs an diesem philiströsen Hof auffällt. Meine Schwägerin ist dauernd darum besorgt, sich als künftige Königin nichts zu vergeben, obschon ihr bayerischer Dilalekt freundlich genug klingt und sie das Ableben des Königs erst abwarten muß, um Königin zu werden. Ein Lichtblick könnte ihr Gatte, mein Schwager Friedrich Wilhelm sein; bei all seiner fraglos großen Bildung erscheint er mir aber leider zu kindisch und verspielt.

Von meinem Herrn Gemahl sehe ich wenig, so daß es mich fast wundert, von ihm schwanger geworden zu sein. Und es mag ihm ebenso als wunderbar und fast wie eine unbefleckte Empfängnis vorkommen, daß ich Mutter werde. Andererseits trägt man mir Klatsch genug über die Affären zu, die W. angeblich hat. Man zeigt mir sogar hilfreich die kleinen Kinder, bei denen er die diskrete Vaterschaft ausübt. Was mich betrifft, so könnte ich der jeweiligen Frau nur mitleidig nachsehen, da sie kaum mehr von ihm haben dürfte als ich.

Die Ärzte meinen, daß ich mit meiner Niederkunft im Herbst rechnen kann. W., den ich auch zu Hause im Waffenrock sehe, nur daß er sich die Freiheit erlaubt, die Knöpfe zu öffnen, was er für den Gipfel der Nachlässigkeit ansieht, muß beim König unbedingt darauf dringen, daß wir besser untergebracht werden. Dazu gibt mir die Mutterschaft ein Recht. Ich will sagen, ich habe die in mich gesetzte Erwartung pflichtgemäß erfüllt, jetzt heißt es zahlen. Könige hat Preußen auf lange Sicht ausreichend.

Weimar ist gewiß kein Louvre gewesen, Schloß Berlin zwar groß, aber in der kalten Jahreszeit höchst unbequem, die unteren Stockwerke stehen regelmäßig unter Wasser, wenn die Spree, ein schmales Flüßchen, nicht breiter als die Ilm, nur, daß sie gemächlicher fließt, Hochwasser führt. Dieses Berlin ist ja im übrigen auf einem Sumpf errichtet. Es müßte also schon ein anderes Haus gefunden werden, womöglich nicht in Berlin. W. ist meinen Vorstellungen gegenüber, den König um eine besser Wohnung anzugehen, überraschend aufgeschlossen. Ein männlicher Nachkomme gäbe uns gewiß eine ganz andere Stellung, denn Kronprinz und Kronprinzessin haben keine Kinder, und es wird allgemein erwartet, daß meine Schwägerin auch nicht mehr guter Hoffnung werden kann. In einem solchen Fall wären wir die Eltern des Thronfolgers.

Wir leben im übrigen nicht gerade üppig; das Einkommen meines Herrn Gemahls wird größtenteils für dessen Repräsentation und womöglich für seine Amouren verbraucht. Die Schwangerschaft setzt mir arg zu, ich bin wohl kaum zur Mutterschaft gemacht, liege viel, häufig habe ich Kopfschmerzen. Sie kommen von einer auf die andere Minute, ich gehorche dann sogar den Ärzten und verschaffe mir ein wenig Bewegung. Ich würde mehr Vergnügen daran haben, wäre nicht dieses Potsdam vor meiner Tür und könnte ich mich wirklich ganz natürlich in einem der schönen Parks ergehen. Da dies nicht möglich ist, lese ich Bücher über das glückliche England.

Mittlerweile war der Gatte und Prinz von Preußen zum Kommandierenden General zweier Korps aufgerückt. Damit stand ihm als Chef eine Dienstwohnung zu, das Schwedter Palais, in der Straße Unter den Linden, am Opernplatz, No. 9. Das Gebäude hatte eine lange Geschichte. Irgendein Oberst baute es; im Laufe der Zeit ging das Haus in das Eigentum des Markgrafen von Schwedt über, eine Garnisonstadt in der Neumark, unweit Frankfurts. Der Markgraf folgte mit dem Ankauf einer Gewohnheit des märkischen Grundadels, sich in Berlin Stadthäuser zuzulegen, in denen die Familien im Winter oder besuchsweise Quartier bezogen, empfangen und Gesellschaften geben konnten. Wirkliche Palais, also richtige Paläste, fanden sich darunter allerdings nur wenige. Den meisten von ihnen blieb ein provisorischer Charakter, und sie pflegten häufig die Besitzer zu wechseln. Aus den Händen jenes Schwedter Herrn war das Palais, völlig heruntergekommen, in den Besitz des preußischen Kriegsministeriums gelangt. Der General Tauentzien bewohnte es während der preußischen Erhebung und der Befreiungskriege.

Das Schwedter Palais war eine zweistöckige Bruchbude mit einer Mittelauffahrt, aber einem Schilderhaus für die Wache; denn es handelte sich um ein Stabsquartier. Als Augusta dieses Haus zum ersten Mal einer Musterung unterzog, in das sie von Potsdam aus ein- und umziehen sollte, war sie empört. Sie wehrte sich, ließ ihren Schwiegervater wissen, daß dieses ganze ihr zugemutete Anwesen zu klein, zu einfach, zu wenig repräsentativ sei, abgesehen von seinem jämmerlichen baulichen Zustand. Es war der erste Versuch Augustas, sich unter den neuen Verhältnissen zu behaupten.

Bei den Verhandlungen mit ihrem Schwiegervater, dem sparsamen König Friedrich Wilhelm III., war es ihr gelungen, ihren Gatten und General auf ihre Seite zu ziehen. Friedrich Wilhelm III. hatte finanziell schwere Zeiten durchgemacht; während des erzwungenen Aufenthalts nach der Niederlage und der Flucht aus Berlin 1806 in Ostpreußen hatte die kleine Familie selbst Mangel an Lebensmitteln, also bittere und wirkliche Not, erlitten. Seine eigenes Lusthaus in Paretz, das er aus einem kleinen Gutshof hatte umbauen lassen, war mit sehr geringen Kosten angekauft und verändert worden, im Grunde genommen nur eine Kate. Jetzt, in besseren Zeiten, hatte er das Sparen als eine Tugend beibehalten. Ihm Geld zu entlocken, war immer schwierig, in diesem Falle handelte es sich um viel Geld. Und General Wilhelm war nicht einmal Kronprätendent.

Aber Augusta hatte große Pläne mit dem Haus. Zunächst sagte ihr die Lage mitten in der Stadt, aber nicht zu nahe am Schloß, durchaus zu. Und endlich wußte sie sich auch in der Vorhand; eine richtige Bleibe konnte ihr nicht länger vorenthalten werden, zumal auch die Prinzen mittlerweile mit eigenen Schlössern versorgt wurden. Es reizte sie auch, sich als Innenarchitektin zu versuchen. Band die Gatten sonst nichts aneinander, so wußte Augusta in der Generalsseele Wilhelms die Sehnsucht nach einem Schloß anzustacheln. Die Pläne waren auch insgeheim weit gediehen. Er bat den Vater, ihnen den Abriß des Schwedter Palais und den Bau eines Hauses an Stelle des alten zu gestatten und vor allem, diesen Neubau zu finanzieren. Er versüßte seinem König den Plan durch das Beilegen eines Schinkelschen Gutachtens, das die Kosten für Abriß und Wiederaufbau auf runde 340 Tsd. Taler veranschlagte. Schinkel, Geheimer Rat und König der Baumeister des Neoklassizismus, führte jedoch Städtebauliches ins Feld; von ihm stammen sicherlich die Hinweise darauf, daß der Opernplatz, die Straße Unter den Linden, weiter Schloßbrücke und Schloßplatz zu einem ansehnlichen Ensemble gestaltet werden könnten. Viel mehr an sehenswerter Architektur gab es in Berlin nicht, als das, was in der Straße Unter den Linden und um das Schloß herum erbaut worden war, bzw. noch gebaut werden mußte. Längst war beschlossen, eine Statue Friedrichs II. in der Nähe des neuen Hauses, wenn es denn dazu kommen sollte, aufzustellen. Wanderer, ungeduldiger, Autofahrer, nervöser, kommst du in diese Gegend Unter den Linden, Opernplatz, könntest du im raschen Vorbeifahren all dieser Umstände gedenken. Möglicherweise hat heute, also zur Zeit deiner Durchfahrt, irgendeine Bank den Opernplatz vom freigebigen Berliner Senat zum Geschenk erhalten, und einen der zahlreichen Geniearchitekten beauftragt, eine gläserne Kiste von 240 Meter Höhe darauf stellen zu lassen. Würdest du schließlich mit dem außen angebrachten gläsernen Fahrstuhl hinauffahren dürfen, könntest du von dessen höchstem Stockwerk aus bis zum Babelsberg blicken, wo noch ein Haus des Prinzenpaares steht, worauf wir gleich zu sprechen kommen werden. Es war, wie alles in Preußen, eine Frage des Geldes.

Preußische Prinzen hatten entweder einen besonderen Etat, oder sie bezogen Gehälter. Renten oder Einkünfte aus kapitalistischen Unternehmungen besaßen sie damals nicht, weil es noch keine nennenswerte Industrie in Preußen gab. Das änderte sich erst unter dem Kaiser Wilhelm, dessen Bankiers Bleichröder und Cohn ihn erfolgreich in Geldgeschäften berieten. Wilhelm hätte nicht einmal die Möglichkeit gehabt, wie ein Privatmann Geld von einer Bank zu leihen. Sein verblichener Verwandter, der Prinz Louis Ferdinand, hatte allerdings so unbarmherzig hohe Schulden gemacht, daß die Verwandtschaft schier außer sich geriet, ihn aus Berlin entfernte und ihn finanziell unter Kuratel stellte. Das half wenig. Wäre er nicht gefallen, 1806 bei Saalfeld zum ewigen Ruhm preußischer Waffen und des Klavierspielens, würde man ihn bloß für einen Schuldenmacher und Liederjan halten. An dergleichen war bei Wilhelm aber nicht zu denken. Augusta hatte ebenfalls keinen Zuschuß von zu Hause zu erhoffen, während jeder Student seinen monatlichen Wechsel vom Herrn Papa überwiesen bekam, mit dem er seine Schulden in der Friedrichstraße, im Café Bauer und den Bordells der Jägerstraße vom Vormonat zu decken pflegte.

Wilhelm konnte über Einnahmen in Höhe von runden 88 Tsd. Talern verfügen, damit waren sowohl das gewöhnliche Leben zu finanzieren als auch die Kosten für die Repräsentation aus seinen beiden hohen Kommandostellen. Ein Palais konnte davon keinesfalls erübrigt werden. Daher drängte die Prinzessin weiter, sich Geld vom König geben zu lassen. Wilhelm beschrieb seinem Vater ihre schwierige pekuniäre Lage und bat dringend um Geld für den Umbau. Zunächst lehnte der König den Finanzierungsantrag rundweg ab, nach allerlei Bittgesuchen und aufgeregten Verhandlungen mit Sohn und Schwiegertochter genehmigte er den Bau schließlich doch, strich aber die Baukosten auf 300 Tsd. Taler zusammen, als ob die restlichen beantragten 40 Tsd. den Bankrott bedeutet hätten. Zwar war es ein Sieg Augustas über die preußische Knauserigkeit, aber es war ein Pyrrhussieg, denn der Kostenvoranschlag hätte auch dann nicht gestimmt, wäre die volle Summe bewilligt worden und nicht zugleich ein Schloßneubau geplant worden. Endlich aber fand die Prinzessin ein ihr gemäßes Betätigungsfeld, und sie warf sich mit Eifer auf die Details.

Dem Staat war mit Karl Friedrich Schinkel ein besonders talentierter und stilsicherer Baumeister erwachsen, der den verschrobenen Vorstellungen seiner Auftraggeber ein wenig Form zu geben wußte. Ach, leider war auch die junge Preußenprinzessin Augusta von dem neuen Geist angesteckt, wie wir noch sehen werden. In Europa war man nicht nur europäischer geworden, sondern auch orientalischer, das schlug sich in den Einrichtungen der Häuser nieder, etwa im sogenannten Zelt Schloß Charlottenhofs. Inzwischen freilich verfügten die Prinzen von Preußen über ansehnliche Stadtpalais; wiederum Schinkel mußte das Haus in der späteren Prinz-Albrecht-Straße für eben jenen Prinzen 1830 umbauen, nach welchem das Palais seinen Namen bekam, ein ziemlich repäsentatives Stadtschloß immerhin. Augusta kannte die Behausungen ihrer sparsamen Verwandten recht gut, und sie bestand also mit einigem Recht darauf, in der Haushaltsführung mit den übrigen Prinzen zumindest gleichgestellt zu werden. Das Kavaliershaus in Potsdam war schließlich nichts anderes als eine Kate, verglichen mit den Häusern ihrer Schwäger.

Schinkel wurde für den Umbau des Schwedter Palais gewonnen, aber das Interieur, die Möbel, die Parkettfußböden wollte Augusta selber entwerfen, kurz, es sollte ein Bauwerk entstehen, das ihre Hand, ihren Geschmack und ihre Bedürfnisse verriet, ein schönes kleines Stadtpalais. Mit dem Bau verband Augusta Pläne für ein eigenes gesellschaftliches Leben. Hier sollten nach Weimarer Vorbild Theaterstücke aufgeführt und Konzerte gegeben, eine ganz neue Periode preußisch-deutscher Kultur in Berlin eröffnet werden, eine Brücke nach Weimar. Ganz so schnell, wie sie es sich gewünscht hat, gingen Abriß und Neubau indessen nicht voran.

Karl Ferdinand Langhans, ein Sohn des Langhans, dem wir das Brandenburger Tor verdanken, übernahm die Oberbauleitung, aber erst 1834 konnte überhaupt mit dem Abriß, ein Jahr später mit dem Neubau begonnen werden. Weshalb, das ist heute nur noch schwer ersichtlich. Inzwischen war viel Wasser die Spree, Dahme und Havel hinuntergeflossen, Reisen wurden gemacht, ein Sohn geboren. Endlich aber, 1837, stand das Haus Unter den Linden Numero 9. Das Paar sollte es ein Leben lang bewohnen, eines seiner Eckfenster zum Schaufenster Preußens und zur Legende werden. Augustas Räume lagen im Obergeschoß, Wilhelm residierte unten. War dieses Unternehmen dank Augustas Energie, die sie auf ihren Gatten und General zu übertragen gewußt hatte, glücklich zu Ende gebracht worden, so steht man im Falle eines anderen Bauwerks eher ratlos da.

Parallel zu dem Prinzenpalais Unter den Linden, das, nebenbei gesagt, nicht in einem Zuge schlüsselfertig übergeben werden konnte, wurde nämlich zu Babelsberg bei Potsdam ein sogenannter Landsitz gebaut. An diesem Schloß bastelten Augusta und Wilhelm zwischen 1834 und 1835 gemeinschaftlich und mit besonderer Liebe herum. Landschaftlich liegt das Haus allerdings trefflich, wie alles, was damals im Weichbild Berlins entstanden ist. Wir Heutigen müßten eigentlich erstaunt fragen, weshalb dieses sichere Gefühl der alten Meister für die Bebauung landschaftlicher Räume ganz verlorengegangen ist.

Immer verstanden sie es, Landschaft und Bauwerk miteinander harmonisch zu verschmelzen. Es entdeckt, wer sich Zeit dazu nimmt, überraschende Aussichten, herrliche Blickschneisen auf Seen und Flüsse, auf entfernter liegende höhere Punkte, Türme, Kirchen, Brücken. Für dieses Schloß hatte sich Augusta als Vorbild ein englisches Landhaus gewählt, in der Art der Tudorzeit. Es gelang dem Baumeister Schinkel nicht, ihr diese Schrulle auszureden, die seinem Stilgefühl auf das höchste widersprach. Und es war auch aufgeboten worden, was die Landschaftsgestalter zu bieten hatten. Lenné, auf den man in dieser Gegend auf Schritt und Tritt stößt, machte anscheinend nichts anderes, als dem märkischem Adel Bäume und Gebüsch anzupflanzen. Sanft geschwungene grüne Rasenflächen, nicht zu verwechseln mit dem heutigen Moderasen nach dem Vorbild des Rasens englischer Golfplätze, werden durch Baumgruppen belebt. Jedermann kann sich stundenlang in diesen unauffällig geordneten Räumen aufhalten und Ruhe finden. Übrigens hat sich auch Pückler an diesem Park erfolgreich versucht. Wer nun allerdings ein Liebhaber solch merkwürdiger Gotik ist, der mag auf seine Kosten kommen.

Dieses Gebäude steht oder stand auf 270 Morgen Erbpacht, Erbpacht von wem? Jedenfalls besaß die Krone offenbar kein Eigentum an Grund und Boden. Lenné machte den Prinzen beizeiten auf die Lage aufmerksam; die Havelseen, Moorlake, oder Glienicker Lake und Tiefer See umgrenzen den späteren Park. Jedenfalls durften beide, Augusta und Wilhelm, sich als Architekten versuchen, und das taten sie auch, da sie auf den stilzuverlässigen Schinkel nicht hören wollten. Besonders Augusta ließ sich die Entwürfe englischer und neogotischer Schloßumbauten kommen, um zu studieren, was man alles unsinnig falsch machen kann. Wilhelm nannte das Ding zunächst sein Cottage, also Landhaus, indessen hatte der Oberbaumeister Preußens ein ziemlich geläufiges Schloß unter der Reißfeder, das sich alsbald für die Bedürfnisse Augustas als zu klein erweisen sollte. Da mal wieder Geldmangel herrschte, konnte fürs erste der Bau nur bis zum fertigen Oktogonturm ausgeführt werden. Und dieser hat es in sich; in das achteckige Turm- und Arbeitszimmer zog sich Wilhelm zurück, um seinen Herrschaftsbereich optisch zu genießen. Hier las er die Berliner Gazetten, bloß um zu erfahren, daß jeden Tag Revolution ist oder sein konnte, falls nicht die Armee bereitstand, die Jakobiner zu Paaren zu treiben. Jedenfalls aber hatte der General von Schloß Babelsberg aus vor Augen, oder wenigstens in unmittelbarer Nähe, was preußisch-brandenburgisch ist, Potsdam mit dem Marmorpalais, die Front des Hauses auf der Pfaueninsel an Havel und Moorlake, die Sacrower Kirche.

Übrigens hatten beide Gatten, die sich in dieser Zeit des gemeinsamen Bauens offenbar ganz gut verstanden, das ihnen angebotene Marmorpalais glatt abgelehnt; Wilhelm meinte, das Schloß sei zu groß, zu repräsentativ, aber eher steckte die Vorstellung Augustas hinter dem Verzicht, sich eine eigene Bleibe zu schaffen. Ganz frei von der Vorliebe für die waffenklirrende Neugotik ihres Gatten, von dem nachgeahmten Krimskrams der Rüstungen und Ritter, ist auch Augusta nicht gewesen. Vereint schufen die beiden Gatten dieses Unikum von Landschloß, aber es ist, wie gesagt, nichts weiter als *a matter of tast*, derartiges zu mögen. Heute ist es im übrigen nicht mal mehr eine Geschmackssache, sondern bloß ein Problem geplagter Denkmalschützer, da selbst der mißlungenste Kasten noch immer herrlich ist gegenüber dem Modearchitekten mit dem Manhattenkomplex. In Babelsberg sollten übrigens alle Familienszenen spielen, auch die mittlerweile klassisch gewordene – zitatenklassisch – zwischen dem abdankungsbereiten Wilhelm I. und seinem Kanzler in spe Bismarck. Es ging um die Behandlung des Landtages, sprich des Parlaments oder vielmehr dessen Entmachtung.

Während der langen, der mehrjährigen Bauzeit wohnte das Paar entweder im Berliner Schloß, was den Vorteil hatte, daß man zu Fuß die Baustelle erreichen konnte, oder in Potsdam. Im Neuen Palais wurde auch das erste Kind des Paares geboren, freilich noch vor Beginn des Abrisses und ewig langen Neubaus.

Es soll, wie wir lesen, eine schwere Geburt gewesen sein, dreißig Stunden lang hat die Wöchnerin in Wehen gelegen, bis sie am 18. Oktober 1831, mit zwanzig Jahren, einen Friedrich Wilhelm für Preußen zur Welt brachte. Letzterer interessiert uns hier vorgreifend aus zwei Gründen; erstens weil es damals schon denkbar war, daß Augusta mit diesem jungen Menschen einen Kron- und Thronfolger geboren hatte, denn der eigentliche Kronprinz Friedrich Wilhelm, der spätere vierte, war kinderlos und würde nach menschlichem Ermessen auch nicht mehr Vater werden. Zweitens aber ist der Sohn der Augusta, dieser Friedrich Wilhelm, der Gatte einer Victoria geworden, die mit ihrer Schwiegermutter Augusta eine Fronde gegen die Preußen bildete.

Seit zwei Jahren war Augusta nun mit dem Preußen Wilhelm ehelich verbunden, gemeinschaftlich waren sie daran gegangen, zwei Häuser zu bauen, für den eventuellen Thronfolger wurde noch ein drittes aufgelegt, weil eben immer alles zu klein geriet. Es zeichnete sich das Problem ihrer Ehe ab: Zu mehr als zu einem freundschaftlichen Händedruck, zu einem dynastisch-solidarischen Nebeneinander, würde man es kaum noch bringen. Augusta war liberal, oder sie galt als Liberale, was vielleicht anders zu bewerten ist, mehr in idealem als realem Sinne, wie Franz Herre meint, der ein kenntnisreiches Buch, zwar nicht über Augusta, aber über ihren Gatten und späteren Kaiser geschrieben hat, wobei Augusta hin und wieder vorkommen muß. Seine Bemerkung trifft es indessen ganz gut; liberal sein galt als modern und aufgeschlossen, wie im Zeitalter davor die religiöse Skepsis. Liberal schien dem Stand der aufklärerischen Entwicklung angemessen.

Noch immer lag über allen europäischen Monarchien wie ein drohender Schatten die bürgerliche Revolution, ausgenommen einer, der englischen, deren Königtum paradoxerweise unter dem Schutz einer Revolution stand, welche lange zurücklag und der Dynastie Beschränkung wie Dauer gesichert hatte. Wilhelm haßte die Franzosen und nicht nur die revolutionären; gab es einen Erbfeind der Deutschen, dann trugen sie französisches Antlitz, aber er stand auch dem englischen System skeptisch gegenüber. Verstanden hat er sicherlich beide nicht, weder die Franzmänner, noch die Briten. Augusta bewunderte alles, was englisch war. In den wenigen Jahren ihres Aufenthalts in Preußen hatte sie sich den Ruf erworben, nicht nur eine Liberale zu sein, sondern eine ausgesprochene Jakobinerin. Es mag die berlinische Eigenart zu gehässiger Abstraktion, mit der allem auf den Grund gegangen wird, auch auf den Hof abgefärbt haben. Hier wurde das Schand- und Schimpfwort Jakobiner hinter vorgehaltener Hand über die Prinzessin weitergegeben. Augusta war zu gescheit, um sich gegen ein dermaßen blödsinnige Verleumdung energisch und öffentlich zur Wehr zu setzen. Allein, aus der hinter dem Gerücht steckenden diffamierenden Absicht ergab sich für das Paar ein dauernder Konfliktstoff. Wilhelm hielt seiner Frau vor, sie selbst habe sich mit ihrem Rede- und Austauschbedürfnis den Schaden zuzuschreiben; wollte sie hier leben, müsse sie eben Rückhalt bei der Familie suchen. Zu dieser aber waren die Beziehungen lose und kühl, auf Förmlichkeiten bei den befohlenen Empfängen und Staatsaffären reduziert. In dem offenen Halbkreis mit dem König in der Mitte, bei offizieller Hoftafel, bei Jagden und auf gemeinsamen Reisen entstand kaum Nähe, was auch Schuld dieser Prinzessin war, die sich auf ihre persönlichen Eigenschaften zuviel einbildete und zu vornehm war, um sich auf den Boden der märkischen Sandbüchse wie deren erdhafter Ritterschaft zu stellen.

Der Sohn, noch ein Knabe, war eine Hoffnung, seine Lehrer und Begleiter lobten ihn. Fritz bekam seine Aufgaben zugeteilt, nicht sie, die Mutter, leitete seine täglichen Schularbeit, sondern Lehrer und Hofmeister, Militärs, die Augusta nicht mochte, nicht in Nähe dieses Sohnes, mit dem sie ihre eigenen Pläne hatte. Der sollte nicht ausschließlich preußischer Soldat sein; ihm eine höhere Bildung angedeihen zu lassen, dafür war bald zu sorgen, sehr bald. Dieser Knabe war gesund, mehr an den Gliedern als am Haupt, wie die Mutter feststellte. Dennoch paßte er vielleicht und hoffentlich nicht ganz hierher. Sie selbst widerstand dem preußischen Pflichtreglement, sie schlief lange, ließ sich gehen, verbrachte viel Zeit mit dem, was man damals Toilette machen nannte, mit dem sorgfältigen Ankleiden durch Hofdamen und Zofen, mit der Frisur. Augusta liebte Schminke, ein bißchen Weimarer Tünche der Vergangenheit. Ihr lag viel an Äußerlichkeiten, Sorgfalt in der Kleidung galt ihr als Höflichkeit. Gab es einen Tag ohne Programm, so las die Prinzessin, schrieb, korrespondierte, empfing, immer auf Abstand bedacht, aber auch anregend, bei dünnem Tee, freundlichen Gesten. Die späte Abendstunde, die war ihre Zeit. Das Paar war knapp dran, wie gesagt, aber Augusta liebte teuren Luxus, konnte ihn nicht voll befriedigen, erteilte aber nimmermüde Kauf- und Suchaufträge an ihren Gatten, mitfühlend bemerkend, er strapaziere seine Börse wieder einmal über das Maß hinaus, das ihnen gesetzt war, wenn er dies oder das kaufe, Möbel, Stoffe.

Ihr konnte es nicht entgehen, daß sich ihr Mann keinen besonderen Treuezwang auferlegte. Seinen Ehebruch betrieb er immerhin diskret genug, daß sie sich den Anschein geben konnte, nichts davon zu wissen. So war ihr Umgangston harmlos-unbelastet, solange es nicht um kulturelle, um geistige Fragen ging.

Eine ihrer Hofdamen, die Gräfin Oriola, stand ohne Zweifel zu Wilhelm in einer Beziehung, die ihre, Augustas, Rechte verletzte. Nicht daß er sie betrog wie der dicke Liederjahn, den sie nicht mehr kennengelernt hatte, von dem aber jedermann zu erzählen wußte, daß er seine Mätressen ungeniert beim Namen genannt hatte, und es war keineswegs nur diese eine Dame, die Wilhelm favorisierte. Hätte es Augusta zugelassen, so wären ihr von guten Freundinnen die Namen von Ballettmädchen zugeraunt worden, für die Wilhelm eine besondere Vorliebe haben sollte. Nicht zu übersehen gewesen wären gelegentlich junge Herren, die ihm sehr stark ähnelten. Aber er tat andererseits offenbar wenig für seine illegitimen Kinder, ließ keine Titel für sie erfinden, verschaffte ihnen keine Stellung in der Öffentlichkeit und besaß auch keine stadtbekannte Favoritin.

Wenn Augusta dieser Zustand wirklich verletzt haben sollte, dann hat sie ihre Gefühle jedenfalls gut verborgen. Übrigens hätte Augusta auch kaum eine Möglichkeit gehabt, dem Kater Wilhelm die fürstliche Schelle umzuhängen, wollte sie nicht zugleich die schlafenden Hunde, alle ihre zahlreichen Feinde wekken und auf ihre Schande aufmerksam machen.

Was sie nicht nur beibehielt, sondern nach ihren Wünschen ausbaute, waren ihre Gesellschaften. Selbstredend lud sie nicht, sie wählte die besondere Art Einladung halber Liebenswürdigkeit und ganzen Anspruchs. In der *Bonbonniere*, einem Zimmer des Hauses, pflegte sie bis in ihr hohes Alter hinein auf immer die gleiche Art und Weise ihre Teegesellschaften zu geben. Es kamen natürlich der Professor Curtius, der Lehrer ihres Sohnes Fritz, und Hoffmann, ein berühmter Chemiker, also Bürgerliche, nicht Hoffähige. Gereicht wurden Tee, Früchte, Eis. Die Prinzessin führte das Wort, ganz im Bewußtsein ihrer geistigen Gaben, einer bestimmten Überlegenheit, die auch vor Fachfragen nicht anhielt. Manchmal zeigte ihr Gesicht schon die gespannte Aufmerksamkeit der späteren Kaiserin, die zuhörte, auf dem Sprung, ihren Spruch loszuwerden, einzugreifen, sich Geltung zu verschaffen. Und die anderen, die Herrschaften ihres Hofes, der Graf Perponcher, Albedyll, Herr von der Goltz, die Flügeladjutanten, zu deren ureigensten Aufgaben stets gesellschaftliche Verpflichtungen gehört hatten. Aber die Situation ihrer Ehe war verändert; trat Wilhelm jetzt herein, dann empfand ihn Augusta als einen Feind oder Fremdkörper. Sie war verletzt und konnte sich nicht von dem inneren Druck befreien, der anwuchs, wie sie wohl fühlte. Noch zwang sie sich zur Liebenswürdigkeit, der sie fähig war, wenn sie es wollte. Sie ließ ihren Geist glänzen, spielte sich auf den bewunderten Mittelpunkt herauf, sich der Schwäche ihrer Rolle genau bewußt. Was sie kaum geahnt hat, ist die Wirkung, die ihre Glanzrolle auf ihn inzwischen hatte.

Schon im ersten Ehejahr hatte Wilhelm, dem es nicht etwa an Verständnis für die Geistesgaben und den scharfen Verstand seiner Frau fehlte, Augusta ersucht, sich nicht zu tief in Diskussionen einzulassen, die seiner Ansicht nach über ihre Sachkenntnisse hinausgingen. Er pflegte vor allem den Altersunterschied herauszustellen. Was er selbst aus Standesbewußtsein für sein Recht gehalten hätte, einem älteren Professor einfach ins Wort zu fallen, das wollte er bei seiner Frau nicht dulden. Man hat sich hierzu eine Runde hochgelehrter Geister und tieftalentierter Künstler vorzustellen, alles, was die eigentlich neue Gesellschaft Berlins oder Preußens ausmachte, um über Politik, Philosophie, Technik und Kunst zu debattieren. Die Lebhaftigkeit seiner jungen Frau ärgerte ihn, sie griff ihm zu oft als Gleiche unter Gleichen ein, stritt sich mit Fachleuten, wie Wilhelm die Sache ansah.

Eine Fürstin sollte an ihrem Stand genug haben und anderen die Kärrnerarbeit des Geistes überlassen; eine Prinzessin mußte nicht dauernd über irgend etwas auch nur annähernd Bescheid wissen, zumindest aber ihre Vorstellungen nicht mit all und jedem auf eine Ebene auszutauschen suchen. Diese Haltung ging nicht allein auf eine seiner Schrullen zurück; sie gehörte zum Standesdenken; es hatte sich die Fürstin dem Fürsten unterzuordnen, nicht aber mit ihm zu messen, und er spürte genau, welche Nachricht sie ihm mit der Feststellung ihrer geistigen Überlegenheit zukommen lassen wollte. Wilhelm räumte vor anderen auch ein, daß sich seine Frau mit scharfer Urteilskraft und gereiftem Verstand wohl in die anstehenden Streitereien mischen konnte. Was ihm daran nicht gefiel, liegt nicht einmal bloß auf dem Gebiet seiner schwer zu ergründenden Eitelkeiten. Sein erzener Standesbegriff hinderte ihn daran, den Gesprächen einfach aufgeschlosssen zu folgen, Argumente gegeneinander abzuwägen und für sich selbst Gewinn aus einem tieferen Gespräch zu ziehen. Wäre die Befehlsebene ganz praktisch zugunsten einer menschlich freien Gesellschaft aufgehoben worden und einer Meinung, auch einer völlig richtigen und zutreffenden, hätte es der Genehmigung einer anderen Ansicht durch einen Fürsten eben nicht mehr bedurft.

Widerspruch war für Wilhelm bereits Majestätsbeleidigung, und da es Gebiete gab, in denen das Machtverhältnis wirkungslos blieb, hielt sich der Inhaber der Befehlsgewalt aus der bürgerlichen Debatte besser heraus, in der er nicht bestehen konnte. Augusta hingegen liebte den belebenden Dialog auch im Streit. Eigenartig, diese Frau, deren persönlicher Hochmut tief verletzen konnte, bewegte sich mit anderen, unter anderen mühelos in diesem Streitelement.

Oft wird Preußentum eo ipso als bildungsfeindlich bezeichnet; das stimmt keineswegs generell. Viel eher zeigt sich der Machtbegriff unverhüllt in der Standesgrenze. Bezeichnenderweise sollte Wilhelm Jahre später den Präsidenten der verfassunggebenden Nationalversammlung daran erinnern, daß er, Wilhelm, vor allem ein deutscher Fürst sei, dem an der Krone aus den Händen des Volkes, also als gewählter Deputierter, nicht das mindeste läge. Selbst die Kaiserproklamation hätte an diesem Denken scheitern können, weil Wilhelm nicht als Kaiser von Deutschland gekrönt werden wollte. Dazwischen lag noch eine Handlung: die seiner Selbstkrönung; ein Akt, der alle auf das höchste befremdete. Wir werden den Fall mit den Augen Augustas zu sehen bekommen.

War Augusta allen Themen und Personen offen, so kam es ihm bei einem Gespräch vor allem auf die gesellschaftliche Kompetenz an, die durch Stand oder Geburt festgelegt wurde. Er maß den Gesprächspartner immer an seinem Rang, auch wenn er einen notorischen Blödian vor sich hatte; sie hingegen maß jedermann an seinen natürlichen Gaben. Deshalb liest man, er sei ein männlicher Charakter gewesen; das war er, ein schreiender Gegensatz zu seiner lebhaften, beweglicheren Gattin; aber eine femme d'esprit, die Frau von Geist eines bürgerlichen Salons, durfte eine verheiratete Fürstin, zumal mit einem Preußen verheiratet, seiner Ansicht nach nicht sein oder bloß sein wollen, ohne sich was zu vergeben. Sie suchte gesellschaftliche Nähe, er duldete sie; sie ordnete nach Verdienst ein, er nach Geburt, und er mag sie oft genug in diesem Sinne gerügt haben, ritterlich zwar, denn das war er allenfalls, aber an dieser Art Ritterlichkeit lag ihr bedeutend weniger, als er auch nur ahnte.

Mancherlei Gerücht kursierte über Augusta, und jeder Nachrede hat Wilhelm zeitlebens eine große Bedeutung beigemessen. Überdies stritt sich die junge Augusta auch öffentlich mit ihrem General, wenn sie anderer Meinung war als er, was Wilhelm für vollkommen unzulässig hielt. Eine Jakobinerin, als welche die junge Fürstin in Berliner Hofkreisen galt, war sie natürlich nicht. Jakobinertum dachte sich Wilhelm immer nahe beim Königsmord liegend, aber die Zeit der Herrschaft eines Robespierre und des Revolutionstribunals, die Zeit, in der ein Theoretiker der befreiten Welt bei den Abendsitzungen des Jakobinerklubs seine Reden und vorgeschlagenen Maßnahmen zu testen pflegte, so daß der Klub eines der wichtigsten Machtorgane der Republik geworden war, diese Zeit lag noch keine vierzig Jahre zurück und war in frischer Erinnerung. Der Liberalismus Augustas war nicht Mode und Erziehung. Es erwies sich, daß ihre Grundsätze für die Bildung junger Fürsten noch durchaus auf den in Weimar eingesogenen Vorstellungen beruhten. Bei der Geburt ihres ersten Kindes hatte Goethe, inzwischen hochbetagt, die freundlichste Gratulation geschickt, mitempfindend und im frohen Behagen, wie er schrieb. Sie war also nicht vergessen; auf dieser deutschen Erde lebte noch einer, der sie verstand und mit ihr zu fühlen wußte.

Bismarck hat diesen Sachverhalt später scharfsinnig genug erkannt; er führte alle Schwierigkeiten mit der Königin und Kaiserin auf ihre weimarische Bildung zurück, von der er selbst wenig hielt. Das Billett des Geheimrats konnte für Augusta in der Tat nur Mahnung sein, sich der Erziehung des Sohnes, der Erfüllung von auferlegten oder selbstgestellten Pflichten nicht billig zu entschlagen, nur weil man hier in Preußen ganz anders über den Wert des Menschentums dachte. Wilhelm verursachte schon das Gerücht, seine Frau neige zum Jakobinertum, eine Gänsehaut; nicht zu übersehen ist, daß ihr Einfluß auf den langsam denkenden Wilhelm mit seinem starren Bild von Pflichtauffassung und Standesdenken in den ersten Jahren ihrer Ehe schwankend war. Die Ehekrise sollte schneller eintreten, als sie erwartete. Dazu trugen die schwieriger werdenden äußeren Umstände bei, auch die kleinen und kleinlichen, da Augusta mehr Geld für ihre eigene Hofhaltung zu fordern begann als vordem. Noch war Wilhelm bloß General, noch war er abhängig von seinem obersten Dienstherrn und Vater, der seine Wünsche nach wie vor schriftlich in Befehlsform an den Sohn weitergab. Augusta aber hat in diesen Jahren begonnen, nach einem eigenen Lebensstil zu suchen.

Profunde Tristesse

Berlin, im Januar 18 …

Was für herrliche Tage hatten wir in Ruhberg. Daß die Radziwill hier weilte, hatte ich beiläufig erfahren. Nun, hätte ich nicht verletzt sein müssen, von meinem Gatten im ersten Ehejahr an einen Ort gebracht zu werden, an dem sich seine ehemalige Geliebte aufhielt? Als ich das Bild Elisas zum ersten Mal sah, kam es mir in den Sinn, die möchtest du kennenlernen, mit ihr sprechen, sie zur Freundin gewinnen. Und weshalb hat er mich nicht daran gehindert, nach Ruhberg zu fahren? Zur Rede gestellt, wäre ich in Verlegenheit gekommen. Niemals hätte ich ihn über meine Gründe aufklären können, Elisa aufzusuchen. Und sind mir denn selber diese Gründe restlos klar gewesen?

Sollte ich jetzt, Jahre danach, krank und in Schwermut gefallen, über diesen Besuch sprechen, so würde ich den Eindruck unserer Begegnung nicht beschreiben können: Ich war erschüttert, als ich diese offenbar rasch gealterte, im Zustand des Verfalls befindliche Frau sah, es war nicht der Altersunterschied zwischen uns, was trennte; sie, die reife Frau über 30, voller Trauer und Liebreiz, und ich, kaum 20, zwischen uns lagen nicht nur Jahre, wie ich sah, nicht nur eine Welt an Erfahrung, sondern die Natur unseres Charakters. Es hat mich häufig gewundert, was Männer an Frauen finden, die auffallend schön sind und im Gespräch die dumme Gans verraten. Die ist El. nicht, nicht ganz, aber wir haben kein wirkliches Gespräch geführt, auf das ich doch gehofft. Geredet habe nur ich; vielleicht bin zu weit gegangen, da ich auf Verständnis und Freundschaft nicht rechnen durfte. Dabei fand ich es ganz natürlich, den Frauen meine Aufwartung zu machen, meiner angeheirateten Base und ihrer Mutter, meiner Tante schließlich. Mag sein, daß ich angesichts dieser Reserve, dieser schlecht verhehlten Feindschaft Elisas, der unterlegenen, alternden Nebenbuhlerin war, den Fehler machte, ihr mein Leben wie eine Warnung vorzuführen, ihr zu zeigen, wie wenig sie mit W. verloren hatte. Sie ging nicht ein auf das Angebot. Ich sagte ihr, daß W. ihr Andenken in Ehren halte. Daß auf seinem Tisch ihre Geschenke und Bilder lägen, sagte ich, und daß es mich nicht störe, ihn zu oft in schmerzlicher Versunkenheit davor stehen zu sehen. (Wofür mir eigentlich das Verständnis abgeht.)

Ich wußte nach wenigen Minuten, daß es keinen Weg zu ihr gab; ihr zu erklären, daß bloße Innenschau nichts nutzt und Freiheit nicht nur geistiger Art ist und in uns selbst gesucht werden darf, war unmöglich. Sie schwieg, dem Ausdruck ihres Gesichts war keine Regung zu entnehmen. So versuchte ich es anders, erkundigte mich nach ihrer Lektüre, sprach über neue Bücher, empfahl ihr Stella, die Wahlverwandten, Wilhelm Meister, Ivenhoe, Kant, alles was ich liebe und verehre, aber sie hatte wohl niemals eines dieser Werke in der Hand gehabt oder bis zu Ende gelesen. Die Mitteilung, daß G. noch lebe und an der Vollendung seines grandiosen Werkes arbeite, erreichte sie nicht. Jahre zurück war diese Elisa im Hoftheater aufgetreten, gemeinsam mit W., im Hause Radziwill waren Konzerte aufgeführt worden, ihr Vater galt als talentierter Komponist. Warum gab sie sich auf?

Als ich zurückfuhr, nahm ich die tödliche Gewißheit mit, daß dieses dumme Ding trefflich zu ihm paßte, viel besser als ich. Ihre Passivität, ihr Mangel an innerer Kraft, hatte sie befähigt, ihn zu lieben. Was W. meiner Schwester gesagt hatte, das war buchstäblich die Wahrheit. Nicht sein Herz konnte in meinem Falle sprechen, nur sein Verstand.

Nein, sprach ich zu mir: Wir sind genauso hineingefallen, königliche Hoheit, wie dieses Dummchen. Wir haben einen Titel geheiratet, aber wir glauben nicht an Titel. Auch du, liebe Schwester Radziwill, bist hineingelegt worden. Was ich einmal damals bloß geahnt, ist nun Gewißheit; hast du wirklich geglaubt, du wärest das Opfer dynastischer Preußenpläne geworden, Opfer, an dem dein Geliebter keine Mitschuld trägt? Kennen wir ihn nicht besser, du und ich? Leb wohl, Schwester, das Bücherlesen würde in deinem Falle wenig nutzen, aber hat es mir denn genutzt?

Die dauernde Schwermut, die in den Jahren nach 1838 durchbrach, hatte eine lange Vorgeschichte. Ihre Tochter Luise bekam Augusta im Dezember 1838, erst sieben Jahre nach der

Geburt des Sohnes; danach, begleitet von einigen schlimmen Fehlgeburten, beginnt Augustas Rückzug in die dauernde Krankheit. Es scheint, als hätten die Kräfte nur für die Errichtung ihres Heims gereicht. Augusta war die Frau eines Generals, Prinz von Preußen, der zwei Kommandos innehatte und der in dem, was er als seinen Beruf verstand, vollständig aufging. Zäh, körperlich gesund, ein vorzüglicher Reiter, an das Freiluftleben gewöhnt wie an das ihn schwer ermüdende Studium spezifischer Akten, war er ein starker Korrespondierer, ein mehr argwöhnischer als kritischer Beobachter der politischen Entwicklung. Aber er lebte dieses höchst intensive Leben allein, ließ Augusta nicht teilhaben an dem sie Interessierenden, ihr Wichtigem. Daß sich der General Wilhelm zwar ehelich gebunden, nicht aber zur Treue verpflichtet gefühlt haben soll, mag zu der nervlichen Erkrankung Augustas viel weniger beigetragen haben als sein abgekapseltes Eigenleben. Hin und wieder, meist wenn etwas nicht nach seinem Geschmack ging, kam er zu ihr, das heißt, stieß zu ihrem späten Frühstück, da er ein Frühaufaufsteher war, um ein wenig über seine Sorgen zu plaudern. Ging Augusta aber wirklich auf ein Thema ein, fiel er sogleich wieder in seine alte Haltung; zuhören war einer Fürstin gestattet, um Rat bat er andere, am liebsten riet er sich selbst.

Daß Augusta alle preußischen Spezifika verstand, darf allerdings ausgeschlossen werden. So war der Boden eben auch ungleich, auf dem sich der General und die Bildungsliberale trafen. Wiederholen sich solche tiefer begründeten Mißverständnisse, erstarren die Partner. Zunehmend irritierte ihn das, was Wilhelm nicht als richtige Krankheit akzeptieren konnte, fand er Augusta doch zuzeiten frisch und munter, zu ihren geistigen Höhenflügen oder Spekulationen aufgelegt, bereit, zu reisen, um von einer auf die andere Stunde in schreiende Hysterie auszubrechen und sich mit einem anhaltenden Weinkrampf zu Bett zu begeben. Ihre Schwermut – vielleicht dem Charakter nach schon die manische Depression, eine Geisteskrankheit, die variabel auftritt, von Suizidsucht bis zur melancholischen Harmlosigkeit reichen kann – war familenbedingtes Erbe und Augusta selber nicht völlig neu. Schon in ihrer Jugend hatte sie unter migräneartiger Schwermut stark zu leiden gehabt. Vertraut man den brieflichen Schilderungen ihres Leidens, so erwachte sie nach einigen Tagen unbeschwerter Lebensfreude mit bleierner

Schwere in den Gliedern. In der Folge stellte sich eine Kette von körperlichen Mißhelligkeiten ein. Kopfschmerz, Erbrechen, Sehstörungen und Muskelschmerzen lösten sich ab. Und für gewöhnlich waren diese Anfälle mit Angst- und Wahnvorstellungen verbunden. Nach einigen Tagen war alles vorüber, und das Leben nahm nach einem Erholschlaf seinen Fortgang in der trostlosen Gleichförmigkeit ihrer Ehe. Eine echte Paranoia wurde nicht erkannt, oder sie brach nicht aus. Hinzu kamen, wie erwähnt, pekuniäre Sorgen.

Ihr Elternhaus, der Weimarer Hof, hatte ihr eine reiche Mitgift gegeben, aber eine der geistigen Art. Wilhelm hatte sich mit den beiden Kommandos, zuletzt dem über die I. Gardedivision, eine mächtige finanzielle Bürde aufgeladen. Er berechnete seine Ausgaben auf 800 Taler jährlich und bat um die Rückerstattung durch den preußischen Staat. Vater Friedrich Wilhelm III. bemerkt trocken und völlig zutreffend, der Herr Sohn könne sich ja von einem seiner Kommandos entbinden lassen, wenn er sich nicht in der Lage sehe, zwei auszufüllen. Die beiden Haushalte verbrauchten natürlich auch Mittel, die nicht besonders abgegolten wurden, obschon dieser Hof nicht sehr groß gewesen ist.

Irgendwie scheint in den ersten Ehejahren auch noch immer Elisa Radziwill durch Wilhelms Nächte gegeistert zu sein; vielleicht meinte er, es sich selber schuldig zu sein, dieser unerfüllten Liebe auf dem Altar seiner Sentimentalität opfern zu sollen. Auch eine gewöhnliche Frau dürfte sich nicht leicht mit dem Gedanken abfinden, eine Verflossene auf der Besucherritze der Ehebetten liegen zu haben.

Im Juni 1830, wir schalten ein paar Jahre zurück, war es in Fisch in Schlesien zu einem freundlich-harmlosen Monarchentreffen gekommen, bei dem Augusta Elisa aufgesucht hatte. Die Zarin Charlotte-Alexandra Feodorowna, Wilhelm III., allerlei Kron- und sonstige Prinzen und Prinzessinnen, die Großfürstin Maria Pawlowa aus Weimar zumal, sie alle waren in Fisch. Die jugendliche Augusta, gerade verheiratet, noch nicht einmal Mutter, fühlte sich hier wohl im Kreise der Verwandten: »Der schlesische Séjour war herrlich.« Am Rande des Treffens geschah dann aber etwas höchst Sonderbares. Augusta verfiel auf die Idee, Elisa aufzusuchen, die unweit von Fisch in Ruhberg weilte. Ein Vorwand war rasch gefunden; wer wollte, konnte darin einen Anstandsbesuch sehen, denn die Mutter der Radziwill war mit

Wilhelm blutsverwandt, ein Besuch also nicht unmöglich. Die 19jährige Gattin des Generals Wilhelm suchte Kontakt zu dessen Verflossener, einer erheblich älteren Frau? Warum? Um sie kennenzulernen, um ihr zu sagen, daß sie beide Schwestern in Glück und Unglück waren? Sie muß einem heftigen Verlangen nachgegeben haben, einer unstillbaren Neugier, als sie sich zu diesem Besuch entschloß. Sie wollte herausbekommen, was Elisa besaß und was ihr fehlte. Oder sie suchte einfach eine Freundin. Beide Frauen trafen sich mehrmals, ohne sich auch nur etwas näherzukommen. Das war vielleicht auch gar nicht möglich; Lebensunkenntnis bei der jungen Ehefrau, Erfahrungen anderer Art auf der Gegenseite kamen nicht zusammen. Immerhin aber erstattete Augusta ihrer Hofmeisterin einen schriftlichen Bericht über die Begegnung, dahingehend, daß ihr die fragliche Person – personne en question – Achtung, Bewunderung und Liebe eingeflößt habe. Das will nicht viel besagen, und in Wahrheit waren beide zu unterschiedlich, um etwas miteinander anfangen zu können. Übrigens hat sich Augusta in allen schriftlichen Äußerungen meist übervorsichtig und zurückhaltend ausgedrückt, aber um Achtung, um Bewunderung und Liebe zu erfahren, war sie kaum nach Ruhberg gereist. Elisa war um die dreißig, eine Welt mußte beide Frauen trennen. Die eine, jung und für die andere äußerlich im Glück, mit einem Leben vor sich, das lohnte; die andere enttäuscht, beinahe schon Matrone, allmählich verblühend, zurückgezogen und in ihren Erinnerungen verstrickt lebend.

Elisa öffnete sich dieser Werbung also nicht. Wenige Jahre vor ihrem Tode und noch immer unverheiratet, äußerte sie sich jedoch ohne Verständnis für die siegreiche Rivalin. Sie fand Augusta bloß geschwätzig, sprach abfällig von Herzensergießungen, denen sich die Junge schuldig gemacht habe, und stellte die Rivalin in hilfloser Rache bloß. Augusta hatte nicht bedacht, daß ihr dieser Schritt nach allen Seiten ausgelegt werden konnte, ob es ein menschlich besser begründeter Schritt war als Neugier und psychologischer Forscherdrang, wer will es ausmachen? Trotz aller Klugheit und literarischer Schicksalserfahrung fehlte es der jungen Augusta wohl eher an jener harten Lebenserfahrung, die keine Helden kennt. Rat wollte sie gewiß nicht. Andererseits ermangelte es der älteren Frau ebenfalls an etwas Wichtigem, da sie sich nicht in die Lage der Jungen hineindenken konnte oder wollte und den Besuch nur befremdlich und als peinlich empfand. Die nachträgliche Rechtfertigung vor ihrer Hofdame war wohl an den klatschsüchtigen Hof gerichtet, der das Ereignis ohnehin durchgehechelt hätte. So erfuhren die Hofschranzen wenigstens gleich das Ergebnis der Seelenrecherche wie das Lob der abgeschlagenen Feindin. Letzteres konnte Augusta bei Wilhelm als Wohlverhalten einreichen. Elisa aber hielt ihre Affäre mit Wilhelm für gänzlich beendet und sah keinen Grund, sich neben ihrem in die Ehe entrückten Geliebten auch noch dessen unbefriedigte, furchtsame und beleidigte Gattin aufzuhalsen. Man verstand sich jedenfalls von Grund auf nicht. Voraussetzungen für eine Freundschaft oder bloß für das Verständnis waren nicht gegeben. Zu einem Treffen zwischen Wilhelm und Elisa kam es während der schlesischen Reise andererseits nicht, aber von den Besuchen Augustas dürfte er gewußt und seine Frau von diesem unüberlegten Schritt nicht abgehalten haben. Ob also die Tage in Fisch wirklich völlig harmonisch verlaufen sind, wie die Skribentin behauptet, mag dahingestellt bleiben. Sie gingen überdies zu Ende.

Augusta und Wilhelm waren von Schlesien aus nach Den Haag weitergereist, um einer Familienhochzeit beizuwohnen. Ein Bruder Wilhelms heiratete, beiläufig gesagt, eine Marianne, Tochter König Wilhelms I., in diesem Falle der Niederlande, auch dort gab es Wilhelme, und jener Wilhelm war mit einem preußischen Wilhelm, nämlich Friedrich Wilhelm III. verwandt. Kompliziert? Keineswegs. Dergleichen ist heutzutage sorgfältig recherchiert. Im übrigen handelt es sich um eine dynastische Heiraterei, weil das Königreich Niederlande einem Einfall des Wiener Kongresses entsprungen war, einem seiner bizarrsten, weshalb es auch Verbündete brauchte, um überhaupt zu bestehen. Bis heute ist der Glaube ungebrochen, daß Kongresse einfach per Beschluß Staaten und ethnische Gruppen von der Landkarte sowohl tilgen, als auch neue auf ihr schaffen können, ohne die meist erheblichen Aufwände zu berücksichtigen, diese ihre Schöpfungen wenigstens eine Zeitlang am Leben zu erhalten. Man kam also 1830 zusammen, nicht vorhersehend, daß die erheirateten, wie die ererbten europäischen Throne – das mit Stoff bezogene Holzgestell, laut Napoleon – allesamt wackelten. Vielmehr es nur zu gut bedenkend.

Dafür gab es auch wieder einmal kostenlosen Nachhilfeunterricht in Geschichte, und zwar losbrechend in Frankreich. Der Bourbone Karl X. wurde in einem dreitägigen Straßenkampf zu Paris vom Bürgervolk im Verein mit den Proletariern der Pariser Vorstädte geschlagen, abgesetzt und schmählich davongejagt. Die Herrschaft des Geldpöbels begann unmittelbar unter dem sogenannten Bürgerkönig Louis Philippe, was allgemein als Fortschritt der heilenden Kräfte des Marktes hätte gefeiert werden können, hätte man solchen Sprachblödsinn schon gekannt. Selbst der mittlere Buddenbrook, Jean geheißen, durfte bei der Tischgesellschaft im Hause in der Mengstraße diesen Louis Philippe, als einem dem Handel freundlich gegenüberstehenden Menschen, loben, wofür er denn auch ausgelacht wurde. Unser Paar hielt sich zur fraglichen Zeit in Den Haag auf, jederzeit eines Anschlags auf die europäischen Monarchien gewärtig.

Wilhelm, ein leidenschaftlicher Briefeschreiber, richtete an seinen Vater und König, der nicht mit nach Den Haag gereist war, die bestürzende Nachricht, er habe geglaubt, eine Zeitung aus der Zeit von 1789 zu lesen, als einer Neuauflage der Revolution nach dem Sieg der Vierten Koalition, dies aber nach der Überwindung und Vertreibung Napoleons, der sie doch alle einmal zittern gemacht hatte, für undenkbar gehalten. Daß nach dem Sieg von 1815, ein von den Völkern und durch sie erkämpfter Sieg, den Monarchien jede Einsicht in das ermangelte, was jetzt geschehen mußte, daß es kein Zurück mehr in den Absolutismus gab, dafür hätten die abgelaufenen rund fünfzehn Jahre der Metternichdespotie zeugen können. Aber niemand wiegt sich für gewöhnlich stärker in Sicherheit, als der, der auf dem Pulverfaß sitzt, das in die Luft gehen wird. Wilhelm analysiert die Situation: »Die Legitimität wird triumphieren, wenn Europa einen einmütigen, allgemeinen Beschluß zur Züchtigung Frankreichs faßt. Die Revolution wird triumphieren, wenn Europa das jetzige Treiben in Frankreich ruhig gewähren läßt, sie wird dadurch legalisiert, und kein Thron dürfte mehr sicher stehen.«

Dieses Axiom durchzieht das ganze Leben dieses Wilhelms. Unter Legitimität versteht er zeitlebens nur die Macht des Monarchen, unter Europa bloß den Gehorsam der Untertanen. Und er ist bereit, alles auf die eine Karte zu setzen, auf Krieg, eine Haltung, die ihm alsbald das Schandmal eines Kartätschenprinzen aufprägen wird. Daß er es im übrigen ernst meinte, geht aus der abmahnenden Entgegnung seines Vaters hervor, dem das französische Eisen denn doch zu heiß ist, um es mit Spreewasser abzuschrecken. Impertinent weist der General den Vater darauf hin, daß sie beide in dieser Frage auseinandergehen. Wohl möglich, daß die heilige Monarchenallianz dieses Mal die Kraft aufgebracht hätte, das gehaßte Franzosenvolk zu demütigen, es militärisch zu schlagen. Darauf spielt Wilhelm an. Er sah voraus, daß die Lage der Allianz instabiler werden und ein anderes Kräfteverhältnis in Europa entstehen könnte, wenn man nicht entschlossen handele.

Nebenbei gesagt, traf die Julirevolution die niederländische Kunstmonarchie mitten ins Herz und damit auch die dynastischen Interessen verschiedener Höfe. Wilhelm quengelte, daß, wenn die Untertanen ad libitum ihre Souveräne bedrohen, es leicht dahin kommen könnte, die Regierungsprinzipien überhaupt zu ändern. »In Preußen findet man junge Leute, die bei Ausbruch des Befreiungskrieges Studenten und dann freiwillige Jäger waren. Diesen wurde nach dem Kriege so viel weisgemacht, daß sie überspannt wurden und die in Frankreich zum Teil eingesogenen revolutionären Ideen nicht verdaut hatten. Viele von diesen Jungen sind nun selbst Lehrer geworden und verbreiten so das Gift, was sie gerade hatten bekämpfen helfen«, schreibt Wilhelm. Dem General und Prinzen von Preußen blieb aber die Erfahrung nicht erspart, das ganze Brüssel hell begeistert für die Revolution zu sehen. Europa hatte sozusagen mit einer eigenen und einer anderen als der Königszunge gesprochen. Merkwürdig, wie oft dieses Europa eingefordert wurde und wird, wenn es um die nackte Macht geht.

Krieg aber, wie ihn sich der General und Gatte Augustas gewünscht hatte, den gab es nicht nur deshalb nicht, weil sein oberster Dienstherr Preußen nicht für stark genug hielt, ihn allein zu führen, und sich selbst nicht für ausreichend befähigt, dieses Europa wie einen Kriegsgaul aufzuzäumen, sondern weil es der Bürgerkönig so ernst nicht gemeint hatte mit der Revolution, die ja auch nicht sein Werk gewesen ist. Die drei am Rhein vorsorglich zusammengezogenen Armeen durften immerhin vom Prinzen und General Wilhelm als Generalinspekteur in Augenschein genommen werden, nicht aber über den Rhein gehen. Es kam auch in den westlichen Provinzen Preußens zu einigen kleineren Sympathieaufständen, dabei aber blieb es. Seine Angst vor den Unsicherheiten im Westen des preußischen

Flächenstaates hat Wilhelm nie verloren; er meinte nicht zu Unrecht, daß diese Untertanen viel lieber Franzosen sein würden.

Dieses Jahr barg noch andere Überraschungen. Hatte der Zar Nikolaus einen Strauß mit den Dekabristen unmittelbar nach der Thronbesteigung ausgefochten, so erwuchs der Heiligen Allianz im polnischen Aufstand die nächste Gefahr. Die Dekabristen, Offiziere und der Landadel hatten im Dezember 1825 eine Verfassung, Schreckgespenst aller Absolutisten, gefordert und ihren Ruf größtenteils mit dem Leben bezahlt. Ohne Gnade wurde nun der polnische Aufstand zusammengehauen. Im Frühjahr 1833 waren aus der Sicht der Monarchien alle Schrekken einstweilen gebannt. Einstweilen, denn der General Wilhelm meinte in trüber Voraussicht, daß vorderhand jede Aussicht zum Kriege geschwunden und, wie er glaube, nicht zum Heile der Menschheit. Es ist zum Lachen, wo dieser Narr das Heil der Menschheit sucht, von einem dynastischen Krieg hatte kein Volk um 1830 das geringste zu erhoffen.

Den Abschluß dieses Reisezirkus' bildete der Besuch 1835 in Rußland; Wilhelm wurde die Auszeichnung zuteil, ein zusammengesetztes deutsch-russisches Militärkontingent ins Manöver bei Kalisch zu führen und zu kommandieren. Der Gatte Augustas war mit Leib und Seele bei dieser Übung, ebenso ihr Schwiegervater, Friedrich Wilhelm III.. Augusta erhielt hier eine anschauliche Lehre über dieses Rußland, das ihre Mutter so tief verachtete, es schüttelte sie der Anblick so vieler gekrümmter Rücken, darunter auch der ihres Gatten und ihres Schwiegervaters, die vor Nikolaus strammstanden wie die letzten seiner Grenadiere. Das befand jedenfalls die Prinzessin von Preußen. Mit Rücksicht auf die politische Lage um die Mitte der dreißiger Jahre hatte Preußen freilich einigen Grund, die Russen an ihre Verpflichtungen zu erinnern, und es ist allemal ein eigen Ding, die Russen zur Einhaltung ihrer Bündnisse zu bewegen. In St. Petersburg schlug indessen das Herz der Heiligen Allianz, wie sie die drei Mächte nach der Niederwerfung Napoleons geschlossen hatten. Und die Julirevolution durfte als Beweis dienen, daß die inneren Verhältnisse der Staaten nicht eben sehr stabil genannt werden konnten.

Während all dieser Ereignisse und Erschütterungen schritt der Bau der Häuser zu Berlin und Babelsberg voran, aber für Augusta bedeutete die hektische militärische oder politische Aktivität ihres Gatten nur Gegenstand einer weiter und schneller wachsenden Entfremdung. Zwar hatte sie noch keine Revolution am eigenen Leib erfahren; allein sie konnte doch darauf verweisen, daß die ganze Aufregung für die Katz gewesen und daß nur geschah, was offenkundig notwendig geschehen mußte, um ein überlebtes Regime zu beseitigen. Die wenigen Jahre seit Augustas Auszug aus Weimar waren ihre Lehrjahre; das Berliner Hofleben, der äußere Mangel, in welchem sie lebten, die Reisen und dieser innerlich und oft auch äußerlich abwesende Gatte, dessen beschränkte Auffassungen, die revolutionären Ereignisse und zuletzt der Anblick devoter Erstarrung ihrer Verwandten vor der schändlichen zaristischen Despotie wenige Jahre nach einer blutigen Rache an den Dekabristen; schneller und besser hätte sie ihren Herrn Gemahl gar nicht kennenlernen können. Und die Zustände in Deutschland erweckten nunmehr auch die Aufmerksamkeit der Prinzessin. Sie begann zu verstehen, daß zwischen ihrem Wunsch nach personaler Freiheit und der politisch-rechtlichen kein Graben liegen durfte. Der Begriff Jakobinerin fand möglicherweise eine neue und unerwartete Zustimmung in ihrem Inneren.

Preußen gehörte seit 1815 dem Deutschen Bund an, dessen Sitz in Frankfurt war. Auf diesen war 1833 durch linke Radikale, durch Terroristen, um es in ein heute gebräuchlichere Kategorie zu übersetzen, ein bewaffneter Anschlag verübt worden. Warum gerade auf Frankfurt, erklärt sich aus dem Haß der radikalen Demokraten auf die von dieser Behörde geleiteten Demagogenverfolgungen. Ihr oblag die Kontrolle über sämtliche Universitäten, Vereine, also Parteien, und der General Wilhelm hatte schon zehn Jahre früher schriftlich, da er ein unermüdlicher Schöpfer von Schriftstücken war, festgestellt, daß der Druck auf dieses Demokratenpack keineswegs ausreichend groß sei, da unter der Asche noch alles glimmt. Ferner wurden 1837 sieben Göttinger Professoren aus ihren Ämtern gejagt, weil sie gegen den Verfassungsbruch ihres Landesfürsten, König Ernst August von Hannover, protestiert hatten, völlig zu Recht, denn die Vereinbarungen von 1815 sahen die Einführung von Verfassungen in allen deutschen Ländern vor, ein von den deutschen Fürsten damals zähneknirschend gemachtes Zugeständnis. Es wimmelte in Deutschland anachronistisch von Zaunkönigen, die nach feudaler Macht strebten. Die Berliner Studentenschaft hatte Geld für die gemaßregelten *Göttinger Sieben* gesammelt, woran sich auch die hiesigen Professorenkollegen beteiligten, was den Volksfresser Wilhelm zu einem wütenden Ausbruch gegen einen Sohn Savignys hinriß: wie er es wagen könne, für die Göttinger Professoren Geld zu sammeln. Augusta stand aber auf seiten der *Göttinger Sieben*, sie lagen ihr menschlich ohnehin, sie war Umgang mit solchen Leuten gewohnt, im Innersten auch politisch. Dieser Zug ins gewalttätig Maßlose bei ihrem Gatten, seine unselige Gewohnheit, persönlich zu rüffeln, und sogar tätlich anzugreifen, wessen er habhaft werden konnte, verstimmte sie tief.

Diesem vorerst bloß ohnmächtigen Wüten wußte Augusta allerdings kaum etwas entgegenzusetzen. Ihre Auffassung von den Pflichten eines Fürsten und den Rechten eines Volkes, Pflichten, die ihr Großvater sehr ernst genommen hatte, war durch Vernunft und Einsicht bestimmt. Fürsten waren für Augusta nichts als Sachwalter, Angestellte sozusagen. Seit ihrer Kindheit war ihr bewußt, daß ein Volk keineswegs unglücklich ist, dem bürgerliche Freiheiten, Gesetze und angeborenes Recht eingeräumt werden. Augusta wehrte sich auch heftig gegen die Art der Erziehung ihres Sohnes, wehrte sich gegen seine Uniformierung und die Auffassung, daß sie dem Volk einen Heiland mit Pickelhaube geboren hatte und suchte, den Jungen an den Idealen ihrer eigenen Bildung auszurichten, ihm Respekt von anderer Art beizubringen und Achtung vor den nützlichen Wissenschaften wie der erhabenen Kunst. Für den Vater stand es indessen fest, welcher Berufung sein Erstgeborener nachzugehen habe, dem Soldatenberuf. Glücklicherweise war an dem Knaben alles wohlgeraten; er versprach viel für die Zukunft.

Von den oben erwähnten Reisen heimgekehrt, wohnte das Paar in dem neuen Haus, das an Stelle des alten Schwedter Palais errichtet worden war, oder es hauste in dem Tudorschloß auf dem Babelsberg. Zwischen den Jahren 1829 und 1837, also dem Jahr der Eheschließung und dem Stichjahr wütendster Demagogenverfolgungen, hatte die junge Augusta reichlich damit zu tun, einiges zu ordnen, abzuwehren, was sie für schädlich und unwürdig hielt. Um einen eigenen Kreis zu bilden, dazu hatten weder Zeit noch Möglichkeiten ausgereicht. Offiziell stand ihr der Graf Perponcher als Hofminister zur Seite. Dieser Mann schien ein Überbleibsel des Ancien régime zu sein, wenigstens sprach Augusta mit ihm französisch, er kam geschminkt und aufgeputzt daher, ein Überbleibsel der alten Zeit. Als der Sohn des französischen Bürgerkönigs eine mecklenburgische Prinzessin zu heiraten vorhatte, förderte Augusta diesen Plan mit Genugtuung, zumal ihr Gatte sich über den Mißgriff entrüstete, einen Emporkömmling in den Hochadel aufzunehmen. Der heraufziehende Verfassungskonflikt warf bereits seine drohenden Schatten. In dieser Kernfrage ihrer beider wie der preußisch-deutschen Zukunft konnten die beiden Gatten keinen gemeinsamen Nenner finden, und es ist überhaupt fraglich, ob Augusta von Wilhelm der ernsthaften Erörterung dieses Gegenstandes für würdig erachtet wurde.

Tief bedauerte Wilhelm das Versprechen seines Vaters von 1815, dem Volk eine Verfassung zu geben, ein Versprechen, das 1820 ausdrücklich erneuert worden war. Um die Mitte der dreißiger Jahre setzten bei Wilhelm verstärkt Überlegungen ein, wie das eine getan und das andere unterlassen werden könnte. Nicht durch Wahlen durfte das gegebene Wort eingelöst und ein Landtag gebildet werden, sondern durch königlichen Befehl berufene einzelne Personen. Dieser Landtag sollte auch nicht etwa die Regierung kontrollieren dürfen, sondern von Fall zu Fall zur Beratung herangezogen werden. Dem Landtag würde ferner das Recht vorenthalten bleiben, Gesetze einzubringen; Gesetze, die ihm andererseits vorgelegt wurden, hatte er ohne Debatte zu genehmigen. Überdies wäre einem solchen Verein von Katzbucklern nicht einmal eine förmliche Session zugestanden worden; die Abgeordneten konnten gerufen und nach Hause gejagt werden, wie es ihrem Herrn beliebte.

Für Augusta war dieses tückische Vorhaben empörend. Stolz wies sie darauf hin, aus einem Kleinstaat zu kommen, zwar einem Winzling unter allen diesen größenwahnsinnigen Zwergen, aber einem Staat, in welchem die gegebene Verfassung ohne Hintersinn eingehalten wurde. Mochte die großherzogliche konstitutionelle Wirklichkeit auch mangelhaft gewesen sein, es gab sie als geschriebenes und verbrieftes Recht. Und eine weitergehende als diese hätte kein deutscher Kleinstaat ohne Intervention der deutschen Großmächte überhaupt installieren dürfen. Mit viel gutem Willen war Augusta einst bereit gewesen, diesen Tropf im Pickelhelm, als welchen sie Wilhelm nur sehen konnte, nach allem, was er sagte, schrieb, mit ihm die Ehe einzugehen, eine

Prinzessin, deren Bestimmung und Aufgabe in dieser Kleinstaatenwelt darin bestand, Kinder zu kriegen, in denen die Dynastie überlebte und ihr möglichstes zu geben, aus einem erbgeschädigten Fürstensproß wenigstens einen vernünftigen Menschen zu machen, im theoretischen Sinn der Bildung des Menschengeschlechts durch Erziehung seiner Fürsten. Nun aber stand sie vor einem Haufen Scherben.

Augusta versuchte in den ersten Jahren ihrer Ehe, diesen Mann im Generalsrock zu begreifen, einen Mann, der aller Welt versicherte, wie klug seine Gemahlin sei, hielte sie nur das Maul und rede sie nicht ungefragt hinein. Das lief darauf hinaus, sie von allem auszuschließen, da es ihr eben doch an Kenntnissen und Kompetenz mangele. Aber was blieb dann noch, wenn sie weder auf Liebe noch auf Verständnis rechnen konnte? »Du sollst geliebt oder verstanden werden«, hatte Bettina Brentano geäußert; darauf lief es für Augusta hinaus. Sie wurde das eine gar nicht, und das andere mit hinterhältiger Denunziation. Der sonderbare Versuch einer Annäherung an Wilhelm über seine Verflossene, Augusta hatte das nur einige spöttische Bemerkungen der Radziwill eingebracht, liegt auf diesem Feld. Sie suchte ihn vielleicht zu begreifen, suchte, da schon keine Liebe zwischen ihnen möglich war, weil Wilhelm überhaupt nur einer Märchenfee nachjagen konnte oder eine stille Mätresse für seine körperlichen Bedürfnisse brauchte, wenigstens das diesem schmählichen Ehezustand Übergeordnete zu erweitern. Zudem wußte sie mehr über ihn, als er über sie; ein Mann, der sich am Grabe Julias anläßlich einer Italienreise sentimentalen Gefühlen nicht nur kindisch hingab, sondern sie aufschrieb und der fernen Geliebten durch deren Mutter als Trost übermittelte, mit dem ist die rauhe Realität des Zusammenlebens schwer.

Ihr war von den Ärzten gesagt worden, und sie hatte es selbst gefühlt, daß ihr nach ihren Fehlgeburten keine weitere Mutterschaft mehr blühen würde. Die kleine Tochter Luise durfte also als das letzte ihrer Kinder betrachtet werden. Ihr lag auch wenig an weiteren Versuchen, sich schwängern zu lassen. Eigentlich, so mußte sie sich eingestehen, hatten zehn Jahre genügt, um sie hier völlig zu verbrauchen. Dafür war diese Krankheit, die alle vornehm als Tristesse bezeichneten, nur ein Ausdruck. Er ermöglichte ihrer Umgebung, den Hofschranzen, Hofdamen, Lakaien, sich eine Erklärung für den allgemeinen und sie drückenden Zustand in ihrer Ehe zurechtzulegen. Und wäre es nur dies gewesen.

Es war keineswegs nur das andere Erziehungsideal, dem beide Gatten unterlagen, falls man das gute Sitzen auf einem Pferd für ein pädagogisches Ziel halten will; es war das bessere Menschenbild Augustas oder zumindest ein anderes, was sie zunehmend trennte. Daß Wilhelm in diesen Jahren Politik nach seiner Art zu machen begann, beweisen seine Darlegungen zur Verfassungsfrage. Er war Mitglied eines Kronrates, war so etwas wie der dritte oder gar zweite Repräsentant Preußens, kommandierender General, Staatsmann, er beobachtete mit Argwohn das Anwachsen des Liberalismus in Preußen, der in seinem Hause unter der Ägide seiner Frau eine Bastion eroberte. Da er 1840 vielleicht schon über die Lebensmitte hinausgekommen war, verlangte es ihn umso dringender nach Taten, also militärischen Erfolgen, als er keine Chancen für sich sah, jemals die Krone Preußens zu erringen. Seinem Bruder Friedrich Wilhelm traute er aber nicht zu, das heraufziehende Gewitter unbeschadet zu überstehen. Der Geist der Revolution von 1789 war nicht gebannt, nicht durch den Sieg über Napoleon, nicht einmal durch die Überwindung der inneren Unruhen Frankreichs vom Juli 1830, dessen war sich Wilhelm bewußt. Und die preußische Welt teilte sich, wie er sah, gleich der übrigen Welt in zwei Lager. War dem Zwang einer Verfassung nicht mehr zu entgehen, dann hielt es Wilhelm für besser, sein Vater löste das Problem noch zu Lebzeiten, da das Königswort, als eine romantische Attitüde einmal gegeben, zwar nicht gebrochen, wohl aber hintertrieben werden durfte. Außerdem hatte Wilhelm richtig erkannt, daß diese Demokraten, waren sie einmal an der Macht, oder hatten sie auch nur einen Teil der Macht verfassungsmäßig zugesprochen bekommen, alle Rechte eines wirklichen Parlamentes nutzen würden, um *das* Instrument der Macht in die Hand zu bekommen, die Armee! Und das konnte mit den aller einfachsten Mitteln geschehen, mit der Verweigerung des Budgets. Die Armee aber, dafür hielt Wilhelm, die Armee war der Augapfel, Zentrum und Sanktuarium aller Macht schlechthin. Augusta sah das anders, sie hielt den Zeitpunkt für herangereift, der historischen Entwicklung entgegenzugehen und den mittelalterlichen Staat im Geiste und realiter zugunsten eines neuen, des Bürger- und Verfassungsstaates hin zu verändern. Gewiß, sie war auch eine Fürstin, aber zwischen ihren Vorstellung und denen ihres Gattengenerals lagen bereits Welten.

Die Wacht an der Spree

Babelsberg, im Winter 1840 …

Der König ist tot, es lebe der König. Damit rückt Schwager Fritz auf. Die Havel ist zugefroren. Es liegt nur wenig Schnee, aber der Frost hält seit Wochen an. Diese Landschaft wirkt durch die oft schneearmen Winter trauriger, als sie eigentlich ist. Im Frühjahr ist es hier schön, noch schöner im Herbst. Graue Wolken hängen jetzt tief herunter, es ist, als ob sie in einer ungeheuren Masse weit nach oben zusammenhängen. Nur die Nadelbäume zeigen das stumpfe Grün, überdeckt von einer dünnen Schicht gefrorenen Schnees.

Die Trauerfeier um den toten Friedrich Wilhelm III. im Sommer vereinigte die Familie. Ich suchte mir eine Vorstellung davon zu machen, wie er mit der hier so hochverehrten Luise in Paretz gelebt hat, einige Stunden von Babelsberg entfernt, wie sie und er überhaupt gelebt haben. Es gehört anscheinend zu den Ritualen preußischen Staatslebens, stets gewisse Hoffnungen mit einem neuen König zu verbinden. Was getan wurde, sind einige belanglose Neuerungen, wie die Umbenennung eines Theaters, fiskalische Dinge, vieles davon mußte sogleich wieder zurückgenommen werden, weil es als unsinnig und nicht möglich erkannt wurde. Spürbar ist jedoch, daß die Regierungszeit des Verstorbenen wohl als allzulang empfunden wurde, dringende Reformen, wie sie von einsichtigen Staatsmännern immer wieder auf die Tagesordnung gesetzt wurden, kamen nicht voran, weil alles abwartete. W. steht nicht gut mit seinem Bruder; er traut ihm nicht genügend Willen zu, und womöglich hat er damit ausnahmsweise recht. Jedermann hier fürchtet das sanguinische Temperament des neuen Königs, der heute dieses, morgen jenes favorisiert, ohne einen Weg treu zu verfolgen. Ich hatte zu meinem Schwiegervater kaum eine Beziehung, obwohl er es doch gewesen ist, der W. nach Weimar beorderte, der mit meiner Mutter die notwendigen Präliminarien dieser Ehe besprach.

Die Wahrheit ist, daß ich ihn kaum gekannt habe. Er galt als Knicker, vielleicht war er das auch, sparen ist ihm anscheinend so etwas wie das erste Dogma der Regentschaft gewesen. W. erzählte davon, daß Friedrich Wilhelm I. einen Staatsschatz angehäuft hat und daß sein Sohn, der Große Friedrich, von seiner eigenen großen finanziellen Hinterlassenschaft vorhersagte, sie werde rasch aufgebraucht sein. So geschah es denn auch, im Krieg schmolzen die Reserven noch mehr. Mit dem neuen König sind jedenfalls doch reale und liberale Hoffnungen verbunden. W. fürchtet genau solche Neuerungen; er hält seinen Bruder für zu schwach, um Preußen in diesen Zeiten (gegen den Landtag) zu regieren. Allerdings geschah viel Konfuses, es wurde manches abgeschafft, kurz darauf schleunigst wieder eingeführt, weil sich die Maßnahme als unüberlegt und undurchführbar erwies. Was aber deutlich wurde, ist, daß mit dem Tode des alten und dem Einzug des neuen Königs eine Entzweiung eingesetzt hat. An der Verfassungsfrage teilen sich erneut und sehr viel heftiger die Geister; sie muß einmal gelöst werden, da sie so lange in Aussicht gestellt worden ist, so daß alle die äußerste Hoffnung mit der Konstitution verbinden. Man beginnt in Handelskreisen, viel stärker nach England hinüberzusehen, um zu erfahren, wie sich Monarchie und Konstitution dauerhaft miteinander vertragen.

Wir sind jedenfalls dem Thron ein wenig näher gekommen. Friedrich Wilhelm IV. ist zwar nicht alt, aber die Königin hat zu meiner Freude selbst bei der Krönung darauf verwiesen, daß Wilhelm, mein Mann, sehr bald in das Erbe eintreten könnte, falls Fritz stürbe. Tritt dieser Fall ein, auch wenn noch manches an Wasser Spree und Havel hinabfließen werden, schlägt vielleicht unsere Stunde. Hier wird dermaßen viel politischer Unsinn angerichtet, daß eine andere Lösung der Konflikte als über eine Verfassung gar nicht mehr denkbar ist, nicht ohne eine Revolution heraufzubeschwören. Was die Nachfolge betrifft: ich fürchte eine neue Schwangerschaft eher, als daß ich sie mir wünschte, mein körperliches Befinden schwankt zwischen schlecht bis sehr schlecht. Übrigens führen uns Gelegenheiten wie dieser Trauerfall und die Krönung dann doch wieder zu übereinstimmenden Spekulationen. Bei unserer Stellung in der Öffentlichkeit könnte W. schon die Entwicklung beschleunigen, falls er es nur wollte. Das heißt, in der Reihenfolge Verfassungs-

entwurf, Wahlen ansetzen und die gewählte Körperschaft darüber entscheiden lassen. Nun, gerade das ist bei ihm nicht zu erwarten.

In unserem Berliner Haus sammle ich einen Kreis vernünftiger wie weiterdenkender Menschen und schmeichle mir, die treibende Kraft zu sein. Herr von B. und Herr von F. sind regelmäßig hier; daß wir in der Beurteilung Preußens und seiner schrecklichen Verhältnisse ziemlich übereinstimmen, ist die Voraussetzung dieser kleinen Verschwörung. Die Dinge treiben einer Katastrophe zu, wenn wir uns nicht an die Spitze der Unzufriedenen setzen. Herr von F. spielte kürzlich darauf an, daß es für uns alle besser wäre, W. in der Thronfolge irgendwann zu übergehen oder auszuschalten und Fritz bis zur Volljährigkeit unter meine Vormundschaft zu stellen. Dergleichen käme zu allen Zeiten und in allen Monarchien vor. Dieses Gespräch durfte ich nicht fortsetzen, aber es zeigte mir, wie weit bestimmte Kreise unserer Partei heute zu gehen bereit wären, sollten die Dinge zum Äußersten treiben und Preußen vor der Revolution stehen; genau bis zum Staatsstreich. Perponcher verschlief den Disput, diese alte Mumie ist nur mehr Draperie; allein, es ist mit ihm auszukommen. Die O. zeigt sich seltener und nur, wenn es ihr als unumgänglich erscheint; unser Generaladjutant war ebenfalls abwesend. Als W. zu unserer Gesellschaft stieß, mißtrauisch äugend und kurz angebunden, wendete sich das Gespräch unverfänglicheren Themen zu. Allerdings wollte Herr von B. wissen, wie weit der König in der Konstitutionsfrage zu gehen beabsichtige. W. erwiderte, Fritz werde hoffentlich dem Druck des Pöbels nicht nachgeben; preußische Könige verkehren nun einmal nicht über Deputierte mit ihren Untertanen. Peinliches Schweigen entstand, und mir war klar, daß ich am nächsten Morgen eine Gardinenpredigt von meinem Gatten zu gewärtigen hatte, vielleicht die kategorische Aufforderung, B. ein für allemal von meinen Gesellschaften auszuschließen.

Die Treffen in unserem Hause sind unregelmäßig, gelegentlich nimmt W. daran teil, wenn sein Dienst es gestattet. Leider nimmt er immer zuviel Aufmerksamkeit in Anspruch, er sitzt gezwungen herum, antwortet, wenn er um seine Meinung befragt wird, knapp und unfreundlich, als sei ihm gerade eine schwere Beleidigung zugefügt worden, und macht in der Regel bloß eine schlechte Figur. Seine Mißbilligung unseres üblichen ungezwungenen Tones kann mich aber nicht des Vergnügens berauben, meine Meinung über eine Sache frei zu äußern, ob es ihm nun paßt oder nicht, und die Meinung anderer anzuhören. Allen ist es lieber, W. fern zu wissen, da er unfähig ist, zu vergessen, daß er hier nicht die Garde befiehlt, sondern der Primus inter pares ist, bestenfalls, ein Erster unter Gleichen setzt ja eine gewisse Gleichheit voraus.

Der junge B. ist unser Geschäftsträger in London, sehr klug, ein Diplomat von besonderen Fähigkeiten und für seine Jahre welterfahren. Kürzlich legte er eingehend und für Wilhelms Ohren bestimmt, die politischen Verhältnisse im United Kingdom dar. Das Königshaus gewährt beiden Kammern gesetzgebende Rechte wie auch Aufsicht über die Exekutive. Der gewählte Premier beruft die Regierung, welche der Monarch bloß zu bestätigen hat. Jede Position der Staatsausgaben wird höchst genau und wie in einem Kaufmannsunternehmen sorgfältig geplant, als Vorschlag ins Parlament eingebracht, debattiert, angenommen oder verworfen. Alle aber im Staate sind dem Urteil der Öffentlichkeit ausgesetzt. Die gewöhnlichen bürgerlichen Verrichtungen werden so wenig wie nur möglich durch den Staat beschränkt. Die Presse behandelt völlig ungehindert und ausführlich, was im Interesse aller liegt.

Nach diesem Vortrag richteten sich die Blicke voller Erwartung auf den Prinzen von Preußen. W. antwortete mit der Frage, wozu es dann überhaupt noch eine Monarchie gäbe, da es sich doch weit eher um eine Republik handele, bei deren Errichtung nur vergessen wurde, einen König zu köpfen wie in Frankreich. Lächelnd er-innerte ihn Herr von B. an die Tatsache, daß ein Königskopf beizeiten gerollt sei, um die konstitutionelle Monarchie überhaupt am Leben zu erhalten, nämlich der eines halsstarrigen Königs. Ich bemerkte wohl, wieviel Mühe es W. kostete, Herrn von B. nicht in seiner üblichen Weise abzukanzeln, allein, B. ist Diplomat genug, um seinen Unverschämtheiten den Anstrich einer neutralen Erörterung zu geben. So blieb es beim Gesprächston. Für Preußen könne er sich dieses System kaum denken, mag es anderswo auch vorzüglich sein, sagte Wilhelm beherrscht. Hier stehe von alters her der Monarch unmittelbar seinem Volk gegenüber. Der preußische König empfange noch immer seinen Auftrag unmittelbar von Gott selst, und nur diesem schulde er demzufolge auch Rechenschaft.

»Glauben Sie das, königliche Hoheit?« fragte B. »Zweifeln Sie nicht an diesem meinem Glauben«, sagte W. warnend.

Dieses kurze Gespräch, wie es mir im Gedächtnis haftenblieb, läßt aber doch nachfragen, ob der Prinz tatsächlich so naiv unschuldig an den mittelalterlichen Lehnsauftrag durch Gott glaubt, oder ob er nicht nur vorgibt, es zu glauben? Mir will es überhaupt scheinen, und Herr von F. teilt meine Auffassung, daß Friedrich II. aufgeklärter war als seine sämtlichen Nachfahren. Von Aufklärung ist in Berlin und in Preußen freilich penetrant ununterbrochen die Rede, selbst in Kirchenkreisen ist man aufgeklärt. Darunter verstehen sie die Debatte über alles Periphere ihres Glaubens. Kein Dogma darf berührt werden. In die eigentliche Religion wollte sich Friedrich II. nicht mischen und es den Leuten anheimstellen, zu glauben oder nicht zu glauben. Als die Jugend das Altdeutsche wiederentdeckte und es bis zum Erbrechen im Kostüm auferstehen ließ, zeigte es sich, daß die Monarchie der neuen romantischen Heilslehre das ihr Passende entnahm. Im frühen Mittelalter begründete der Kaiser seinen Anspruch auf alles, was sich auf und unter der Erde regte, mit dem Recht seiner Belehnung durch Gott, und zum Kaiser salbte uns dessen Stellvertreter auf Erden, der Papst. Seinerseits belehnte der Kaiser seine Vasallen nach Verdienst mit Gütern, ohne die Oberherrschaft aufzugeben.

Herr von F. hält es durchaus für denkbar, daß sich der Prinz in diese Vorstellung gleichsam eingewebt habe. B., der im Begriff ist, nach London zu gehen, empfiehlt, eine Studienreise mit dem geplanten Besuch in England zu verbinden; vielleicht sollten wir den Vorschlag überdenken, falls sich der Prinz darauf einläßt.

Am Tage nach dem oben angeführten Gespräch, bevor er zum Dienst fuhr, also in der Frühe, kleidet wie erwartet der Prinz seinen Befehl, mich bei solchen Gesprächen unbedingt zurückzuhalten, weil mir Wissen, Erfahrung und Anschauung fehle, zwar in die Form eines Wunsches, ließ aber keinen Zweifel daran, wie unangenehm ihm derartige Nötigungen in seinem Hause durch einen Geschäftsträger sind. Wir hatten uns danach einige Tage lang nichts zu sagen, aber diesen Zustand zu ertragen, habe ich inzwischen gelernt, wie ich auch begiffen habe, daß meine Krankheit nur verschlimmert wird, wenn ich mich einschnüren lasse und nicht ich selbst sein darf.

Im Berliner Nordosten gab und gibt es noch immer eine Kuglerstraße, ein kurzes Stück, das man woanders ein Ende nennen würde, ohne daß ein Mensch noch danach fragt, wer dieser Kugler denn gewesen ist, ausgenommen natürlich die Lokalhistoriker. Und doch ist Franz Kugler einst ein berühmter Mensch gewesen, Dozent an der Berliner Akademie, Kunstgeschichtler und Professor gar. Außerdem war er Kunstreferent und Vortragender Rat im Kultusministerium und schrieb zahlreiche gelehrte Abhandlungen über seinen Lehr- und Forschungsgegenstand Kunstgeschichte. Aber nicht diesen möglichen Verdiensten verdankt Kugler, ins Straßenregister gekommen zu sein, sondern einem für den Kunsthistoriker eher beiläufigen Werk. Das Jahr 1840 galt als Preußens heiliges Jahr; denn vor hundert Jahren war der von seinen Nachfolgern kaum ganz begriffene und schon gar nicht erreichte Heros auf den blauen Kornblumenthron Preußens gekommen, Friedrich der Große. Aus diesem Anlaß schrieb der preußische Kulturbeamte eine Biographie dieses Königs und brachte sie nicht ganz termingerecht erst 1842 heraus. Adolf Menzel hat einige hundert Bilder gezeichnet und diesem Druckwerk beigesteuert. Daher ist es auch heute noch ansehens-, weniger aber lesenswert.

Das Jahr 1840 brachte den General Wilhelm dem Thron näher, sein Vater Friedrich Wilhelm III. starb am 7. Juni 1840 und kam hinauf in den Himmel preußischer Tugenden, wo er endlich alles so anzutreffen erwarten durfte, wie er sich eine von Gottes Gnaden eingerichtete Monarchie vorgestellt haben mag. Friedrich Wilhelm III. hatte lange regiert, so lange, daß sich überhaupt niemand mehr vorstellen wollte, dieser König könne einmal sterben. Der ältere Bruder Wilhelms kam auf den Thron und heißt von nun an Friedrich Wilhelm IV. Mit seinen immerhin schon 45 Jahren schien der neue Herr etwas unsoldatisch fett. Auch war sein Temperament wenig kriegerisch. Kinder besaß der mit einer bayerischen Prinzessin Elisabeth verheiratete neue König nicht, wie wir oben schon gelesen haben. Dafür war er leutseliger, als es ihm seine Gattin erlauben wollte, die sich in Gesellschaften, an denen sie beide teilnahmen, durch die künstliche Aufregung auszeichnete, mit der sie den König zu suchen vorgab, das heißt, das Königliche an ihm vermißte. Was ihn im Umgang mit Staat und Staatsmännern wirklich schwierig machte, war etwas anderes, der Umstand nämlich, daß er zuviel schrieb. Was hier soviel bedeutet wie schwärmen, nachdenken, sich mit anderen Dingen als den einen Regenten zukommenden zu befassen.

Eigentlich hätte Augusta zu diesem Schwager eine bessere Beziehung haben sollen; aber das gesamte Familienleben beschränkte sich mehr auf die offiziellen Treffen, persönliche Vorlieben gab es kaum. Allerdings wurden auch Wohlmeinendere als der Bruder des neuen Herrschers, der ihm allenfalls Respekt entgegenbrachte, irritiert, vor allem war Wilhelm mißtrauisch; die charakterlichen Fähigkeiten, die Fahrigkeit des neuen Königs schienen ihm für die Zukunft nichts Gutes zu signalisieren. Friedrich Wilhelm IV. konnte aber nicht bloß endlose Tiraden halten, sich über geringfügige Kleinigkeiten auslassen, bei ungezügelter Phantasie; er war, wie alle Zeitgenossen meinen, ein glänzender und fesselnder Redner. Was er für Humor hielt, löste allerdings manches Mal nur Befremden aus; nach Wilhelms Auffassung durfte ein König öffentlich nicht lachen, als einer Äußerung seiner Würde abträglich, schlimmer war, wenn über ihn gelacht wurde. Humor ist in Tat etwas Demokratisches. Ihr Sohn sei stets ein Raub des mächtigen, ihn überwältigenden Augenblicks gewesen, hatte die gut beobachtende und kluge Mutter Luise über Friedrich Wilhelm IV. einmal geäußert, und dieser Fehler war ihm denn auch geblieben.

Der neue König galt als Romantiker, als Mystiker, aber uns Heutigen will es scheinen, als habe allen nach-friderizianischen Königen etwas ebenso Weltfernes wie Starrsinniges angehaftet. Es ist sicherlich kein Zufall, daß Friedrich Wilhelm III. den Fabeln Lafontaines gegenüber den Romanen Jean Pauls den Vorzug gab, und letzterer war bei seinem Berlin-Besuch von seinen Verehrerinnen wie ein König gefeiert worden, mußte aber ohne offiziellen Erfolg wieder abreisen, ganz ähnlich war es Schiller ergangen. Gleichwohl hatte ihn der König in Audienz empfangen. Eine Audienz kann eine halbe Minuten, aber auch einige Stunden dauern, es kommt auf den Zweck der Vorstellung an. In »Vor dem Sturm« läßt die Tante Amalie, vielmehr veranlaßt Fontane dieses Detail, in ihrem Privattheater den Wilhelm Tell eines französischem Schriftstellers aufführen; daß der Deutsche Schiller einen weit bedeutenderen Wilhelm Tell verfaßt hatte, der zudem 1806 in Berlin erfolgreich uraufgeführt worden war, ist ihr nicht einmal bekannt gewesen. Das

Schillersche Reiterlied weckte bei Wilhelm eher den Traum von einer ihm verhaßten Volksbewaffnung, anstatt ihn zu dämpfen.

Das Nationale war Sache preußischer Könige fürs erste nicht. Es handelt sich um ein schwieriges Kapitel, nicht nur der Könige von Preußen, sondern auch der Klassiker. *Deutschland?* Wo liegt es? Ich weiß das Land nicht zu finden; wo das gelehrte *beginnt, hört das politische auf.* Auch ein Schillerwort. Und noch eins unter Nummer 96 der Xenien: *Zur Nation euch zu bilden, ihr hofft es, Deutsche, vergebens. Bildet, ihr könnt es, dafür freier zu Menschen euch aus.* Augusta, die Weimarerin hatte infolge ihrer Erziehung ein weit unbefangeneres Verhältnis zu Deutschland als die Preußen. Mag sein, es war ein wenig klassisch gefärbt, auf Erziehung und Bildung des ganzen Menschengeschlechtes gerichtet, aber es war im ganzen sicherlich historischer als der romantische Mummenschanz mit neogotischer Draperie. Daß die spätere Königin Augusta weniger nach der Preußenkrone als nach der Kaiserkrone strebte, hängt mit ihrer Hinneigung zum Nationalkonstitutionalismus zusammen, etwas, das sie auch ihrem Sohn einzuimpfen verstanden hat. Lassen wir diesen König Friedrich Wilhelm III. ruhen und sehen wir, welche Folgen diese Veränderungen in der preußischen Dynastie für Augusta und Wilhelm unmittelbar hatten.

Zunächst keine, ausgenommen die, daß die neue Königin Elisabeth ihren Neffen Friedrich Wilhelm, der V seines Namens, wenn nicht der spätere Kaiser den Wilhelm in seinem Namen unterschlagen hätte und sich bloß Friedrich III. nannte, mit deutlicher Geste auf die Bestimmung des Knaben zum König umarmte. Und Augusta sah darin mit Recht eine Art Versprechen, eine Hoffnung und stille Verabredung, daß ihr Sohn seinen Vater in der Reihenfolge überspringen werde. Der junge Mensch zählte acht, sein Vater immerhin schon 43 Jahre, und der neue König Friedrich Wilhelm IV. hatte mit seinen 45 Jahren vielleicht noch ein schönes Stück ungestörten Daseins vor sich. Starb der Gatte Augustas früher, dann trat jedenfalls ihr Sohn in die Erb- und Thronfolge ein. Die Parzen verhedderten und verknoteten die Lebensfäden indessen anders, wie wir wissen.

Als König war dieser Friedrich Wilhelm IV. nun leider ein großer Reinfall. Sein Großvater, der dicke Liederjan, nämlich Friedrich Wilhelm II., hatte sich schon nicht durch besonderes staatsmännisches Geschick ausgezeichnet, sein Vater glich einem zwar vorsichtigen, aber immerhin vornehmen Charaktermenschen, von dem die ausländischen Diplomaten sagten, er sei eher für den beschränkten Bürgerstand bestimmt gewesen als für einen König. Von seinem neuen König hatte selbst der Preußenkundler Treitschke keine sonderlich hohe Meinung; er hielt ihn bloß für einen Dilettanten auf dem Thron. Der König aber fuhr fort, seine neugotischen Kathedralen zu entwerfen und achtete nicht des Spottes seiner Familienangehörigen. Ein liberaler Narr war Friedrich Wilhelm IV. aber nicht, nicht für sein Volk, das ein wenig aufatmete, da ihr König allen mehr versprach, als er je würde halten können. 50 Tsd. wirkliche Berliner, falls es damals überhaupt schon so viele echte Eingesessene in Berlin gegeben hat, sollen sich aus Anlaß der Huldigungsfeiern auf dem Schloßplatz versammelt haben. Der Zirkusvorstellungen gab es noch mehr; gern richtete der König die direkte Ansprache an sein Volk, wünschte von ihnen hehres Streben nach Wahrheit, Ausharren in Treue und Recht und all die Sachen, die damals schon knapp geworden waren und heute nur noch im politischen Antiquariat zu haben sind. Diese Reden seines Bruders hörte der Prinz von Preußen mit zähneknirschendem Hohn.

Unzweifelhaft aber geschah in dieser Zeit und unter dieser Regentschaft des neuen Herrschers etwas Entscheidendes: Der zögerlichen Liberalisierung folgte nicht etwa die Demokratisierung, sondern die Kapitalisierung. Alles in Technik und Wissenschaft, was der neue König als notwendig und erfreulich angepriesen, wofür er bei aller Romantik offen sein wollte, zog die rauhe politische Forderung nach Erhebung der Bürgerstände zu einer verfassungsgebenden Institution nach sich, was sich hinter dem Begriff Generalstände so albern wie dürftig verkleidete. Und der neue König war oder schien nicht abgeneigt, solchen Forderungen ein wenig nachzugeben, wollte aber zugleich verhindert wissen, daß zwischen ihm, als dem Untergott, und dem Untertan, im Gegensatz zum demagogischen Volk, kein geschriebenes Wort stehe.

Gerechter Himmel, hat womöglich Augusta gedacht, wie der arme Hund aus diesem Gestrüpp herausfinden will? Er fand nicht heraus, wir aber dürfen uns hier nicht auf die weitere Erörterung des Verfassungskonfliktes einlassen, da wir einen Blick auf die Verhältnisse aus der weiblichen Psyche heraus zu tun verabredet haben. Weshalb wir bei der Revolution weitermachen. Wie die Dinge für eine Prinzessin von Preußen lagen, war allüberall Politik.

Das Parlament, nennen wir den preußischen Landtag einmal so, das unter vielen bürgerlichen Schmerzen und fürstlichen Seufzern endlich doch erlaubt worden war, besaß buchstäblich nichts an Rechten, ausgenommen eines, das wichtigste, das Budgetrecht. Besaß es zwar nicht durch die Garantie einer Verfassung, wohl aber konnte die Versammlung sich rebellisch weigern, dem vorgelegten Etat zuzustimmen. Das würde de facto nichts an seinem Inkraftsetzen geändert haben, hätte aber die Verfassungsfrage weiter in der Schwebe gehalten. Debattieren durfte das Parlament den Etat nicht, der ihm vorgelegt wurde. Augusta, durch ihre Teegesellschaft, in der das alles heiß und heftig debattiert wurde, bestens auf dem laufenden, erwartete mit Spannung, was wohl geschehen würde, wenn das Parlament seine Macht gebrauchen würde, Steuern verweigerte, den Geldhahn zusperrte. Der Jakobinerin fiel sicherlich ein, daß sich auch die schreckliche französiche Revolution aus dem kleinen Anlaß der Budgetstreiterei entwickelt hatte. Immer erneut unternahm sie den Versuch, mit ihrem Gatten Ausgangspunkt und Folgen einer solchen Konstellation in Preußen zu erörtern; allein Wilhelm blieb, der er war, ein trockener Realist. Und gewiß sagte sich auch Augusta, welche Gefahren für die deutschen Fürsten auf dem Wege des Konstitutionalismus lagen, daß sie nämlich ihren eigenen Ruin, die Abschaffung ihrer Vorrechte betrieben, aber Augusta sah entweder die Dinge nicht bis zu ihrem Ende, oder sie ließ sich von illusorischen Hoffnungen tragen, eine bessere preußische Welt zu schaffen und das ihr widerwärtige Militärsystem zu mildern. Vielleicht auch, und Bismarck schrieb ihr später ein grenzenloses Machtgelüst zu, wollte sie einfach recht bekommen, Wilhelm und die ganze Verwandtschaft endlich einmal dominieren und wirklich herrschen.

Bis 1848, dem Ausbruch der Revolution, sollte auch für sie noch allerlei Verwirrendes geschehen. 1842 hatte der neue väterliche Monarch die Vereinigten Ausschüsse der Landesprovinzen nach Berlin beordert, diese allerdings nach ebenso kurzer wie erfolgloser Beratung wieder heimgeschickt. Einige Jahre später aber brauchte der Staat Geld, wie jeder Staat; in diesem Falle brauchte er es dringender denn je, nämlich für den Ausbau der Eisenbahn, der bei den kommenden Kriegen eine entscheidende logistische Rolle zufallen mußte, wie einige Militärs voraussahen. Dem König fiel nun das ein, was auch den bürgerlichen Nachfolgern preußischer Monarchen bloß einfällt: ein Kompromiß. Dazu bedurfte es zunächst einiger Tricks. Friedrich Wilhelm IV. wollte die sogenannten Provinziallandtage einfach zu einem Landtag vereinigen und damit dem Wahlprozedere und allen damit verursachten Unsicherheiten aus dem Wege gehen. Allein, die Minister machten plötzlich nicht mehr mit; keinerlei Zugeständnisse gegenüber diesem Pöbel, lautete ihre Marschroute. Und in dem General Wilhelm stand dem König überraschenderweise auch der Bruder entgegen. Keine Wahl, keinen gewählten Landtag. So blieb alles in der Schwebe. Im Hause war darob die Erregung groß, denn mit der Verweigerung der Wahl rückte ein feudalistisches Schreckbild in die Nähe des Wahrscheinlichen; Wilhelms Traum von einer schlichten Abkommandierung in ein Parlament konnte schnell Wirklichkeit werden. So viel sich Augusta bemühte, Wilhelm auf den Kompromiß zurückzubringen, da ihn auch der König wollte, so sehr weigerte sich der General. Dem stand überdies ein höchst gewichtiges Mandat im Testament des verstorbenen Königs im Wege. Die entsprechende Klausel bedeutete die dauernde Knebelung der künftigen Könige; falls diese in der Verfassungsfrage weiterkommen wollten, hatten sie sich der Zustimmung aller Prinzen von Preußen zu versichern.

Das im Jahre 1844 durch den Bürgermeister Tschech auf den König verübte Attentat schien denn auch allen Befürchtungen jenen recht zu geben, die überall im Lande Jakobinertum witterten, falls sich die Provinzen gegen notwendige Reformen wehrten. In Sachen Parlament verfiel Friedrich Wilhelm IV. auf den Ausweg, aus dem Vereinigten Ausschuß eine Art Beratungsverein zu bilden, während der Vereinigte Landtag später das Bewilligungsrecht in Etatfragen erhalten sollte. Diesem Entgegenkommen stimmten Augusta und ihre Parteiung schon deswegen zu, weil Bewegung in die starren Fronten gebracht wurde.

Bezeichnenderweise war das Verhältnis zwischen den Brüdern inzwischen so schlecht geworden, daß Wilhelm von diesem prachtvollen Einfall eher gerüchteweise erfuhr, später unterrichtet wurde, als es ihm in seiner Stellung zukam und einen Konflikt heraufziehen sah. Den Schritt selber hielt er für ein Zurückweichen vor dem jakobinischen Feind, der überall lauerte. Er protestierte schriftlich in seinen bekannt langen Briefartikeln, die zu lesen eine Zumutung war, und die meist auch nichts Neues zur Sachklärung beitrugen, nur einen Standpunkt darlegten. Das Verhältnis zwischen den Brüdern war nie harmonisch gewesen, aber nun verfaßte der schreibwütige General dieses gewichtige Memorandum und pochte auf das Vermächtnis ihres gemeinsamen Vaters, nach welchem die Verfassungsfrage eine Familienangelegenheit sein und bleiben müsse, und in corpore zu entscheiden sei. Dieser Paragraph erinnerte Augusta aber stark an die Büchse der Pandorra, die niemand öffnen durfte, wollte er nicht Unheil und Gestank auslösen. Der General sah natürlich völlig richtig voraus, daß einer solchen Regelung, wie sie sein Bruder im Blick hatte, die Verfassung logisch folgen mußte und schwenkte um und schlug vor, 150 Abgeordnete aus den Provinziallandtagen zu wählen, besser zu berufen, und als Reichsstände anzuerkennen, ohne Budgetrecht, also eigentlich ohne reale Funktion. Bedenkt man nun, daß in Preußen kein allgemeines Wahlrecht bestand, daß die Deputierten der Provinziallandtage überwiegend der Ritterschaft angehörten, bedenkt man ferner, wie gering das Mitspracherecht selbst dieser zwar oft quengelnden, aber im ganzen doch königstreuen Körperschaft gewesen ist, dann fragt es sich wirklich, was um Himmels willen denn von einem Modell, wie es Friedrich Wilhelm IV. vorgeschlagen hatte, zu befürchten gewesen wäre.

Der märkischen Ritterschaft wurde nachgesagt, sie neige zur Fronde. Daran ist einiges Wahre. Sie stand traditionell zu ihrem König, wahrte aber zugleich auch ihre junkerlichen Interessen; ein Zustand, der bis in die Tage des Großen Kurfürsten zurückreichte, der seinen Junkern erhebliche Zugeständnisse zu machen gezwungen war, um ihnen die Kosten für ein stehendes Heer abzuzwingen. Für Wilhelm, der seinen Druck auf den Bruder verstärkte, vorwiegend unter den hohen Militärs seine Parteifreunde rekrutierte, war es besser geworden, sein Haus Unter den Linden No. 9 zu meiden. Von dem bewußten Papier mußte Augusta erfahren; alle Memoranden zirkulierten mit einigen Tagen Verzug durch die politisierenden Kreise Berlins, auch die Presse, so sehr sie auch beaufsichtigte wurde, hatte es gelernt, mit solchen Nachrichten umzugehen. Daß sich Wilhelm dermaßen auf die Verweigerung des Budgetrechts versteifte, versteifen mußte in seiner Logik, bekämpfte seine Gattin Augusta mit sprachlicher Vehemenz. Er meinte, jetzt wenig von ihren Leiden zu merken, da sie sich so verausgabte. Allein, nach außen drang davon wenig; die Verhältnisse verboten es ganz schlicht.

Jedenfalls wurde 1844 nichts entschieden. Nun aber geschah etwas ganz Beiläufiges mit großen Folgen, da sich das Paar entschied, besuchsweise nach England zu reisen. Augusta führte Wilhelm zur lieben entfernteren Verwandtschaft und zu einem Anschauungsunterricht in Sachen konstitutioneller Monarchie, wie sie erhoffte. Mittlerweile war Augusta durch Bunsen wie durch das Studieren der chrakteristischen Verfassung des Inselreiches eine enthusiastische Anglomanin geworden, sie bewunderte diese Monarchie, die nach allen Wirren und Königsstürzen unbeschadet dastand wie ein Fels in der Brandung. Man reiste per Eisenbahn und Schiff, Vater, Mutter und Sohn. Vielleicht entstand schon hier der verwegene Plan im Kopf der Augusta, ihren Sohn auf ewig mit der Familie der englischen Victoria zu verbinden; sie erteilte vorsorglich Unterricht in Sachen russischer Despotie und Absolutie, gegen das Zarentum, das sich erst jüngst in der brutalen Unterdrückung des Dekabristenaufstandes ausgetobt hatte und weiterhin furchtbar gedieh. Wilhelm waren die inneren russischen Verhältnisse gleichgültig; seine Sicht war auf dynastisches Interesse verengt. Er bewunderte die absolutistische Macht des Zarentums, und es schien nicht ausgeschlossen, daß er seinerseits eine russische Großfürstin an der Seite des jungen Menschen gesehen haben könnte. Der Herr war ungefähr 13, hochgewachsen, von netter äußerer Erscheinung und ahnte von nichts.

Das Paar kam im Sommer 1844 nach England; als ein Staatsbesuch darf diese Reise insofern nicht gelten, als Wilhelm keinen Verhandlungsauftrag von seinem Bruder oder einem Staatsministerium mitbekommen hatte. Man ließ es sich also wohlsein, besah dies und das in *Merry Old England*, fand alles schön, namentlich Augusta wurde nicht müde, ihrem störrischen General die englischen Verhältnisse im reinsten Licht der Verklärung ihrer Liebe zur konstitutionellen Monarchie zu deuten. Auch beim alten Wellington wurden sie einführt, und Wilhelm ließ sich von diesem Kenner des britischen parlamentarischen Systems die Vor- und Nachteile dieser Ordnung erklären. Er nahm die Meinung Wellingtons mit, daß es sich um ein höchst miserables Modell handele, das um Himmels willen keiner nachahmen sollte. Ferner wurde Wilhelm Doktor der Philosophie an der Oxforder Universität, was weniger lächerlich ist, als es erscheint, hält man dagegen, daß die heutigen Staatsmänner Doktorwürden sammeln wie kleine Jungen Bierdeckel. Augusta aber war klug genug und dem Konstitutionalismus viel zu sehr ergeben, um diese Albernheit ruhig zu dulden oder sie bloß stillschweigend zu belächeln. Sie war, wir haben ihre psychosomatischen Depressionen schon gestreift, gelöst, allein, was sie sah, gegenüber aufgeschlossen. Hier hätte sie leben und atmen können; sie fühlte sich innerlich frei im Reiche einer so erhabenen konstitutionellen Monarchie und fand auch wirklich alles sehr nach ihrem Geschmack, also gut bis ausgezeichnet, während Wilhelm das meiste davon als bedenklich, unnötig und für Preußen untauglich einstufte. Wobei er sich auf Wellington berief; dem alten Herrn durfte auch eine überzeugte Demokratin und Liberale nicht widersprechen, und das tat sie auch nicht. Wilhelm berief sich noch öfter auf die Warnung Wellingtons, sich davor zu hüten, das britische Regierungssystem etwa nach Preußen zu verpflanzen.

Augusta bewunderte alles an der englischen Staatsform. Und das ist erstaunlich genug, denn bei genauerem Hinsehen hätten ihr die sozialen wie die politischen Gebrechen des Inselreichs auffallen müssen. Daß die Franzosen ihren König Louis Capet erst kürzlich geköpft hatten, trug ihnen auch in Augustas Augen das Mal von Königsmördern ein. Allein, ein Blick in die Geschichte Englands hätte sie darüber belehren können, daß die Briten während ihres langen Bestehens den Franzosen keineswegs nachstanden und nicht empfindlich waren, wenn es galt, Klassenrechte gegen die Krone zu verteidigen. Auf dem englischen Weg in die Demokratie, ein Begriff, den kein Mensch damals auf diesen Staat angewendet hätte, lag mehr als ein abgeschlagener Königskopf. Gewiß, aus Festlandssicht nahm sich das Königreich Victorias um die Mitte des 19. Jahrhunderts beruhigt und stabil aus; es schien jedem das Seine zu gewähren, dem Pair und Landlord, dem Kaufmann und dem Industriellen. Und die britische Presse bot dem Festlandseuropäer ein Bild der Meinungsfreiheit. London nahm Revolutionäre und Anarchisten auf und gar nicht wahr, so daß die Zustände des glücklichen Englands, verglichen mit den preußischen Zuständen einer Weimarerin durchaus als großartig gelten konnten. Die

Schattenseiten des gesamten Staatswesens hätte Augusta in dem berühmten Werk Friedrich Engels »Die Lage der arbeitenden Klasse in England« erst ein Jahr später studieren können, es erschien 1845. Die Kinderarbeit und Kindersterblichkeit, das soziale Elend in den Londoner Armen- oder Arbeitervierteln East Ends hätten auf dem Festland nicht im entferntesten eine Parallele gefunden. Armut gab es zwar auch in Preußen, nicht aber diese nackte Gewißheit, Hungers sterben zu müssen, ohne Arbeit, jeder Krise unbarmherzig ausgesetzt zu sein. In diesem Mutterland des Kapitalismus, für das sich der Ausdruck Manchestertum einzubürgern begann, blühte und gedieh der Liberalismus, den Augusta sicherlich nicht im Blick hatte, wenn sie ihm für Preußen das Wort redete. Für die realen Bedingungen Englands war die Prinzessin von Preußen blind. Und das Königtum befand sich in glänzender Verfassung, es ließ seinen Premier regieren, sah ihn vom Parlament gestürzt, einen anderen aufsteigen und so weiter. England war protestantisch, und es war doch ein schöner Gedanke, den inzwischen dreizehnjährigen Prinzen mit einer englischen Königstochter zu verheiraten, wie es auch später geschah.

Seit 1837 regierte die Königin Victoria den Inselstaat, die ihrerseits ein gutes Verhältnis zu ihren deutschen Verwandten hatte. Deutschland dürfen wir nicht sagen, nicht, weil es dieses Deutschland weder staatlich noch geographisch nicht gab, sondern weil Victoria unter Deutschland eher die engere Heimat ihres Gatten Albert, eines Sachsen-Coburg-Gothaers, verstand. Nun, Gotha und Weimar lagen in lieblicher Nachbarschaft, die Königin von England kannte und liebte diese Gegend so innig wie ihren Gemahl. Von Deutschland wußte sie eigentlich kaum Näheres. Dieser Liebe zu Albert war vorerst eine ansehnliche junge Dame entsprungen. Da sie zur Zeit des Besuches in England erst drei Jahre zählte, war ihr natürlich noch nicht anzusehen, ob und wie sie einst in verwandtschaftliche Beziehungen zu Preußen treten würde. Im übrigen aber waren sie alle noch hoffnungsvoll jung, ausgenommen Wilhelm.

Von solchen Träumen einmal abgesehen, erwies sich die Reise im Sinne Augustas für ihren Wilhelm als kein Bildungserlebnis. Durch die Anschauung einer dermaßen vollkommenen Demokracie wie der angelsächsischen, wurden seine Auffassungen nicht verfeinert, im Gegenteil. Er brachte im Herbst, als das

Paar die Füße wieder auf den Boden des europäischen Festlandes und der preußischen Tatsachen gesetzt hatte, die vertiefte Erkenntnis mit, daß die englischen Verhältnisse, über die er sich allerdings nicht abfällig äußerte, für Preußen nicht in Betracht kämen. Womit er im übrigen recht hatte. Ihm war ein sicheres historisches Bewußtsein gewachsen, die Tragik, der er sich gegenübersah, bestand darin, daß sich Zeit und Staatsidee nicht mehr recht auf die alte Art und Weise der Gottesherrlichkeit verbinden ließen. Augustas Träume zielten auf die modernere Staatsidee, auf eine Verabredung, die Bürger und Fürsten untereinander trafen; sicherlich waren sich beide ihrer auseinanderstrebenden Art, zu sehen und zu empfinden, nicht völlig bewußt. Wilhelm hat später an den Gedanken des Zweikammernsystems anknüpfen wollen und auch wirklich etwas Ähnliches wie ein Oberhaus zustandegebracht, aber dabei übersehen, daß ein Pair von England historisch etwas anderes ist als ein Mitglied des preußischen Herrenhauses. Wenn etwas Vergleichbares zustande kam, dann nicht durch seine Mitwirkung. Die Vorstellung, daß ein beliebiger gewählter Abgeordneter in einer Fragestunde, auf die das Parlament ein durch die Verfassung gesichertes Recht besaß, dem Minister des Königs von Preußen unangenehme Fragen stellen durfte, verursachte ihm nur eine Gänsehaut. Daß dieser Minister antworten und unter Umständen seinen Hut nehmen mußte, falls er eines Unterschleifes, einer Dummheit oder Unfähigkeit überführt werden konnte, stellte ihm Augusta allzu triumphierend als einen Sieg der Vernunft hin, da man sich nur dem Zwang eines gesellschaftlichen Abkommens beugte. Das Paar stritt sich, es kam in nichts überein. Wilhelm gab zu, daß England weder von der Revolution 1789, noch der Julirevolution 1830 erschüttert worden war, daß sich Britannien außen- und innenpolitisch in einer beneidenswerten Lage befand, nichts zu befürchten, aber alles vor sich hatte. Aber er konnte seiner Frau eben auch entgegenhalten, wie unmöglich es sei, dieses Gesamtverhältnis auf andere Staaten ruckartig und als kulturell-politische Leistung zu verpflanzen. Preußen war seit nunmehr beinahe dreißig Jahren eine Verfassung versprochen worden, nämlich durch den Vater Wilhelms, Friedrich Wilhelm III. Im Prinzen Wilhelm von Preußen hatte der König jedenfalls einen dauernd wachsamen Mahner an der Seite, daß dieses Vermächtnis eingehalten wurde. Bei ihm wäre der gute Wille schon auffallend gewesen, sich der Verfassungszusage bisweilen wenigstens zu erinnern. Nach der Englandreise hatte sich daran nichts geändert. Wohl aber geschah für die Prinzessin etwas ganz Unerwartetes. Zu ihrer Befremdung mußte Augusta die Berufung Wilhelms an die Spitze einer sogenannten Verfassungskommission durch den Schwager erleben. Damit hatte sie nach allem Streit zwischen den Brüdern nicht gerechnet. Daß ausgerechnet derjenige mit der Ausarbeitung einer Verfassung für Preußen leitend betraut werden sollte, der eine Verfassung ablehnte, schien ihr nicht nur unverständlich und unmöglich, sondern als eine Verhöhnung. Sie hätte wissen können, daß ihr Schwager in keinem Falle verläßlich und treu war, aber für nichts schien ihr Wilhelm weniger geeignet. Mittel und Möglichkeiten besaß sie keine, auf diesen Unsinn einzuwirken; es war einer Prinzessin von Preußen nicht gestattet, in die offizielle Politik einzugreifen, selbst als Köngin hätte Augusta kein formales Einspruchsrecht besessen. Übrigens geht das Streben Augustas nach Macht darauf zurück, daß sie von ihr ausgeschlossen war.

Bald jedoch erwies es sich, daß Wilhelm sehr wohl etwas aus England mitgebracht hatte, es sei denn, er war allein wegen dieser ihn auszeichnenden Berufung durch seinen Bruder und obersten Dienstherrn zufriedengestellt worden. Genug, er stemmte sich plötzlich nicht mehr prinzipiell gegen die Einführung eines neuen Regierungsystems in Preußen, das nach dem Wiener Kongreß zum größten deutschen Flächenstaat angewachsen war.

Wilhelm empfahl urplötzlich, aus einer Versammlung von rund 600 Deputierten und acht Provinzen eine Art Unterhaus zu bilden. Dieser Versammlung sollte ein Oberhaus, ein House of Lords, gegenübergestellt werden. Beiden Kammern mußten die Gesetze zur Lesung vorgelegt werden. Nicht abzubringen war Butt, wie Wilhelm von seinen Geschwistern spöttisch genannt wurde, von seinen mythischen Vorstellungen angeborener königlicher Rechte. Alles mit dem Budget Zusammenhängende sollte allein in Händen des Monarchen bleiben. Augusta sah wohl, wie abgefeimt dieses Vorgehen war; für das Zugeständnis, zwei Kammern zu bilden, sollten diese für immer auf ihre wichtigste Waffe, das Recht, die Finanzen des Staates einzusehen und zu regulieren, verzichten. Sie mag Wilhelm vorgehalten haben, daß er einen Betrug vorhatte; allein, sollte ihr Mann dieses Bewußtsein wirklich gehabt haben, so mußte Augusta bald erfahren, wieviel angeborene Rechte er tatsächlich für sich in Anspruch nehmen wollte. Die Stände mit dem Petitionsrecht auszustatten, hier zu verstehen als ein Interpellationsrecht, verbat er sich auch, sowohl in Finanz-, mehr noch in Militärsachen sollten die Deputierten nicht einmal um Nachbesserung bitten dürfen. Es war immer dieselbe Vorgehensweise, nur um einige neue Winkelzüge vermehrt. In diesem Parlament hätten die Deputierten nicht mehr als eine Gelegenheit bekommen, die Entscheidungen des Monarchen ergebenst anzuhören, das war alles. Und Wilhelm ließ sich auf keine Erörterung ein.

Schwer zu sagen, wie sich Augusta die Ausgestaltung des preußischen Verfassungsstaates real gedacht haben mag. Die englische konstitutionelle Monarchie setzte in der Tat eine andere Geschichte, größere Ressourcen und völlig andere Staatsziele voraus. England hatte seine unruhige Jugend aufs Meer hinaus in die Welt geschickt und ein großes Kolonialreich begründet. Die Königin Victoria sollte von Disraely eines Tages zur Kaiserin von Indien gekrönt werden. Preußen aber hatte als Landmacht all seine Energie darauf zu richten, einen Staat zu schaffen und zu erhalten, der sich des Bündnisschutzes zweier Großmächte an seinen zahlreichen Grenzen sicher sein durfte, wie auch immer er im Inneren ausgestaltet war. Erst Bismarck löste dieses Problembündel für einige Jahrzehnte zufriedenstellend. Aber der Liberalismus Augustas sollte alsbald auf Herz und Nieren geprüft werden. Das Jahr 1847 kam heran, ohne daß etwas Wichtiges auf dem Gebiet der Verfassungsfrage geschehen war; fertiggestellt wurde immerhin das Patent, also ein Gesetz über die Berufung des Landtags. Es harrte freilich noch der Unterschrift des Kommissionschefs: Wilhelm verweigerte sie kategorisch. Das heißt, er verhinderte den raschen Zusammentritt des gemeinsamen Landtags. So schleppten sich die Verhandlungen über das ganze Jahr hin. Es gelang schließlich, den Termin der Einberufung des Landtags ins nächste Jahr hinauszuschieben.

Das erste preußische Parlament trat am 11. April 1847 im Weißen Saal des Berliner Schlosses zusammen und wurde mit einer Rede eröffnet. Friedrich Wilhelm IV. bedeutete den Herren Abgeordneten, daß sie sich keinerlei Hoffnung auf eine Verfassung machen sollten. Der Weiße Saal wurde offenbar genutzt, wenn sich König und Hochadel einerseits und Bürgerdeputierte andererseits trafen. Hier verabschiedete sich der letzte Kaiser der Deutschen, Wilhelm zwo, bei Kriegsbeginn 1914 von den Berlinern. Bilder dieses Saales bezeugen seine gelungene Ausstattung. Von den rund 600 Deputierten waren 306 Bürgerliche und 307 Adlige. Der König wollte nicht, daß sich Papier zwischen die Vorsehung, also den König, und sein Volk, also die Untertanen, schiebe. Friedrich Wilhelm IV. hatte die Verwandtschaft, soweit sie männlich, ins Herrenhaus abkommandieren wollen; dagegen sträubten sich Wilhelm und sämtliche Prinzen. Daß einer von ihnen, der von Gott zwar nicht abstammte, aber unter dessen besonderer Gnade stand, einem Abgeordneten, der vor allem Untertan war und noch weniger von Gott abstammte, in Rede und Gegenrede gegenübergestellt werden durfte, das konnte derselbe Gott nicht vorgesehen haben. Wilhelms Einfluß auf den Geschäftsgang war so groß, daß die Plätze der Prinzen sämtlich leerblieben. Der General Wilhelm erwies sich freilich in der Herrenkurie als höchst redefreudig. Hier glänzte er als konsequenter Verfechter eines unbedingten Absolutismus und erwarb sich den Ruf, ein besonders hartnäckiger Feind des Fortschritts zu sein. Außerhalb dieses geschützten Raumes braute sich das Gewitter zusammen. Augusta verfolgte mit Sorge, was sich ihr Gatte an Albernheit und Brutalität leistete. An den erwähnten Veranstaltungen nahm sie als Frau nicht teil. Mehr und mehr wurde sie überhaupt ins Frauengemach verwiesen. Abgesehen von der mißglückten Eröffnung des Landtags, griff Wilhelm auch noch dilettantisch in die Wirtschaft ein. Dies wenigstens hätte er nach Meinung seiner Frau in England lernen können, daß die Industrie am besten und weitesten ohne staatliche Regulierung gekommen war. Hier betraf es den Zollverein, den ihr alle ihre Freunde dringend als neues Heiligtum des Kapitalismus ans Herz gelegt hatten.

Der Zollverein, eine für Deutschland höchst wichtige Sache, trat selbstredend freihändlerisch auf, und in den meisten deutschen Staaten waren die Freetraders verfolgt und verboten worden, weil der freie Handel die Einnahmen aller Kleinstaaten schmälerte. Aus fürstlicher Klassensolidarität trat der Prinz von Preußen für Schutzzölle ein, und er war gegen die Einführung von Sitzungsperioden, war gegen die Kontrolle der Verfassung, die der König ja gar nicht geben wollte, durch das künftige Parlament. Im übrigen ist kaum eine Versammlung von gewählten Vertretern oder bloß berufenen, gleichviel, nach dem Wiener Kongreß von einem General wie Wilhelm dermaßen geludert worden, wie die preußische vom April 1847. Höchst zufrieden mit seiner Leistung zog sich Wilhelm sodann von diesen Geschäften zurück; indessen mag es auch Augusta satt gehabt haben, sich mit diesem unbelehrbaren Kerl herumzubalgen, da sie etwas mehr durch ihre Vertrauensleute über die Stimmung im Lande gewußt oder geahnt haben wird. Mit solchen majestätischen Auftritten war nichts mehr zu gewinnen. Lange dauerte das Parlament nicht; am 26. Juni 1847 schickte der König seinen Landtag in die Dauerferien, weil sich einige sechzig Deputierte geweigert hatten, einer Neuauflage des Vereinigten Ausschusses zuzustimmen. Hierauf verlangte der General Wilhelm vom Landesherrn, er möge diese sechzig wie Fahnenflüchtige und Befehlsverweigerer einfangen und mit Kerker bzw. mit dem Tode durch Erschießen bestrafen. So weit konnte Friedrich Wilhelm IV. indessen längst nicht mehr gehen.

Der Riß zwischen den Brüdern vertiefte sich, der zwischen den Gatten wuchs sich zu einer stummen Feindschaft aus. Inzwischen hatte sich die Spaltung Preußens bis in die Ministerebene hinein erstreckt; das Haupthindernis für die Verfassung, die kommen mußte, wie doch jeder wußte, bildete nun die Fraktion um den Ehemann Augustas, beschränkte Militärs, subalterne Lakaien. Alles, was höher hinauf wollte, scharte sich um einsichtigere Minister, Räte und um Augusta. Je weniger sie von Wilhelm hörte, der sich einsilbig und nach den Rodomontaden sorgenvoll zurückzog, um so nervöser wurde Augusta. Zugetragen wurde ihr genügend: »Man wäre ein siebenfaches Rindvich, erstens eine Verfassung zu fordern, zweitens ein noch viel größeres, eine Verfassung zu geben«, sprach Wilhelm grimmig. Man sei durchaus keins, wenn man sich den Forderungen der Welt stelle, hielt sie entgegen. Komischerweise sollten sich infolge der erzieherischen Wirkungen, die Revolutionen bisweilen haben, die Rollen in diesem Gattendrama umkehren. Dazu brauchte die Geschichte kein ganzes Jahr; einige Monaten genügten in diesem Falle, um das preußische Königtum vor eine Probe zu stellen.

Die Revolution, die Reue und der Rückfall

Fälle wie dieser, sind in der neueren Geschichte notorisch. Es scheint, daß Reformen gerade dann von den Machthabern verblendet und selbstmörderisch hinausgezögert werden, wenn jedermann die bestehenden Verhältnisse längst als überholt und unerträglich empfindet und fieberhaft auf die Einleitung von Verbesserungen wartet. Der Fall Preußen, seine Revolution, begann, was ebenfalls typisch ist, mit einer Forderung nach Freiheit der Rede, des Wortes, mit der Pressefreiheit und dem Ersuchen der Untertanen, politische Versammlungen allerhöchstgnädig zu genehmigen, auf denen dann folgerichtig die weitergehenden Forderungen in Anträge gegossen werden. Solchem Streben konnten die Könige und Prinzen von Preußen allerdings nicht stattgeben. Und deshalb erschien die Revolution vor ihrer Haustür, und das buchstäblich.

In den letzten Märztagen des Revolutionsjahres 1848 kam es zu einer Begegnung zwischen Augusta und einem ihr bis dahin wahrscheinlich so gut wie unbekannten Mann, dem Herrn von Bismarck-Schönhausen. Obschon die Prinzessin von Preußen, wie ihr offizieller Titel lautete, keineswegs mit dem d'akkord war, was ihr mittlerweile flüchtiger Gatte dachte und getan hätte, würde man ihn gelassen haben, und obwohl die Tochter einer russischen Großfürstin und eines mäßig aufgeklärten Herzogs viel an ihrem General auszusetzen hatte, so war sie doch durch die Revolutionsereignisse über die Grenzen belehrt worden, die ihr als Fürstin doch gezogen waren. Sie durfte sich nicht ganz auf die Seite der Rebellanten stellen, es sei denn, sie hätte sich ihres Standes ganz entschlagen wollen.

Der Abgeordnete eines kleinen Wahlkreises Bismarck legte der Prinzessin von Preußen eine schriftliche Ermächtigung durch den Prinzen Karl vor, einem ihrer Schwager, mit ihr in Verhandlungen einzutreten. Der Herr Abgeordnete ersuchte sie um eine regelrechte Erklärung zu einem Memorandum, dessen Urheberschaft unklar, im Namen ihres Gatten und des Prinzen Karl. Bismarcks Berufung auf den Bruder Wilhelms war an sich fadenscheinig genug, trug aber der Tatsache Rechnung, daß sich in der Familie zwei Fraktionen gebildet hatten. Karl gehörte zum Lager der Kritiker aller Zugeständnisse, die der König den Rebellen gemacht hatte. Es ging darum, ihm das Recht zu bestreiten, mit den Aufrührern irgend etwas abzumachen. Augusta kannte Bismarck persönlich nicht, wohl aber seinen Namen, den er sich im Provinziallandtag erworben hatte. Er war wegen seiner Radikalität und seiner Bedingungslosigkeit, seiner Verachtung all dessen, was nach Volkssouveränität roch, bereits aufgefallen. Friedrich Wilhelm IV. wollte ihn in keiner Regierung haben als einen Mann, bei dem nur die Bajonette sprechen würden. Nun stand ihr Bismarck also gegenüber und verlangte etwas völlig Absurdes, wie diese im Namen ihres Gatten abzugebende Erklärung. Das Ansinnen mißfiel ihr nicht nur, sie faßte es als Anmaßung und sogar Nötigung auf, und der Herr mißfiel ihr auch als Mann. Warum setzte sich Karl nicht mit ihr in Verbindung, wenn er die Familie gegen den König mobilisieren wollte?

Daß diese Geschichte einen anderen Hintergrund hatte, als Bismarck vorgab, konnte sie nur ahnen. Augusta war im Besitz eines möglichen Thronfolgers. Wußte Augusta, was sich in den Tagen zwischen dem 18. März und ihrer Flucht aus Berlin im Umkreis des Abgeordneten Bismarck getan hatte? Auf erste Nachrichten über den Ausbruch der bewaffneten Auseinandersetzungen in Berlin hatte jener zunächst kopflos reagierte, wollte eine Gegenrevolution befördern. Er stellte sich vor, mit seinen bewaffneten Schönhausener Untertanen in das preußische Zentrum zu eilen, blutig aufzuräumen und die alte Ordnung wiederherzustellen. Glaubt man seinen Lebenserinnerungen, die er freilich erst im Alter verfaßte, mit einer durch zeitliche Distanz und allen gemachten Erfahrungen notwendigen Variation, um nicht zu sagen seiner Rechtfertigung, dann hat er in jenen Tagen in der Tat geglaubt, die Person des Königs sei in Gefahr. Es waren auch wirkliche Untertanen, die ihm, als er sie fragte, ob dem Ansinnen bürgerlicher Deputierter aus der Stadt Tangermünde in der Altmark, schwarz-rot-gold zu flaggen, nachzugeben sei, in den Kampf folgen wollten. Die Bauern, oder was immer sie waren, erklärten, mit ihm und der Waffe in der Hand überallhin zu gehen, auch nach Berlin. Auf Bismarcks Veranlassung vertrieben sie immerhin die paar gemäßigten Liberalen aus Tangermünde, was Bismarck für einen Sieg ausgab.

In der Kirche des betreffenden Sprengels fand sich zufällig eine weiße Fahne mit einem schwarzen Kreuz; sie wurde trotzig aufgezogen. Schwarzweiß sind die Hausfarben Preußens, eigentlich die des Deutschen Ritterordens. Nach diesem Handstreich ließ der Abgeordnete Bismarck Schießbedarf aus den Städten Jericho und Rathenow herbeischaffen und versetzte die Gegend vermittels einiger alter Jagdflinten, die sich bei den Bauern fanden, und seinen eigenen Gewehren, in absolute Wehrbereitschaft. »Dann fuhr ich mit meiner Frau«, schreibt Bismarck über diese Zeit, »auf die umliegenden Dörfer und fand die Bauern eifrig bereit, dem Könige nach Berlin zu Hilfe zu ziehen, besonders begeistert einen alten Deichschulzen, Krause nämlich, des Elbdeiches – Bismarck selber war Deichgraf, in Neuermarck –, der in meines Vaters Regiment Carabiniers Wachtmeister gewesen war. Nur mein nächster Nachbar sympathisierte mit der Berliner Bewegung, warf mir vor, eine Brandfackel in das Land zu schleudern, und erklärte, wenn die Bauern sich wirklich zum Abmarsch anschicken sollten, so werde er auftreten und abwiegeln. Ich erwiderte: Sie kennen mich als einen ruhigen Mann, aber wenn Sie das tun, schieße ich sie nieder. – Das werden Sie nicht, meinte er. – Ich gebe mein Ehrenwort darauf, versetzte ich, und Sie wissen, daß ich das halte, also lassen Sie das.«

Lassen wir es unsererseits auf sich beruhen, wie sich die Gegenrevolution in Klein-oder Großsonstwo entwickelt haben würde, da wir nur Bismarcks eigene Beschreibung darüber haben. Geschossen wurde nicht, auch der Nachbar nicht totgeschossen, und nach Berlin ritt und fuhr auch keiner. Sehen wir, was Augusta tat.

Am selben 20. März, etwa dem seiner angeblichen Mobilmachung, machte sich Bismarck klugerweise zwar nicht mit seiner Entsatztruppe nach Berlin auf, den König zu befreien, sondern er fuhr nach Potsdam, um die Prinzessin von Preußen aufzusuchen. Die Altmark ist das eigentliche Kernland des vorpreußischen Staates; sie liegt unmittelbar an der Elbe und Grenze zum heutigen Niedersachsen und Hannover. Im Verlauf der Befreiungskriege hatten sich sämtliche deutschen Fürsten, deren Gebiete größer waren als ein Fußballfeld, Königskronen auf das Haar gedrückt; es drängelten sich die Könige in Deutschland. Auch Hannover hatte einen solchen neugemachten König. Der Weg von Schönhausen bis nach Potsdam war bald geschafft gewesen. Bismarck wollte eigentlich, so die Legende, bis zum König vordringen. Friedrich Wilhelm IV. lehnte es jedoch ab, ihn zu empfangen. So führte denn der wenig bekannte, dafür aber schon übel beleumdete Abgeordnete Bismarck den oben angedeuteten Handstreich aus. Im Potsdamer Stadtschloß, wo sich Augusta nach der ursprünglich gemeisamen Flucht aufhielt, brachte Bismarck vor, wozu er angeblich durch Prinz Karl ermächtigt worden war. Daß sich Augusta in diesen fraglichen Tagen mindestens einmal mit ihrem Schwager Karl getroffen hatte, wird mehrfach belegt; es wäre doch recht sonderbar, hätte dieser Prinz nicht die Frage mit ihr besprochen, wie sich die Familie gegenüber den Erlassen, Ankündigungen und Nachgiebigkeiten Friedrich Wilhelms zu verhalten habe. Übrigens traute Augusta ihrem Schwager Karl vermutlich nicht viel Rückgrat zu.

Es muß eine seltsame, eine theaterreife Szene gewesen sein, als sich der Junker mit dem Ruf eines vollkommen Irren, soweit es sein Auftreten und die anachronistischen Anschauungen betrifft, die er mit hoher Fistelstimme vertrat, dieser Frau näherte, deren Wesen ihm so fremd sein mußte wie ihr das seine. Für ihn war sie die Weimarerin. Er wußte, was er von ihr zu halten hatte. Die Äußerung des Prinzen Wilhelm von Preußen, froh zu sein, der Nähe seiner Frau gelegentlich für einige Tage in irgendein Lager entfliehen zu können, mag Bismarck veranlaßt haben, sich Augusta näher anzusehen, mit der es unter Umständen zu einem Arrangement kommen mußte, wenn Wilhelm bleiben würde, wo englischer Pfeffer wächst, wenn sich der König als unfähig erweisen sollte, die Probleme zu lösen, wenn, wenn, lauter Sonntagsfragen.

Welche Entwürfe unter dem Quadratschädel dieses in ihren Augen beschränkten und gefährlichen Krautjunkers brüteten, konnte Augusta in diesen Märztagen kaum wissen. Bismarck wiederum hatte keine Vorstellung, wie diese sensible und durch ihre Umgebung verletzte, von ihrem Mann zurückgewiesene Frau auf seinen plumpen Antrag, sich der Prinzenfronde anzuschließen, auf sie wirken mußte; möglicherweise war der ganze Akt eine Fälschung, wozu der Abgeordnete Bismarck durchaus fähig, mit ihr eine Hausrebellion zu stiften, an dessen Ende vielleicht der Sturz ihres Schwagers stand. Zunächst wirkte der sittenwidrige Antrag befremdlich auf Augusta. Wie kam ein kleiner Krautjunker denn dazu, sich derart dreist in diese Angelegenheit zu mischen? Der Vorwand, das Königtum oder bloß den König retten zu müssen, der schien kaum glaubhaft.

An jenem 23. März 1848, an welchem sie zum ersten Mal Bismarck traf, wußte sie Wilhelm auf dem Weg nach England. Diese Tage hatten sie umgeformt, irre an der Rolle werden lassen, die sie sich mit den Jahren selbst geschrieben hatte. Die Bilder aus den letzten Wochen und weiter zurück mögen ihr angesichts dieses Antrages vor Augen gestanden haben. Das ganze Jahrzehnt war durch wachsende soziale Not des Volkes gekennzeichnet. Um dem Hunger entgegenzusteuern, war dem Prinzen Wilhelm etwas Großartiges eingefallen; er hatte an die Freimaurerloge geschrieben, der er im übrigen nach damaligem Fürstenbrauch mit einem Hochrang angehörte, und ihr tätige Nächstenliebe empfohlen. Das hatte wohl Augustas Interesse gefunden, wie auch die wenigen preußischen Wohltätigkeitsvereine, hin und wieder wurden diesen Samaritern staatlicherseits ein paar Mark aufs Konto gutgeschrieben, in einem Falle 15 Tsd. Taler. Wo nichts half, half das Militär, nämlich beim Weberaufstand 1844, der ersten größeren Hungerrevolte in Deutschland. Die Berliner Kartoffelrevolution, die in die Vorbereitungsphase der Revolution fällt, hatte Augusta vor ihrem Berliner Haus mit angesehen. Die Stimmung fiel auf allen Seiten tief hinunter.

Wilhelm war nicht nur in den Kammern als rüde aufgefallen. Augusta, der eine ganze Reihe schlimmer Anekdoten über ihren rüpelhaften General zugetragen wurden, hatte jetzt Gelegenheit, den Typ dieses Bismarck mit dem ihres Gatten zu vergleichen. Ihr lag wenig daran, diesen Mann tiefer zu ergründen, aber da er viel von dem Respekt sprach, den er für ihren flüchtigen Wilhelm zu empfinden vorgab, lohnte es wohl doch, ihn näher in Augenschein zu nehmen. Nicht, daß sie sich etwas vergab und ihm etwas von den tatsächlichen Vorgängen im Schloßinneren preisgab, aber diesem Bismarck schien eher daran zu liegen, sich selbst zu erklären, als zuzuhören. So bekannte er mit der schlichten Aufrichtigkeit eines preußischen Junkers sein Verständnis dafür, daß der Prinz an dem entscheidenden Tag seine Entschlossenheit gezeigt hatte, den Platz mit der Waffe in der Hand räumen zu lassen. Man müsse dem König jetzt nur helfen.

Augusta traute ihm schon zu, ihren Gatten in allem nachzuahmen, just nach Art eines ostelbischen Krautjunkers, sofort und oft handgreiflich zu ahnden, was ihm mißfiel. Einen Hamburger Kaufherrn putzte Wilhelm einst öffentlich persönlich herunter, weil dieser es versäumt hatte, den Hut vor ihm zu ziehen; einen Bahndirektor ging er gar tätlich an, stieß ihn gegen eine Wand, kurz, dergleichen Vorfälle konnten Augusta ihren Herrn Gemahl nicht eben angenehmer machen. Wohl ging es über ihr Vermögen, den Gatten wegen dergleichen zur Rede zu stellen, allein, das besserte nichts. Zumal er an ihrem Gesichtsausdruck sehen konnte, was sie über ihn dachte. In dieser Besuchsstunde mochte sich das Bild Augustas von diesem dreisten Abgeordneten immerhin bis zur Ablehnung verfestigt haben. Sie verabschiedete ihn trocken, nicht unhöflich, besser, mit dem trockenen Hochmut, der nicht unhöflich ist, bloß Grenzen zuweist. Bismarck ging, er hatte wohl nicht damit gerechnet, sich dieser Frau versichern zu können oder es auch nur zu wollen.

Der Eindruck, den die Prinzessin von ihm bekommen hatte, wirkte indessen weiter. Draußen in den Provinzen schien die Lage völlig anders zu sein, berechenbarer. Dieses Berlin war längst nicht mehr Preußen, nicht ökonomisch, und nicht politisch. In der Herrenkurie indessen spiegelte sich alles; sie bestand zum geringsten Teil aus Junkern vom Schlage dieses Bismarck. Das Herrenhaus hatte sich im Vorjahr gegen Wilhelm und für die Liberalisierung ausgesprochen. Und alle hatten die Hände in den Schoß gelegt und abgewartet, was passieren würde. Nur in ihrem Haus, unter ihrem Dach war man sich darüber im klaren, daß sich nichts mehr von selbst erledigen konnte. Während des Februars war der französische Louis Philippe um Thron und Herrschaft gebracht worden. Wie immer seit 1789 breitete sich die revolutionäre Bewegung wie ein Brand in alle Himmelsrichtungen aus. Auch Berlin begann dumpf zu brodeln. Bei dem nicht sehr kalten Wetter blieben die Berliner nicht nur in den immer gut besuchten Kaffeehäusern und Leselokalen. Sie gingen auf die Straße. Jedermann, der Neues aus der alten Welt mitzuteilen wußte, war hier hochwillkommen. Angesichts dieser Unruhe auf den Straßen kamen dem stimmungslabilen Schwager Friedrich Wilhelm IV. trübe Ahnungen. Bei den Teegesellschaften wurde natürlich alles beredet; ganz ernst war ihre eigene Schwärmerei wohl nicht mehr zu nehmen, nicht als Programm und Tatsache, nicht nach dieser wirklichen Revolution mit Bürgermilizen und hochtönenden Reden vor ihrer Tür. Auch Wilhelm hatte sicher gefühlt, daß es sich bei ihr eher um eine Allüre als um reale Tatbereitschaft handelte. Als nun aber diese schrecklichen Nachrichten nach Preußen gelangt waren, sahen alle in der Familienumgebung die Tage erneuerter Jakobinerherrschaft heraufziehen.

Augusta, mit größerer Phantasie begabt als die Verwandtschaft, hatte einräumen müssen, daß die Lage eventuell verworrener war, als es sich in der schönen Literatur las. Urplötzlich hatte es sich gezeigt, daß der nüchterne Wilhelm, der ruppige und ungebildete General, mit seiner Prognose, das schlappe Bürgerkönigtum werde bloß zur Volksherrschaft führen, besser und richtiger vorhergesehen hatte als die Konstitutionellen oder Augustas Liberale. Und der Funke war übergesprungen. Kurzfristig erhoben diese Volkstribunen ihre Forderungen: Einberufung der Stände, also des Landtags, vielmehr seine Rückberufung und Wiedereinsetzung, die Pressefreiheit, reden wollten sie dürfen, schön. Aber es gab doch auch Handfesteres, wie die geforderte Herabsetzung der Armeestärke, eine Volksmiliz, deren Führer wählbar sein sollten. Friedrich Wilhelm IV. tat wie immer nur Halbes. Er machte einige Zugeständnisse und malte den Schrekken eines französischen Überfalls an die deutsche Wand; und er machte Wilhelm, seinen Bruder, am 9. März zum Generalgouverneur des Rheinlands und darüber hinaus zum Oberkommandierenden im Westen. Ihr Gatte, der verhaßteste Mann in Preußen, wenn nicht in allen deutschen Ländern, sollte an die Spitze einer Armee treten, deren Aufgabe deutlich nach innen gerichtet war. Aber sie kamen nicht mehr dazu, abzureisen.

Am 11. März empfing der Herr Schwager und König eine Bürgerabordnung aus Breslau. Die Leute dankten ihm für alle Gnadenbeweise, brachten aber überraschend und hartnäckig zwei Wünsche vor: Einberufung des Landtages und Pressefreiheit. Wilhelm, Zeuge dieses Auftritts, hatte berichtet; die Stimmung war von vornherein gereizt gewesen. Nun, nach diesem Appell steigerte sich die Wut des Königs über dieses Ansinnen. Friedrich Wilhelm IV., schwankend zwischen Angst und Hoffnung, gedachte, ohne ein Zugeständnis davonzukommen. Der Pöbel wagte es, trat immer näher, bedrängte einen König von Preußen. Wilhelm hingegen, der engstirnige Realist, schien, seinem Bericht nach – kaum, daß er mit ihr über diesen verwirrenden Vorfall sprach – eine für ihn überraschende Einsicht für diese Petition gezeigt zu haben. Er beruhigte, wollte weiterhören. Nach einer förmlichen Aussprache mit den unnachgiebigen Deputierten mußte Wilhelm klar geworden sein, daß die Katastrophe, auf die er doch selber hingearbeitet, nur noch schwer abzuwenden war. Jetzt blies er zum Rückzug.

Es ging Augusta in diesen Vormärztagen gut; sie wollte die Dinge in Turbulenzen versetzt sehen, alles andere, nur nicht diese dumpfe Beklemmung einer Kaserne oder eines Zuchthauses. Und alle Freunde stimmten ihr zu. Der Landtag mußte einberufen werden, die schändliche Presseknebelung fallen, alles nur die ersten Schritte auf dem Weg, aber richtige Schritte. Wilhelm zeigte sich wenig; er hatte Arbeit genug, wie sie einsah, und irgendwie schien er nicht zu fehlen.

Am 14. März, wenige Tage nach seiner Ernennung zum Gouverneur, er stand auf dem Sprung abzureisen, erschien endlich das Patent, also das Gesetz zur Einberufung des Landtags auf den 24. April. Daß sich der König bewegte, war dem Minister Bodelschwingh zu danken, einem liberalen Pragmatiker, liberalen Konservativen oder konservativen Pragmatiker, wie man will, der sogar den Prinzen von Preußen hatte überreden können, das Patent zu unterzeichnen und somit der Einberufung des Landtags zuzustimmen. Am Morgen danach sprach Wilhelm von diesem Akt, bedenklich, aber es blieb wohl kaum ein Ausweg. Augusta stimmte ihm mit Freuden zu; der Landtag werde alle Fragen der Monarchie auf die Tagesordnung bringen, die Pressefreiheit würde überall begrüßt werden. Das Königtum auf dem Reformweg. Wilhelm sah düster vor sich hin.

Einen Tag nach dem 14. wurden die Gardeoffiziere vor dem Schloß vom Pöbel mit Pferdescheiße beworfen. Der Stadtkommandant und Gouverneur von Berlin, General Ernst von Pfuel, versuchte, die Ordnung wiederherzustellen; er tat etwas Kluges und zog seine Truppe vom Schloßportal ab. In aufgeregter Parforcemanier war Wilhelm auf den General losgestürzt, ein Mann in vorgeschrittenem Alter, und hatte ihn angefahren, er, Pfuel, habe alles von Grund auf verdorben, die Kampfstimmung der Truppe sei jetzt dahin. »Solange ich Stadtkommandant bin, trage ich die volle Verantwortung für die Sicherheit im Schloß, Königliche Hoheit«, ließ ihn Pfuel abfahren. Erregt drohte er damit, sich über den Prinzen beim König zu beschweren.

Ernst von Pfuel hatte eine eigentümliche Karriere hinter sich ehe er in Berlin Militärgouverneur wurde. Wie manch anderer Offizier auch, mußte er zu Zeiten Friedrich Wilhelms III. und als dessen Opponent, den preußischen Dienst quittieren und konnte erst 1815 aus russischem Kommando wieder in die preußische Armee zurückkehren. Was Pfuel angeht, so wurde er noch kurzzeitig preußischer Kriegsminister, was ihm selber und seinem Dienstherrn aber nicht gut bekam, nach den Unruhen während des Sommers 1848 mußte er erneut quittieren. Ein letztes Mal mauserte er sich, als er die Partei der Liberalen im Landtag stärkte, und zwar 1858; der gebürtige neumärkische Frankfurter starb Ende 1866 in Berlin. Im März 1848 hatte er jedenfalls den Hut auf.

Die Idee des Prinzen von Preußen, den Umsturz plötzlich wieder mit militärischen Mitteln zu bekämpfen, erfuhr aber einen raschen und erstaunlichen Wandel. Nachrichten aus Wien zufolge, war die Revolution dort im vollem Gange und siegreich, Metternich auf der Flucht. Wilhelm bemerkte, nun bliebe nichts mehr übrig, als sich an die Spitze der Revolution zu setzen. Wie er sich dies vorstellte, bewies er sogleich, indem er den Sold der in Berlin eingesetzten Truppe erhöhen ließ. Von diesen Vorgängen war Augusta unmittelbar Zeuge geworden. Nach allen Zeugnissen über sie und aus ihrer eigenen Feder ist herauszulesen, daß sie ratlos, bestürzt war, was jetzt zu tun sei. Wilhelm stand am 16. März am Fenster seines Hauses, des Palais Unter den Linden No. 9, und sah verstört und ergrimmt über seine Machtlosigkeit auf eine wachsende Menge Menschen, aus der ihm Flüche und höhnende Rufe entgegenschlugen, Haß, da er für die Menge wie kein anderer die Reaktion verkörperte. Ein Zwischenfall vor der Wache zwischen einem Offizier und einem Milizionär mit weißer Armbinde führte zu einer Schießerei. Tote und Verwundete waren allerdings nur auf der einen Seite zu beklagen, der des Volkes. Einige Stunden lang lebten sie in ihrem Hause wie in einer belagerten Festung, stumm und verzweifelt, jeden Augenblick des Angriffs der Rebellen gewärtig. Schließlich gelang es, ins nahe Schloß zu entweichen, unter den Schutz der Wachen und der Verwandtschaft; dort mußten auch die nächsten Entscheidungen fallen.

Die beiden folgenden Tagen führten zu einer neuerlichen Verwirrung; dem König wurde von seinen Ministern dringlich angeraten, als eine Autorität, der Gehör geschenkt wurde, den

Termin der Einberufung des Landtags, vorzuverlegen, das Gesetz über die Freiheit der Presse unverzüglich zu erlassen, die schon bestehende Bürgerwehr zu legitimieren. Statt dessen hatte der König den Schützen aus den Krawallen vor dem Prinzenpalais und der Wache vorerst seine Genugtuung und seinen Dank ausgesprochen. Die Minister, die sich hin und wieder zur Audienz einfanden, brachten trübe Nachrichten, ihnen oblag ja doch längst die Geschäftsführung im Staat. Sie drängten auf maßvolle Entscheidungen.

Augusta hatte ihre Kinder bei sich, den siebzehnjährigen Sohn und die jüngere Luise; es mochte jetzt wohl nicht nur um die Zukunft der Monarchie, sondern um das nackte Leben gehen. Stimmte es denn nicht, was ihre Schwägerin Elisabeth mit Blick auf diese wogende Masse aufbegehrender Untertanen, die den wirklichen Rebellen von 1789 verdammt ähnlich sahen, bitter äußerte, es fehlt nur die Guillotine? Endlich, im letzten Augenblick, wurde am Abend des 17. März das Reskript zur Aufhebung der Zensur unterzeichnet; am Morgen des folgenden Tages erschien das Gesetz über die Einberufung des Landtags auf den 2. April. Darüber hinaus wurde in Aussicht gestellt, Preußen in Deutschland konstitutionell aufgehen zu lassen, was bedeutete, den Tag der Verfassung auf den Sankt-Nimmerleins-Tag hinauszuschieben; denn so einfach würde sich der alte Bundesstaat Deutschland als Ganzes nicht zum Zentralstaat umbauen lassen.

Indessen ist es aber nicht ausgemacht, ob die Einsicht im Schloß nicht doch so weit gediehen war, daß mit preußischen Mitteln die feudale Monarchie nicht mehr zu halten war. Es stieg die Hoffnung auf einen glimpflichen Ausgang, man war bis zum Nachmittag frohen Mutes und glücklich darüber, gerade nur das gegeben, vielmehr versprochen zu haben, was man nicht länger verweigern konnte. Und nach den Veröffentlichungen schien denn auch der Volkszorn zunächst einmal abgewendet. Dieses Volk erschien an jenem 18. März in hellen Scharen auf dem Schloßplatz, um seinem Monarchen zu danken: Es sah in die Gewehrläufe der Garden, und die Stimmung schlug ins Gegenteil um. Im Augenblick war alles tobender Aufruhr. Vom Schloß aus, in das Augusta mit der Familie geflüchtet war, hatte man gut verfolgen können, was geschah, nur, wie hatte es sich denn entwikkelt? In jähem Umschlag waren aus sanften und dankbaren

Untertanen zähnefletschende Rebellen geworden: die Revolution. Das Drama hatte begonnen.

Augusta, in Potsdam nach der Flucht aus Berlin, ratlos und beunruhigt von diesem Besuch Bismarcks, versuchte, den Eindruck zu verwischen, man habe ihr eine infame Rolle in dem Machtspiel zugedacht. In jener Stunde des 18. März hatte dieser Bismarck in der fernen Provinz gesessen und war mit dürftigen Nachrichten versorgt worden. Nun kam er und setzte eine Verschwörung in Gang? Was stellte sich der Mann denn eigentlich vor? Da verlangte ein Mensch von der Prinzessin von Preußen, daß sie in Abwesenheit Wilhelms etwas Selbständiges tun oder sanktionieren sollte. In den Tagen zwischen ihrer gemeinsamen und ziemlich widerwärtigen Flucht bei Nacht und Nebel aus einem Seiteneingang des Schlosses hatte sich viel und wenig ereignet, eines aber war Augusta klar geworden, daß sie nicht entfernt den Handlungsspielraum besaß, den sie sich einst bei ihren Seancen im gemütlichen Heim mit fortschrittlichen Liberalen aus dem aufgeklärtem Adel vorgespiegelt hatte. Diese Revolution, wie jede andere, würde ihr kaum etwas anderes bringen als Verlust aller Privilegien. Sie sollte sich nach den Vorstellungen dieses Bismarck gegen die Befehle des Königs von Preußen stellen? Die Deckung solchen Vorgehens durch den Herrn Schwager Karl war hier freilich nur ein höchst dürftiges Mandat, falls Bismarck überhaupt darüber verfügte und nicht nur vorgab, Vollmacht zu haben. Karl hatte sich nie deutlicher geäußert, er war vielleicht ein Frondeur, aber Frondeure waren sie schließlich alle mehr oder minder. Wer in Preußen kein Oppositioneller war, der gehörte entweder zum Hofkreis, oder den focht nichts an. Andererseits war die Lage ungeklärt; sie selber saß vielleicht hier in Potsdam bloß auf gepackten Koffern. Und ihr Sohn, ein Knabe noch, unmündig dazu, in dessen Namen sollte sie ein solches Reskript mitunterzeichnen? Was bezweckte dieser Unterhändler eigentlich? Wußte es Augusta? Kaum.

Und wir wissen es auch nicht. Aber wir haben zwei einigermaßen authentische Berichte, einigermaßen, weil sie nicht der historischen Wahrheit entsprechen müssen. Die spätere deutsche Kaiserin Augusta schreibt in ihren Aufzeichnungen 1863, als sie schon Königin war, vorsichtig und völlig ohne Wertung: »Graf Bismarck-Schönhausen ist in den Märztagen 1848 kurz nach Abreise des Prinzen von Preußen nach England bei dessen Gemahlin im Auftrage des Prinzen Carl erschienen, um die Ermächtigung zu erlangen, sowohl den Namen des abwesenden Thronerben als seines Sohnes (der noch unmündig war) zu einer Contre-Revolution zu benutzen, durch welche die bereits vollzogenen Maßregeln des Königs nicht anerkannt und dessen Berichtigung resp. Zurechnungsfähigkeit beanstandet werden sollten.«

Das bedeutet im Klartext, Bismarck habe ihr zugemutet, Friedrich Wilhelm IV. sozusagen für geistig unzurechnungsfähig und somit für regierungsunfähig, seine Befehle für nichtig zu erklären. Es mag übrigens sein, daß die Nachrichten, welche Bismarck vom Ablauf der Woche aus Berlin erhalten hatte, den Schluß zuließen, daß der König nahe am Verlust der Herrschaft über sich selbst gekommen war. Im Beisein seiner Verwandten wie der Minister hatte er sich in der hemmungslosesten Art und Weise seinen Tränen überlassen und war in Selbstanklagen verfallen ob der vielen Menschenleben, die seine Handlungsweise gekostet habe. Auch über Schlaflosigkeit klagte er. Bismarck hatte seine Verwunderung über die Nervenschwäche seines Herrn später in die Worte gefaßt: Ein König muß schlafen können. Das heißt wohl in Bismarcks Version, er muß unter allen Umständen schlafen können, auch wenn auf seine Veranlassung hin Blut geflossen ist.

Ob Augusta von dem Plan des Herrn Bismarck wußte, mit seiner Heugabel- und Jagdflintenarmee nach Berlin zu eilen, um seinen Herren aus den Klauen der Rebellen zu befreien? Auch das ist eher unwahrscheinlich. Ob diese Sphinx der Diplomatie selber das Unternehmen für möglich oder gar siegreich gehalten hat, ist ebenfalls höchst unsicher. Es kam nicht dahin, aber was der alte Herr später in seinen Memoiren zu dem Vorfall im Potsdamer Schloß im März 1848 äußerte, ist doch erwähnenswert. Er will damals den Verdacht gehegt haben, die Herrschsucht Augustas habe sie dazu verführt, selber nach der Macht zu greifen. Folgt man diesen Behauptungen, dann hat nicht er ihr einen unziemlichen Antrag gemacht, Schwager und Gatten gegen den König auszuspielen, sondern sie habe durchblicken lassen, daß sie unter Umständen bereit sein könnte, Königin an Stelle ihres Sohnes zu werden, nämlich falls ihr Gatte in England bleiben müßte, was vorauszusehen.

Eine konstitutionelle Monarchie hätte errichtet und Seine Majestät in eine Irrenanstalt überführt werden sollen. Nach ihr könnte dann der Sohn auf den blauen Kornblumenthron einer gemäßigten konstitutionellen Monarchie in Preußen gelangen. So in etwa die mögliche Interpretation der Kaminträume Bismarcks, dessen Phantasie zwar gelegentlich seltsam klingt, immer aber seinen Plänen nützlich gewesen ist. Fest steht jedoch, daß Augusta Bismarck mit einer Absage wegschickte, und somit löste sich alles in Schall und Rauch auf. Viel wahrscheinlicher ist es, daß Bismarck seine Fähigkeit ausspielte, zu fintieren und andere über seine Pläne dadurch irrezuführen, daß er scheinbar völlig Irrsinniges vorschlug. Darin war ihm Augusta 1848 so wenig gewachsen wie später.

Bismarck selber scheint mutlos geworden zu sein, da die Revolution ohne ihn und gegen ihn, also gegen seine Intentionen weiterging. Er lenkte ein, spielte seine Rolle herunter, war urplötzlich durch die Revolution bekehrt und belehrt worden, auch als Abgeordneter des nun endlich zusammengetretenen Landtages, der am 2. April termingemäß tagte. Von nun an aber hatte er in Augusta eine lebenslange, aber schwache Gegenspielerin gefunden. Sie war ihm sowohl an Visionen als auch an Taktik und Methode immer unterlegen.

Es sind für Augusta erschütternde Tage gewesen, die letzten Stunden vor der Flucht, als Wilhelm vom König bedeutet worden war, daß sein Verbleiben in Berlin nicht erwünscht sei und daß ihn niemand mehr schützen könne. Scheußliche Vorstellung; der General im schäbigen Kleid eines Lakaien, sie als Kammerzofe verkleidet, so fuhren sie bei anbrechender Dunkelheit Unter den Linden entlang, vorbei an Bürgermilizionären und Barrikaden, vorbei an ihrem Haus, jeden Moment gewärtig, entdeckt und eingesperrt zu werden, dann hätte wirklich nur noch das Fallbeil preußischer Konstruktion gefehlt. In Begleitung Augustas befand sich eine Tochter Bettina von Arnims. In der Nacht zum 19. erreichten sie alle die Spandauer Zitadelle, beinahe zugleich mit der zurückweichenden und entwaffneten Truppe. Beklommen sah Wilhelm die lahmen und entwaffneten Garden von einem Zimmer der Zitadelle aus einrücken; er weinte. Nun ja, es weinten allerdings noch einige andere Leute in Preußen und viele davon aus edleren Gründen. Was dem Paar erst später bekannt wurde, die Plünderung ihres Palais Unter den Linden, das Haus, das sie gebaut und eingerichtet hatten, schien wirklich einen Schlußstrich unter die Berliner Zeit zu ziehen. Mag sein, daß man sich in der Not näherkommt, jedenfalls hörte Augusta mit Bestürzung von der Schreckensnachricht aus Berlin: Es wurde die Auslieferung des Flüchtlings verlangt, dessen Aufenthalt in Spandau nicht geheim bleiben konnte. Ihr General galt als blutrünstig, als Mörder, als der Kartätschenprinz. In der Nacht vom 20. zum 21. März ging die Flucht weiter bis auf die Pfaueninsel zum Tudor-Schloß Babelsberg, dessen Fassade man bei guter Sicht weiß leuchten sehen konnte. Beim Hofgärtner Fintelmann wurden die Flüchtlinge untergebracht. Unterdessen waren die Berliner auf der einen wie der anderen Seite nicht untätig; so weit es den Bruder anging, verfügte der König dessen Abschiebung nach England. Augusta sollte sich mit ihren Kindern nach Potsdam begeben und alles weitere abwarten.

»Ich bin Witwe mit zwei Waisen«, sprach die Prinzessin von Preußen, indessen sich ihr Gemahl den allzu charakteristischen und auffallenden Backenbart abrasierte. Sie kannte ungefähr den Fluchtweg, auf dem Wilhelm von einem Major und seinem Kammerdiener begleitet wurde. In schäbiger Kutsche, zu Fuß durch Moore und über Landstraßen ging es durch die Prignitz und durch Mecklenburg, ein unbekannter Kaufmann auf Geschäftsreise, mit Namen Oelrichs. Beinahe wäre auch das schiefgegangen und die Reise schon in Perleberg zu Ende gewesen.

Potsdam, im April 1848 ...

Lieber Freund B. Ich schreibe Ihnen aus Potsdam. Die Dinge haben sich hier, wie Sie und wir alle vorausgesehen haben, überstürzt; es ist ein Scherbenhaufen, und alles, was vor Jahr und Tag noch billiger zu haben gewesen war, muß mit dem ganzen Verlust der Krone bezahlt werden. Ich bin keineswegs niedergedrückt, schließen Sie das nicht aus dieser Bemerkung, aber ich kann auch keine volle Genugtuung darüber empfinden, daß wir vor einem Chaos stehen. Also kurz, unser Haus Unter den Linden ist zerstört und geplündert, Zivilgarde steht Wache, und ein Schild wurde angebracht nach dem Muster der Französischen Revolution, Nationaleigentum. Ich will Ihnen aber gern gestehen, daß wir einige Stunden oder Tage in schrecklicher

Angst hier verbracht haben. Der Unwille des Pöbels richtete sich gegen den Prinzen, vielleicht mit einigem Recht, aber es ist zweierlei, sich in eine Rolle hineinzudenken oder sie wirklich spielen zu müssen. Da wir Verbindung zum Schloß halten konnten, folgten wir schließlich dem Rat derer, die damals noch glaubten, die Revolution einigermaßen steuern zu können, und schlichen uns bei Nacht und Nebel, als ein wenig Ruhe auf den Straßen eingetreten war, hinüber ins Schloß. Freilich fanden wir dort einen völlig hilflosen, seine Tränen nur schwer unterdrückenden König vor. Die Königin traf unsere Stimmung, als sie feststellte, es fehlte nur noch die Guillotine. Friedrich Wilhelm sank seinen Brüdern und den Prinzen der Reihe nach an die Brust und erging sich in Selbstvorwürfen, das Königtum zerstört zu haben; er gab alles verloren. Aber wir blieben beisammen, und ich darf sagen, es war die erste Stunde, in der ich nicht wie eine Bettlerin behandelt wurde. Unsere Kinder sind bei uns gewesen; sie zu retten, darauf richtet sich nun mein Bemühen. Die Nacht vor dem 18. war die schlimmste; auf dem Schloßplatz, in den Nebenstraßen, überall versammelten sich die Berliner, zunächst nicht drohend, wie mir schien.

Was dann geschah, davon kann ich Ihnen aus persönlicher Beobachtung keinen Bericht geben, da ich mich mit den Kindern zurückgezogen hatte. Es muß zu einem furchtbaren Auftritt unter den Brüdern gekommen sein. Der Prinz hat anscheinend jede Kontrolle über sich verloren, wollte auf die Menge schießen lassen und mußte buchstäblich zur Ordnung gerufen werden. Noch in der Nacht auf den 19. März kam es zu den schrecklichen Kämpfen, von denen Sie gewiß in der Londoner Presse ausführlich gelesen haben. Wilhelm hat den König förmlich beleidigt, er sagte etwa, daß er ihn bisher nur für einen Schwätzer gehalten habe. Jetzt sehe er, daß sein Bruder eine Memme sei. Leute, die etwas vom Militärischen verstehen, meinen, daß die Garden im Kampf mit dem Berliner Pöbel verloren haben. Das ist schwer zu glauben. Nun, es ist heute leicht, sich auf die Mahnungen zu berufen, an denen ich selber in der Zeit nicht gespart hatte, als W. im Vereinigten Landtag das große Wort führte. Sie erinnern sich gewiß, lieber Freund, an das zurückliegende Jahr, als die Periodizität der Versammlung und ihr Recht in Budgetfragen von W. und seinem Bruder kategorisch und beleidigend abgelehnt wurden. Haben wir nicht ununter-

brochen auf ihn eingeredet, nach einem versöhnenden Ausweg zu suchen? War es nötig, selbst die Leute zu brüskieren, die über den Verdacht erhaben sind, eine Republik zu wollen? Der märkische Adel hat gute Gründe, Reformen, also die Konstitution zu wünschen, in der die Rechte der Krone gesetzlich geregelt sind wie die Rechte der Untertanen. Die öffentlichen Angelegenheiten sind heute dermaßen kompliziert, daß sie von Thrones wegen allein nicht gelöst werden können. Jetzt haben wir die Quittung für diese Halsstarrigkeit bekommen.

Um unser Haus zu retten, stellte man es unter nationalen Besitz. In der Nacht lotsten uns Fräulein von ..., Wilhelms Kammerdiener und sein Adjutant Oelrichs in Zivil aus einem Hintereingang des Schlosses, wider Erwarten entkamen wir in einer Kutsche nach Spandau. Wäre die Angelegenheit nicht so ernst, dann könnte ich darüber lächeln, daß mit der notwendigen Bartrasur auch die ganze Würde des Prinzen dahin ist. In schlotterndem Zivil, nun schon sehr kleinlaut, den Befehl des Königs in der Hand, Preußen auf schnellstem Wege und heimlich zu verlassen, so warteten wir in der Spandauer Zitadelle, was noch über uns beschlossen wurde. Aber man erkannte uns, und es ging weiter. Oelrichs berichtete, daß die Rebellen die Auslieferung des Prinzen verlangt hätten, dem sie alle Schuld an den Toten geben. Der getreue Oelrichs hatte unser nächstes Fluchtquartier vorbereitet; ich blieb natürlich bei meinem Mann, der, wie ich erkannte, ohne Hilfe verloren gewesen wäre. In der Nacht, das ist die vom 20. zum 21. März, wurden wir mit einem Kahn auf die Pfaueninsel gebracht; bei gutem Licht kann man die Silhouette unseres Hauses, unser Cottage, sehen. Hier wurde es gewiß, daß unsere Trennung bevorstehe. W. mußte dem Befehl des Königs Folge leisten und nach London weiterziehen, ich befinde mich jetzt, wie gesagt, mit meinen Kindern in Potsdam. Der Prinz ist also auf dem Wege zu Ihnen, und ich könnte um der höheren Gerechtigkeit willen nicht sagen, er wurde unverdient rausgeschmissen. Nach diesem schimpflichen Hinauswurf aus dem Schloß unseres Bruders und Schwagers, nach den Tagen, in denen wir wie herrenlose Hunde ohne Ziel umhergeirrt, bis sich W. allein absetzte, während ich nach Potsdam ging und darauf wartete, daß mir meine Kinder gebracht wurden, hatte ich Zeit, über alles ein wenig nachzudenken. Mein Sohn Friedrich, ein junger Soldat und ohne Schlacht unterle-

gen, ist mir ganz ergeben, und Luise ist noch zu klein, um mir eine Stütze zu sein. Wie es derzeit in Berlin steht, erfahren wir nur unregelmäßig; der König hatte alle Fassung verloren, er bricht in Tränen aus, wenn man ihn anspricht; und meine Schwägerin fürchtet, daß jeden Augenblick ein Revolutionstribunal beschließen könnte, sie aufs Schafott zu schleifen, um ihr den Kopf abzuschlagen. Aber die Stunden im Schloß, die tobende Menge auf dem Platz davor, die Garden, alle diese Bilder, die ich nicht vergessen werde, haben mich auch darüber belehrt, was wir falsch gemacht haben und was wir erst noch falsch machen werden. Hätte sich die Monarchie die neuen, zeitgemäßen Strömungen zunutze gemacht, stünden wir heute anders da, wie als gejagte und heimatlose Schuldige. Selbst mein Sohn Fritz sagte mir bitter, er habe alles kommen sehen, dies sei die Quittung für Halbherzigkeit und Großmäuligkeit, für diese ganze verfehlte Politik, an der sein Vater, der Prinz, wohl die Hauptschuld trage.

Ja, wir alle haben es kommen sehen. Im Schloß führte sich der Prinz wie ein Wüterich auf, der er in Wahrheit nicht ist. Dieser ganzen Familie, in die ich hineinverheiratet wurde, gebricht es an wirklicher und überlegener moralischer Kraft, sie bezieht all ihre Würde aus einem historischen Fixierbild. Jeder bürgerliche Minister, der sich gegen den politischen Gegner durchsetzen muß, bringt mehr an Anstrengung auf als diese gepanzerten Friedrich Wilhelme, die, wenn es nicht nach ihrem Willen geht, verzweifeln, sich an einer Schulter ausweinen müssen, und die, wenn sie nachgeben, völlig kopflos werden. Falls sich die Zeiten ändern, sind sie alle wieder reaktionär. Ich bin recht froh, daß mein Sohn Fritz sich anders entwickelt, trotz Garde und ganz Garde ein besseres Maß hat als sein Vater, der Prinz von Preußen. Wie ich las, war alles schlimmer, als wir damals gedacht haben. Nach unserer Flucht trug man die Getöteten, besser, die Abgeschlachteten, in den Schloßhof; der Pöbel hat den König gezwungen, seinen Hut vor der Majestät des Todes zu ziehen. Das wäre nicht erwähnenswert, da wir alle einem Toten den Respekt nicht versagen wollen, wäre nicht die Wirkung dieses Faktums auf das Ausland. Sie schreiben mir, lieber B., daß die englischen Zeitungen überraschenderweise ihr Mitgefühl für den gedemütigten Preußenkönig an den Tag legen, es ist eines, das uns alle noch teuer zu stehen kommen wird. Herr von F., den ich um seinen unverzüglichen Besuch und mündlichen Vortrag über die Flucht des Prinzen und seine Ankunft in London gebeten habe, ist noch nicht zurück, wir leben also in völliger Ungewißheit.

Noch etwas mir höchst Wichtiges. Durch meinen Bruder hörte ich, was sich kurzfristig in St. Petersburg getan hat. Man hat von dort anfragen lassen, ob der Prinz an der Spitze seiner Truppe die Emeute hätte zusammenschießen lassen. Wenn sich W. anstatt nach England in dieses Rußland begeben würde, könnte eine völlig andere Lage entstehen. Mein Bruder hält es nicht für ausgeschlossen, daß W. mit einem fremden Expeditionskorps in Preußen einrücken könnte. Vergessen wir nicht, daß die Heilige Allianz hierzu durchaus den politischen Vorwand böte und den Bündnisfall erklären könnte. Wissen Sie, daß W. hier bereits den Namen Kartätschenprinz trägt, und daß ihm alle Welt die größte Heimtücke bis zu Landes- und Hochverrat zutraut? Bringen Sie ihn unbedingt von diesem Plan ab, falls W. Kontakte zu Petersburg suchen sollte, was, wie ich hoffe, unterbleiben wird. W. ist beschränkt, aber fähig, aus solchen Anlässen zu lernen. Nun, grüßen Sie ihn von mir auf das innigste, ich stehe treu an seiner Seite, vielleicht wie nie vorher, und ich bin Ihre Augusta, Prinzessin von Preußen.

Karl von Fincke-Olbendorf – der Vertraute

Potsdam, im Frühsommer 1848 …

Herr von F. weilte einige Tage hier, ich hatte Gelegenheit, ihn vor seiner eventuellen Rückreise nach England ausführlich zu befragen. Der Prinz ist heil und gesund in London angekommen, und er ist durchaus nicht so deprimiert, wie er es sein müßte. Der Major war erstaunt, mich in Witwentrauer zu sehen, aber ich bin entschlossen, diese Kleidung erst dann abzulegen, wenn sich meine, das heißt unsere Lage, arrangiert hat. Die Reise, besser die Flucht des Prinzen, war nicht ganz ungefährlich, aber das mußte man erwarten. Ich hatte den Major von F., wie auch Herren von B. vor Augen gestellt, daß uns nichts unerwünschter sein müßte, als wenn sich der Prinz nach St. Petersburg wendete. Der Zar ist die Stütze jeder Reaktion in Europa, leicht könnte er sich dazu bereit finden, Europa von der Pest der Revolution befreien zu wollen und mit einem Expeditionsheer nach Preußen zu ziehen, einer russischen Armee, in deren Stab der Prinz seine Rückkehr à la Russe feierte. Einmal im Lande, sind Befreier, die man ruft, nicht leicht wieder loszuwerden. In jedem Falle wäre eine noch schärfere Unterdrückung vorauszusehen. Herr von F. verschaffte mir immerhin mit seiner Erzählung die Beruhigung, daß der Prinz weit weg ist von St. Petersburg. Die alte unheilige Heilige Allianz der europäischen Monarchen ist also vorerst suspendiert. Metternich ist ebenfalls in England, und wenn es einen schlagenderen Beweises für die Duldsamkeit dieser bewundernswerten Konstitution gibt, dann ist es die Tatsache, daß sich Dutzende Verfolgter unter den Schutz der Bill of rigths flüchten dürfen, ohne fürchten zu müssen, für irgend etwas jemals zur Rechenschaft gezogen zu werden. W. wohnt glücklicherweise bei unserem Freund, Herrn von B.

Daß der Prinz ausgerechnet bei diesem Mann sein Unterkommen fand, ist eine recht drollige und ironische Wendung des Schicksals. Unser Geschäftsträger, der alles Englische fast noch mehr bewundert als ich, dem der Konstitutionalismus wie eine offenbarte Religion erscheinen mag, wird die Gelegenheit beim Schopfe ergreifen und den Prinzen tiefer in die Mysterien einer solchen Monarchie einführen. F. meint, der Prinz würde den Plan, nach St. Petersburg zu gehen, nicht aufgreifen, weil er die Gefahr einer militärischen Intervention unter dem Vorwand der Bündnisangelegenheit durchaus ähnlich wie wir einschätzt.

Die Rede kam dann auf den Besuch Herrn von Bismarcks im März; ich hatte mittlerweile dem Auftritt dieses ungehobelten Burschen eine so komische Note abgewonnen, daß ich das an mich gestellte Ansinnen zum besten gab, aber der Major horchte auf, als der Name Bismarck fiel, und bat mich, ihm den Auftritt möglichst genau zu repetieren. Das tat ich immerhin verwundert. »Bismarck«, sagte der Major darauf, »gilt als ein energischer Vertreter des absoluten Königtums; lassen wir die Gründe hierfür einmal beiseite, aber die Pläne meines Bruders, das durch den Abgang des Prinzen entstandene Vakuum vermittels eines Überganges zu füllen, dürften ihm nicht unbekannt geblieben sein.«

Ich bat ihn zu schweigen. Was der Major andeutete, enthüllte mir jedoch, welche Rolle mir zugedacht war. Prinz Carl, auf den sich Bismarck berufen hatte, würde niemals einen Anspruch auf den Thron gestellt haben, gleichwohl wäre nach der Entmachtung des Königs nichts ohne ihn gegangen. Ein verworrenes, mir bisher nicht ganz klares Spiel. Wir blickten uns lange an, ich ahnte, welche Frage F. auf den Lippen hatte, und er las die Antwort in meinen Augen. »Wären Sie, Königliche Hoheit, bereit, einem Staatsstreich voranzugehen? Würden Sie einem Antrag besorgter Männer nachgeben und stellvertretend für Ihren Sohn die Regentschaft übernehmen? Würden Sie ferner die offizielle Trennung vom Prinzen von Preußen aussprechen, den Bruch vollziehen und sich unter den Schutz einer Miliz stellen?« – »Sagen Sie Ihrem Gewährsmann, daß die Prinzessin in Erwägung aller Umstände die Rolle einer Volkskönigin nicht spielen kann. Haben Sie diesen Plan wirklich ganz bis zu Ende gedacht? Wollen Sie Bürgerkrieg? Sie haben meine Möglichkeiten und meine Fähigkeiten überschätzt, fürchte ich. Richten Sie dies bitte Ihrem Bruder aus!« Der Major zuckte die Schultern. Nach einer angemessenen Pause erhob er sich, um zu gehen.

Unversehens stand sie an einer Wende. Die Witwentracht war kaum mehr als Pose; die zurückgelassene Prinzessin wollte demonstrieren, daß sie an der Seite ihres Mannes stand. Die Ereignisse vom 18. März hatten ihr deutlich die Lage vor Augen gebracht; nun kam sie über den Zwiespalt nicht hinaus, einerseits die Ziele ihrer liberalen Freunde gefördert zu haben und wohl auch innerlich zu ihnen zu stehen, und ihrer gesellschaftlichen Stellung. Der Besuch Bismarcks, Korrespondenzen und Gespräche mit ihren Parteigängern hatten gezeigt, wie herausgehoben diese Stellung nun geworden war. Es ist leicht einzusehen, daß die Tage der Gefahr, ihre gemeinsame Flucht ihre Beziehungen verbessert hatten. Augusta glaubte nur zu gern den Versicherungen, die ihr aus London gemacht wurden, daß sich ihr Mann verändert habe, mehr Einsicht in das zeigte, was opportun war und längst hätte geschehen müssen, sollte diese Art Monarchie überhaupt noch eine Berechtigung haben. Hier hatte die Revolution zweifellos geholfen, wie alle Revolutionen etwas bewirken, leider meist das, was ihre Protagonisten gar nicht geplant hatten, falls Revolutionen je planmäßig abgelaufen sind. Wie sie nach dem Sieg weitergehen, kann man am sichersten bei denen nachlesen, die ihnen später enttäuscht den Rücken kehrten.

Augusta war keine Jakobinerin, wie ihr einmal nachgesagt worden war. Allerdings mußte sie sich jetzt ernsthaft die Frage stellen, was sie eigentlich wollte. Der Major von Fincke berichtete, worüber Wilhelm derzeit spekulierte. Wäre Fritz, also der König, nicht in Berlin gewesen, hätte er sich sehr wohl mit dem Gedanken anfreunden können, russische Waffenhilfe anzurufen. Nun, das hatte Augusta ohnehin mit vielen guten Gründen und einigem historischem Verständnis befürchtet. Unter den siegreichen Rebellen kursierte längst das Gerücht, der Kartätschenprinz plan,e mit einer bewaffneten fremden Macht in Preußen einzufallen. Der Major hatte keine einfache Aufgabe gehabt, den sanguinischen, empfindlich-schwermütigen und tief gedemütigten Prinzen von Preußen, den niemand in seiner Heimat dulden wollte, auf die Zukunft zu vertrösten. Die Fluchthelfer hatten beschlossen, den Prinzen als Privatier nach England abgehen zu lassen. Das Verhältnis zwischen den ungleichen Brüdern war so schlecht wie eh und je. Fincke hatte, wie er erzählte, den Prinzen begleitet, war auf dessen Flucht in einem ländlichen Kaff zu ihm gestoßen, und es war ihm gelungen, den

General zu überreden, sich als Kaufmann ohne Bart, im schlechten Zivil, nach England befördern zu lassen. Zusammen mit einem preußischen Diplomaten lotste er den mürrischen Herren, der sich gehenließ und äußerlich einen jämmerlichen Eindruck machte, bis nach Hamburg, wo der Prinz endlich das Schiff nach London, die John Bull, bestieg. Es war ja im Grunde alles Schlag auf Schlag gegangen. Innerhalb von zehn Tagen war aus einem Herrscher von Gottes Gnaden ein höchst unbemittelter, weinerlicher Privatmann geworden, der sich von jedem Kujon hin und her schubsen lassen mußte. Laut Fincke waren sie bereits am 27. März 1848 mit dem Fluchtschiff vor Custom House in London vor Anker gegangen, zwei Bäckerburschen ruderten den komischen, nicht mehr ganz jungen Herrn an Land; in schlotterndem Gehrock minderer Eleganz, schon um nicht aufzufallen, bartlos, ohne Epauletten und Säbel, und ohne Erleuchtungen, was in seiner Lage zu tun, so landete ihr Mann nach seinem Desaster zu Berlin in dem ihm so verhaßten England, um ein freundliches Asyl bittend. Bei der Ungewißheit der Lage zu Hause bestand für ihn wenig Aussicht auf eine baldige Rückkehr nach Preußen, vielleicht war sie überhaupt unmöglich geworden.

Kurz vor der Einschiffung, rapportierte der Major Fincke der Augusta, war der Prinz tiefbewegt, er redete darüber, daß ihn immer nur sein Pflichtgefühl getrieben habe, »daß er aber vollkommen anerkenne, daß das alte System unmöglich geworden, daß er offen und ehrlich allem dem beitreten würde, was der König im Interesse der Volksfreiheit, der neuen Zeit tun und vereinbaren würde«.

Hinter dem damals achtundvierzig Jahre alten Major verbirgt sich ein in der Wolle gefärbter Liberaler aus einer trefflichen Lebensschule. Zusammen mit Moltke, der später die militärischen Ambitionen Preußens leiten sollte, weilte der begabte Fincke zwischen 1837 und 1839 leihweise in der Türkei, um das osmanische Militär nach preußischem Vorbild zu reorganisieren. Die Familie Fincke zeichnete sich allgemein durch besonders erfolgreiche Leute aus. Ein Georg Fincke etwa zählte zu den am entschiedensten auftretenden Redner des Vereinigten Landtags von 1837, dessen wir oben schon gedacht haben. In der Frankfurter Nationalversammlung, um etwas vorzugreifen, führte er später allerdings die Fraktion der Rechten. Ein weiterer wichtiger Fincke hieß Ludwig, er war Präsident verschiedener Kriegs- und Domänenkammern und interessiert uns hier aus einem besonderen Grund neben dem Fluchthelfer Karl. Ludwig schrieb nämlich beizeiten ein Traktat über die Vorzüge der englischen Verwaltung, die von allen Liberalen grenzenlos bewundert wurde. Wilhelms Eigensinn hatte sich als ein Hindernis, neben gewichtigen anderen, auf dem Weg zu den notwendigen Reformen erwiesen, freilich aber gingen diese auch nicht ohne ihn. Daß er durch seinen Bruder als nicht mehr tragbar unter einem Vorwand aus Preußen vertrieben worden war, mußte indessen auch Augusta beleidigen.

Fincke machte ihr Mut. Die furchtbaren Ereignisse, vom 18. März 1848 an datiert, seien nicht ohne Spuren an Wilhelm vorübergegangen, der nun auch wieder einige Vorzüge hatte, etwa seine Berechenbarkeit, seine Fähigkeit zu arbeiten und einmal gefaßten Einsichten treu zu bleiben. Fincke meinte, der Prinz würde sich einer Erneuerung Preußens über und durch die Instrumente einer Verfassung und der Volksvertretungen heute nicht mehr entgegenstellen, sondern tätig mitarbeiten. Da er vom Offizierskorps wie von den Frauen tief verehrt, um nicht zu sagen angebetet wurde, durfte seine neue Haltung als Stärkung des Fortschritts gelten. Augusta wird ihm geglaubt haben, die Gattin des Prinzen von Preußen hätte ihren Mann freilich besser kennen sollen, sie hätte wissen müssen, daß sein Charakter ehrlich und schlicht nur gegenüber seinesgleichen war, und auch das nur, solange seine Interessen nicht verletzt wurden. Und sie ahnte das auch zumindest; wie oft hatte sie erlebt, daß sein Urteil über einen Mann weniger von dessen Fähigkeiten, als von seiner Stellung zu ihm, Wilhelm, abhing. Einer Wandlung im eigentlichen Sinne war er doch nicht fähig; Ereignisse nüchtern zu durchdenken und weitergehende Schlüsse zu ziehen, seine Person zurückzustellen, dazu war er nicht imstande. Fand er Widerstand, den er nicht gewaltsam brechen konnte, so begann er weinerlich zu lamentieren und resignierte zuletzt. Alle diese Eigenschaften hatte Augusta an ihrem Gatten zu verabscheuen gelernt. Erschüttert von den rauhen Realitäten der Revolution war sie bereit, an das Wunder zu glauben, er könnte sich grundlegend ändern.

Das war töricht, soweit es auf die äußere Betrachtung ankommt, aber es zeigt die Tiefe ihres Charakters doch auch in einem besonderen Licht: sie hätte sich wohl für ihr ruiniertes Leben an seiner Seite an dem abwesenden Wilhelm rächen können. Es scheint, daß Augusta die Gabe wirklichen Mitgefühls mit den Leiden anderer in hohem Maße besaß, so reichlich, daß fremder Schmerz sie nicht nur rührte, sondern hilflos und uneinsichtig für die wirkliche Situation machen konnte. Fincke berichtete ihr gewiß nicht ohne verstohlene Heiterkeit, was der General, bei einem so eingeschworenen Glaubensliberalen wie Bunsen untergebracht, litt.

An nichts war Augusta mehr gelegen als daran, ihren Gatten davor zu bewahren, sich nach Rußland zu wenden und unter den Einfluß des Zaren zu geraten. Aus den Erzählungen ihrer Mutter Maria Pawlowna, aus ihrer Kenntnis zaristischen Despotismus, hatte sie nur den Schluß ziehen können, daß es sich um ein barbarisches, um ein rückständiges Land handelte mit einer der rücksichtslosesten Dynastien und einer in dumpfer religiöser Gleichgültigkeit vertierenden bäuerlichen Bevölkerung, ein Volk, durch Glaubensrituale an den Zarismus gekettet, ohne Sinn für das soziale Leben bürgerlicher Art. Dieses Herrscherhaus hatte hingegen Wilhelm den höchsten Respekt abgenötigt, einen Respekt bis zur Knochenerweichung, woran sich die auf ein persönliches Menschentum stolze Augusta nur zu gut erinnerte. Ihr Gemahl hielt diesen strahlenden Zaren für genauso gottgestiftet wie die preußische Untertanenmonarchie. Und das bedeutete im Lichte ihrer Aufgeklärtheit, daß dieser unbegreifliche Gott auch Stifter der Knute, der Folter wie des Stumpfsinns russischer Leibeigener gewesen sein mußte, ein ihr völlig absurder Gedanke. Wilhelm ist nicht der erste gewesen, der einer russischen Freundschaft erlag, die eher nötigt, um als echt zu gelten, mit Umarmungen bei Kaviar, Krimsekt, in Rußland nur in Megaflaschen abgefüllt, und Sauna geschlossen, und er wird auch nicht der letzte gewesen sein. Andererseits war Augusta von der beginnenden sozialrevolutionären Strömung geistig zu weit entfernt. Wenn Wilhelm mit einem Invasionsheer racheheischend nach Preußen kommen wollte, um die Ordnung in seinem Sinne herzustellen, dann würde er ein solches am ehesten in und von Rußland bekommen haben. Das wußte Augusta so gut wie der letzte proletarische Milizionär des Berliner Märzes, der Wilhelms Garden das Fürchten beigebracht hatte.

Wir müssen noch einmal auf den Besuch Bismarcks bei Augusta unmittelbar nach den Märzereignissen zurückkommen und sein Ansinnen, die Prinzessin von Preußen möge sich der Proskription anschließen, die dem König Friedrich Wilhelm IV. jedes Zugeständnis an die Revolution im Namen des flüchtigen Wilhelms untersagte. Georg von Fincke, der Deputierte des Landtags, dessen wir oben in einem Nebensatz gedacht haben, gilt als Urheber eines Plans, der den Rücktritt Friedrich Wilhelms IV. und den Verzicht seines Bruders Wilhelm auf die Krone wirklich vorsah. In dieser Konstellation einer Gruppe Abgeordneter, die nicht mehr recht an den Reformwillen und den Willen, Macht abzulassen, glaubte, sollte Augusta als Regentin, also als Königin von Preußen, bis zur Volljährigkeit ihres Sohnes Friedrich Wilhelm die Regierung übernehmen, auf der Basis einer Verfassung. Kurz gesagt, es wäre auf einen Staatsstreich hinausgelaufen, bei welchem Augusta die Schlüsselstellung zufallen mußte. Der französische Geschäftsträger ließ Paris wissen, daß mit der Prinzessin von Preußen an der Spitze eines reorganisierten Staates Preußen Republik werden könnte. Ihr Sohn, dessen Karriere wir auf die Einflüsse seiner Mutter Augusta hin zu betrachten haben, sollte mit der Großjährigkeit endlich in das konstitutionelle Königtum eintreten. Man hoffte, das schwierige Problem, eine Verfassung zu schreiben, in wenigen Jahren gelöst zu haben.

Hat Augusta, 1848 siebenunddreißig Jahre alt, wirklich mit dem Gedanken gespielt, Königin von Volkes Gnaden zu werden? Sie ist in Preußen nie wirklich populär gewesen, sie hat den Pöbel nicht geliebt, wie sie die bürgerlichen Revolutionäre auf Abstand hielt, nachdem sie sie näher kennengelernt hatte; auf eine Masse auszustrahlen, viele Menschen mitzureißen und zu begeistern, war ihr nicht gegeben. Zur Volkskönigin fehlte ihr das Charisma. Sie jedenfalls war nüchterner als der kalkulierende Fincke, aus intimer Kenntnis der Verhältnisse wußte sie auch, wieviel Abstand die Junkerpartei zu ihr als einer Liberalen, Preußenfremden hielt. Vor allem hätte sie sich des preußischen Offizierskorps versichern müssen, um länger als einen Tag Königin zu bleiben. Zwar hätten die geschickten Leute um ihren Macher dem Staatstreich vielleicht den Anschein der Legalität geben können. Es wäre unter Umständen zum Bürgerkrieg gekommen, ganz sicher aber hätten sich die deutschen Fürsten bei dieser Gelegenheit ihr Stillhalten hoch und teuer bezahlen lassen. Zwar sollte es sich nur um ein Interim bis zur nahen Großjährigkeit ihres Sohnes handeln, eines jungen Offiziers, aber um die Rolle, die ihr zugedacht war, zu spielen, hätte es eines anderen Charakters mit einer erheblich höheren Energie bedurft, als sie Augusta besaß. Sie war keine Kleopatra, keine Maria Stuart, keine Elisabeth von England, keine Victoria; sie war nicht kühn in der Wahl ihrer Mittel und vorurteilslos genug, um von ethischen Erwägungen unbehelligt ihren Weg zu machen. Ein wenig blieb immer Weimar in ihrem Kopf. Und so schrumpft das Bild der möglichen Kron-rebellin wie der Jakobinerin auf das Maß einer zwar hochgebildeten, spekulierenden und bestenfalls intrigierenden, aber regelmäßig handlungsunfähigen Salondame aus dem Fürstenstand zusammen, eine landpomeranzisch-großherzogliche Tochter Weimars, wie Bismarck mit seinem zuverlässigen Blick für das Wesentliche an einem Menschen und einer Sache später herausfand. Augustas Welt war die Fronde, die Kabale, philosophisches Nachdenken über ein freies, naturrechtlich in die schlimme Welt entlassenes Individuum, wenn es hochkommt, nicht aber der große und großartige Entwurf, der den Einsatz eines starken Charakters erfordert hätte. Ganz hat sie nicht begriffen, was in England zwischen Regierung und Parlament und der zu befehlenden Königin Victoria vor sich ging. Andererseits war die Prinzessin längst nicht mehr nur Randfigur wie in ihren ersten Ehejahren. Das Palais Unter den Linden No. 9 hatte zu oft und zu regelmäßig Besuch von Leuten gehabt, die sich ernsthaft und entschlossen gaben, wenn aus Untertanen Staatsbürger gemacht werden sollten, Gedanken und Pläne entstanden, denen sich Augusta begeistert aufschloß. Obschon das Zitat aus den Tagebucherinnerungen Augustas, welches den Besuch Bismarcks bloß vorsichtig erwähnt, nicht aber wertet, keineswegs den Schluß zuläßt, sie habe sich auf die Königsrolle einstimmen wollen, so hat sie doch eventuell diesen Gedanken kurzzeitig erwogen. Aber ihr war eben klar, daß sie sich allein durch Liberale vom Schlag und der zweifellos großen Integrität der Finckes, der Bunsens, Camphausens niemals würde halten können. Die Unterstützung der Militärkaste, von der in Preußen alles, aber auch alles abhing, besaß sie weder, noch konnte sie sich ihrer versichern.

Der mediokere Besuch des späteren Kanzlers mag ihr tatsächlich viel eher als eine Warnung erschienen sein, ein Fingerzeig des Schicksals, sich nicht zu weit hervorzuwagen. Vielleicht wollte Bismarck herausbekommen, wo diese Frau, deren Rolle wichtig genug werden konnte, wirklich stand. Auch aus der Form ihrer Ablehnung wären Schlüsse zu ziehen gewesen. Daß ihm an der Unterschrift der Prinzessin gelegen war, ist eher unwahrscheinlich. Er kannte ihren Ruf als Mittelpunkt der Liberalen, er wußte, daß sie isoliert war und wieviel Mißtrauen ihr die Prinzen und Prinzessinnen, die Schwäger und Onkels, die ganze Familie ihres Gatten und der Berliner Hof mitsamt der Kamarilla aus Junkern, Pfaffen und Beamten entgegenbrachte. Noch fünfzig Jahre später sollte Bismarck dem Kaiser Wilhelm II. warnend vorhersagen, daß er sich genau so lange halten werde, wie ihn das Offizierskorps halte. So ist es dann auch gekommen; die Offiziere seines Hauptquartiers ließen ihren Kaiser 1918 fallen, um zu überleben, und drängten ihn zur förmlichen Abdankung.

Daß sich Augusta zumindest für den Fall wappnete, an Stelle ihres Sohnes die Regentschaft in Preußen zu übernehmen, spricht folgendes: In der Einsicht, nicht nur sich selbst, sondern auch ihren Sohn zu gefährden, wendete sich Augusta mit der Frage an dessen Gouverneur, den General von Unruh, was die hohen Militärs in diesem Falle tun würden. Unruh versicherte ihr respektvoll, aber ohne zu zögern, daß sie Hochverrat begehe, falls sie, angestiftet von einigen Parteigängern des Landtags, nach der Krone greife. Kriegsgericht und Henkerbeil würde sie zu gewärtigen haben. Eine Katharina hätte nach dieser Erklärung einige ihr ergebene Offiziere veranlaßt, diesen Herrn umzulegen, anschließend einige Minister zu strangulieren und ihre Königin zur Regentin auszurufen. Augusta verstand wohl, daß sich Preußen von Rußland beträchtlich unterschied. Sie ließ das heikle Projekt fallen, das Preußen in eine konstitutionelle Monarchie verwandelt und seiner Geschichte eine andere Wendung gegeben hätte. Im Gegenteil. Plötzlich, gewiß, daß ihr ihre Loyalität bei Wilhelm als Treue gutgeschrieben werde, unternahm sie einen erneuten Versuch, sich der Zuneigung dieses Mannes zu versichern. Sie schrieb ihm, wie sehr sie mit ihm fühle, will ihm sogar nie so liebevoll ergeben gewesen sein – wie während seines Exils, muß es heißen. Irgendwie, so scheint es, blieb Augusta immer das Produkt einer Fürstenaufklärung, eine Großherzogin mit den Ambitionen einer liebenden Landesmutter, einer Amme des ganzen Menschengeschlechts, in deren Reich alle glücklich mit der Milch reiner Vernunft gesäugt werden sollten, auf der Grundlage eines kühlen Kalküls und gebändigter Leidenschaften. Die weimarische Anthroposophie hat auch ihr im Grunde mehr historisches als emotionales Verhältnis zum Christentum bestimmt. Es läßt sich kaum eine Äußerung Augustas entdecken, die eine mythische Beziehung zu dem Gnadengott ihres Gatten vermuten ließe.

England und Wilhelms Rückkehr

Die parlamentarische Regierungsform wurde dem Emigranten Wilhelm von seinem Betreuer Christian Karl Josias von Bunsen als die tugendhafteste, als die erfolgreichste und Glück verheißendste überhaupt dargestellt. Die Anhänglichkeit und Treue des Engländers an sein Königshaus beruhe auf seinen bürgerlichen Freiheiten, belehrte der enthusiasmierte Bunsen den skeptischen Prinzen.

Wilhelm hatte in diesem Falle den besseren Blick für die Tatsachen und auf die realen Möglichkeiten Preußens. Es schien ihm kaum denkbar, daß der preußische Untertan, in Mehrzahl Landwirt, Bauer, Kossät, in einem raschen Aufholmarsch so etwas wie die preußische Nachahmung des englischen Konstitutionalismus schaffen könnte.

Um 1848 befaßte sich Old England bereits mit praktischen Fragen der modernen Industrie und fühlte sich auch dann völlig ungestört, wenn innerhalb Londons etwa ein so erklärter radikaler Revolutionär wie der Emigrant Karl Marx für die soziale Revolution schrieb, was in keinem Staat auf dem Festland mehr denkbar war.

Jedenfalls gestattete dieses System in der Phase des Wilhelmschen Exils die gleichzeitige ungestörte Anwesenheit eines starrköpfigen Prinzen von Preußen und eines Kommunisten radikaler Prägung vom Schlage eines Karl Marx, auch eines Metternich, dessen Spitzelsystem ihn immerhin den Braten riechen ließ, der angesetzt worden war, und vor dem Verlust seines intriganten Kopfes bewahrte. Es würde lehrreich genug sein, die Wurzeln der französischen Republik mit denen der angelsächsischen zu vergleichen, könnten wir doch entdecken – wäre uns daran gelegen –, daß es dem damals neuen Kunst- und Flächenstaat Preußen von Wiener Kongresses Gnaden an etwa 300 Jahre Geschichte mangelte, nämlich wenn man das englische Maß der bürgerlichen Revolution anlegt. Übrigens aber hätte Wilhelm im Exil manches lernen können, und er hat auch etwas gelernt, kam er doch gerade zurecht, um die Installierung eines neuen Wirtschafts- und Handelsrechts in die alte und doch moderne Verfassung mitzuerleben, sprich die Modernisierung und neuerliche Differenzierung der Macht.

Aus London kamen denn auch bald Nachrichten, aus denen Augusta ersah, was es mit der Einsicht Wilhelms auf sich hatte. Was er nämlich hauptsächlich in England und reichlich fand, war die Solidarität seiner Kaste. Zunächst schaltete Bunsen, der gewiefte Liberale, mit allen Wassern demokratischer Gepflogenheiten gewaschene Politiker, die englische Presse ein, für Wilhelm ein ungewohntes Verfahren, dem er sich unter dem Zwang der Überredung durch Bunsen beugte. Presse kannte der Prinz nur als antimonarchistische und also auch ihm feindliche Einrichtung, etwa den Rheinischen Merkur. Diese englische Presse informierte, das heißt, sie machte die Öffentlichkeit der Insel mit den Tatsachen der Berliner Revolution bekannt, ohne sie zu schelten und ohne sie zu loben, sie stellte bloß fest, als gehe sie das alles nichts an, abgesehen von den Leitartiklern, die damals so wohl unterrichtet waren, wie sie es heute auch sind. Um sie zu verstehen, ist es wichtig zu wissen, was im Kopf des Blattes steht, also wer die Meinung bezahlt, die der Leitartikler vertritt. Ein Kronzeuge wie der Kartätschenprinz kam gerade recht.

Augusta stellte aus den ihr zugehenden Nachrichten verwundert fest, daß sich ihr Gatte jetzt, wie auch früher bei ihrem gemeinsamen Aufenthalt in England mit seinem Urteil über den Parlamentarismus zurückhielt, aber sie registrierte als eine viel schlimmere Sanktion der Berliner Rebellion auch die ihr unerklärliche Sympathie Englands für Wilhelm, in der liberalen Öffentlichkeit. Sie konnte nicht einsehen, was Bunsen vorhatte; er tat wahrlich den Teufel, als er sich überraschend auf die Seite der preußischen Monarchie schlug. Meinte er, Preußen sei nunmehr reformfähig, reif und aufgeweicht für Machtteilung und innere Bündnisse? Wieso brachte er es fertig, Wilhelm huldvoll dem König Albert – nein, als Prinzgemahl, der englischen Verfassung nach, wird man nicht König, bloß weil man eine Königin geheiratet hat – einen deutschen Fürsten in Audienz zu präsentieren? Ihr abwesender Gatte tat, was er immer auslebte, bot man ihm Gelegenheit, jammern, wenn er nicht bramarbasieren durfte, über sein grimmiges Schicksal greinen. Wie? Er stellte seinen Gastgebern vor Augen, was sich im Frühlingsmonat März, wenn die Osterglocken läuten, auf dem Festland und in Preußen Schreckliches ereignet hatte? War es wichtig und richtig, ihn mit einem so prominenten wie abgefeimten Emigranten Metternich zusammentreffen zu lassen, so daß sie sich von den Freunden fragen lassen mußte, was dies bedeuten sollte? Verspielte Wilhelm nicht die Möglichkeiten, die zu lernen, wie die, heimzukehren? Metternich genoß den Schutz einer neuen Identität, damals sagte man deutlicher, einen neuen Namen annehmen. Metternich hieß also sinnigerweise Herr von Meyer, und als solchen drückte ihm der Kaufmann Wilhelm Oelrichs im Garten eines Pairs vertraulich die Hand. Denn auch Wilhelm erfuhr die Wohltat des Polizeischutzes.

In Preußen hatte es nur wenige Attentat auf einen Potentaten gegeben. Für gewöhnlich fuhr oder ritt eine Königliche Hoheit zwar mit Eskorte, aber ohne eigentlichen Schutz, wohin sie wollte und wann sie wollte. Friedrich II. pflegte in späterer Zeit, als ihn das Reiten zu sehr anstrengte, wie ein Privatmann in offener Kutsche zu reisen und seine Kabinettssachen während der Fahrt von einem zum anderen Dorf zu erledigen. Selbst dem König und Schwager Friedrich Wilhelm IV. ward kein Haar gekrümmt worden, als er unmittelbar nach der Märzrevolution öffentlich durch Berlin ritt, mit schwarzrotgoldener Schabracke, was höchstens auf alle Reiter einen schlechten Eindruck gemacht hatte, weil der König ungewöhnlich miserabel zu Pferde saß.

Alles, was Augusta über ihren Gatten aus England hörte und in den Gazetten über ihn las, irritierte sie schon wieder. (Bismarck sollte später einmal sagen, der König sei liberal, wenn etwas schiefgegangen, und er werde reaktionär, falls sich die Dinge nach seinen Wünschen ordneten.) Zwar trug Augusta seit seiner Flucht demonstrativ Trauer, bekundete öffentlich ihre tiefe Liebe zu ihm. Dafür, daß sie glaubte, er werde bleiben, wo der englische Pfeffer wächst, gibt es freilich keinen Hinweis. Wilhelm aber fragte schriftlich überall und wiederholt an, ob er denn jemals wieder heimkehren dürfe, aber keiner konnte ihm darauf antworten. Alle waren froh, ihn weit weg zu wissen. In Wahrheit stand für den Prinzen alles auf der Kippe. Denn: Die Rebellen verlangten dringend die Auslieferung des Kartätschenprinzen, um ihn vor ein Gericht zu stellen, und das, obschon er sich doch genaugenommen nur als Scharfmacher und Maulheld aufgeführt hatte. Wohlweislich war ihm ein Kommando vorenthalten worden. Rechtlich lag also eigentlich nichts gegen ihn vor, außer Verbalinjurien vielleicht gegen diesen und jenen Abgeordneten. Von allen militärischen Entscheidungen um die fraglichen Märztage herum war der General ausdrücklich suspendiert gewesen, um kein Blut zu vergießen, das dann doch vergossen wurde. Über die Monate freiwilliger Witwenschaft las die Prinzessin von Preußen eher etwas von Dinners und Partys, auf denen Wilhelm paradierte, da er für die Londoner High-Society ein recht seltener Vogel war; einen preußischen Emigranten dieses Ranges bekam das sich bildende Empire nicht oft zu sehen. Es kamen immer nur die Anarchisten und anderes Gelichter. Trotz seiner gesellschaftlichen Erfolge aber blieb Wilhelm der alte mürrische Esel, dem es beliebte zu posieren. Er sagte, er wolle sich jetzt in Demut üben, weil die Throne wakkelten, so ließ er sich in Gesellschaft vernehmen.

Unabhängig voneinander überdachten die Gatten also ihre Lage, was nichts Wundersames an sich hat. Wilhelm entdeckte alsbald, wieviel persönliche Unbill er doch eigentlich dem liberalen Räsonierer Fincke verdankte. Friedrich Wilhelm IV. war durch Fincke am Vorbend des März dazu veranlaßt oder besser genötigt worden, das Militär nach Hause zu schicken, eines bald geschlagenen Militärs, dessen jämmerlichen Einzug in die Spandauer Zitadelle der flüchtige Wilhelm miterlebte. Hier ist natürlich von Georg Fincke die Rede, nicht vom Fluchthelfer Karl. Politisch tat sich zu Berlin indessen etwas, was Augusta sehr begrüßte, weil ihr die Figuren im politischen Kräftespiel lagen. Mit dem rheinischen Bankier und Sproß einer Bourgeoisfamilie Camphausen kam ein neuer, ihr genehmer Mann auf den Sessel eines preußischen Ministerpräsidenten. Die Vorgänge um den 18. März, die nachfolgende Beschlagnahme ihres Hauses Unter den Linden, hatten Augusta daran gemahnt, ihre fürstlichen Interessen nicht ganz außer acht zu lassen und nicht zuviel auf dem Altar der Menschenliebe zu opfern, aber eine echte Preußin war sie damit längst nicht geworden. Während Wilhelm in England einerseits auf allen Bällen tanzte, während er zugleich niedergeschlagen darüber räsonierte, womit er dies alles verdient habe, fand zunächst und in wenigen Tagen ein Ereignis statt, wovon man ihn fernzuhalten gedachte. Der Landtag wurde einberufen, leider nicht ohne Brimborium. Im Weißen Saal des Berliner Schlosses sah man am 2. April 1848 fast nur schwarze Bürgerkleidung, getragen von den Deputierten des Vereinigten Landtags, also eines aus den Provinziallandtagen gebildeten Gremiums. Brimborium deshalb, weil der Thron leer, verwaist und mit schwarzen Tüchern dunkel verhängt worden war. Alle Prinzen von Preußen glänzten durch Abwesenheit, nur der König mußte notgedrungen teilnehmen. Noch stellte er die oberste Instanz der Regierung in Preußen dar. Trocken erklärte er die Sitzungsperiode für eröffnet. Endlich sollte eine konstituierende Versammlung gewählt werden, Pressefreiheit war gewährt und, vor allem, das künftige Parlament sollte fortan Kontrolle und Mitsprache bei der Gesetzgebung erhalten.

Am 30. März trat das sogenannte Vorparlament in Frankfurt am Main zusammen, um Wahlen für eine deutsche Nationalversammlung auszuschreiben, die eine Reichsverfassung beschließen sollte. Die Politik schien also gewaltig in Fluß gekommen. Ohne Zweifel durften sich alle dem Ziel nahe wähnen, Deutschland in einen modernen Staat zu verwandeln. Augusta ging mit fliegenden Fahnen in das Lager des weiter gepannten Konstitutionalismus über; Preußen sollte in Deutschland aufgehen, dazu konnte sie ihre Hand reichen. Camphausen, der ihr Vertrauen hatte, machte ihr schließlich klar, daß für alle kommenden Schritte die Anwesenheit ihres Gemahls, also des Prinzen von Preußen, höchst wünschenswert sei. Es mag ihr wie Schuppen von den Augen gefallen sein, wenn sie die Mühen des rührigen Herrn Bunsen bedachte, der die Reputation des Kartätschenprinzen in der Welt wiederherzustellen so bemüht gewesen war. Alles fügte sich also erstaunlich harmonisch, ließ man den Zeitgeist nur ungehindert arbeiten, und die Wünsche ihrer politischen Freunde waren auch d'accord mit ihren eigenen Hoffnungen, ihren Gatten wieder hier zu haben, denn ohne Zweifel brach nun ihrer beider poltischer Honigmond an, spät, aber nicht zu spät.

Erstaunliches hörte Augusta über Wilhelm in London, ließ es sich willig zutragen von den neuen, ach so tatkräftigen Männern. Das reinigende Gewitter hatte die Herzen und die Gewissen preußischer Gottesprinzen geläutert. Innerhalb einiger Wochen wandelte sich ihr trauriger Exilant von einem Saulus zum Paulus, als ihm die Einzelheiten der in Aussicht genommenen Veränderungen Preußens zugestellt und bekanntgemacht wurden. Der Professor Friedrich Dahlmann, einst von Wilhelm als Erzhalunke bezeichnet, fand urplötzlich Gnade in seinen Augen. Der Verfassungsentwurf Dahlmanns für den kommenden deutschen Bundesstaat wurde in Wilhelms Augen zum Meilenstein nach vorn und der Autor zum honetten und höchst vertrauenswürdigen Menschen. Wilhelm nannte dessen Werk eine »großartige Erscheinung unserer Zeit«. Augusta aber las weiter, was sich noch tat. Dieser großartigen Erscheinung fehlte nach Wilhelms Ansicht freilich etwas Wichtiges, nämlich eine Fürstenbank. Das lief auf folgendes hinaus. Neben einem Unter- und Oberhaus, von Wilhelm akzeptiert, was ganz offenkundig eine Frucht der Erfahrung in England war, kam die Erkenntnis, daß sich damit zwar mühsam, aber doch einigermaßen sicher regieren ließ. Sollte also eine dritte Kammer der deutschen Souveräne das letzte und bestimmende Wort erhalten?

Der alte Reichstag des Heiligen Römischen Reiches Deutscher Nation wäre wiederbelebt worden. Die sieben deutschen Kurfüsten hatten in dieser uralten Einrichtung einst den Kaiser gewählt. Der Ball läuft wieder zurück, dachte Augusta, besprach sich sorgenvoll mit den neuen Repräsentanten. Die beruhigten; nach der Magna Charta des alten Königs Friedrich Wilhelm III. kam keine Regierung an der Zustimmung der Prinzen zu einer Verfassung vorbei. Augusta zeigte Befremden. Wie? Sollte der ganze revolutionäre Spuk sich jetzt auf einen Paragraphen zurückziehen, der natürlich durch die neuen Normen und Versprechungen überholt war? Was meinten Camphausen, Bunsen, Fincke etc.? Der Prinz stimmt diesem Verfassungsentwurf zu? Ja, merkt denn niemand, daß er mit seinem Vorschlag den ganzen Entwurf beseitigt? Die neuen Freunde wiegen die bürgerlich aufgeklärten und fortschrittlichen Schädel, man müsse mit einer Verfassung, wieviel ihr auch letztlich ermangele, der weitergehenden Resolution zuvorkommen. Die Zeit, die Zeit drängt, Zeit ist ein hartnäckiger Gegner, wenn man sich Zeit nicht zum Verbündeten macht. Deutlicher, niemand habe am 18. März daran gedacht, weiter als bis zu einigen notwendigen, einigen maßvollen Neuerungen zu gehen, nicht wahr? Was vor einigen Wochen richtig war, den Prinzen zu entfernen, erheische jetzt eine Nacharbeit: ohne den Prinzen von Preußen käme man nicht weiter. Die Fürstenbank, nun, man werde sehen, Dahlmann könne neu ansetzen, Königliche Hoheit kennen ihn doch, kein harter, sondern ein biegsamer Mann, nicht wahr?

Neben den gewählten Vertretern, bei denen ja nicht sicher war, wessen Lied sie singen würden, sollten die deutschen Fürsten in Wilhelms Gegenentwurf alle Macht nicht nur behalten, sondern diese in der neuen Verfassung auch noch ausdrücklich bestätigt bekommen! Bunsens Begeisterung für den angeblichen Wandel des Prinzen von Preußen stand also auf äußerst schwachen Füßen, wie sich Augusta eingestand. Die Prinzessin von Preußen war die einzige, die offenbar hier keine Sonderinteressen hegte. Wie immer, wenn sie sich herausgefordert sieht, fällt sie in den hochmütig kühlen Ton, spricht ihr ungewöhnlich reines Französisch.

Ein anderer Paragraph der Dahlmannschen Verfassung sah die Wählbarkeit der Landwehroffiziere vor. Ob es wirklich sinnvoll war, diese Miliz demokratisch aufzuziehen, wie sie ihrem Ursprung nach in den Befreiungskriegen organisiert wurde, ist eine andere Frage. Dahlmann wünschte, die Wählbarkeit der Landwehroffiziere zu erhalten als ein demokratisches Gegengewicht zum Berufsoffizier. An dieser Frage sollte sich viel später noch einmal ein Konflikt zwischen Parlament und König entwickeln, aus dem sich Wilhelm durch Bismarck befreien ließ. Es war also nicht viel los mit dem Wandel des Prinzen von Preußen. In Preußen aber trat die eigentlich erfolgreiche Revolution rasch hinter ihre Siege zurück. Camphausen, die Generalität, selbst Liberale aller Schattierungen erhoben laut die Forderung nach Rückkehr des Prinzen. Camphausen brauchte die Zustimmung Wilhelms zur Preußischen Verfassung, die noch nicht einmal parlamentarisch gelesen worden war und werden konnte. Bald gab es unter Preußens maßgeblichen Liberalen mehr Befürworter als Kritiker einer Rückberufung des Kartätschenprinzen, und Friedrich Wilhelm IV. zögerte nicht, seine Zustimmung zur Heimholung dieses vortrefflichen Wilhelm zu geben. Zwar hagelte es auch Proteste, wurden Flugblätter gegen die Heimkehr verteilt und Kundgebungen abgehalten. Auf einer Versammlung sollen an die 10 Tsd. wie ein Mann gegen die Rückkehr Wilhelms gestanden haben. Wieder warf ein Haufen radikaler Demokraten die Scheiben des Palais ein, die der Konstitutionalismus später bezahlen mußte. Allein, dieses Mal war der ansonsten zaghafte und zaudernde König Friedrich Wilhelm IV. hart entschlossen, in das Volk schießen zu lassen, sollten die Demonstrationen nicht aufhören. »Schlächtermeister, Prinz von Preußen, komm doch, komm doch, nach Berlin«, wurde er im

Lied apostrophiert. Endlich wurde es Gewißheit. Der Prinz hatte England verlassen, war schon auf dem Boden des Festlands. Von hier ließ er ein Papier ins Land gehen. In seinem Manifest, einem höchst berühmten, wiewohl absolut wertlosem, stand zu lesen: »Mit Zuversicht und Treue (werde ich) alle meine Kräfte widmen und sehe dem Augenblick entgegen, wo ich der Verfassung, welche Ew. Majestät mit ihrem Volke nach *gewissenhafter Beratung* zu vereinbaren im Begriffe stehen, die Anerkennung erteilen werde, welche die Verfassungsurkunde für den Thronfolger festsetzen wird«. Auf diesen Sand bauten plötzlich alle ihre Zukunft. Sie wurden getäuscht. Wilhelm legte alle herein, die dem sogenannten Manifest, seinen Worten, einem Königswort, an dem man nicht drehen noch deuteln darf, vertraut hatten.

Nach Erlaß dieses Brüsseler Manifests vom 30. Mai 1848 trafen sich die Gatten wieder, und am gleichen Tag erklärte Wilhelm daheim in Babelsberg, sich nicht an diese seine Erklärung gebunden zu fühlen. Ob gewissenhaft beraten worden sei, wie es in dem Papier stehe, darüber habe er sich ja die letzte Entscheidung vorbehalten. Nach zwei Monaten Abwesenheit konnte Augusta ihren General wieder in die Arme schließen, sicher, daß er sich nicht geändert hatte. Augusta zeigte sich über die Winkelzüge ihres Gatten befremdet, ach, alle hatte er im Grunde getäuscht und über seine Absichten betrogen. Wilhelm mag der preußische Wind auch das Gerücht zugetragen haben, seine Gattin habe einmal mit dem Gedanken gespielt, sich seiner auf kaltem Weg zu entledigen. Augusta sollte noch öfter erstarrt, rat- und hilflos in Treue ausharren, indessen ihr Wilhelm alle hinterging. Der Historiker sah voraus, was eingetreten ist, der Publizist sieht voraus, was geschehen könnte, hätten nur alle ihren Part spielen wollen. Augusta war zum Staatsstreich nicht gemacht, und ob ihr die Ritterschaft, mit dem Offizierskorps beinahe identisch, gefolgt wäre, ist, wie gesagt, nicht nur zweifelhaft; es ist auszuschließen. So mußte denn alles seinen Lauf nehmen.

Babelsberg, im Sommer 1848 ...

Lieber Herr von B., ... Ich will Sie von dem in Kenntnis setzen, was sich hier tut, besser, was sich nicht tut. Der Prinz, auf den jetzt viel ankommt, hat sich wieder einmal nach dem Wind ge-

dreht. Wir hatten eine unserer Auseinandersetzungen, wie sie mittlerweile unseren Alltag bestimmen. Ohne das Brüsseler Manifest näher zu kennen, sagte ich ihm auf den Kopf zu, er sei gar nicht willens und bereit, eine Konstitution zu gewähren; er habe die Zeit der erzwungenen Abwesenheit von Preußen nicht dazu genutzt, die englische verfassungsgebundene Monarchie zu studieren. Der Prinz – wir waren natürlich allein und unter vier Augen – setzte zu einer längeren Rede an, wie ich an seiner gesammelten Haltung bemerkte. Es schien die Stunde gekommen, in der wir uns aussprechen wollten. Weder auf der Flucht noch in Spandau und auf der Pfaueninsel war hierzu Gelegenheit. Zu meiner Belustigung wählte W. die förmliche Anrede, legte eine Distanz zwischen uns, daß ich die Absicht, sich von Gefühlen nicht beeinflussen zu lassen, erkennen mußte.

»Könnte es sein, daß Sie sich zum Sprachrohr Ihres Anhangs machen lassen? Was wüßten Sie eigentlich von England, hätten Sie nicht etwa die Darlegungen Ihres Fincke? Was mich betrifft, so habe ich meinen erzwungenen Aufenthalt in London dazu genutzt, mir das System des Inselreichs näher anzusehen. Ich will Ihnen gegenüber gar nicht leugnen, daß mich die hiesigen Ereignisse bereitgemacht haben, über unsere Zukunft nachzudenken. Was habe ich herausgefunden? Daß dieses Unterhaus nichts anderes als eine Ansammlung von üblen Subjekten ist, die alle in ihre Tasche wirtschaften. Zu trauen ist ihnen nicht, und sie selber trauen übrigens auch einer dem anderen nicht. Und, ist es soviel vernünftiger, nach endlos langen Redestreitigkeiten regelmäßig einen faulen Kompromiß zu schließen, der zuletzt keinen befriedigt, da doch jedermann vorher wußte, wie das ausgeht?

Betrachten Sie einmal die hiesige Praxis: Ritterschaft und Bürger, im weitesten Sinne, beraten den König von Preußen, der über Kabinettsräte oder Minister, jedenfalls durch eine Fachpersonage belehrt, anordnet, befiehlt, also tut, was man als regieren bezeichnet. Der Monarch verfügt über Gremien, deren Gründe er anhört, um nach einem Ausgleich widerstreitender Interessen zu suchen, und zum Gesetz zu erheben, was ihm richtig dünkt. In Ihren Augen ist das Despotie, nicht wahr? Ich räume ein, daß sich Könige irren, aber auch Parlamente sind nicht unfehlbar. Entsinnen Sie sich daran, was uns Wellington über das englische Parlamentssystem sagte? Er fand nur Worte des

Abscheus, und ich habe in der Tat bis heute keinen Kenner des Inselreichs finden können, der diesen Konstitutionalismus nicht für niederträchtig gehalten hätte, ausgenommen unsere Liberalen natürlich, die überhaupt keine Ahnung haben, wovon sie reden. Die Deutschen äffen gern Fremdes nach, aus Mangel an Originalität vielleicht. Selbst wenn wir aber diese Regierungsform einführen wollten, ich versichere Ihnen, wir stießen sehr schnell an unsere Grenzen. Es liegt keineswegs in den Möglichkeiten des Königs von Preußen, aus einem veralteten Ständeregime ein parlamentarisches Regime zu machen, allein, weil er die Idee hat, seine Untertanen glücklicher machen zu sollen. Die Mehrzahl der Preußen befindet sich jedenfalls besser im Zustand der Unterordnung, und die meisten Leute wollen auch nichts anderes. Nein, glauben Sie mir, hier würden nur gegensätzliche Interessen auf den Plan gerufen werden, zum Schaden unseres inneren Friedens, der ohnehin wackelig genug ist. Sie und Ihre Freunde unterstützen vielleicht – wie ich hoffe, aus Unkenntnis heraus – einige dieser Sonderinteressen.

Es verhält sich merkwürdig mit all diesen Aposteln neuerer Glückseligkeit; als beispielsweise vor rund vierzig Jahren die ostpreußischen Grundherren im Fahrwasser Steins stürmisch und im Namen der Menschenrechte nach der Befreiung ihrer Bauern aus der Leibeigenschaft schrien, so sehr und so laut, daß wir ihnen nachgegeben haben, was war denn das Resultat? Doch nicht die Beseitigung des abhängigen Bauern von der Gutsherrschaft; es war die Befreiung des Grundbesitzers von der ihnen lästig gewordenen Pflicht, für diese ihre Hintersassen väterlich zu sorgen. Diese Befreiung erwies sich als die Befriedigung eines Sonderinteresses, einem neuartigen Egoismus. Immerhin hätten sich die Könige damals fragen sollen, wieso aus Standesherrn urplötzlich Menschenfreunde wurden. Ich will Ihnen sagen, was hinzu kam. Nacheifern der Zustände in unseren westlicheren Provinzen, in denen augenscheinlich besser gewirtschaftet wurde. Heute hat sich der Dorfschulze um die Dorfarmen zu kümmern, für die Siechen und die Lahmen zu sorgen wie für den Unterhalt verwaister Kinder. Und Ihre Freunde, meine arme Augusta, täuschen sich, wenn sie glauben, mit dem Konstitutionalismus befreien sie irgendeinen Preußen von irgendeiner Last, und sie täuschen Sie, den, um was geht es heute? Um Macht. Und den Berliner Ästheten mit ihrem Geschrei nach Pressefreiheit sind die Sorgen der Bauern, der kleinen Handwerker völlig egal, und mit Recht, denn sie haben keine gemeinsamen Interessen, wohl aber bliesen diese Herrschaften zum Sturm, als sie die kleinen Leute vor ein paar Wochen auf den Schloßplatz riefen. Jetzt wollen sie den Pöbel wieder loswerden. Deshalb sitzen wir hier in Ihrem Teesalon, um den wir uns beide einmal sehr bemüht haben, und genießen eine einmalig schöne Aussicht.

Von Stein haben wir immerhin, hat die Monarchie gelernt, unsere auseinanderliegenden Provinzen unterschiedlich zu verwalten, aber Sie sollten dazu unsere märkischen Standesherrn hören, die seinerzeit und bis heute all diesen fiskalischen Neuerungen den Teufel an den Hals wünschten, auch die herrliche Freiwilligenarmee von 1812 kam ihnen sehr teuer. Wir hatten begriffen, daß unsere Gebiete im Westen einer anderen Rechtspflege bedurften und bedürfen als die Landbevölkerung der Mark. Der Westen mit seiner produktiveren Bevölkerung, was den Bildungsstand erheblich gehoben hat, schielte auch zuerst nach Frankreich wie nach dem zentralen Staat, der gleichmachenden Gesetzgebung. Haben Sie sich je die Mühe gemacht, ein märkisches Dorf zu besuchen oder gar zu untersuchen? Was hätten Sie herausgefunden? Daß der Grundherr keineswegs nur der Expropriateur ist, sondern Zentrum seines Sprengels, sie haben nichts anderes. Im Dorf liest man keine Zeitung, vielleicht hält der Schulze eine; alles, was in der Welt geschieht, erfährt der Bauer aus dem Munde des Gutsherrn oder von der Kanzel herab beim sonntäglichen Gottesdienst. Dieses System mag mangelhaft und sogar kläglich sein, aber kein König könnte es vorderhand ändern und die Bauern dazu bringen, plötzlich unter verschiedenen Parteikandidaten den besten auszuwählen. England? Lassen Sie sich doch durch Herrn von Bunsen oder Camphausen, meinetwegen von diesem beschlagenen Kopf, dem Fincke, erläutern, woher der Reichtum dort kommt! Er wird erwirtschaftet, die Gesamteinnahmen der Krone eines Jahres liegen um ein vielfaches höher als die unseren. Und in dieser Lage verlangen die Liberalen den ganzen Zugriff in die Kassen! Glauben Sie, so schnell wie durch diesen Akt wäre keine Monarchie je ruiniert worden.

Es darf kein Papier zwischen dem König und dem Volk sein,

hat Fritz verlauten lassen. Schön, einverstanden, auch wenn ihm dieser Satz als besondere Engstirnigkeit angekreidet wird. So begreifen Sie doch, was diese Leute vorhaben! Sie wollen das preußische Königtum von den Preußen trennen, dazu brauchen sie eine Presse, die ihre Interessen vertritt und erklärt. Das Wahlverfahren? Glauben Sie ja nicht, was man ihnen vormacht. Keiner Ihrer Freunde will das volle Wahlrecht, weil er der Auswahl zumindest eine gewisse Übereinstimmung voraussetzt. Nehmen Sie zum Vergleich wieder die Verhältnisse in England. Dort ist der Grundherr und Landlord etwas ganze anderes als der hiesige Gutsherr, er arbeitet mit Tagelöhnern, seine Wirtschaft bringt regelmäßig höhere Erträge, sei es in Vieh oder in Wolle, und damit steht die gesamte Finanzverfassung der Inselreichs auf sichereren Füßen als die unsere.

Ich könnte Ihnen das ganze moderne Konzept in dieser Weise zerpflücken; als ein Letztes sprechen wir über die Militärfrage. Dank unserer geographischen Lage wären wir ohne eine starke Armee wehrloser gegen viel mehr Feinde, als das stärkere England sie hat. Und heutzutage ist die Kriegsgefahr größer, als Sie und Ihresgleichen denken. In der Armee wurzelt auch unsere ganze Geschichte. Wissen Sie, daß im letzten Schlesischen Krieg an die 4 Tsd. allein aus Pommern stammende Offziere gefallen sind? Das ist mehr als nur ein männliches Mitglied je Familie. Unsere beste Linie kommt aus Pommern, aus der Altmarck, alte Regimenter wie Alt-Lahrisch, Möllendorf; nun, ich will Sie damit nicht langweilen. Wir könnten der bürgerlichen Jugend den Zugang zum Offizierskorps nicht öffnen, selbst wenn wir das wollten; der Rückhalt dieser Armee ist der Grundadel. England, dieses glückliche England schickt seine bürgerliche Jugend zum großen Teil nach Übersee, läßt sie Erfahrungen machen, Geld verdienen, Unabhängigkeit gewinnen, alles das zusammen ergibt einen erfahreneren Staatsbürger oder meinetwegen Untertan, als wir ihn vorläufig noch haben. Und der neu aufkommende Stand der Industriearbeiter? Kennen Sie die Verhältnisse unter dieser Menschenklasse? Selbst Herr von Bunsen, der andauernd die Westminster Abbey mit dem House of Parlament verwechselt, das er bloß anbeten will, selbst er bestreitet nicht, welches Elend heute in den mittelenglischen Regionen herrscht. In Bälde werden auch wir diese neue Menschenklasse haben; wohin mit ihnen, haben Sie daran gedacht? Und haben

Sie die Stauer im Londoner Hafen wie Tiere um einen Tagesverdienst kämpfen sehen? Das haben Sie nicht, Sie beziehen Ihre Vorstellung aus Büchern. Mit Verlaub, auch ich habe dergleichen Lektüre betrieben, bin aber zu einem anderen Urteil gekommen als Sie und Ihre Freunde. Sollten Sie wirklich aus voller Überzeugung Beifall spenden, wenn der Redakteur eines Schandblatts einen beliebigen Kammerherrn der Krone bestechen darf, um seine Zeitung mit ebenso abgeschmackten wie intimen Nachrichten aus dem Königshaus zu versorgen und seine Kenntnisse dazu benutzt, einen politischen Gegner auszuschalten, ihm zu schaden und ihn zu stürzen? Wünschen Sie etwa, unsere kleine Aussprache von heute morgen in einer Zeitung gedruckt zu lesen, weil sich Ihre Kammerfrau einen Nebenverdienst verschafft? Das ganze Bubenstück fungiert unter dem Begriff Preßfreiheit, und kurz vor Beginn des Märzkrawalls baten unserer Liberalen den König, ihnen dieses Preßprivileg zu gewähren. Fritz hat es abgelehnt; kann man dem König von Preußen deshalb nachsagen, er unterdrücke die Presse? Vielleicht tun wir es, da auch die Krone Interessen zu verteidigen hat.

Wenn ich schon nicht Ihre Zuversicht in den Konstitutionalismus teile, so gehe ich doch nicht soweit, notwendige Veränderungen für Preußen gänzlich auszuschließen. Sie werfen mir Doppelzüngigkeit vor, ich halte Ihnen entgegen, daß ich meine Zustimmung zur Verfassung einschränken mußte, um nicht hinterher als Lügner dazustehen. Sie lassen sich von allen und jedem weismachen, ich sei nur beschränkt; wie leicht aber machen Sie es sich selber in einer Frage, die uns, auch Sie, mit einem Schlage beseitigen kann und, wie ich vermute, es auch will! Deutschland, Preußen allein ist ein Konglomerat aus kleineren und größeren Fürstentümern; selbst wenn ich mich aus freiem Willen diesen meinen Standesgenossen in den Weg stellen wollte, um eine preußische Zentralgewalt aufzurichten, bliebe die Frage, wohin mit ihnen?

Nein, einen Staat gestaltet man nicht aus der la main, nach den Einfällen Humanitätsgläubiger. Es wird ein schwerer Weg werden, das ist mir seit langem gewiß, Sie sind klug, Sie erfassen eine Situation schneller als ich, aber Ihnen obliegt auch nicht die Pflicht, etwas zu entscheiden. Pflicht? Ist ein zu schweres Wort für die Leichtigkeit, mit der Ihre Freunde die neuen Zu-

stände herbeiführen wollen. Ich fürchte um den Bestand dieses Preußens, und Sie werden mir einräumen müssen, daß dieser Staat womöglich als einziger deutscher Staat die Aufgabe lösen kann, als eine neue Bundeskraft sammelnd auftreten zu müssen. Wahrlich, ich habe diesen Auftrag nicht herbeigesehnt, aber seit der Erklärung des Königs, daß Preußen in Deutschland aufgehen soll, bleibt es eben dabei. Freilich bin ich ohne die geringste Vorstellung, wie ein neuer Bundesstaat unter diesen Bedingungen zu schaffen ist. Nun, das wird die Zeit wohl bringen.

Was ich oben über die Fürsten sagte, trifft auf die Frankfurter Beschlüsse in hohem Maße zu. Würde Friedrich Wilhelm IV. die Kaiserkrone aus den Händen dieses Parlaments nehmen, eine Entwicklung, die leider auf der Linie dieser Beschlüsse liegt, bräche mit Sicherheit das Chaos unter den deutschen Staaten aus, möglicherweise kommt es zum Krieg mit Österreich.« Er schwieg, ich war immerhin froh darüber, jetzt manchen der vorhersehbaren Entschlüsse des Königs, auf die der Prinz ganz offenkundig einen bedeutend höheren Einfluß nehmen will, als wir alle noch bis vor kurzem ahnten, besser zu verstehen. Was mir bleibt, ist mein Sohn Fritz. Er hat zu seinem Onkel beinahe ein besseres Verhältnis als zu seinem Vater. Wilhelm fuhr fort:

»Noch etwas, ich habe Sie des öfteren um Zurückhaltung in ih-ren Äußerungen zu Fragen ersucht, die zu beantworten Ihnen nicht gegeben ist. Man greift natürlich auf, was Sie sagen, verdreht Ihre Worte und unversehens taucht alles wieder in der Presse auf. Was war das mit dem Papier, das Carl verfaßt hat? Wieso muß ich erst über den Erzieher des Prinzen von dieser Geschichte erfahren? Ich bin dem Gerede entgegengetreten, Sie liebäugelten mit der Revolution, ich weiß wohl, was dieser Hof an Verleumdung aufbringt. Jetzt aber sollten Sie in Ihrer Anteilnahme für diese Leute um Fincke, Namen tun es nicht, unter keinen Umständen weitergehen. Alles in allem, Sie selbst, Herr von B. und der Major von F. brachten offenbar keines der erwarteten Wunder wirklich zustande, von denen Sie mir berichteten.« Und ich fürchte, daß wir schon auf halbem Weg nach rückwärts sind. Soweit und Ihrem Urteil anheimgestellt. Ihre Augusta, Prinzessin von Preußen..

Erziehung eines Kaisers – Friedrich III.

Auch an der einem Preußenprinzen vorherbestimmten Erziehung hat Augusta nichts ändern können, wenngleich es anders aussieht. Zwar setzte sie es durch, ihrem Sohn neben der Ausbildung zum Soldaten auch eine halbwegs moderne wissenschaftliche Erziehung zu geben, und sie hatte womöglich nur geringen Widerstand gegen diesen Plan zu brechen, aber damit war dem jungen Mann soviel genutzt wie geschadet. Mit acht Jahren, er wurde 1831 geboren, erinnern wir bloß, wird Friedrich Wilhelm (eigentlich also V.) Rekrut und erlernt das, was zum damaligem Handwerk des Kriegers gehörte; mit zehn Jahren ist der Sohn Augustas Mitglied des Ersten Garderegiments zu Fuß, das in Potsdam stand. Vorerst wird er zu keiner dauernden Dienstleistung herangezogen. Dennoch war die Eingliederung des Sohnes in das Heiligtum Preußens, die Armee, für den Vater ein höchst bewegender Augenblick gewesen; er hielt eine seiner Reden, scheint aber bei Fritz wenig Wirkung erzielt zu haben; der stand völlig unter dem Einfluß seiner Mutter. Richtiger Dienst wäre auch nur unter der Bedingung möglich gewesen, daß Fritz bei den Elementarkenntnissen in Lesen, Schreiben und Rechnen stehengeblieben wäre, womit er höchstens Unteroffizier hätte werden können. Da er aber 1851 schon Hauptmann ist, muß er einige Kenntnisse mehr besessen haben, ohne die ein Troupier in jener Zeit nicht mehr bestehen konnte. Diese Überlegung hat wenig Sinn, zugegeben; es gab im kaiserlichen Heer einige Fälle erwiesenen Schwachsinns unter hohen Offizieren, die ihr Kommando behielten. Der junge Mann war, wie alle Zeitgenossen bezeugen und selbst die trügerische Malerei nebst der nicht minder unzuverlässigen Fotografie, auch wahrhaftig eine Prachtausgabe des Rekken. Selbst im Alter, gar so alt wurde Friedrich III. nicht, ging noch eine mächtige Heldenausstrahlung von ihm aus. Leider aber war er kein Held, selbst Augusta stellte frühzeitig die Abwesenheit von jener Energie bei ihrem Sohn fest, von der sie selbst auch nicht genügend besaß, um den Verhältnissen ihren Willen aufzuprägen.

Für die Leitung seiner wissenschaftlichen Ausbildung war jener Professor Curtius gewonnen worden, der zur Teegesellschaft der Prinzessin zählte, wie sie überhaupt in der Auswahl ihrer intimen Gäste höchst wählerisch gewesen ist nur das Beste war gut genug für die gebildete Weimarerin. Mit Curtius konnte sie über ihre Liebhaberei, das Aquarell, ausgiebig sprechen. In ihrem Tudorschloß hingen einst zahlreiche Aquarelle von ihrer Hand. Vorzugsweise machte sie Wilhelm ihre Bilder zum Geschenk, der in Kunstfragen gutmütig genug war, um jeden Fleiß anzuerkennen. Dieses kleine Schloß trägt weithin Augustas Handschrift; solange ihr Schinkel seinen strengen Stil verordnete, wurde nicht viel schlecht gemacht; später in einer weiteren Bauphase um 1838 aber wußte sie Wilhelm mit Aufträgen zu versorgen, die gewisse Ankäufe betrafen. Im Juni 1837 schreibt sie ihm nach Frankfurt: »Ich sehe Dich dort in Gedanken herumgondeln, und zwar, was die Engländer shopping nennen, in den Läden aus und ein gehen. Hoffentlich runinierst Du Dich nicht zu sehr, mein guter Wilhelm! Zu einer Ausgabe möchte ich Dich verleiten, wenn Du nämlich die Gelegenheit finden solltest. Nämlich passende Handlampen oder Handleuchter im gout de la renaissance oder noch altertümlicher für unseren roten Salon hier.«

Der rote Salon könnte das sein, was man uns heute als Empfangszimmer Augustas in Schloß Babelsberg zeigt. Wer Wilhelm keinen Geschmack zutraut, der irrt; er schleppte von allen seinen Auslandsreisen kostbare oder wenigstens kostspielige Möbel nach Preußen, um die Zimmer auszustatten.

Es ist übrigens bemerkenswert, wie viele berühmte Gelehrte engagiert wurden und sich ohne Erfolg der höheren Bildung preußischer und anderer Prinzen angenommen haben. Denn dieser Curtius gehörte zur Creme der deutschen Philologie. In den Jahren 1836 bis 1840 weilte er zum Quellenstudium an klassischen Orten in Griechenland. Als es ihn 1844 nach Berlin verschlug, das dem hochbegabtem Mann eine außerordentliche Professur bot, engagierte ihn Augusta sogleich für die Erziehung ihres dreizehnjährigen Sohnes; er leitete diese vier Jahre lang, bis 1849. Danach wurde er der Sache müde und setzte seine akademische Karriere fort, blieb aber ein treuer Freund Augustas. Die fünf Jahre Unterweisung des Prinzen durch ihn mögen keinen besonderen geistigen Ertrag gebracht haben, sind aber natürlich nützlich gewesen; wie immer, wenn Gold mit einem weniger edlen Stoff zusammengebracht wird, pflegt letzterer ein wenig zu profitieren. Vielleicht sah der gelehrte Mann auch keinen Grund, sich eines Prinzen wegen ein Bein auszureißen und seine wichtigeren Arbeiten zu vernachlässigen. Augusta setzte wohl mehr auf die Ausstrahlung dieses Mannes, für den elementaren Unterricht standen sicherlich weniger hochstehende Lehrer im königlichen Sold.

Auffälliges wird von dem jungen Sohn Augustas erst einmal nicht gemeldet, auch sein späteres Leben blieb arm an eigener Initiative. Aber Mutter und Sohn kamen zu einem höheren Grad des vertrauten Umgangs als Vater und Sohn. Anders als sein mißtrauischer, eigensinniger Vater, der den Umsturz witterte, wenn ihm jemand die Stirn bot, scheint der junge Mann leicht unterzuordnen gewesen zu sein. Er galt beizeiten als eine Stütze der Liberalen, ob verdientermaßen oder nicht, werden wir noch sehen.

Als Friedrich siebzehn Jahre alt war, hielt die Mutter seine Bildung keineswegs für abgeschlossen. Sie wendete sich an Roon, damals Generalstabschef des VIII. Koblenzer Armeekorps. Warum sie ausgerechnet auf diesen Mann, einen hohen Militär, verfiel, scheint einleuchtend, denn Roon war in der Zeit, als Curtius die geistige Erziehung des Prinzen leitete, dem jungen Mann als Prinzenbegleiter beigegeben. Roon stammte noch aus der glorreichen Ära preußischer Heeresreorganisation. Nicht direkt, denn er ist erst 1803 geboren, aber dem Geiste nach steht er für Namen wie Gneisenau, Scharnhorst oder des berühmten Professors Karl Ritter, seines Geographielehrers an der Berliner Kadettenanstalt. Ritter hat übrigens eine ganze Generation preußischer hoher und höchster Militärs zu hochspezialisierten Geographen ausgebildet. Auf Veranlassung Ritters, der alle seine Schüler zu selbständiger wissenschaftlicher Arbeit ermuntert hat, verfaßte Roon ein Buch mit dem Titel »Grundzüge der Erd-, Völker-, und Staatenkunde«, methodisch ganz von seinem Lehrer beeinflußt. Hier sei eingeschaltet, daß mit Moltke, der ebenfalls bei Ritter Geographie und sonst noch allerlei Geometrie, vor allem sphärische Trigonometrie und Winkelfunktionen dazu studiert hatte, der dritte Mann eingeführt ist, der für das neue Kaiserreich schicksalhaft werden sollte. Nämlich wenn der zweite Mann Bismarck ist und wenn man lieber an Vorhersehung in der Geschichte glaubt als daran, daß sie von Menschen mehr schlecht als recht fabriziert wird. Es ist aber schon bemerkenswert, wieviel universelle Begabungen im Offizierskorps durch die Heeresreform freigesetzt wurden. Noch 1840 und später ist ein Nachhall dieser Zeit zu spüren.

Von 1828 bis 1832 wirkte Roon selbst als Lehrer am Kadettenhaus; 1832 erfolgte seine Berufung in den Großen Generalstab. Die Frage, ob es auch einen kleinen gegeben hat, läßt sich dahin beantworten, daß sich Preußen mit seinem großen ein wichtiges zentrales Planungsinstrument geschaffen hatte, womit es logistisch den anderen um eine Nasenlänge voraus gewesen ist, die keinen oder eben bloß einen kleinen hatten. (Große Generalstäbe wurden den Deutschen nach dem Zweiten Weltkrieg sicherheitshalber verboten, obschon sie ja eigentlich nicht so erfolgreich gewesen sind, wie ihr Name vermuten ließ.) Nun also war Roon Generalstabschef, woraus zu schließen ist, daß in Preußen die Westflanke für permanent bedroht gehalten wurde. Roon hat auch am Badischen Feldzug von 1849 teilgenommen. Wilhelm kannte ihn gut und nicht nur aus dem kurzen Feldzug, bei dem nicht viel Ruhm zu ernten war, handelte es sich doch eher um eine Strafexpedition mit einem Henkersauftrag. Immerhin aber konnte Roon mehr, als Milizionäre erschießen, und deshalb wollte ihn Augusta auch als Lehrer für Fritz haben. In einem Handschreiben teilte sie ihm ihre Meinung über die Erziehung eines Preußenprinzen mit. »Er muß,« schrieb sie, »die neuen Ideen in sich aufnehmen und verarbeiten, damit er das klare und lebendige Bewußtsein seiner Zeit gewinne und nicht außerhalb derselben, sondern in ihr und mit ihr lebe.«

Vortrefflich, so möchten wir alle unserer Kinder erzogen wissen; es ist wirklich sonderbar, daß sich die Mutter mit ihrem liberalen Erziehungsideal an einen Mann wendet, von dem sie wissen mußte, daß er ein Konservativer war, der nicht leicht ausmanövriert werden konnte. Ob ihr der Grad der Vertrautheit bekannt war, mit der Roon zu ihrem Herrn Gemahl stand, ist zum Zeitpunkt des Briefes eher unentschieden. Daß Roon fachlich und menschlich zum Erzieher geeignet war, ging für die Mutter, die ihrem Sohn das Beste wünschte, aus seinem Lebenslauf hervor; Schüler, Lehrer, Schriftsteller, Soldat, alles schien an diesem Mann untadelig. Auch keines der im Offizierskorps normalen moralischen Gebrechen ließ sich bei Roon beweisen. Es ehrte ihn, daß er seine Ablehnung, an sich schon ungeheuerlich genug für einen preußischen Offizier, nicht hinter fadenscheinigen Ausflüchten versteckte, sondern der Generalin und Prinzessin von Preußen deutlich genug schrieb, er sehe sich zur Übernahme des Amtes nicht in der Lage, weil er ihre Auffassungen nicht teile; soweit es das Bildungsziel betrifft, muß hinzugefügt werden. Wilhelm verzapfte dazu noch eine seiner launigen bis schaurigen Redeadressen, in der er Verständnis für die Ablehnung Roons heuchelte, aber auch zu bedenken gab, was das Pflichtgefühl eines Offiziers seiner Ansicht nach erheische: Nämlich sich in das Unvermeidliche mit Anstand zu schicken und der Bitte einer Mutter als dem Befehl einer Prinzessin zu folgen. Augusta aber hätte aus dieser Absage Roons ersehen können, wie weit ihre Isolierung in dem Preußen, auf das es ankam, bereits fortgeschritten war. Sie wird es auch gewußt haben.

Den Prinzen, in dem sie alle den kommenden König von Preußen sahen, ließ sie nun ein wenig in Bonn studieren, während sich die Verhältnisse in Berlin und Preußen wo nicht konsolidierten, so doch oberflächlich beruhigten. Nach der Irritation, die ihr der Anblick wirklicher Revolutionäre anstatt papierene Figuren vor dem Fenster des Lindenpalais verständlicherweise bereitet hatte, war Augusta zum alten liberalen Schlendrian, des Herumredens, zurückgekehrt. Die Fensterscheiben ihres Hauses waren wieder eingesetzt, die Nationalisierung rückgängig gemacht. Die Partie war wieder offen.

Wir müßten eigentlich hier die Vorgänge um die Verfassungsfrage seit der Rückkehr des Prinzen um die Jahresmitte von 1848 umgehen, weil wir der Augusta ein Denkmal setzen wollen, kein großes, eher ein mittleres, eines nach ihrem Verdienst. Aber wir kommen nicht um die Berücksichtigung solcher Fragen herum, weil sich die Prinzessin nun einmal hochpolitisch aufführen wollte.

Die Nationalversammlung zu Frankfurt tagte und tagte auf der Grundlage das Manifests vom 18. März, das ihre wichtigste Legitimation darstellte, als die Lage längst eine andere geworden war. Aber auch sonst geschahen am Rande der Session eine Menge Dinge, die auf keine rasche Lösung des Verfassungsproblems schließen ließen. Der Fürst Lichnowsky wurde ermordet, ihm folgte ein General Auerswald. Auerswald gehörte mit Lichnowsky zur Rechten in der Nationalversammlung, er war Generalstäbler und Mitautor der neuen Wehrgesetzgebung. Bei der sogenannten Frankfurter Septemberrevolution kamen beide ums Leben.

Mit englischem liberalem Öl gesalbt, sollte der Heimkehrer in Berlin erscheinen, meint Franz Herre in seinem fabelhaften Buch über Wilhelm I. Wir wissen schon, daß der Prinz, kaum wieder auf deutschem Boden, sein Zustimmungsmanifest widerrief. Er kam von seiner Vorstellung eines feudalen Paternalismus nicht los. Daran ändert auch nichts, daß er öffentlich erklärte, ihm sei der Wille des Königs, also seines Bruders, heilig, war er doch längst entschlossen, die Dinge nach seinem Kopf zurechtzurükken. Schlimmer noch, im Schloß, aus dem der Kartätschenprinz mit Schimpf hinausgeworfen worden war, ließ er sich wie ein Befreier feiern. Die Kamarilla, wie der Prinz aus anderer Sicht die Hofclique einmal nennen sollte, hoffte, mit ihm und unter seiner Führung, die erlittene Niederlage blutig an den Berliner Rebellen zu rächen. Wie deren Sache wirklich stand, das erlebte die preußisch-deutsche Welt am Eröffnungstag der verfassunggebenden Versammlung im Sitzungssaal der Singakademie. An jenem 8. Juni 1848 stand ein Antrag des Berliner Bürgerdeputierten Behrends auf der Tagesordnung, ein Antrag von einigem Gewicht. Die Versammlung sollte, so beantragte der Deputierte Behrends, den Revolutionären vom 18. März die Anerkennung für ihren Kampf aussprechen, wie sie sie verdient hätten. Wilhelm war auf die atemberaubendste Weise durch die liberalen Konstitutionalisten ebenfalls zum Deputierten gemacht worden, gewählt können wir schlecht sagen, denn er hätte sich kaum wählen lassen, selbst wenn Zeit zu einer Wahl gewesen wäre, nicht über eine Volksliste jedenfalls. Diese seltsame Idee soll nun leider auf eine Anregung Augustas zurückgehen, und der Fall riecht auch sehr nach findiger Hofkabale. In einem der bekannteren Wahlkreise wäre Wilhelm unter gar keinen Umständen zu einem Mandat gelangt. So mußte er sich seinen Namensaufruf durch den Präsidenten gefallen lassen, der ihn schlicht und vollkommen zutreffend als den Abgeordneten des Wirsitzer Kreises bezeichnete. Ob sich die Wirsitzer, ein Nest in der abgelegenen Provinz Posen, für diesen Abgeordneten bedankt hätten, wissen wir nicht. Möglicherweise sprachen sie in der Mehrzahl nur polnisch. An der fraglichen Sitzung nahm Wilhelm jedoch demonstrativ in Generalsuniform teil, um kundzutun, wie er sich das Verhältnis des Parlaments zur Krone dachte.

Übrigens hatte die Versammlung das inzwischen klassisch gewordene Modell des Französischen Konvents übernommen und sich in eine Linke und eine Rechte geteilt. Wilhelmes Rede scheint, liest man ihre wichtigen Teile heute, hingegen maßvoll, da er zu diesem ungeliebten Auftritt sozusagen verdonnert war. Wörtlich versicherte er noch einmal, daß er die vom König versprochene Regierungsform des Konstitutionalismus nicht antasten werde. Und er entschwebte nach Babelsberg, eine ratlose Versammlung zurücklassend. Die Potsdamer verschafften ihm eine Genugtuung besonderer Art. Kurz nach seiner Heimkehr ließen sie Hunderte von Booten an seinem und Augustas Tudorschloß in Babelsberg vorbeifahren, um ihm zuzujubeln und mit ungezählten Fackeln nicht etwa heimzuleuchten, sondern bengalisch anzustrahlen. Offenbar sehnten sich diese Wassersportler einige Wochen nach ihrer Revolution nach neuerlicher Unterwerfung, um wieder in ihre vollen Untertanenrechte eingesetzt zu werden. Wilhelm war der Star dieser Parade. In vollem Schmuck der Waffen, im Generalsrock stand er auf einem Segelschiff und führte die Parade des Selbstlobes wie der Unterwerfung an.

Ihre Enttäuschung über die Wende, die diese Dinge nahmen, wie über ihren Mann Wilhelm schlägt sich in Briefen Augustas nieder, die sie ihrem Bruder Karl Alexander in das ruhevolle Weimar schrieb. Den Vorwürfen Wilhelms, sie habe mit dem Gedanken gespielt, die Macht an sich zu reißen, konnte sie nur die Logik der Tatsachen entgegensetzen; für die Ränke ihrer politischen Freunde wollte sie nicht verantwortlich gemacht werden. Allein, der mißtrauische Wilhelm mußte den vollen Umfang dieses Spiels gar nicht wirklich kennen, um ihr nicht über den Weg zu trauen. Er wußte selbst zu gut, daß Umstände Könige machen.

In Babelsberg aber trafen sich Bismarck und Wilhelm nach der Rückkehr des Prinzen zu einem ernsten und ganz formlosen Gedankenaustausch. Wir können bloß mutmaßen, daß sich Augusta die Gelegenheit nicht entgehen ließ, diesen Mann unter ganz anderen Umständen wiederzusehen. Bismarck, der, wenn es ihm gut dünkte, sehr wohl pathetisch schauspielern konnte, berührte einen wunden Punkt, als er den Prinzen – der sein Amt als Vorsitzender des Ministerrats verloren hatte, zudem auch seines militärischen Kommandos verlustig gegangen und genaugenommen Privatmann und allenfalls Bürgerdeputierter eines Nests in Posen geworden war –, an die schmähliche Niederlage der Truppen bei den Märzkämpfen gegen den schlecht bewaffneten Berliner Pöbel erinnerte. Im Verlaufe des Gesprächs kamen sich beide Männer näher und versicherten sich ihrer gegenseitigen Hochachtung. Wilhelm soll seinem künftigen Kanzler erzählt haben, daß er wisse, wie sehr Bismarck für seine, Wilhelms, Rückkehr nach Preußen eingetreten sei, was er ihm niemals vergessen werde. Andererseits aber weinte Wilhelm an Bismarcks Schulter wegen seiner Demütigung vom März. So glaubt die nach Geschichte dürstende Nachwelt, die freilich aus der Quelle Bismarck schöpft, an dessen Sicht auf diese Szene in den Memoiren denn doch einige Zweifel aufrechterhalten werden sollten. Obschon Wilhelm an Zähren reich gewesen ist, da er sich vom Schicksal für alles Leid auserkoren hielt, war er vielleicht nicht ganz so tränenreich gewesen, als wir heute über ihn lesen. Hier fällt dem Berichterstatter fast notwendig die Bemerkung Figaros gegenüber einem fürstlichen Herrn ein, wie sich dieser arme Tropf von einem Grafen denn wohl fortzubringen gedenke gegenüber der Tüchtigkeit und bürgerlichen Vernunft seines Frisörs. Vermutlich hat Bismarck aber mehr getan, als eine Arie unter dem Fenster eines möglichen Souveräns geträllert, wie er erzählt; der Herr von Schönhausen sah mit anderen in der liberalen Augusta eine heraufziehende Gefahr. Ohnmächtig gegenüber dem, was sich im Umkreis ihres Gatten zusammenbraute, von ihrer alten körperlichen Plage, der Migräne heimgesucht, dem tagelangen dumpfen Kopfschmerz, fand Augustas Schwermut Trost in den Briefen an ihren Bruder, dem sie vertraute. Allerdings korrespondierte auch Wilhelm mit seinem Schwager, der auf diese Weise immer zwei Darstellungen zur Auswahl hatte.

Nach einer kurzen Hoffnung, der Charakter ihres Gatten könne sich verändert, sein Bildungsstand gehoben haben, sah sie nun, daß die liberalen Lektionen in England nichts bewirkt hatten. Im Gegenteil, sein Haß auf den Pöbel war eher noch gewachsen, da ihm die Mittel der Unterdrückung fehlten. Wenn sie feststellte, daß die ihm aufgezwungene, die selbst verursachte Untätigkeit zusätzlich Schwierigkeiten mache, traf sie es genau. Er mußte aber politisch untätig bleiben, abgesehen von seiner Position als Deputierter, die er tief haßte. Er mußte eine Rolle spielen, die ihn, als Bedingung seiner Heimkehr, erneut demütigte. In dieser seiner Lage störten ihn selbst Kleinigkeiten; womöglich vielleicht weniger diese selbst als die Beobachtung der mit ihnen verbundenen Großwetterlage. War es für einen Militär schon unerträglich und ahndungswürdig, einen halb zugeknöpften Waffenrock zu sehen, der laut Reglement geschlossen zu halten war, so mußte ihm ein Bürgermilizionär, der in Bratenrock und Zylinder auf Wache am Brandenburger Tor oder an sonst einem Brennpunkt herumlümmelte, geradezu Übelkeit verursachen. Allein, Wilhelm wußte so gut wie jedermann, daß diese Lümmel kämpfen konnten, daß sie im Straßenkampf sogar besser als gedrilltes Militär sein konnten, mit einem Enterhaken einen gepanzerten Kürassier aus dem Sattel zu hebeln verstanden, um ihn, der Waffen beraubt, schmählich nach Hause zu schicken. Was der Miliz gefehlt hatte, waren keineswegs Mut. Disziplin und individuelle Energie, sondern Logistik, Waffen, Nachschub, Führung. Augusta kannte wohl die Leiden des Privatmannes und Bürgers Wilhelm Soundso. Ändern konnte sie daran gleichwohl nichts.

Über den ganzen Sommer zogen sich die Zusammenstöße und Scharmützel zwischen Bürgern und Ordnungskräften hin, mal mehr, mal weniger heftig. Tatsächlich hatte die Revolution einen neuen Charakter angenommen, wie ein Vorfall bewies. Unter den Linden hatte Bürgermiliz auf Arbeiter geschossen, weil diese für eine Republik agitierten, das Zeughaus geplündert und einige Wohnungen verwüstet hatten. Logischerweise trieb die Revolution einem entfernteren Ziele zu, die heraufkommende proletarische Klasse forderte politische Rechte ein, wie es die bürgerlichen Kronrebellen vom 18. März gar nicht im Sinn gehabt hatten. Fortschritte auf Zuwachs würde nur die Republik gebracht haben.

Einstweilen blieb das Paar in Babelsberg wohnen, vertrug sich, so gut es ging, denn das schöne Berliner Palais war noch längst nicht wieder hergerichtet, und es war zur Stunde eher fraglich, ob Prinzessin und Prinz von Preußen jemals wieder dort einziehen würden. Denn: In der Nationalversammlung verlangte der Deputierte Stein in einem förmlichen Antrag, dem Kriegsminister zu empfehlen, dem reaktionären Offizierskorps Zurückhaltung gegen Bürger aufzuerlegen. Der Machtkampf spitzte sich also wieder zu, auch weil dieselbe Nationalversammlung in der endlich zur Lesung vorgelegten Verfassung den Zusatz von Gottes Gnaden aus dem Königstitel tilgen und alle Adelsprivilegien abschaffen wollte. Aber die Liberalen, die Catilinarier vom März, mußten sich neue Bündnisgenossen suchen, wenn sie nicht die Macht mit dem kampfbereiten Pöbel teilen sollten; sie erduldeten jeden Tort, der ihnen angetan und warteten auf das Wunder gottgestifteten Konstitutionalismus, das sie alle glücklich machen wollte, Gloriam in eterna. Das geschah nicht, weil die Geschichte keine Leute mag, die nichts tun wollen, deshalb ließen sie im September 1848 den lieben alten gemütlichen General Wrangel kommen, über dessen infantiles Unvermögen, sich grammatisch richtig auszudrücken, die Berliner zwar Witze rissen, was aber nichts daran änderte, daß Wrangel ein gestrenger Herr war. Obschon er dem verstörten Volk beruhigend versicherte, die Kugel im Gewehrlauf der Soldaten seines Expeditionskorps gelte nicht ihm, sondern den Aufrührern dort oben – in der hellen Luft des Herbstes war das letzte Kapitel der Märztragödie nun aufgeschlagen.

Der Staatsstreich und das abgesagte Kaisertum

Berlin, September 1848 …

Lieber Karl, … man hat Dir sicherlich berichtet, welche Wendungen die Dinge hier in Berlin seit der Rückkehr des Prinzen genommen haben. Was wird man einst über diese Tage schreiben? Ich hatte die Hoffnung gehegt, daß W. – an der Hand der Herrn von Bunsen und Fincke wie einiger unserer Freunde während der Wochen des Exils, wie manche sagen, des Aufenthalts, wie der Prinz selbst es ausdrückt – mit einer deutlichen Absage an das Militärische heimkehren würde. Niemand wird mir aber nachsagen können, ich hätte die Instabilität, die Abwesenheit des Prinzen und die Rat- und Machtlosigkeit des Königs dazu ausgenutzt, meinen Sohn auf den Thron zu setzen. W. dürfte sich in diesem Sinne an Dich gewendet haben. Sei sicher, mein Freund, daß Deine Schwester klug genug ist, ihre Grenzen zu erkennen. Würde ich einen solchen Weg eingeschlagen haben, wäre mir niemand gefolgt, und ich säße heute mit großer Wahrscheinlichkeit als Stiftsdame irgendwo gut verwahrt, auch Fritz wäre damit nicht gedient, und, seien wir aufrichtig, auch Du hättest mir die Unterstützung der Familie entzogen, entziehen müssen. Nein, die Würfel sind gefallen, nur fragt es sich, wohin sie weiter rollen werden. Wieder einmal ist W. als Prinz von Preußen das Zünglein an der Waage gewesen. Von seinem Brüsseler Manifest hast Du wohl gelesen? Nun, W. hat sich in einem stimmgewaltigen Auftritt ein bißchen moralisch entrüstet und so getan, als hätte ich ihm dazu auch die Gelegenheit verschafft. Ich habe geschwiegen, wohl wissend, wie wenig Gegengründe ich hatte, aber ich weiß nun, daß wir diesen Kelch bis zur Neige leeren werden. Der Prinz, vielmehr seine Rückkehr, war ein Prüfstein, wieviel sich unsere Freunde gefallen lassen. Ach, sie haben schmählich versagt, sie paktierten, sie brauchten die Stimme des Prinzen, die Camphausen, Schweinitz; was aber haben sie nun erreicht? Daß ihnen ihre Gegner um so stärker den Fuß auf den Nacken setzen, gerufen haben sie den Prinzen, mit ihm aber kam der General Wrangel. Er brachte frische Truppen in die Stadt, brave Dummköpfe, die nichts von der Niederlage der Garden im März wissen. W. hat Dir sicherlich beschwichtigend geschrieben, daß die Wrangeltruppe ausschließlich dazu gebraucht werde, um die Ordnung in Berlin herzustellen. In Wahrheit aber haben sie mit der Reaktion paktiert, weil sich in diesen Wochen eine überraschende Gleichheit der Interessen zwischen Krone und Liberalen im Bürgerstand hergestellt hat: Die Republik, nicht aber die konstitutionelle Monarchie zeichnete sich am Horizont ab. Und so werden wir die Tragödie erleben, daß die Rebellen vom März Stück für Stück den Forderungen der Krone nachgeben. Was in Frankfurt aufgeführt wird, ist auch bloß Affentheater.

Daß der Prinz sein parlamentarisches Mandat in Uniform mit Generalsepauletten ausübt, wäre eigentlich nur zum Lachen, würde die hiesige Versammlung ihn nicht respektvollst und allerdevotest darin akzeptieren. Sollte Wrangel das Plenum durch seine Grenadiere mit blanker Waffe auseinandertreiben lassen, trommelten sie wahrscheinlich wie die Studenten Beifall. Kurz gesagt, wir sind nach einem Anfang voller Hoffnung auf dem Rückmarsch.

Ich sollte Dir, ehe man Dich falsch unterrichtet, beschreiben, was ich tatsächlich erhofft hatte.

Die Märzproklamation, das rasche Einberufen des Parlaments, das Versprechen des Königs, alles Militär abzuziehen, Bürgerwehr zuzulassen, die Verfassung zu debattieren nach Dahlmanns Entwürfen und manches andere, erweckten in mir die Hoffnung, daß sich Preußen tatsächlich entschlossen auf die Konstitution zu bewege, sich zuletzt an die Spitze der Deutschen stellten und das neue Deutsche Reich anführen könnte, ein Goldenes Zeitalter sah ich anbrechen. Heute bin ich, auch nach der Belehrung, die mir W. erteilte (auf die ich vielleicht später zurückkomme), der Auffassung, daß wir eher vor einer Phase der Konsolidierung stehen, aber am Ende liegt ganz zweifellos doch der Verfassungsstaat. Indessen wird viel Wasser Spree und Havel und Ilm hinabfließen; sei so gut, lieber Bruder, und antworte dem Prinzen maßvoll, wenn er sich wieder einmal über mich beschweren sollte; wie ich voraussehe, geschieht das innerhalb der nächsten Tage mit einer weiteren Rechtfertigung über den Einsatz der Waffen. Augusta.

Karl Alexander, der Bruder Augustas, hatte das zweifelhafte Vergnügen, die Berliner Vorgänge in jeweils zwei Versionen per Post kennenzulernen. Einmal bekam der Weimarsche Großherzog die Darstellung seiner Schwester, ein zweites Mal interpretierte ihm der Herr Schwager die Lage. Heute interessieren an diesen Briefen neben den sachlichen Berichten mehr noch der Gestus, der Stil. Augusta nahm leidenschaftlich Anteil an der Politik; sie erhoffte von der Nationalversammlung eine Liberalisierung. Wie es scheint, verlor sie allerdings nach der Rückkehr ihres Gemahls die Hoffnung, Preußen könne sich bald und schneller reformieren und sein König die Macht mit den bürgerlichen Emporkömmlingen teilen. Durch ihre Freunde belehrt wie durch eigene Anschauung, wollte sie in England gesehen haben, daß die Verfassung keineswegs mit Machtverlust verbunden, im Gegenteil; sie nahm an, daß die Konstitution der englischen Monarchie nur einen geringen Abbruch getan hatte. Aus ihrer Sicht war das absolutistische preußische Königtum überholt, nichts als leerer Pomp und gelegentlich nur noch Großsprecherei. In ihrer leicht spöttischen Skepsis gegenüber dem aufgeblasenen Mummenschanz eines verspäteten Absolutismus blieb sich die Prinzessin von Preußen gleich, auch wenn sie angesichts der realen Verhältnisse unsicher wurde, was zu tun sei. Hingegen schwankte der Stil Wilhelms erheblich und seinen Erwartungen und Stimmungen gemäß, je nach politischer Wetterlage zwischen Larmoyanz, wenn er bemerkte, daß die Krone an Boden verloren hatte, und Frohlocken, sah er die liberalen Gegner in einer heiklen Lage. Die europäische Geschichte hätte einen anderen Verlauf ohne die Ereignisse des Jahres vom März 1848 bis zum Sommer und Herbst des darauffolgenden Jahres nehmen können; die alte Sonntagsfrage, was wäre, wenn. Am 18./19. März hatte die Revolution gesiegt, sie war, wie es schien, ihren wichtigsten Zielen nahe. Über den Sommer offenbarte sie ihren wahren Charakter, die bürgerliche Machterweiterung betrieben, nicht aber die Gleichheit aller Klassen betrieben zu haben, obschon sie ihren Sieg den Proleten und Handwerkern auf den Barrikaden verdankte. Sie war um so mehr bereit zur Aussöhnung mit der Krone, als sie fürchtete, das bißchen gewonnene Macht mit genau den Proletariern teilen zu müssen. Und der Pöbel verlangte dringender nach Beteiligung an dem erfochtenen Sieg. Erschreckt suchte der liberale Bürgerflügel

Tuchfühlung mit der Krone. Allein, selbst diese Verbiegung seines Rückens wurde nicht honoriert. Die Hofclique dürstete nach Rache, sie wollte die öffentliche Blamage ihrer militärischen Niederlage wenn nicht mit Blut abwaschen, so doch mit der Sanktionierung, der vollständigen Demütigung dieser gottverdammten Nationalversammlung. Das junge Proletariat, noch ohne Koalitionsrecht, die Handwerksgesellen mit ihren besonderen Vereinen bildeten ein Potential, ohne das die Märzrevolution gar nicht denkbar gewesen wäre.

Die Wende vom Sieg zur Niederlage der Berliner Rebellen begann weiter entfernt, in Österreich, als der kaiserliche Feldherr Windisch-Grätz Ende Oktober 1848 das aufständische Wien militärisch besiegte und die Hauptstadt der alten Monarchie besetzte. Dies wurde in Berlin als Zeichen verstanden. Gleich, nachdem diese frohe Nachricht eingetroffen war, berief der König das Ministerium Pfuel als zu nachgiebig ab. Es war bereits das dritte Kabinett seit dem März, das nach Hause geschickt wurde.

Für Friedrich Wilhelm IV. war Pfuel zunächst die Ultima ratio gewesen, da seine Vorgänger schlankerhand versagte hatten. Pfuel, seit 1847 Kommandierender General des 7. Armeekorps und Gouverneur von Berlin, mußte während der Märztage abgesetzt werden, da er ein wenig zu begeistert für die Revolution aufgetreten war. Gaffron und Prittwitz, beides Generäle, was sonst, lösten diesen vortrefflichen Mann ab, der nach Posen geschickt wurde, um die Aufständischen zu züchtigen, was ihm auch gelang. Über das Sommerhalbjahr 1848 entwickelten sich die Dinge in Preußen, wie wir lesen und glauben, weil es überliefert ist, nun wieder dermaßen gefährlich, daß es der Kamarilla geraten schien, mal wieder einen gemäßigteren Mann vorzuschieben, um die aufgeregten Gemüter zu besänftigen. Pfuel wurde zurückgeholt und mit der Bildung eines nichtparlamentarischen Kabinetts betraut. Nichtparlamentarisch bedeutet nichts anderes als eins ohne Legitimation durch Wahlen, sondern bloß von Gottes Gnaden, was in der Politik nicht eben viel wert ist, außer, daß es vielleicht des Beifalls der Pfaffen sicher ist.

In dem neuen, dem dritten und letzten Kabinett führte Pfuel den Vorsitz und übernahm selbst das Kriegsministerium. Die Hoffnungen der streng reaktionären Clique erfüllte dieser Ministerpräsident jedoch neuerlich nur ungenügend. In den historischen Büchern steht hier für Clique oder Kamarilla meist die streng konservative Partei. Aber der Begriff konservativ ist heute so verwaschen, daß er von uns nicht mehr bedenkenlos übernommen werden darf. Es gibt sogar unter Marxisten-Leninisten Konservative, in dieser oder einer anderen Lesart, es gibt demokratische Konservative und republikanische Gottesstreiter aller Schattierungen. Pfuel hatte letzlich nur die Wahl, entweder seinen Ruf als Demokrat zu ruinieren, oder sich unter der Hofclique zu beugen. Er tat nichts dergleichen, sondern er unternahm den Versuch, einigermaßen loyal nach beiden Seiten hin zu agieren. Da griff die Geschichte ein, des Taktierens ihrer Protagonisten müde, und zwar in Gestalt des Volkes oder des Pöbels, nach den Vorstellungen Wilhelms, der unter Volk den gehorsamen Untertan verstand. Pfuel lehnte es ab, den Preußischen Landtag, der ja die Verfassung mit erarbeiten sollte, unter Druck zu setzen, und so wurde es Zeit, sich nach dem nächsten Ministerpräsidenten umzusehen. Der König, der wie seine Vorgänger stets viel versprochen und keines seiner Versprechen gehalten hatte, notorisch wortbrüchig, hielt jetzt und nach dem Fall Wiens die Zeit für reif, auch in Preußen die alte Ordnung wiederherzustellen. Deshalb war der gemütliche General Papa Wrangel in der Stadt. Er kam natürlich nicht allein, sondern brachte ein 35 Tsd. Mann zählendes Interventionsheer mit. Nach den Unruhen im August und September wurde Pfuel gezwungen, zurückzutreten, in letzter Minute sozusagen. Der 31. Oktober 1848 leitete den Staatsstreich des preußischen Königs gegen den Staat Preußen ein, einen Staat, den er für sein persönliches Eigentum hielt, das ihm, nach mittelalterlicher Lehre, von Gott zu freier Verfügung übergeben worden war.

Wenngleich Pfuel nicht zu den engen persönlichen Vertrauten Augustas zu zählen ist, so wäre die Prinzessin von Preußen für diesen Mann eingetreten, hätte sie die Möglichkeit dazu gehabt. Unglücklicherweise war, wie Augusta offenbar einsah, die Isolierung Wilhelms weder seinem Unvermögen zur Einsicht in die Lage dienlich noch ihren ehelichen Beziehungen.

Er hatte die fünfzig überschritten. Sie selber war über siebenunddreißig, von ihren nervösen Störungen heimgesucht; kamen sie früh zu Tisch – Wilhelm pflegte schon einen viertel Arbeitstag hinter sich gelassen zu haben,wenn Augusta aufstand – so leitete sie das Gespräch mit einer Art Presseschau ein. Sie repetierte, was sie gelesen und von ihren Vertrauten über diese und jene Maßnahme gehört und ließ ihre eigenen weitergehenden Schlüsse folgen. Diese Unterrichtungen durch seine Frau wurden Wilhelm immer unangenehmer; er mußte ihre Überlegenheit im Urteil wohl anerkennen, obschon dieses nicht unmittelbar wirkte. Im Grunde hielt er die Beschäftigung mit Politik für eine Allüre, die einer Fürstin unangemessen war, sie in die Nähe der bürgerlichen Salondame rückte. Hätte er den Ausdruck Suffragette schon gekannt, würde Wilhelm ihn für seine Frau passend gefunden haben. Glücklicherweise brachten es seine vielen Beschäftigungen mit sich, daß er zeitweilig kaum zu Hause war; das Paar hat sich, wie die gewichtige Korrespondenz beweist, häufig über längere Zeit brieflich unterhalten; auseinandergesetzt wäre schon zuviel gesagt.

Wilhelms Arbeitszimmer muß für die im Lebensstil bürgerliche Augusta wie ein chaotisches Spiegelbild seiner Unausgeglichenheit gewesen sein. Im Oktogon, dem Turm ihres Tudorschlosses, an dem fast zehn Jahre gebastelt worden war, standen in seinem Arbeitszimmer nur wenig Möbel. Auf dem Schreibtisch stapelten sich, nach der Gewohnheit ihres Gatten, sich mit symbolischen Dingen zu umgeben – Wilhelm sammelte allerlei eiserne Nippes aus dem Militärischen –, Stücke seiner Erinnerung, etwas weniger Krimskrams. Anders im Eckzimmer des Berliner Sitzes, den sie noch nicht wieder beziehen konnten. Tische, kleine und größere Skulpturen, Regale voller Bücher, die Personalakten des Militärs; die überlieferten Fotos zeigen eine Wust, ein Durcheinander, in dem sich offenbar nur der Prinz und spätere Kaiser zurechtfand. Unter anderem hob er noch immer Erinnerungsstücke an die Radziwill, seine erste Braut, an sichtbarer Stelle auf. Für Augusta war der Fall erledigt. Zudem, er fühlte sich, nein, er war noch immer bloß Privatmann in Preußen. Was während des Sommers im Ministerrat verhandelt wurde, das kam auf umständlichem Weg mündlich und auch handschriftlich und meist zu spät an ihn, den Abgeordneten aus Polen; als einem Angehörigen des regierenden Hauses Hohenzollern standen dem Prinzen Rechte auf genauere Unterrichtung darüber zu, welche Maßnahmen der König und die Minister planten. Aber das Verhältnis zwischen den Brüdern war auch nach der Rückkehr keineswegs freundlicher geworden, gefragt wurde er vorerst nicht. Sein ehrerbietiger bis unterwürfiger Ton dem Bruder gegenüber war sicherlich auch Maske, wie sich Augusta selbst erklärte, er darf nicht darüber täuschen, daß zwischen diesen beiden charakterlich höchst unterschiedlichen Männern weiter eine tiefe Kluft bestand.

Nach außen respektierte Wilhelm in der Person seines Bruders den König, das in ihm verkörperte wie gestiftete Gottesgnadentum, im übrigen verachtete er ihn wegen seiner persönlichen Eigenschaften, seiner Schwäche und zivilen Neigungen. Den ehrgeizigen, aber unentwegt mißtrauischen Wilhelm, der in seinem Leben nicht mehr geleistet hatte als ein Seconde-Leutnant auf dem Exerzierplatz (und dem dieses persönliche Manko bewußt war), quälte in diesem Sommer und Frühherbst seine Ohnmacht. Er hatte sich immer über sein schweres Schicksal beklagt, jetzt war sein Leben wirklich schwer, die Zukunft ungewiß. Er hungerte danach, in die Dinge, die um ihn herum geschahen, einzugreifen oder zumindest eingeweiht zu werden, nicht als ein popliger Abgeordneter, sondern als ein gottbegnadeter, als ein gesalbter und inniger Vertrauter des Königs. Augusta erging es nur wenig besser, aber sie hatte immer über den stärkeren Charakter verfügt, Niederlagen trafen sie nicht so schwer, daß sie keine Gegenkräfte in sich selbst gefunden hätte. Zwar war für den Augenblick wenig mehr zu tun, als abzuwarten, aber eigentlicher Stillstand war für sie denn doch nicht eingetreten.

Delegationen kamen, suchten ihre und seine Meinung zu erkunden, wollten sie oder ihn für irgend etwas gewinnen, vor den eigenen Karren spannen. Die hohen Militärs, Wilhelms innige Freunde und Verbündete, gingen ein und aus, aber es kamen noch mehr anbiedernde Bürgerdelegationen, die sich vor Ergebenheit krümmten und in der Tat auch kein schöner Anblick für Augusta waren mit ihrem abstrakten Begriff von menschlicher Würde. Er zeigte sich diesen Leuten gegenüber verschlossen-herrisch, ließ sie fühlen, für was er sie hielt, für Verräter, demonstrierte ihnen seine tiefe Verachtung. In einem Brief vom 15. November an Karl Alexander, kurz nach der Ablösung Pfuels, als ihn einige Abgeordnete dringend um Vermittlung im Streit des Parlaments mit dem König ersuchten, wird Wilhelms Briefton geradezu jubelnd; er sieht die Stunde der Rache nahen, den Augenblick der Abrechnung mit diesem anmaßenden Pöbel. Dies irae, Dies illa! »Gehorsam ist die alleinige Vermittlung«, will er den Petitionisten zugerufen haben. In diese Zeit fällt übrigens der schon erwähnte Versuch Augustas, den Generalstabschef des VIII. Armeekorps, das in Koblenz stand, für die Erziehung ihres Sohnes, des Thronfolgers, zu gewinnen, was Roon ablehnte, wie wir lasen. Als Wilhelm den erwähnten Brief verzapfte, war eine folgenreiche Entscheidung gefallen: Am 2. November 1848 war das Kabinett Brandenburg gebildet worden, ein eingeschworener Parteigänger der absoluten Monarchie.

Friedrich Wilhelm von Brandenburg war ein Bastard des alten dicken Liederjahns Friedrich Wilhelm II. aus den Tagen der Weiberwirtschaft, wie sie der Alte Fritz befürchtet und prophezeit hatte. Solche illegitimen Kinder bekamen eine erfundene Baronie, meist ein bloßer Name, in diesem Falle Brandenburg. Mittlerweile war der Mann ein General der Kavallerie geworden und erhielt nun als Ministerpräsident ganz genaue Aufträge vom Gottesgnadenkönig, nämlich erstens, dessen allerhöchsten Rang gegen die schändliche Nationalversammlung entschiedener zu verteidigen, und zweitens, dieser Auftrag läßt sich heute nicht mehr in reines Deutsch bringen. Deshalb schreiben wir es lieber dort ab, wo es jedermann finden kann, der über das deutsche Elend der Wenden nachdenken möchte: »Das durch Fehler dreier Ministerien völlig gesunkene Ansehen Meiner Regierung entschieden und siegreich wiederherzustellen, damit die Märzrevolution gestürzt und an ihrer Stelle das Gegenteil der Revolution aufkommen kann, nämlich das gesetzmäßige Zustandekommen eines in Wahrheit freien Verfassungswerkes auf der Grundlage der angestammten Obrigkeit von Gottes Gnaden.«

Wir wissen natürlich nicht, inwieweit der König diese Sache mit dem Preußengott abgesprochen, aber was wir wissen, ist, wie der Auftrag ins Reale umgesetzt wurde. Auf dem Befehlswege funktionierte endlich, was freie Bürger nicht geschafft hatten. Brandenburg erwies sich als höchst brauchbar, zumindest für einen Übergang. Am 9. November (die Deutschen sollten diesen 9. November ganz einfach per Dekret abschaffen, da es offenbar Daten dieser Art im Leben der Völker gibt, ähnlich der Iden des März, an denen sich nur alles tragisch bis zum Blödsinn wiederholt) wurde die Nationalversammlung bis zum 27. des gleichen Monats in die Ferien geschickt. Einige aber, nicht die wenigsten, machten das Wort Jakobis vom Männerstolz vor Königsthronen wahr und ließen sich lieber mit der flachen Klinge auseinanderjagen, als sich zu beugen. Sie zogen sich an einen anderen Tagungsort zurück und bildeten das sogenannte Rumpfparlament, nämlich im Parkett des Schauspielhauses am Gendarmenmarkt. Aber gegen Demokraten helfen nur Soldaten, hatte der gemütliche alte General Papa Wrangel nicht nur gesagt, sondern auch zugleich praktiziert. Sein Militär schickte die übriggebliebenen 282 Abgeordneten des Rumpfparlaments in den einstweiligen Ruhestand, am 10. November; und am 12. des gleichen Monats trieb der General die bewaffnete Bürgerwehr auseinander und verhängte den Ausnahmezustand über Berlin.

Endlich war die Kamarilla Herr der Lage und konnte nunmehr nach Gottesgnadeneinsicht schalten. Der bei jeder Niederlage jammernde König erstarkte zum Herostraten und löste das Parlament einfach auf, dann erließ er – oktroyierte er – eine Verfassung nach Gottes Gnaden. Immerhin sollte es zwei Kammern geben, eine davon durfte gewählt werden, sogar Minister erlaubte Gott durch den König, und selbst Presse- und Lehrfreiheit dekretierte der Herr der himmlischen Heerscharen. Am 26. Februar des folgenden Jahres sollte dieses neue Parlament zusammentreten. Man war endlich wieder unter sich, vielmehr hoffte man dies. Daß Wilhelm diesen Staatsstreich, nichts anderes war der Gewaltakt, jubelnd begrüßte, versteht sich, nicht aber das Stillhalten Augustas. Abgesehen davon, daß sie keine realen Mittel besaß, um einzugreifen, fanden wir sie plötzlich auf der falschen Seite wieder. Man war anscheinend allgemein dieser verworrenen Parteiung nach der Märzrevolution des uferlosen Geschreis wie der Unfähigkeit der Liberalen, den Erfolg zu nutzen, überdrüssig geworden. Die Aufrufe des Königs enthalten genau diese Signale, Ruhe, Ordnung, friedlicher Wandel. Auch sonst hatte die Prinzessin, die mit ihren Freunden wenig Glück gehabt, genügend zu tun, sich wieder einzurichten. Denn die Nationalisierung ihres Hauses war rückgängig gemacht, die Revolution gab alle Mittel frei, um den Bau wieder bewohnbar zu machen; man hatte sich verteufelt rasch versöhnt, konsolidiert, und bedenkt man das alles, so gab es für Augusta, einer Konstitutionsliberalen, nicht den kleinsten Grund, liberaler zu sein als diese Herrn mit der progressiven Knochenerweichung.

Zu Winteranfang konnte das Paar den renovierten Palast Unter den Linden wieder beziehen, die Schäden waren beseitigt worden, das Edikt über die Enteignung des Kartätschenprinzen aufgehoben. Hier nun konnte Augusta weiterhin als die Wohlunterrichtete, als die Kultiviertere, aber auch als die Geschlagene ihrem mürrischen Gemahl die morgendlichen Zeitungsleviten lesen und ihn mit der Nase auf die Ungereimtheiten und Albernheiten dieser in ihren Augen überholten Monarchie stoßen.

Die Berliner Pressefreiheit gestattete bei weitem keine so weitgehende Kommentierung des Staatsstreichs wie die ausländischen Blätter. Dieses Nachmärzberlin des andauernden Ausnahmezustands glich mehr und mehr einem Zuchthaus. Es fiel Augusta nicht schwer, die Aufmerksamkeit ihres Gemahls auf eine sich wiederholende Szene vor seinem Haus zu lenken, auf die patrouillierenden Gendarmen, die jeden, der sich anschickte, stehenzubleiben, zum Weitergehen zwangen. Wahrlich, Wilhelm, wir haben Großes erreicht, und nicht einmal du selbst, der bloß ein Scharfmacher gewesen ist, diese Leute haben sich uns zu Füßen geworfen, sie verdienen nichts anderes als den Fußtritt, hätte sie sagen können.

Und wir wissen nicht, ob sie es bei einem spöttischen Blick bewenden ließ. Trautes Heim? Nichts davon. Wilhelm hat des öfteren gestanden, daß ihm die Abwesenheit von Zuhause immer wie eine Erholung vorkomme. Aber es ist wahr, er stand auf der Siegerseite, sie hatte verloren. Sie betrachtete ihn, wie er angestrengt las, den Kopf gesenkt hielt, bei geöffnetem Waffenrock, er bekam einen Bauch, sein Haupthaar wurde schütter, sein Backenbart dafür um so üppiger, aber im Gegensatz zu ihr besaß er eine eiserne Gesundheit und vor allem die besseren Nerven.

Nachdem die Lage in Preußen im Sinne der Hofpartei einigermaßen bereinigt schien, zog eine neue Gefahr herauf. Eigenartigerweise war sie durch die vagen Versprechungen des amtierenden Friedrich Wilhelm IV. mit heraufbeschworen worden, Preußen in das kommende deutsche Reich aufgehen zu lassen. Wie, unter welcher Regierungsform und mit welchem Regenten an der Spitze, Republik oder konstitutionelle Monarchie, eines von beiden, da es keine dritte Möglichkeit mehr gab, war vorerst unerörtert geblieben. Die Strukturen dieses neuen Großstaates wurden indessen im Frankfurter Vorparlament heiß debattiert. Daß Wilhelm den Dahlmannschen Verfassungsentwurf noch in London erhalten, gelesen, als wahren Fortschritt in der Verfassungsfrage begrüßt hatte … und in einer Fußnote das Gegenteil dieses Entwurfs, nämlich eine Neuauflage des

Ständestaates, vorgeschlagen hatte, mag uns heute ebenso verwirren wie die Zeitgenossen. Wilhelms zu Brüssel erlassenes Manifest, mit einer heimtückischen Klausel versehen, wurde von den Liberalen schon deshalb für bare Münze genommen, weil sie nicht weiter nach links abdriften durften; links hieß damals bloß eine Republik, nicht etwa der kommunistische Gleichheitsstaat. Wenngleich es schon im Kommunistischen Manifest hieß: Ein Gespenst geht um in Europa, das Gespenst des Kommunismus. Auch ohne die Winkelzüge dieses preußischen Prinzen stellten sich der Idee eines solchen Reichs Hindernisse entgegen. Am leichtesten taten sich wie immer die Dichter damit, den neuen deutschen Staat, der noch gar nicht in Sicht war, visionär zu feiern. Nicht, als ob Visionäre unnütz gewesen wären, aber die Vorstellungen der Frankfurter, in deren Gremien ja auch preußische Delegierte saßen, und nicht zu knapp saßen, stießen sich mit der rauhen deutschen Wirklichkeit allzu hart im Raum. Die Mehrzahl der Frankfurter Abgeordneten starrte wie gebannt auf die Ordnungsmacht Preußen. Ein Blick in die Publizistik kurz vor, während und nach den Befreiungskriegen zeigt, in welche Richtung die Deichsel stand.

Friedrich Wilhelm IV., der den Deutschen doch dieses Lustgeschenk eines neuen Staates machen wollte, ahnte sicherlich bald, welcher Entwicklung er Bahn gebrochen hätte, würde er aus den Händen dieses Parlaments die Krone angenommen haben und ein Volkskaiser geworden sein. In der Tradition des alten deutschen Reichs hatte Österreich bis zum Untergang dieses Staates die Führungsrolle innegehabt, und das Heilige Römische Reich Deutscher Nation kürte jahrhundertelang in einem Habsburger den Kaiser, der das Staatengefüge der Fürsten nicht antastete. Auch wenn er es anders gewollt, wäre er an der Fürstenbarriere, von der seine Existenz als deutscher Kaiser abhing, gescheitert. Das Wohl des Reiches aber war nach Osten und Südosten gemehrt worden; vor Wien kamen die Türken zum Stehen. Eine unsichtbare Grenze durch Deutschland nördlich oder südlich des Mains ergab sich fast von selbst; was sich im Norden allmählich geformt hatte, war gleichsam ein Gegenstück zu Österreichs Hegemonie auf dem Balkan. Zwar hatte der letzte Kaiser nach einem verlorenen Krieg gegen Napoleon die Krone zurückgelegt und abgedankt, wobei ihm Stein das Recht dazu bestritt, allein, damit war die Frage, wohin mit dieser Klein- und Mittelstaatenmasse auf deutschem Boden, wenn nicht in den neuen Bundes- oder Zentralstaat, keineswegs erledigt. Bei allen partiellen Gegensätzen zu Österreich stand Preußen also nicht nur aus eigenbrötlerischen und dynastischen Interessen auf seiten Habsburgs, sondern aus historisch wohlerwogenen Gründen.

Das Vorparlament hatte bei seinem Entwurf einen zentralistischen deutschen Staat schaffen wollen; sagen wir, einen zentralistischeren, aber der wäre nur zu haben gewesen, hätte Frankfurt den Machtanspruch deutscher Fürsten zurückdrängen wollen und können. Preußens Monarch empfand solidarisch mit den deutschen Fürsten, bezeichneten sich selbst plötzlich nicht mehr in erster Linie als König, sondern betonte seine Zugehörigkeit zum Fürstenstand. So jedenfalls mußte es sich der Parlamentspräsident von Gagern in Preußen anhören, als er die neue deutsche Kaiserkrone ausbot wie altbackene Semmeln, weil für die Krone aus den Händen des Volkes jede Nachfrage fehlte. Ferner wollten die Frankfurter ein Bundesheer unter einer Zentralgewalt, was für keinen der größeren deutschen Staaten auch nur annähernd denkbar war.

Hier griff der Prinz von Preußen in die Militärpolitik ein. Wieviel er in England gelernt hatte, bewies er mit der Wahl seines Mittels. In der Wehr-Zeitung, einem inoffiziellen Organ einer höchst offiziellen Armee, von einem Herrn Louis Schneider redigiert, ließ der Prinz seine Artikelserie anonym erscheinen, in der er sich mit der geplanten Wehrmacht kritisch auseinandersetzte. Louis Schneider hätte dem Prinzen eigentlich nicht liegen dürfen, denn Louis war ein Emporkömmling, ein waschechter Roturier, also ein nichtadliger Angehöriger des Mittelstands. Von Beruf war er Schauspieler und als solcher Komiker am Königlichen Hoftheater. An der gleichen Bühne stieg er ziemlich rasch bis 1845 zum Opernregisseur auf. Seine Beziehungen zum Hof gediehen weiterhin trefflich, als ihn Friedrich Wilhelm IV. zu seinem Vorleser und Merker machte, so etwas wie einem Nomenklator der Römer, und ihm die Aufsicht über die königliche Bibliothek anvertraute. Ehe er sich von der preußischen Welt verabschiedete, wurde er noch flugs Schriftsteller und schrieb einige erfolgreiche Bühnenstücke. *Die schöne Müllerin*, eine recht bekannte Operette; *Der Schauspieldirektor* und einiges mehr. Außerdem verfaßte er noch drei Bände über seinen einstigen anonymen militärischen Autor mit dem Titel »Aus dem Leben Kaiser Wilhelms«, letztere fanden sich in seinem Nachlaß. Eine Leuchte preußischen Kulturlebens war dieser gewandte Herr jedenfalls. Daß Wilhelm keines der alten angesehenen militärpolitischen Blätter wählte, gibt zu denken, vielmehr gibt es nicht zu denken. Um diese Zeit stand die Militärschriftstellerei auf einem hohen, von Fachleuten streng bewahrtem Niveau. Der Gefahr, daß seiner Meinung von kompetenter Seite, etwa des Generalstabs, widersprochen wurde, wollte sich Wilhelm nicht aussetzen. Daß ein General vielleicht in sein Artikelkonzept hineinredigierte, wäre peinlich genug gewesen. Daher kam ihm ein Käseblättchen, das kein Fachmann ernst nahm, zupaß. Louis akzeptierte freudig und gab bekannt, daß die Arbeiten Seiner Königlichen Hoheit hätten eines Redakteurstiftes bedurft. Alles kam also fix und fertig vom Gottesgnadenkopf auf das Papier von Schneiders Gnaden. Man sieht, es war die höchste vorstellbare Harmonie zwischen König und Untertan hergestellt. Louis gab die Ansichten Wilhelms schließlich sogar in einem besonderen Band heraus. Zu diesem Freund ihres Gatten stand Augusta in keinem engeren Verhältnis; ohnehin hat sie den Theatergeschmack Wilhelms nicht geteilt, in dieser Sache aber stand sie auf seiten des Vorparlaments.Was Wilhelm ablehnte, ein Reichsheer unter Zentralgewalt, das fand den Beifall Augustas.

Die allgemeine Wehrpflicht sollte, dem Entwurf entsprechend, auf sechs Monate beschränkt bleiben. Die bestehende Landwehr mit gewählten Offizieren wurde in den Frankfurter Vorstellungen nicht nur bestätigt, sondern ausdrücklich neu installiert, was ganz nach dem Geschmack der Prinzessin war. Sie fürchtete dieses preußische Militär vor allem wegen seiner Dimension. Die Aufhebung aller Privilegien des Offizierskorps, die Schließung der Kadettenanstalten und einiges Beschränkende in Sachen gestanztem Blech, das am Hals oder auf der Brust zu tragen ist, alles fand Augustas Zustimmung, nichts davon konnte den Prinzen von Preußen befriedigen. Augusta sah in allen Vorschlägen des Vorparlaments den Sieg des Zeitgeistes; für sie hatte sich überholt, was nur noch funktionierte, wenn das Volk in einem permanenten Untertanendasein gehalten wurde, aber dieser Staat erschien ihr mehr denn als überholt. Ihr Freunde aus der allmählich entstehenden Industrie und neuen

Finanzwirtschaft im Westen des Preußenstaates verkörperten ihr diese neue Welt und Ordnung. Und sie folgte ihnen auch nur bis zur Grenze nach unten zum Pöbel hin, der sich als soziale Klasse ihr nicht erschloß.

Der Verrat ihrer Gefolgsleute – eher umgekehrt war sie es, die ihnen folgte – hatte Ursachen, die sie kaum ganz begriff, vor denen Augusta kapitulieren mußte. Sie erschien hochmütiger und exzentrischer denn je, wählerisch wie immer. Bei Wilhelm wog das Gefühl für die alten Standards der Armee schwer; er war kein solcher Trottel, daß er die Veränderungen in der Welt nicht erkannte. Erkennen heißt aber noch nicht, mit Verstand darauf zu reagieren. Die konstitutionelle Monarchie, für Augusta eine historisch notwenige Form, bedeutete ihm einen religiösen Frevel, einen Schritt vom rechten und wahren Gottesweg Preußens. Äußerlich schien das Paar völlig einig. Augusta, mittelgroß, mittlerweile von der Figur, die Humboldt einst vorausgesehen, aber nicht dick, mit klugen scharfen Vogelaugen im spitz-ovalen Gesicht, kleidete sich mit ausgesuchter Sorgfalt, fast bürgerlich. Immer aber wußte sie ihrem Auftreten eine ausgefallene persönliche Note zu geben, die fast ins ridiküle reichte, um einen damals gebräuchlichen Ausdruck zu verwenden. Merkwürdig ist, daß fast alle Bildhauer ihr eine ausgesprochen matronenhafte Ausstattung gaben.

Berlin besaß um die Jahrhundertwende eine ganze Reihe Denkmäler der ersten Kaiserin, ein Zeichen, daß die Nachwelt ihr eine Rolle zuschreiben wollte, die der Verehrung ihres Gatten als Kaiser entsprechen sollte. Wilhelm trat schlicht und soldatisch einfach auf, abgesehen von der Ordensbrust. Mit Gesten und Gebärden waren allerdings beide sparsam. Augustas innere Welt scheint mit den Asservaten weltlicher Aufklärung gut bestellt gewesen zu sein; im Grunde hatte sie nur einen Glauben oberflächlich protestantischer Art, weshalb man sie später leicht des Katholizismus verdächtigen konnte. Ihr Glaube schien auf höchst schwachen Füßen zu stehen. In einem zurückgenommenen Königtum und vielfach geteilter öffentlicher Gewalt ohne zuviel Militär und Untertanengeist sah Augusta die preußische Götterdämmerung anbrechen.

Anders Wilhelm; in seinem Inneren vollzog sich das Ritual nach der Schlacht von Leuthen ständig neu, wo die Armee, die mit genauer Not gesiegt hatte, auf die Knie sank, um einen Dankchoral anzustimmen: Nun danket alle Gott, mit Herzen, Mund und Händen, für Wilhelm Ausdruck göttlichen Willens, nicht bloßes Menschenwerk, obwohl gerade dieser Choral eine ganz andere Art menschlicher Selbstbehauptung vor weltlicher Gewalt zum Thema gemacht hatte. Wie in seiner Jugend fühlte er sich an höhere Mächte gebunden; es ging ihm nur durch göttliche Fügung entweder gut oder eben schlecht, in seinen Augen die Regel. Augusta hatte wohl dieses Bild ihres Gatten klar vor Augen, ohne etwas an Wilhelms Fatalismus ändern zu können. Sie lächelte vielleicht über die Einfalt, jedes Ungemach als dem Königtum von der Vorsehung auferlegt zu betrachten, konnte sich aber mit diesem heroisch-naiven Eigensinn nicht befreunden, ein Eigensinn, der für sie etwas Planmäßiges, Periodisches wie Paranoides hatte, der bis zum Wortbruch reichte, wie sie gerade erfahren hatte.

Wie an einer Fieberkurve las Augusta Wilhelms Reaktionen auf die Angebote der Frankfurter ab. Sie sah natürlich, wie alle anderen auch, voraus, daß dem preußischen König eines Tages vom Vorparlament die Kaiserkrone zu Füßen gelegt werden würde. Das geschah; es war mit einer bösen Abfuhr für die Delegierten verbunden, die doch im guten Glauben nach Berlin gekommen waren, um den Preußenkönig zu bitten, den Deutschen als Kaiser vorzustehen. Sie flogen achtkantig aus dem Schloß zusosagen. Augusta nahm sich dieses geschlagenen Haufens mildreich an, irgendwie schaffte sie es, Wilhelm klarzumachen, daß man diese armen Hunde, einige davon ihnen auch noch nahestehend, nicht einfach nach Hause jagen sollte, eine Geste war angebracht, eine Einladung in das prinzliche Haus mußte auf die schmerzende Wunde gelegt werden. Wilhelm stimmte zu.

Wilhelm und Augusta haben die Frage, aus welchen Händen ein preußischer König die Krone annehmen dürfe. mit allen, Freunden wie Feinden, heiß debattiert. Bunsen, dem Glaubensliberalen par excellence, wurde von Wilhelm bedeutet: »Soll die tausendjährige Krone deutscher Nation, die zweiundvierzig Jahre geruht hat, wieder einmal vergeben werden, so sind es ich und meinesgleichen, die sie vergeben werden.«

Augusta sah weiter, das heißt, sie dachte weiter, denn im Jahr 1849 war die Revolution keineswegs am Ende. Daß sie sich ihrem Gatten in dieser wichtigen Frage unterwarf, haben wir im Ansatz erörtert; vielleicht blieb ihr tatsächlich keine Alternative. Sie ließ ihre Umgebung übereinstimmend mit Wilhelm wissen, daß der Preußenkönig diese Krone keinesfalls aus den Händen eines solchen Volksparlaments annehmen werde. In einem Brief an den Minister Manteuffel schwächt sie diese Haltung höchstens ein wenig ab, wenn sie beschwichtigt; sie wolle mit dieser ihrer Absage das Parlament nicht etwa vor den Kopf stoßen.

Die Suppe, die in den ersten Monaten des Jahres 1849 in Frankfurt zusammengebraut worden war, kam, wie schon erwähnt, Anfang April auf den Tisch. Durch keine Warnung waren die Frankfurter davon abzubringen gewesen, dem Preußen Friedrich Wilhelm die Krone anzutragen, obschon alle Welt bereits wußte, daß der sie nicht nehmen wollte. Dem Nachlebenden wird es ein ewig unlösbares Rätsel bleiben, was diese Parlamentarier dazu bewogen haben mag, den Schritt dennoch zu machen und sich eine Abreibung zu holen. So kam es denn, wie es kommen mußte; der König wies die Leute ab, die ihm die Kaiserwürde antrugen, was einem etwas verspätetem Aprilscherz gleichkam, da die Herren sich für den 3. April 1849 in Berlin angesagt hatten. Augusta, den erwarteten Reinfall mit Sorge beobachtend, springt ein, sie bringt Wilhelm auf ihre Seite; es waren ja doch genau die Leute, mit denen irgendwann ein Gentleman's Agreement zu treffen war. Das Paar lud also die gedemütigten, hinausgeschmissenen Parlamentarier in das wiederhergestellte Palais Unter den Linden. Und sie kamen, niedergeschlagen zwar, blessiert, ihre Wunden leckend, klagend die Narben vorweisend, und sie hielten gewaltig schäumende Reden, was kein Wunder, denn ein Ernst Moritz Arndt, der Sänger der Revolution, gehörte zu diesem Haufen. Augusta zeigte sich am Abend des 3. April von ihrer gewinnendsten Seite, ausnahmsweise einmal eins mit ihrem Gatten. Ob Arndt sein Huldigungslied singen durfte, das so beginnt »Frankfurt holt den Kaiser ein«, ist zu bezweifeln. Augusta kannte das Werk sicherlich, kannte den liberal-konstitutionellen Geist dieses Sängers, nur, daß sie selber inzwischen auf eine andere Position gewechselt war, sich wenigstens an diesem Tag so gab.

Die Gästeliste des Paares ist erlaucht, auf diese prachtvollen Delegierten, auf diese zahnlosen Löwen, darf ein solches Adjektiv gebraucht werden, was auf bürgerliche Revolutionäre höherer Art absolut unstatthaft ist. Und die Gäste Augustas waren des Lobes voll für ihre Gastgeber. Augusta bedachte wohl, daß die gleichen Leute noch vor einem halben Jahr ihr Palais nationalisiert hatten, in welchem sie heute voller Dankbarkeit und Liebe um eine monarchistische Bettelsuppe baten, sie bedachte ferner, daß diese gutherzigen Menschen ihren Kartätschenprinz vor Jahr und Tag vor ein Volksgericht hatten stellen wollen. Nun saßen sie da, drehten die Zylinder in den behandschuhten Händen, warteten ehrfürchtig darauf, daß sie angesprochen wurden, bereit, aufzustehen, um mit Dank und Bückling den Tagungsort zu verlassen, wenn man ihrer überdrüssig wurde. Nicht nur Augusta durfte irre werden an der ganzen Sache, die sich 48er Revolution nennt, wie nichts ungewisser zu sein scheint als die Ziele von Volksbewegungen. Sie kannte natürlich ihren Dahlmann, den Autor des Verfassungsentwurfs, der ihre Einladung angenommen hatte. Der Herr Professor Dahlmann wollte vom Preußenprinzen lernen, was er denn Falsches in seine Verfassung hineingeschrieben hatte. Moritz Arndt war dabei, wie gesagt, und ein Mensch mit dem verräterischen Namen Biedermann, einer vom Rhein, geriet angesichts der Liebenswürdigkeit der Prinzessin Augustas fast außer sich vor Glück. Was für eine Frau, geistreich, mäßigend, was für eine Königin von Preußen und – vielleicht – eines Tages eine Kaiserin von Deutschland! Was für ein lieber Mensch, der Kartätschenprinz! Und den hatten sie außer Landes geschickt, furchtbar! Nun, die Geschichte würde alles wiedergutmachen. Hatte die Reise von Frankfurt nach Berlin nichts gebracht, so nahm das verabschiedete revolutionäre Personal die wärmsten Empfindungen mit nach Hause, trennte man sich doch in der beiderseitigen Versicherung vollsten Verständnisses füreinander, nämlich für die Absage des Königs, deutscher Kaiser zu werden.

Wilhelm hatte diesen Männern sachlich dargelegt, aus welchen Gründen sie an der falschen Tür geklopft; begeistert waren die Herren von der herrlichen Augusta, wie gesagt und wie gar nicht oft genug wiederholt werden kann. Weshalb aber bot die Prinzessin ihre ganze Beredsamkeit auf? Um diese ihr geistig nahestehenden Liberalen nicht für dauernd zu entmutigen? Das Ziel, die konstitutionelle Monarchie, beschrieb sie ihnen jedenfalls gern, und sie mögen verstört auf das nicht-konstitutionelle Parkett gestarrt haben angesichts dieses Wechselbades. Mit Redensarten gut versorgt, reisten die Parlamentarier wieder ab, nicht ahnend, daß ihre Mission zwar erfolgreich beendet werden würde, aber freilich erst zweiundzwanzig Jahre später und unter anderen Auspizien. Außerdem hatte dieser Besuch für das Paar ein Nachspiel.

Augusta fand die von ihr hofierten revolutionären Bürger bloß zum Kotzen, beschreibt sie als eine schreckliche Gesellschaft, und Wilhelm fiel in seine gewohnte Ehemannsrolle zurück; seine Frau habe ihre Nase wieder in Sachen gesteckt, von denen sie nichts verstand. Seltsam, daß er nicht klüger wurde, hatte er ihr doch schon in den ersten Ehewochen deutlich gesagt, daß sie die Grenzen einer Fürstin übertrat, wenn sie da mitreden wollte, wo ihre Meinung nicht gefragt war. Zudem machte diese von Augusta betriebene Einladung hinterher negativ Furore, und das mit vollem Recht; denn dieser liberale bürgerliche Pöbel hätte seine Schuhe unter keinen Umständen auf das Parkett dieses Palais setzen dürfen. An dem ewig mißtrauischen Berliner Hof lief alsbald das Gerücht um, der Prinz habe sich auf Kosten des Königs an die Frankfurter herangemacht. Allein, ihm wie allen anderen war klar, daß die Stunde des deutschen Staates nicht geschlagen hatte. Wenig später sollte die lederne Natur Wilhelms, wie er sich selbst kennzeichnete, dringend gefragt sein.

Die Preussen sind überall

»Die Preußen sind überall, man sieht nichts als Pickelhauben«, sagte ein Angehöriger der Aufständischen-Armee der sogenannten Reichsverfassungskampagne. Da wir diesen Feldzug Wilhelms nicht einfach ignorieren dürfen, vor allem aber weil der Ausgang für Augusta nicht ohne Folgen blieb, sei der Ablauf dieser dramatischen Wochen hier wiedergegeben. Die Ereignisse überschlugen sich.

Im April hatten sich die Frankfurter Parlamentarier in Berlin eine Absage des preußischen Königs auf ihr freundliches Angebot geholt, ihn zum deutschen Kaiser zu krönen. Wie revolutionär die Stimmung noch immer war, trotz aller Niederlagen, das bewiesen die Sachsen, als sie am 3. Mai 1849 ihren König auf die Festung Königsstein jagten und eine provisorische revolutionäre Regierung einsetzten, da auf dem Weg Frankfurts und der Bittstellerei keine neue Verfassung und schon gar kein deutscher Kaiser zu kriegen war. Hier nun schlug die Stunde der Legitimisten. Die Regeln, nach denen solche Ereignisse vor sich gehen, sind immer gleich, sie reichen bis in klassische Altertum zurück. Ein geschlagener Regent oder Despot, der mit seinem Volk Schwierigkeiten hat, lädt fremde Invasoren ein, um sich an der Macht zu halten. Preußens Soldaten brauchten zwei Tage, um die aufrührerischen Sachsen zu unterwerfen. Aber es gärte weiter als Folge der Ungeduld auf den schleppenden Gang des Frankfurter Vorparlaments überall in Deutschland. Nicht ganz so einfach wie in Dresden lag der Fall im Großherzogtum Baden und der bayerischen Rheinpfalz.

Wilhelm hatte schon früher geäußert, daß seiner Ansicht nach die rheinischen Teile Deutschlands den Ideen der französischen Revolution in Gänze verfallen seien. Insgesamt waren die rheinischen, die linkselbischen Länder industriell weiter als Preußen und deshalb den neuen Ideen zugänglicher und aufgeschlossener. Jedenfalls stand in diesen Rheingegenden ab Mitte Mai alles in hellem Aufstand. Den Hilferufen folgend, gingen von Berlin aus einige Bataillone in die bayerische Rheinpfalz und ins Badische ab. Im Großherzogtum Baden hatten die Armee, das Offizierskorps und die Staatsbeamten sich schützend vor die revolutionäre demokratische Regierung gestellt, was eine Menge Radikaler aus Deutschland, Polen und Ungarn anzog. Alle diese eingeborenen wie zugezogenen Radikaldemokraten erachteten es für notwendig, der Revolution militärisch beizuspringen. Wo nicht alle Rebellen in Nebenfragen einer Meinung waren, so standen sie doch für den Augenblick ehrenhaft genug zusammen, um die Militärintervention abzuwehren. Zudem schmerzten die empfindlichen Niederlagen während des Sommers, die Schwierigkeiten beim Frankfurter Vorparlament wuchsen auch von Woche zu Woche, kurz, die Zeit schien den Verzweifelten und Ungeduldigen gekommen, den neuen Staat wenigstens in einem Land der Deutschen zu errichten. Eine quasi sozialistische Revolution bereitete sich in Baden vor; die gemäßigten Fortschrittler wurden dort zunehmend von den Sozialisten bedrängt. Eine Republik sollte endlich her.

Vor der deutschen Öffentlichkeit war Wilhelm erneut als Kartätschenprinz und geistiger Urheber des Blutbades vom Berliner 18. März bezeichnet worden. Lorenz Brentano, Chef der neuen revolutionären Regierung im Großherzogtum, stellte Wilhelm mit den bewaffneten Rebellen Badens auf eine Stufe. Er erhob Anspruch auf das Recht bürgerlichen militärischen Widerstands, beide kriegführenden Mächte stellte er als gleich dar, eine Völkerrechtsfrage, die bis heute nichts an Brisanz eingebüßt hat. Für die Bezeichnung Kartätschenprinz entwickelte Wilhelm eine zunehmende Aversion. Er ahnte, daß er insgeheim selbst in seinem Hause so bezeichnet wurde. Im Juli 1849 stand alles gefährlich auf der Kippe, zwar hatte in Sachsen ziemlich rasch der Aufstand beendet werden können, nicht aber in Baden. Auf die Hilferufe des Fürsten Leopold trat für Augustas General endlich der ersehnte Ernstfall ein: der Tag X war da, ein energischer Mann wurde gebraucht, der nicht lange über die Gründe nachdachte, deretwegen er feuern ließ. Allerdings war es nicht zu übersehen, und Augusta mag es ihm auch vor Augen geführt haben, daß Wilhelm seit den Tagen seiner Jugend nicht mehr wirklich im Felde gestanden, seit 1815, damals ein junger Dachs, ein munterer Frischling, der die Logistik und das höhere Einmaleins des Krieges ruhig überlegenen Feldherren überlassen konnte. Zweitens war ihm sein militärisches Kommando im Vorjahr abgenommen worden. Nun, wieder mit einem hohen Kommando betraut, versicherte er selbstbewußt, daß Insurgenten noch niemals reguläre Truppen besiegt hatten, ein fundamentaler Irrtum, wie er leicht aus der Geschichte der Berliner Revolution hätte lernen können, und er wäre auch beinahe in die Grube gefahren, ehe er seine Truppe im Lager bei Mainz überhaupt erreichte. Die Kugel traf durch Gottes Vorherbestimmung bloß einen armen Postillon. Mit dem ihm eigenen Rechtsgefühl bezeichnete Wilhelm den Schuß jedoch als versuchten Meuchelmord.

Die Aufständischen erlagen allerdings der Übermacht wie der besseren Ausrüstung und Logistik preußischer Truppen, die, ungefähr 50 Tsd. Mann stark, zu beiden Seiten des Rheins anrückten. Pfälzer, Badenser und einige Süddeutsche, sogenannte Reichstruppen, waren etwa gleichstark, an der Spitze stand der Pole Mieroslawski, der die Vorstellung Wilhelms, seine Regulären würden die Insurgenten zu Paaren treiben, in das Feld der Großsprecherei verwies. Im Gegenteil, war die militärische Lage seiner Armee keineswegs rosig, jedenfalls nicht zu Beginn des Badischen Feldzugs. Bei der Unterlegenheit der Rebellenarmee hielt sich der Haufe Mieroslawskis sogar ganz trefflich. Nach zwei Wochen Bewegungskrieg, auf eine Schlacht konnten sich die Rebellen nicht einlassen, war längst keine Entscheidung in Sicht. Mieroslawski selbst entwischte wie »ein Kirschkern zwischen den Fingern«, was in Wilhelms Augen auch ein Verbrechen gewesen ist. Sonst ist von diesem Feldzug nichts anderes zu melden als die unglaubliche Banalität der Legendenschmiede vom Schlage eines Louis Schneider. Es lohnt kaum, eine davon wiederzugeben. Daß der Prinz aufrecht im Kugelregen gestanden haben soll, ist freilich leicht möglich, hat doch selbst Ludwig Renn, als Truppenoffizier des Ersten Weltkriegs immerhin ein verläßlicher Zeuge, Mühe genug gehabt, im gewöhnlichen Soldaten die fünf Sinne für jene Gefahr zu schärfen, der sich jener in falscher Tapferkeit aussetzt, der das ihn umgebende Gelände nicht nutzt. Schließlich sind halbwegs Zivilisierte in den Kampftechniken der Indianer nicht mehr ganz geübt. Erst am 23. Juli 1849 mußten sich die Rebellen bei Rastatt ergeben.

In der Folge verdiente sich Wilhelm zwar nicht den Namen Kartätschenprinz, dafür aber durften ihn die Zeitgenossen getrost als Henker bezeichnen. Schon vor der Kapitulation der

Festung Rastatt hatte er kategorisch darauf bestanden, zumindest den Teil dieser Armee exemplarisch militärjuristisch zu behandeln, der in der großherzoglichen oder einer anderen deutschen Armee regulär gedient hatte. Das heißt, alle badenschen Offiziere mußten mit der Füselierung nach Standrecht rechnen, die auf seiten der Aufständischen gekämpft hatten. Wilhelm wollte diesen in Gefangenschaft geratenen Offizier auch nicht begegnen; dann überwog aber doch die Neugier, solchen Lumpen ins Gesicht zu sehen. Heimlich mischte er sich unter das Gefolge des Generals von Gröben; es werden ihm die Schauer eigener Größe über den preußischen Rücken gelaufen sein, als er sah, wie man die führenden Köpfe der Insurgenten in Gewahrsam abführte. Kurz darauf wurden sie erschossen. Seltsamerweise aber war es nicht Tiedemann, der Festungskommandant von Rastatt, auch nicht dessen Adjutanten und Offiziere, mit denen sich das Standgericht, übrigens nur aus preußischem Militär bestehend, zuerst befaßte, sondern ein Redakteur namens Elsenhans. Jener nämlich hatte sich auch unterstanden, Wilhelm in seinem Blatt ständig als Kartätschenprinz zu bezeichnen. Nach eigener Angabe hat der Prinz den Versuch unternommen, diesen Elsenhans vom Tode zu erretten, als später das Gerede aufkam, Wilhelm habe sich persönlich an diesen Schreiberling rächen wollen. Es paßt nicht zu Wilhelms Rechtsgefühl, derart vorzugehen. Eher scheint es glaubhaft, daß sich Untertanengeist beflissen daranmachte, dem Gottesgnadenprinz eine Gefälligkeit zu erweisen, wofür Wilhelm durchaus zu haben war als das ihm Zustehende. Genug, Elsenhans wurde totgeschossen, und Wilhelm meldete Augusta in freudigen Briefbotschaften nach Berlin, wieviel Mann verurteilt und füsiliert worden waren. Das Gericht, welches diese Todesurteile fällte, bestand aus einem Major, einem Hauptmann, zwei Leutnants, einem Feldwebel, einem Unteroffizier und einem Gemeinen, sämtlich Preußen, darunter kein einziger allgemeiner Jurist. Mit gleichem Erfolg hätte dieses Tribunal auch aus analphabetischen Troßbuben bestehen können.

Aber sonst konnte der Kartätschenprinz zufrieden sein. Die aus Preußen nach und nach anrückenden Richter verfügten noch rasch an vierzig Erschießungen, verhängten noch flugs einige Jahrhunderte Haftstrafen, so daß jeder achtzehnte Untertan des wiedereingesetzten Großherzogs Leopold angesichts des weißen Terrors fluchtartig die Heimat verließ, an die 80 Tsd. (Mit 1,4 Mio. wird die damalige Gesamtzahl der Einwohner Badens angegeben.) Der Prinz und kommandierende General, der doch den Redakteur Elsenhans gern gerettet hätte, bewies erneut seine Freude an Mummenschanz und abgestandener Symbolik; es sollte nicht sein letzter Kunststreich bleiben, obschon er älter wurde. Er steckte den unglücklichen Großherzog in eine preußische Generalsuniform, nahm ihn beim Arm und setzte ihn eigenhändig wieder auf das mit Stoff bezogene Sitzpolster, den Thron. Nebenher ließ er sich als erster mit dem Roten Adlerorden mit Schwertern, dem Pour le mérite und dem badischen Karl-Friedrich-Verdienstorden behängen. Hier endlich konnte, wer wollte und gläubig genug war, das Gotteskönigtum sich in aller Schönheit entfalten sehen. Noch verrückter als die Selbsterhöhung des Prinzengenerals zu Baden war allerdings, was sich die vor Jahr und Tag noch revolutionären Berliner vor seinem Berliner Palais leisteten. Sie brachten es fertig, die Fassade des Hauses mit Girlanden und Eichenlaub zu behängen.

Dennoch war der Prinz nach seinem großen Sieg nicht vollständig glücklich. Zunächst mag es ihm gedämmert haben, daß er für die Lösung dieser kleinen Aufgabe kaum in die Geschichte im Rang eines Narses oder Belisar eingehen würde; militärische Erfolge allein schufen ja nicht die neue Welt mustergültiger Ruhe und Ordnung. Warnend und mahnend legte er den Politikern die Pflege dieser Armee wärmstens ans Herz, da sie ja gesehen hätten, wieviel Bajonette vermochten; auch Augusta wird ihn in der Ahnung bestärkt haben, daß seinem Sieg weder Dauer noch Glanz beschieden sein könnte.

Beide wußten es nur allzugenau, daß die Werke der historischen Uhren nicht rückwärts liefen. Wilhelm bemerkte mißmutig, Militär käme allein nicht gegen die Wahrheit an, die in der Zeit liege. Auch die Süddeutschen wurden ob des preußischen Sieges nachdenklich. In den Kirchen Bayerns wurden Messen gelesen, nicht in Dankbarkeit wegen der Befreiung vom Joch der Republikaner, sondern wegen der Errettung aus preußischen Klauen. Und es waren auch eine Menge Insurgenten leider entkommen, darunter Fritz Friedrich Engels, der die Gelegenheit wahrgenommen hatte, sich beim badenschen Feldzug ein wenig nützlich zu machen und von seinen Freunden wegen seiner Vorliebe fürs Militär etwas spöttisch als General bezeichnet wurde. Jener segelte, sich viel Zeit lassend, um das westliche Europa herum und setzte seinen Fuß auf englischem Boden, um sich mit seinem Freund Marx zu vereinen; daß ihn die Briten auslieferten, und wohin und an wen denn schließlich, mußte er nicht befürchten. Förmliche Völkerrechtsabkommen in Sachen Justizhilfe gab es noch kaum.

Nach dem Scheitern des Frankfurter Vorparlaments und nach den neuen Gegebenheiten aus der militärischen Niederlage hatten sich die Fronten verhärtet; die Revolution war festgefahren. Wilhelm blieb sozusagen im Felde, als er sein Hauptquartier im März 1850 in Koblenz bezog. Dank seiner enormen soldatischen Leistungen hatte ihn Preußen als Militärgouverneur in Westfalen eingesetzt. Auch sein Kommando über die in Baden stationierten Truppen behielt der Prinz von Preußen. Allmählich aber formten sich unter dem Druck der Verhältnisse die neuen Bündnisse. In Berlin entwickelte sich die Idee der Erneuerung einer deutschen Fürstenunion auf konstitutioneller Basis mit Preußen an der Spitze, die Union des engen Bundes. Dieser sollte zuletzt mit Österreich in einer zweiten Bündniskonstruktion aufgehen. Führer dieser Konzeption in der Nationalversammlung war der Österreich-Ungar Joseph Maria von Radowitz, auf den die Sprachregelung der kleindeutschen Lösung mit zurückgeht. Kleindeutsch bedeutete nichts anderes als ein Staatenbund unter Preußens Führung, ein Bund, dem nicht alle deutschen Länder beitreten mußten. Denen, die mit Österreich durch den Beitritt in einen Konflikt geraten würden, sollte die Wahl bleiben. Der Vorteil dieser Lösung lag für Friedrich Wilhelm IV. darin, daß er selbst in dieser Konstruktion eine besondere Stellung einnehmen konnte, sollte er doch so etwas wie ein erblicher Präses des neuen Bundes werden. Dieser Plan war dazu angetan, die dringenden nationalen Wünsche der Großdeutschen, wo nicht zu befriedigen, so doch in eine Lösung einzubinden, die ihnen immerhin als Teilerfolg erscheinen konnte. Zweitens entging Friedrich Wilhelm IV. dem Zwang, sich mit der Annahme dieses Titels in ein förmliches neues Kaisertum gegen Habsburg und gegen alle Tradition begeben zu müssen und dennoch von den deutschen Mitfürsten anerkannt zu werden. Während und weil Österreich zudem mit einem Aufstand in Ungarn beschäftigt war, kam ziemlich schnell Fluß in die Sache. Gegen Ende

Mai 1849, unabhängig von den Badenschen Ereignissen, aber nicht ohne Zusammenhang mit den übrigen Entwicklungen, traten Sachsen und Hannover zu Preußen in ein neues Bundesverhältnis, zu Schutz und Trutz, wie es hieß. Den Schutz übernahm Preußen, der Trutz, also der Sinn des Bündnisses, sollte erst noch in einer Art Reichs- oder Bundesverfassung seinen Niederschlag finden. Diesem Bund traten zunächst und vor allem etliche der nord- und mitteldeutschen Fürsten bei.

Die Frankfurter blieben nicht untätig, sie spalteten sich ein wenig; 150 Abgeordnete begaben sich nach Gotha und bestellten eine sogenannte Erbkaiserpartei. Obschon sich diese armen Menschen so tief wie möglich vor Preußens Gottesgnadenkönigen gebeugt hatten, fand ihr Kniefall keinerlei Billigung bei Friedrich Wilhelm IV., der fürchtete, daß von dieser Partei eine Neuauflage der 48er Revolte ausgehen könnte, aber den Radowitz machten er schließlich doch zum preußischen Außenminister, was nicht viel bedeutete.

Da Bewegung in die Politik gekommen war, griff auch Augusta wieder in das Geschehen ein, und zwar so vehement wie wirkungslos. Für den neuen Gothaer konstitutionellen Konstitutionalismus waren alle guten Deutschen, sofern sie liberal waren. Es überrascht schon nicht mehr, daß Augusta immer dann nach vorn drängte, wenn eine Konstitution debattiert wurde und sei es auch nur auf dem Hinterhof eines deutschen Kleinstaates. Aber in dem einen wichtigen Punkt, aus welchen Händen ein Preußenkönig die deutsche Kaiserkrone anzunehmen in der Lage sei, sahen sich die Gebrüder Lehmann, Friedrich Wilhelm IV. und Wilhelm durch das Übergewicht ihres Militärs eher bestätigt. So stand die Prinzessin mal wieder auf der anderen, der falschen Seite. Nach der Strafexpedition, die völkerrechtlich nur schlecht gedeckt war, hatte sich allerdings erwiesen, daß sich auf deutschem Boden keine Armee fand, die Preußen standhalten konnte. Ausgenommen die Österreichs, deren reale Kampfstärke aber noch nicht erprobt war. Die Gothaer haben schließlich keine Neigung zu radikalen Lösungen entwickelt, im Gegenteil suchten sie nach dem Scheitern aller Pläne und Ideen der Paulskirche nach schwächeren politischen Alternativen und fanden im Angebot der kleindeutschen Lösung einen diskutablen Vorschlag. Nebenbei bemerkt, stand Bismarck auf der Gegenseite und nannte, was sich um die National-Konstitutionellen abspielte, schlicht und zutreffend einen deutschen Schwindel. Augusta aber war in jenen Tag mit den Berliner Verwandten aneinandergeraten. Sie wurde eben nicht klug und suchte selbst in der Nähe ihres Schwagers nach Verbündeten. Allein, sie stärkte nur ihren Ruf, eine listige Intrigantin zu sein, vor der man auf der Hut sein mußte. Neuerlich stand sie im Verdacht, sich dem süddeutschen Katholizismus anzunähern, eine Kryptokatholikin zu sein.

Die Umstände brachten eine längere Trennung zwischen Augusta und Wilhelm mit sich, so wurden um so mehr Briefe geschrieben. Auch in der zurückliegenden Zeit pflegte sich das Paar bei Abwesenheit des anderen regelmäßig Briefe nachzuschicken. Aber es sind merkwürdige Episteln, die sie einander zukommen ließen; Wilhelm schiebt unvermutet etwas ein, was einen exemplarischen, apodiktischen Charakter hat. Man gewinnt den Eindruck, zumindest die eine oder andere Textstelle ist gar nicht für seine Frau, sondern für die nachlebende Öffentlichkeit bestimmt. Augusta ihrerseits ist meist aktuell, will das Augenmerk ihres Gatten auf etwas Bestimmtes richten, auf einen Mangel, einen seiner Fehler, worauf er dann in der oben beschriebenen Weise reagiert und ihr eine Belehrung erteilt. In den Auseinandersetzungen jener Tage des heiß debattierten Nationalkonservatismus versicherte Augusta ihrem Gatten jedoch, weiter mit ihm völlig einer Meinung zu sein. Aber sie schränkte ein: ob sie die Kraft habe, nach seinem Willen und ihm zu Gefallen zu handeln, wisse sie nicht. Das Paar ist an einem Punkt angekommen, wo man sich gut genug kennt, um zu wissen, wie schwer sich der andere umstimmen, durch Argumente beeinflussen läßt, und wo beide zugleich die Grenze kennen, die sie nicht überschreiten können, ohne eine Katstrophe auszulösen. Ihr Gatte hatte einen der so lange herbeigesehnten Erfolge als Militär, er ist in die politische Arena zurückgerufen worden, Männer begegnen ihm voller Respekt, Frauen beten den ältlichen Gardeoffizier nach wie vor an. Er ist schwieriger denn je im Umgang. Was er nicht erreichen konnte: Den Zeitengang in seinem Sinne zu beeinflussen; politisch ist die Partie völlig offen.

Wenn Augusta ihrer Handlungen nicht sicher sein konnlte, wie sie ihrem Gatten schrieb, wenn sie Kontakt zu Leuten unterhielt, die ihrem General feindlich gesinnt waren, oder ihn zumindest skeptisch beurteilten, dann fragt es sich doch, worüber sie mit ihm denn einer Meinung gewesen sein will. Sein

Mißtrauen gegenüber diesen beschwichtigenden Äußerungen seiner Frau war nicht ganz ohne Gründe. Er wußte, und man trug es ihm eilfertig zu, daß in seinem Haus an der Vorstellung gearbeitet wurde, über den Nationalkonsens in eine Bewegung zu kommen, an deren Ende ein gesamtdeutsches Parlament, die Krone auf Verfassungsbasis liegen konnten; konnten, denn entscheidend war und blieb das junkerliche Offizierskorps, viel mehr dessen ökonomisches Interesse. Für Wilhelm hatte der Hauskonflikt aber auch eine größere Dimension; mit dem Bruder wußte er sich zwar in dieser einen Frage ganz einig, kannte aber auch dessen schwankendes Temperament, was sie beide vielen Gefahren aussetzte. In mündlichen Auseinandersetzungen mit seiner Frau Augusta pflegte er zu unterliegen, sie überschüttete ihn mit allerlei Nachrichten, guten und noch mehr schlechten. Ihre Vorstellungskraft produzierte eine Menge Bilder, denen er die reale Gefahr einer Niederlage entnahm und entnehmen sollte. Ihm lag bestenfalls daran, in seinem Haus alles in Ruhe zu stellen.

Er wendet sich an seinen Weimarer Schwager, ersucht ihn um Vermittlung bei der Schwiegermutter Maria Pawlowna und bittet ihn, die Mutter zu veranlassen, ihre Tochter an die Pflicht zu gemahnen, die ihr ihm gegenüber obliege, also das Maul zu halten, auf gut deutsch. Er sagt deutlich, was er befürchtet, nämlich, daß ihm Augusta durch unbedachte oder eben nur allzu bedachte Äußerungen das Konzept verderben könnte. »Bei ihrem Oppositionsgeist sehe ich demnach große Unannehmlichkeiten voraus, da sich alles als Mangel an Kraft auslegen läßt.« Mangel an Kraft? Wenn Augusta für diesen neuen Nationalkonstitutionalismus in kleindeutscher Variante öffentlich schwärmte, und wenn umgekehrt der Militärgouverneur von Baden, ihr Gatte, mit seinem König von diesem eine Neuauflage des Frankfurter Theaters befürchtete, dann läßt sich kein tieferer Gegensatz denken und wenig Gemeinsamkeit finden, wie sie Augusta plötzlich entdeckte. Nein, man war nach so vielen Jahren Krieg einander müde geworden und suchte offenbar nach bequemen Wegen, um auf ein erträgliches Verhältnis zu kommen.

Solange die Prinzessin in Berlin lebte, stand sie wenn nicht unter strenger Kontrolle, so doch unter Beobachtung der Hof-schranzen. Jeder Hof entwickelte seine geheimen Rituale der Aufsicht, der Kontrolle, der Denunziation, und die Lobby demokratischer Parlamente wie volksdemokratischer Kammern haben diese Tradition getreulich weiter gepflegt. Namentlich Berlin galt in dieser Beziehung für geradezu pöbelhaft denunziatorisch. Mit dem Ortswechsel seiner Gattin nach Süddeutschland sah Wilhelm neue Gefahren für die Balance ihrer Beziehungen, für den notdürftig aufrechterhaltenen Status quo ante ihrer Ehe heraufziehen.

Zunächst hatte Augusta genug damit zu tun, sich in Koblenz einzurichten. Die quälend erstarrten politischen Verhältnisse mögen ihre Willenskraft über alles Maß hinaus beansprucht haben. Gegen das sogenannte Erfurter Unionsparlament, eine neue Denkfrucht des Konstitutionalismus, hätten die Wiener am liebsten eine Neuauflage des Bundeskongresses aus deutschen Gesandten nach dem Muster des siegreichen Jahres 1815 gesetzt. Der kleindeutsche Bund blieb überdies auch noch im Ansatz stecken und zerfiel schneller als gedacht und kaum gegründet. Hannover trat aus, ehe die Unterschrift seines Geschäftsträgers unter das Beitrittsdokument getrocknet war, Sachsen zog nach, und beide schlossen mit Bayern und Württemberg ein Königsbündnis, an das sich Österreich sofort und spontan anlehnte, nach der Größenordnung mußte Wien in diesem Bund dominieren. Und vom preußischen König gingen auch keine klaren Entscheidungen aus. Bei der einen Gelegenheit meinte Augusta, Preußen stehe mitten in einem Prozeß des Zerfalls, und es bedürfe nur eines energischen Zugriffs, um die Kräfte voranzubringen, die sie selber für positiv hielt; bei anderer Gelegenheit graute ihr vor der geistigen Dürftigkeit des einzelnen Delegierten, der doch in diesem System etwas an Macht zugewinnen würde, wieder fiel sie dem mechanistischen Fortschrittsglauben der neuen Industriellen begeistert und mit der Bewunderung zu, der sie fähig war. Forscher, die ihre Ergebnisse technisch genutzt wissen wollten, Bankiers, die expandieren und Politiker vor ihren Karren spannen wollten, nahmen bei Augusta den Tee, darunter ein Chemiker Hoffmann; der trat in die Erbfolge eines Leibnitz ein, der auch den Damen zu gemütlichem Spiel auf dem Klavichord das Wesen der Monade, die er in der Retorte des Geistes gefunden, zu entschlüsseln gewußt hatte.

Was sie auf diese Weise über das gesellschaftliche Sein und Dasein erfuhr, übermittelte sie ihrem Gatten. Der mißtraute aber diesem Fortschritt. Hielt sie ihm auf seine Befürchtungen, der Staat Preußen werde eher unterhöhlt als gefördert, entgegen, daß sich die Verhältnisse seiner Ansicht nach seit den Kriegen Friedrichs mit Österreich um Schlesien nicht geändert hätten, so war er wiederum unfähig, ihr zu erklären, worin denn der Wandel bestand und wie die schönere Zukunft in einem größeren Preußen denn aussehen könnte. Ihn schüttelte die Vorstellung, der mit einem preußisch-österreichischen Krieg eintretende Präzedenzfall eines Krieges, der seiner Natur nach nicht göttlich und nicht also dynastisch bestimmt sein würde, könnte Preußen wohl an die Spitze der deutschen Staaten hinaufführen, nicht aber die guten alten sicheren Verhältnisse in einem von Fürsten regierten Deutschland erhalten, ganz im Gegenteil. Er sagte ihr, es sei eine Treulosigkeit den deutschen Fürsten gegenüber, Preußen aus den historischen Bindungen zum alten heiligen Reich zu lösen, wofür Augusta nur ein Achselzukken übrig haben konnte; sie bezog ihre seelische Energie aus den kühnen Entwürfen der Dichter und Gelehrten für die ganze Menschheit. Ganze Menschheit bedeutet in diesem Weltbild das gestalt- und überschaubare Jetzt.

Man bemerkt ganz richtig, daß sich in diesen Entwürfen kein Platz für das reale Volk des Nachmärz findet. Augusta war in ihren Ideen kühner, Wilhelm immun für den Bazillus geistiger Spekulation. In diesem Zeichen sollte er denn auch siegen, wie weiland Kaiser Konstantin das Kreuz der neuen Zeit auf dem Schlachtfeld vor sich gesehen hatte, keine Stunde früher, will sagen, als die Entscheidung herangereift war. Sie hätte es wohl gewagt, mit einer nationalkonstitutionellen Regierung und Männern vom liberal-konservativen Lager mit diesem immaginären Volk, dessen Charakter sie auf den Barrikaden kennen- und hassen gelernt hatte, in die ungewisse Zukunft eines modernen Vernunftsstaates von Fortschritts Gnaden hinein zu führen. Ein Krieg mit Österreich lag nicht auf diesem Weg. Sie wußte nur zu genau, was in den ersten Monaten 1850 bei Hofe gedacht und debattiert wurde; Friedrich Wilhelm IV. war nicht so albern, die Möglichkeit des Krieges mit Österreich als eine furchtbare Tatsache zu negieren, falls Preußen auf dem Weg der Unionspolitik, den die Sache eingeschlagen hatte, bleiben würde. Mit ihrer Warnung vor dem Zaren sollte Augusta allerdings überraschend recht behalten.

Als Wilhelm in Sondermission beim ehemaligen russischen Verbündeten anfragte, wie sich Rußland im Falle eines Krieges zwischen Preußen und Österreich stellen werde, machte ihm der Zar die Situation schmerzhaft genug deutlich: Rußland werde Preußen angreifen, falls es Österreich angreife, und umgekehrt Preußen unterstützen, falls es – und darin lag die besondere Warnung – einen Angriff Österreichs *nicht* willentlich herbeigeführt hatte. Die neue Liebe zwischen Russen und Österreichern hatte einen triftigen Grund: Beide lagen sich nach der Niederwerfung des Ungarnaufstands als siegreiche Verbündete liebend in den Armen. Wilhelm, vom Schwager Nikolaus gerüffelt, wäre auf der Weiterreise nach London zu anderen Verbündeten beinahe in der Ostsee ersoffen, aber er kam heil in England an, um sich einen ziemlich miserablen Vertrag aufnötigen zu lassen. Auch im Norden zog Preußen den kürzeren. In Sachen Schleswig-Holstein gab die Krone Länder an den Dänenkönig preis, auf die es Anspruch erhob, einstweilen, muß es heißen. Im Herbst gar stand Preußen schon wieder am Rande eines Krieges, und zwar in einer höchst verwickelten Angelegenheit, aber welche Angelegenheit war während des Nachmärz nicht verwickelt. Der hessische Kurfürst, auch das gab es noch, obschon das Reich zerfallen war und keiner Wahl- und Kurfürsten mehr bedurfte, ersuchte ebenfalls um eine Expeditionsarmee, aber um eine Armee des Bundes, vielmehr des von Österreich beherrschten Bundesrestes. Das war nach den Badenschen Erfahrungen nicht nur vernünftig, es war sogar klug: Würde Preußen marschieren, so mußte es in dieser Konstellation auf Österreich stoßen.

In Warschau trafen der Ministerpräsident Brandenburg mit Schwarzenberg (und dem jungen Kaiser Franz Joseph), als Leiter der österreichischen Außenpolitik, und mit dem Zaren zusammen, um erneut die Frage zu besprechen, was die Russen tun würden, sollte Preußen in diesem Fall gegen die Expeditionsarmee des Bundes antreten. Der Zar Nikolaus befahl ganz einfach, Preußen habe sich still zu verhalten. Bei allem Respekt vor dem Glanz der gottähnlichen Sendung des orthodoxen Christen Nikolaus und der Autorität Rußlands, hätte Wilhelm sich gar gern in diesen Krieg gestürzt. Allein die Berater Friedrich Wilhelms IV. entschieden mit ihrem Herrscher gegen die preußische Mobilmachung, was bei Wilhelm einen Tränenkrampf verursachte. Nach den Ereignissen bei Olmütz und der anschließenden Demobilisierung Preußens büßte der glücklose General Wilhelm ein zweites Mal sein Kommando ein, obschon er überall versicherte, er habe auf einen Sieg hoffen dürfen, wenn man ihn bloß gelassen hätte, und das, obgleich Preußen gar keinen Krieg führte. Die niederschmetternd mageren Ergebnisse dieses kriegerischen Jahres seien resümiert: Ein paar badische Rebellen konnten erwischt und füsiliert werden, ein erster Versuch, über verschiedene Hintertüren eine konstitutionelle Monarchie ohne Konstitution einzuführen, scheiterte breit und auch an der europäischen Bündnislage, ein wirklich ehrenhafter Sieg in einer Schlacht mit einem richtigen Gegner konnte nicht vorgewiesen werden, Schleswig und Holstein blieben bei Dänemark, die Groß- und Garantiemächte lenkten Preußens Politik bald am langen, bald am kurzen Zügel, wie eh und je seit dem Westfälischen Frieden, Österreich war im wieder auflebenden Bund deutscher Länder Präsidialmacht. Aber eine Lehre zog der Gatte Augustas doch aus den Erfahrungen dieses Jahres. »Man wird vielleicht auf einige Zeit die Wunden, die zur Sterblichkeit des Ganzen führen, verkitten, aber nicht heilen. Und von einer neuen Krisis wird es abhängen, ob Deutschland leben oder sterben soll. Leben wird es unter Preußens Leitung, sterben unter Österreichs; unter beider Leitung wird es wie bisher fortkeimen.«

Das war ein hellsichtiges Lernergebnis und ein bestimmtes, dem Einblick Augustas entzogenes anzustrebendes Ziel. Einen großen Krieg wollte Augusta nicht. Und, eigenartig, wir stoßen immer wieder auf dieses Verhalten der beiden Gatten. Wilhelm wendet sich, innerlich einsam, erklärend und mit schlecht verhohlener Klage an Augusta, schildert ihr, wie er die Lage sieht, und sie bricht nicht etwa in Triumph aus, weil sie wieder einmal recht gehabt, sondern findet zurückhaltend Worte der Tröstung. Sie ist wahrscheinlich nie soweit gekommen, ihn bis zum Ende oder überhaupt kritisch zu sehen. Als man ihr zutrug, daß er einem der Adjutanten heulend um den Hals fiel, als er die Entscheidung, sich mit seinen Truppen zurückzuziehen, nicht in seinem Sinne beeinflussen konnte, stand sie ihm hilflos tröstend zur Seite, jubelte auch nicht, als sie ihn bitter sagen hörte, das neue Preußen (das von 1849) sei am 2. November 1850 untergegangen, ein zweites Mal sozusagen, nachdem das alte am 18. März 1848 eingegangen war. Daß dieses wahre alte Preußen, für das auch der hartnäckigste Liberale ohne Scham eine gewisse Sympathie bekunden darf, glanzlos bei Jena und Auerstedt verloschen war, erwähnte kein Mensch mehr.

Dennoch endete diese Periode mit einer historischen Komödie. Dem glücklosen General, dem einen alten Esel Lehmann Tränenreich war es vergönnt, genau dieses alte Preußen, das er in seinem Handbillett gar nicht angesprochen, aus Anlaß einer Denkmalseinweihung zu beschwören. Er durfte die Garde kommandieren; kommandieren bedeutete allzeit für Wilhelm höchstes soldatisches Glück. Elf Jahre zuvor war der Grundstein für das Denkmal des Alten Fritz vor Wilhelms Haus Unter den Linden gelegt worden. Als nun rein gar nichts mehr vom neuen alten Preußen übrig, kommandierte also der General seine alten Garden: Prääääsentiert ... das Gewäähr. Oder so etwa. Ob Augusta hinter der Gardine stand und zusah, ist nur zu vermuten. Es konnte nur besser werden.

Die heiteren Tage von Koblenz

Koblenz, im Sommer 1850 …

Lieber Freund B., dieses Kommando ist ein wahres Glück. Wie Sie wissen, ist meiner Natur nichts so zuwider wie militärischer Lärm. Und die zurückliegende Zeit ist mit derlei Geräusch angefüllt gewesen, ohne daß etwas Vernünftiges dabei herausgekommen wäre, zumindest soweit ich es beurteilen kann. Ich weiß nicht, wie weit Sie in London die Ereignisse hier verfolgt haben. Im April hatten wir die Frankfurter in Berlin; der König hat die ihm angebotene Kaiserkrone abgelehnt, mit Wilhelm war er d'accord, aber ich muß gestehen, daß meine Liebe zum Konstitutionalismus in den schlechten Manieren dieser Leute seine Grenze fand. Wir sind merkwürdige Menschen; die Lieder dieses Moritz Arndt darf ich mit einiger Zuversicht lesen; einem Mann gegenüberzutreten, dessen Wäsche nicht ganz frisch ist, kann ich meine Bedenken schwer unterdrücken. Wilhelm ging es genauso. Daß Ihnen Dahlmann über den Besuch geschrieben hat, ahnte ich. Jedenfalls suchten wir die Aufregung der Herren ein wenig zu beruhigen; sie waren tief unglücklich darüber, daß Fritz sie abgewiesen. Ich bitte Sie, auch in diesem Sinne zu schreiben, die Erneuerung des Bundesstaates wird natürlich nicht unter Beseitigung der Fürstenstaaten vonstatten gehen. Sie werden mir aber leicht darin beipflichten, wenn ich Ihnen meine Gründe darlege, weshalb ich es für richtig hielt, Wilhelm dahin zu bestimmen, niemand unnötig zu brüskieren und die Delegierten einzuladen; so weit das möglich war, versteht sich. Ja, gewiß, Sie sind richtig informiert, die Idee, diese Leute einzuladen, ging von mir aus. Ich meine, das Treffen nahm den Charakter einer lockeren Unterhaltung an, bei der die Standpunkte der Krone hoffentlich deutlich wurden. Hier beeile ich mich, die Gerüchte zu zerstreuen, die von einer Ihnen so gut wie mir bekannten Quelle ausgestreut wurden, wir hätten die Lage des Königs genutzt, um uns als Königsersatz anzubieten. Ich kann Ihnen gar nicht sagen, wie sehr mich das alles gekränkt und bedrückt hat. Jedermann weiß ja, daß die aufgeworfenen Fragen einmal beantwortet werden müssen, und zwar in konstitutionellem Sinne, aber es ist keineswegs gleichgültig, wer die Krone vergibt. Übrigens, mein Sohn Fritz ist mittlerweile glücklicherweise ein eingefleischter Nationaler geworden; ihm liegt das deutsche Kaisertum näher als die Preußenkrone. Nun, darüber wird einige Zeit vergehen. Wilhelm scheint sich mit dem Gedanken anzufreunden, seinen Sohn mit einer englischen Prinzessin … aber nein, kein Wort weiter in dieser Richtung.

Ich muß Ihnen sagen, daß Sie unser Sorgenkind nicht wieder erkennen würden, hätten Sie Gelegenheit, es hier in Koblenz zu sehen. Er fühlt sich wie ein König und darf auch einigermaßen nach seinem Willen schalten. Wer außen steht, macht sich gar keine Vorstellung von der tödlich kränkenden Atmosphäre am Berliner Hof. Darunter leidet Wilhelm, ohne sich zu beschweren. Wenn Sie ihn hier regieren sehen würden, wären sie perplex; ich denke manchmal, daß W. einer anderen Zeit angehört. Er kann sogar ein wenig höflich sein, immerhin genießt er den allgemeinen Respekt, und die Tatsache, sich nicht mit Hinz und Kunz streiten zu müssen, tut ihm gut, kurz, er gleicht hier dem Friedrich Barbarossa, dem mit dem Bart, Sie wissen schon. Dank für die Zeitungen; es stimmt nicht, daß die Erschießungen auf seine persönliche Veranlassung vorgenommen wurden; ob es sich bei den Kämpfen um Kriege in Ihrem Sinne (und meinem) handelte, lasse ich unbeantwortet. Jedenfalls aber freue ich mich dieser Tage weitab von Berlin, und ich hoffe, irgendein Komet fällt auf diese Stadt und löscht das Rattennest aus, oder wir gehen für immer nach Bonn, Aachen oder sonstwohin, nur nicht zurück nach Berlin. Wir müßten dann allerdings unser Babelsberg mitnehmen dürfen.

Ja, Sie haben völlig recht, alle diese Parlamente haben sich in der Kernfrage festgefahren. Daß sich die Verhältnisse, während in Frankfurt, Gotha, Erfurt und anderswo geredet wurde, rascher entwickelten, als wir vorausgesehen haben, ist wahrlich nicht unsere Schuld. Die Annäherung Wiens an die Russen, die man in London beobachtet, kam für Wilhelm einem Erdbeben gleich. Der Zar hat ihm klar gesagt, daß eine Einmischung Preußens in österreichische Angelegenheiten Krieg bedeutet. Sie wissen wohl, daß ich seit Jahren davor warne, den Russen Ver-

trauen zu schenken. Gleichwohl bestimmen sie die europäischen Konflikte mit, nein, nicht nur mit, sie bestimmen sie überhaupt. Wilhelm hatte einen seiner Ihnen ja gut bekannten Nervenanfälle. Und ich war auch nicht in der besten Verfassung. Aber nun ist alles gut geworden, wir haben einen Kreis interessanter Menschen um uns gesammelt, von jedem einzelnen erhoffe ich mir für die Zukunft alles an Besserungen. Ihre Augusta.

Wilhelm hatte von dem Wohnungswechsel nach Koblenz das schlimmste für Augusta befürchtet. Zwar hatte sie sich während der Zeit ersten Einlebens mit Äußerungen in der Öffentlichkeit zurückgehalten und darauf verzichtet, Leute an sich zu ziehen, die ihm gegen den Strich gingen; nun aber nutzte sie die Freiheit von den Berliner Intrigen, genoß die schöne Landschaft und gab sich dem heiteren, ihr zusagenden Temperament der Rheinländer hin. Als gebürtige Thüringerin, als Weimarerin zumal, mit der Milch deutscher Klassik gesäugt, die Entzückensschreie der Frau von Schiller im Ohr, die Lobeshymnen der Humboldts, Goethes im Stammbuch als Mitgift für die kleine Prinzessin mit der unsichtbaren Königskrone an der Wiege, nahm diese nunmehr vierzigjährige Frau die Gelegenheit wahr, sich einen kleinen Hof ihres Geschmacks einzurichten. Sie fühlte sich in der Residenz ihres Gatten, des Gouverneurs, im Schloß zu Koblenz, zu Hause. Hier endlich schien beinahe Wirklichkeit, was sie sich unter einem modernen Staat vorstellte, tätiger Geist, florierende Wirtschaft, Heiterkeit im freien Umgang. Der Palast selbst bot, was eine Prinzessin ihr zustehend erachtet haben mag, eine kostbare, bequeme Ausstattung, Gemälde, Musik, Behaglichkeit. Und die Residenz erweiterte den Spielraum Augustas; sie empfand, wieviel von der Umgebung für sie abhing, in der sie beide nun lebten.

Ganz leicht war der Umgang mit der reizbaren, nervösen Frau trotzdem nicht. Gelegentlich einer sie berührenden politischen Nachricht aus Berlin konnte sie hysterisch herumschreien; es häuften sich die Szenen, in denen sie ihren Gatten mit Vorwürfen überhäufte. Sie benahm sich anmaßender denn je, wie eine wahre Königin, zumindest eine Königinmutter. Der Prinz, das heimliche Unterpfand ihrer Macht, wuchs ziemlich erfreulich heran, geistig stand er ganz im Bann seiner Mutter, obschon er zur anderen Hälfte Soldat war. Hing sie selbst dem an Preußen gebundenen konstitutionellen Nationalismus an, so wurde ihrem Sohn Fritz der Traditionsstaat Preußen immer gleichgültiger. Mutter und Sohn konnten sich leicht über große Entwürfe anschwärmen, die ohne Boden waren, solange das kommende Großreich in Deutschland von Dutzenden seiner Fürsten abhing, die jederzeit Bündnisse nach ihrem Geschmack eingehen durften. Leicht genug glitten sie beide über diese Frage hinweg, die durch die ökonomische Entwicklung und auch auf diese Weise niemals ganz gelöst wurde. Selbst die erste deutsche Republik vermochte es nur, aus enteigneten und entschädigten Fürsten Kapitalisten zu machen und ihnen wirtschaftliche Macht zu lassen. Augustas Zorn richtete sich jetzt stärker gegen ihren Schwager, den regierenden König Friedrich Wilhelm IV., der es sich zu Berlin in der göttlichen Gnadensonne freilich wohl sein ließ. Nach dem Tod des alten Brandenburg, keinem großen Licht, beliebte es dem Regenten, sich mit höchst fragwürdigen Kreaturen zu umgeben. Als schienen die Zeiten der Kabinettsregierungen zurückgekehrt, wo eine dienende Figur, die keinen Widerspruch gegen eine königliche Laune laut werden ließ, die Zügel in der Hand hielt, wurde nun regiert, als stehe alles zum besten.

Augusta konnte keinen Respekt für die neue Berliner Clique aufbringen; schon die Namen der Günstlinge, Manteuffel, Westphalen, der Kultusminister Raumer, standen ihr für eine lächerliche wie gefährliche Lotter- und Günstlingswirtschaft. Sie sparte nicht mit höhnenden Bemerkungen, und Wilhelm, dem eigentlich alles Frondieren seiner Frau ärgerlich war, gab ihr nun schweigend recht. Er konnte die Situation in Berlin und Preußen auch nicht im anderen Licht sehen. In Koblenz war er, um etwas zu erfahren, auf Mitteilungen seiner Gewährsmänner aus Berlin angewiesen, aber die neue Clique ließ den Militärgouverneur einfach hängen, was diesen tief erbitterte. Er beklagte sich über diese Zurücksetzung, schrieb an seinen Bruder und an den neuen Ministerpräsidenten Manteuffel. Der Berliner Zirkel wurde immer mehr zu einem hermetisch abgeschnürten Raum. Es fiel Augusta nicht schwer, ihren verärgerten Gemahl in Koblenz mit Leuten zusammenzubringen, die ihr genehm waren.

Koblenz war keineswegs ein Wolkenkuckucksheim. Augusta band einen Mann wie Schleinitz an ihren Kreis, sie holte sich den Bankierssohn Moritz August von Bethmann Hollweg, den Bonner Juristen Clemens Perthes. Endlich war sie Mittelpunkt, ein reger Austausch von Gedanken entwickelte sich. Immer regte Augusta an, behielt ihr Ziel im Blick, dieses Preußen der Untertanen in einen Staat der Bürger zu verwandeln. Das Ruckzuck, den übergroßen Einfluß der Offizierskaste, den spröden, unmenschlichen Geschäftsgang erstarrter Bürokratie zu verändern, so gering ihre Mittel auch waren, wie sie eingesehen hatte. In solcher Atmosphäre der Ermutigung durch den Militärgouverneur, Bruder des Monarchen, mit geistiger Unterstützung seiner gescheiten Frau, wagte es der Zirkel schließlich, eine Zeitung herauszugeben, er schuf sich ein Mitteilungsorgan, das Preußische Wochenblatt, welches der sogenannten Wochenblattpartei ihren Namen lieh. Von Berlin aus gesehen, war das Blättchen mitsamt seiner Partei eine höchst ärgerliche Sache. Diese zahlenmäßig kleine, aber einflußreiche Gruppe aus Konservativen aller nur denkbaren Schattierungen hatte sich als Haupt Augustas bemächtigt. Als geborene und begabte Politikerin besaß sie zwar ein sicheres Gespür für Menschen und deren Möglichkeiten, sie förderte, wo sie konnte und wollte, hatte aber niemals auch nur eine Zeile Theorie abgesondert. Wie eine Salondame vermochte sie anzuregen, nicht zu vollenden oder bloß selbst Hand anzulegen.

Von Koblenz aus fand die Wochenblattpartei, die natürlich keine Partei im Wortsinne gewesen ist und sein konnte, Anschluß an das westliche Ausland, zum preußischen Gesandten in London, Bunsen, den Wilhelm sehr gut kannte und mittlerweile wohl auch schätzte, zu einem Herzog von Sachsen-Coburg und Gotha. Wenn von den heiteren Koblenzer Tagen die Rede ist, handelt es sich um eben diese Befreiung Augustas aus der argwöhnischen Bevormundung. Unter dem Einfluß dieses liberal-konservativen Kreises und seiner Frau Augusta veränderte sich Wilhelm selbst in auffallender Weise. Dazu trug sicherlich viel seine Verstimmung über die Berliner Clique, sein Ärger über den Bruder und König bei. Die Starrheit, mit der er seine Auffassungen Augusta gegenüber stets verfochten hatte, gehörte zu seinen Vorstellungen von der Treue zu sich selbst; ehrpusselig mauerte er sich lieber ein, als einen Fehler zuzugeben, ihm war alles bitter ernst. Immer aber hatte er sich vor einem öffentlichen Skandal gehütet; nie eine Mätresse ausgehalten, wohl war er kurzfristig Beziehungen eingegangen, deren Folgen aber stets durch den Hofminister diskret behandelt worden waren. Wilhelm hatte kein Verhältnis zu einer ehrgeizigen Intrigantin, die aus ihrer Mätressenschaft Gewinn zu schlagen suchte. Augusta verstand, daß er, der unter Soldaten erwachsen geworden war, der schon als Knabe Befehle erteilen und empfangen mußte, an keinen Austausch von Gedanken gewohnt sein konnte und seine Moral aus dem Kodex des Gardisten bezogen hatte. In Koblenz wurde er anders; frei, fand auch Wilhelm Gefallen an dieser anderen Art Gefahr, die mit geistiger Spekulation verbunden ist.

Augustas beweglicherer Geist neigte zum Angriff; stets wach, ließ sie ihm keine Ruhe, traktierte ihn mit Nachrichten. Nicht er war es, der die Frage aufwarf, das Problem stellte, sondern sie, womit sie ihn zwang, sich sozusagen als Regent über die jeweilige Sache Gedanken zu machen. Seine schwermütige Natur brauchte die sichere Stellung, stets plagte er sich mit großen Zweifeln, wollte historisch gerecht sein, aber vor allem recht behalten. Was ihn an seiner Frau mehr denn je irritierte, war der Widerspruch ihrer nervösen Natur. Bei einer geistigen Frische, die er sein Leben lang an ihr wahrscheinlich wirklich bewundert hatte, war sie körperlich anfällig und wurde später gar gebrechlich. Vor ihren Migränen, den Schwächen ihrer Organe besaß er einen heillosen Respekt, zumal sie auch den gutgemeintesten seiner medizinischen Ratschläge harsch zurückwies, die im Grunde nichts anderes waren als Mahnungen des Soldaten zur Selbstdisziplin, sich des Genusses dieser und jener Speise zu enthalten. Da konnte es passieren, daß sie ihm sagen ließ, sie fühle sich matt und müsse das Bett hüten. Ihr kräftiger, vierschrötiger Gemahl, von einer haarsträubend unverwüstlichen Gesundheit, eilte zu ihr und fand sie zum Streit aufgelegt. Er kam über den Widerspruch nicht hinweg, sie anscheinend todkrank, aber mit klaren Gedanken angriffslustig im Bett zu sehen. Ihn ärgerte ferner, daß sie niemals, darauf angesprochen, deutliche Auskünfte über ihren Zustand zu geben bereit war. Sie wich aus, wo er nach ihrem Befinden fragte, er verstand nicht, daß nervöse Unpäßlichkeit der gesündeste Teil ihrer eigentlichen Natur war. Krank, konnte sie gleichwohl eisern gerüstet in eine aufreibende Auseinandersetzung mit ihm eintreten. Sie war unvernünftig genug, sich Gelegenheiten auszusetzen, die ihr schaden mußten, wie öffentliche Auftritte bei ungünstigem Wetter und dergleichen mehr. Ein nie versiegender

Streitpunkt war das Geld für ihre ausschweifende Wirtschaftsführung. Sie legte großen Wert auf eine ausgefallene Körperpflege, kleidete sich ausgesucht nach selbsterfundenen Moden, trug sonderbaren Schmuck und legte Schminke ohne Rücksicht auf ihr Erscheinungsbild auf; allmählich formte sich die spätere Figur der Kaiserin, etwas Matronenhaft-Schrulliges nahm sie in seinen Augen ein wenig zu früh an.

Zudem hing er auch in Koblenz dem Popanz der Pünktlichkeit an, während sie sich gehen ließ, Zeit vertrödelte und lässige Züge annahm, die ihm zuwider waren. Sie nährte auch nicht grundlos den Verdacht in ihrem Gatten, sich in dem Kurfürstenschloß auf die Königinrolle im Wortsinne vorzubereiten. Daran, daß er selber noch auf den Kornblumenthron kommen könnte, glaubte Wilhelm kaum noch. Alle seine Unternehmungen schienen von vornherein das Stigma des Mißerfolgs zu tragen. Im Grunde war das, was er noch tat, für ihn selbst nur Pflicht, auch wenn er es schließlich gern tat. Übrigens waren sie beide viel unterwegs, manchmal getrennt, häufig gemeinsam, liebten sie beide das Reisen. Da kam ihnen eine freundliche Einladung aus dem nebelfernen und doch so geliebten England zupaß.

Aber dieser Einladung der englischen Victoria an das Paar zu einem Besuch stellten sich plötzlich Widerstände aus Berlin entgegen. Die Clique um Manteuffel bot alles auf, um diese Reise zu unterbinden. Was in Koblenz und auch anderswo vor sich ging, wußten die Berliner; sie konnten ja lesen, und sie kannten die Leute um das Wochenblatt. Äußerer Anlaß zu der Einladung war die Weltausstellung, die erste überhaupt. Wirtschaftliche Leistungsvergleiche kamen damit in Mode, ein Staat wollte eben auch seinen technischen und wissenschaftlichen Fortschritt an Hand von Exponaten nachweisen. Zu Koblenz hatte Wilhelm durch die Freunde Augustas eine erweiterte Sicht auf Ursachen und Wirkungen technisch-wissenschaftlicher Leistung erworben; ihm war der Gedanke nicht mehr fremd, Fortschritt und Politik stünden in einem gewissen, dennoch schwer zu bestimmenden Zusammenhang. Wie gewöhnlich empörte ihn die Bevormundung der Kamarilla; diese Bezeichnung kam für die Hofclique auf. Er bestand kategorisch darauf, die Einladung annehmen zu dürfen. Weil dies kaum zu verhindern gewesen wäre, versuchten die Berliner, Augustas Teilnahme zu verbieten. Wieviel an Einfluß auf ihr Konto kam, wußten sie also auch.

Schließlich setzte sich Wilhelm durch, er und Augusta reisten ab nach London. Und sie nahmen ihren Sohn mit.

Ganz unberechtigt war das Mißtrauen der Berliner übrigens nicht, als die Clique annahm, es könne Politisches hinter der harmlos klingenden Einladung zur Weltausstellung stecken. Die Briten mischten sich durchaus in deutsche Angelegenheiten, als sie nachfragten, wie es denn nun mit dem preußischen Parlamentarismus stehe. Die Demokratenfamilie, gemeint sind Wilhelm, Prinz von Preußen, Augusta, Prinzessin von Preußen und ihr gemeinsamer Sohn Friedrich, auch ein Prinz von Preußen, wenigstens vorläufig kein Kronprinz, wurde in London allerdings höchst familiär aufgenommen. Hier wurden Entscheidungen vorbereitet, sie taten etwas beinahe Hochverräterisches. Die Königin Victoria und ihr Gemahl, der Deutsche, wie auf der Gegenseite Wilhelm und Augusta, nahmen die Vermittlung Bunsens nicht ungern an, ihre beiden Kinder zu verheiraten.

Die kleine Prinzessin Royal Victoria zählte nun allerdings erst elf Jahre, der junge Mann Friedrich war immerhin neunzehn. Mit Spannung mag Augusta verfolgt haben, wie sich ihr Kronsohn zu der kleinen Prinzeß stellte, denn sicherlich traf diese Allianz ihre heißesten Wünsche. Alles gedieh trefflich, kurz nach diesem Besuch und als ihm die Möglichkeit einer ehelichen Verbindung mit Prinzeß Victoria angedeutet worden war, trug Fritz ein Medaillon der kleinen Dame auf der bloßen prinzlichen Haut. Ein Fortschritt an dieser wachsenden Zuneigung für alles Englische auf seiten der Besucher ist, daß der Prinz die Einführung englischer Parlamentariergewohnheiten für Preußen strickt ausschloß, wohl aber den Konstitutionalismus im allgemeinen, entsprechend dem traditionellen deutschen Föderalismus, für denkbar hielt. Keine Frage, alle bewunderten dieses Englische, Friedrich, seine Mutter und, in Grenzen, auch der Prinz von Preußen. Aber ihn stießen die Umständlichkeit der Gesetzgebung, die in manchen Fällen rein opportunistisch war, wie in allen parlamentarischen Systemen bis heute, die auf Personen bezogene Zudringlichkeit des Parlamentarismus ab. Von seinem Ursprung war er doch schon erheblich weiter entfernt, als er wohl selbst angenommen hat. Im Sommer 1853, zwei Jahre nach dem Besuch, war Wilhelm erneut in England, dieses Mal als Manövergast. Schien das Verhältnis zu England auf sicheren Beinen zu stehen, so hatte das Jahr 1851 den Franzosen einen neuen Kaiser beschert, Napoleon III.; der löste die Nationalversammlung einfach auf, setzte die Verfassung außer Kraft und veranstaltete ein Plebiszit, aus dem er als Präsident hervorging oder besser als Diktator.

Was ihr Wilhelm in die Arme trieb, geschah in dieser Zeit beinahe ohne das Zutun Augustas. Vielmehr liegen die Gründe für ihre neue Übereinstimmung im Ärger Wilhelms über die Kamarilla, also die Berliner. Oberflächlich betrachtet, scheint Wilhelm mit der Hinwendung zu England von seinen alten Ideen abgerückt. Sein Ehrgefühl war vor Jahr und Tag in Rußland tief und nachhaltig gedemütigt worden, als sich der liebe Nikolaus auf die Seite Österreichs geschlagen. Eine noch furchtbarere Demütigung im Beisein Schwarzenbergs stellte für den Prinzen die brüskierende Drohung des Zaren mit Gewalt dar; man geht kaum fehl in der Vermutung, daß er auf Treue, Ehrlichkeit und dergleichen Dinge, die im politischen Dasein Wert und Bestand zu verlieren begannen als eine Nebenfrucht des Liberalismus und Kapitalismus, hohen Wert gelegt hat. Für ihn handelt es sich um ethische Vermächtnisse. Zu einem gut Teil geht die Popularität unter den altpreußischen Militärs und Beamten auf diese Haltung zurück. Die Kamarilla bildete den genauen Gegenpol zu dieser Haltung. Sie trieb es mit den neu heraufkommenden Kräften auf die liederlichste Art und Weise, sozusagen mit Hinz und mit Kunz. Und die Verhältnisse waren so instabil wie vor Jahr und Tag.

Am 3. Juli 1853 begann mit dem Überschreiten der Grenzen des Zarenreiches von 80. Tsd. Russen nach Moldau und Walachei, türkischer Besitz, der Krimkrieg. Dieser Krieg konnte die europäischen Mächte nicht beiseite stehen lassen. Oft hatte Augusta auf das Machtstreben des Zarismus verwiesen, warnend und mahnend, aber die Kamarilla, die Berliner Clique, war noch genauso russophil wie zu Zeiten ihres Schwiegervaters, nicht aber die Masse der Preußen, sagen wir vereinfachend. Unter Augustas Einfluß hatten sich die Ansichten Wilhelms gewandelt; der Westen, die westoffene Politik der Wochenblattpartei, seine persönlichen Erfahrungen in und mit England brachten ihn schließlich in einen Gegensatz zu den Berlinern. Englands Interessen waren durch den russischen Krieg auf dem Balkan bedroht, auch Österreich konnte sich mit der Präsenz russischer Armeen vor seiner Haustür schwer abfinden. Am Ende stellte sich folgende Konstellation beinahe von selbst und natürlich her: England und Frankreich standen im Bündnis gegen die Russen auf der Seite der Türkei und betrachteten Rußland als Aggressor; Österreich verhielt sich neutral. Preußen blieb prorussisch und ebenfalls neutral. Neutral heißt aber nur, daß diese Staaten nicht aktiv in den Krieg eingriffen. Verdient haben sie alle gleichmäßig an diesem großen, langen und schweren Krieg. Die Berliner rechneten mit einem Siebenjährigen bzw. einem Dreißigjährigen Krieg, was in Anbetracht der Ressourcen auf beiden Seiten nicht ganz aus der Luft gegriffen scheint. Preußen schloß mit Österreich am 20. April 1854 ein Bündnis, um Rußland zur Räumung der beiden Fürstentümer auf dem Balkan zu bewegen. Wie das auf den Weg gebracht werden sollte, bleibt jedoch völlig unklar.

Wilhelm trat für einen Vertrag ein, den Österreich mit England und Frankreich im Dezember 1854 schloß, um den Zaren zum Rückzug zu zwingen. Viel wichtiger aber, als Wilhelms sachliche Vorschläge zur Bündnissituation, mögen für Augusta die Begleittöne gewesen sein, die er hören ließ. War das noch derselbe Mann, den sie einst vor der Zarenherrlichkeit devot hatte erstarren sehen, der jetzt bemerkte, ein Sieg Rußlands würde zugleich eine Suprematie in Europa bedeuten, eines westlichen Europa; wohl bemerkt, das Europa der Wochenblattpartei demokratischer Observanz. Suprematie hieß Hegemonie, dauernde Übermacht und Unterdrückung.

Augusta konnte mit den Erfolgen ihrer Zeit in Koblenz zufrieden sein. Was den Prinzen in der Folge erbitterte, war die Ablösung Bunsens von seinem Posten als preußischer Gesandter in England. Mit diesem Mann hatte Wilhelm zahlreiche Debatten geführt, sie stimmten nicht immer und nicht in allen Fragen überein, aber er hielt Bunsen für liberal und loyal, was viel bei ihm zählte, für beständig, aufrichtig und verläßlich, Eigenschaften, die er außerordentlich schätzte. Wütend griff der Prinz zur Feder, um sich bei Manteuffel wegen dieses Affronts zu beklagen. »Daß die Intrige mich trifft, ist doch sonnenklar«, schrieb Wilhelm. Sein Mißtrauen und sein Ärger rissen ihn zu der Behauptung fort, es seien Bestechungsgelder aus Rußland bis in das Vorzimmer des königlichen Bruders geflossen, Preußen sei an Rußland verkauft worden. Jedenfalls hatte Bunsen an der Bündniskonstruktion seinen Anteil, der durch Augusta und Wilhelm gedeckt, der ihnen genehm war. Die Kamarilla trieb es bis zum Kampf, zu dem der Prinz nicht die besten Voraussetzungen besaß. Augusta wollte oder konnte ihn nicht daran hindern, seinen Bruder brieflich direkt zu attackieren. Friedrich Wilhelm IV. befolgte die Empfehlung der Kamarilla um Manteuffel, den Prinzen in Haft zu setzen, zwar nicht, schickte ihn aber weg, für vier Wochen nach Baden-Baden. Augusta machte überall mobil, bis schließlich die Familien eingriffen. Maria Pawlowna, Wilhelms Schwiegermutter, durch ihre Tochter über die traurigen Vorgänge und die Bruderfeindschaft auf dem laufenden gehalten, intervenierte stark, Queen Victoria, die ihren neuen Verbündeten Wilhelm und eventuellen Schwiegersohn Friedrich Wilhelm gern vor Unbill bewahrt hätte, stiftete anläßlich der Silbernen Hochzeit des Paares 1854 einen großen Familienfrieden. Gemeinschaftlich nahmen die Gebrüder am Gottesdienst in der Potsdamer Friedenskirche teil, aßen friedlich im Tudorschloß des Jubelpaars Babelsberg wie in Sanssouci Gebäck und Gebackenes. Dies war eine Geste, nicht mehr.

Wer sich heute aufmacht, um das Schloß zwischen Havel und Tiefen See aufzusuchen, um des Genius loci willen, findet einen schlecht gepflegten Park, der einst wegen seiner Anlage hochberühmt war, und ein nicht minder ungepflegtes Gebäude vor. Von den Räumen sind nur einige im Untergeschoß gelegene zu besichtigen. An Bildern sind wenige vorhanden, nicht von allererster Hand, einige Kreidekartons, Porträts der Prinzen, immerhin hat Krüger sie gemacht. Etliches an Eisen- und Bronzegerät findet sich in den Vitrinen. Hier also, denkt sich der Besucher, der leider nicht auf den berühmten Oktogonturm steigen darf, um die Aussicht zu genießen, weil dort irgendein Institut residiert, fanden einige wichtige Beratungen statt.

Der Bootskorso auf der Havel nach der Rückkehr des Prinzen aus englischem Exil und eben die Versöhnungsfeier 1853. Man steht andächtig in einem sogenannten Tanzsaal, und andächtig deshalb, weil der Raum hoch wie eine gotische Kathedrale ist und nach Kirche riecht. Zu welcher Musik wurde hier getanzt? Zu einem Lutherchoral? Früher hingen in den verschiedenen Zimmern, dem Empfangsraum, den Arbeitszimmern des Paares, angeblich Aquarelle von der Hand Augustas. Sie sind verschollen, und die Museumsvorsteher können keine Auskunft darüber geben, weshalb die Bilder von der Hand Augustas nicht mehr hier hängen. Es gibt überhaupt wenig Bilder von Augusta, die anscheinend lieber selber malte, als sich malen zu lassen. Eines davon ist im Stil des Biedermeier zwar nicht im Original erhalten, so doch als Kopie. Mittelscheitel, mit tief über die Ohren hinuntergekämmtem Haar, tief dekolletiert, viel Vertrauen darf man als Anbeter Augustas zu diesem Bildwerk vielleicht nicht haben. Sollte es annähernd den Typus getroffen haben, dann hat sich die älter werdende Frau jedenfalls sehr und wohl auch sehr schnell verändert. Die erste ist üppig schön, aber so blieb Augusta nicht.

Der neue Zar Alexander II. zog seine Truppen zurück und verbündete sich neu, im Pariser Frieden. Und das Jahr 1857 rückte als ein besonderes Datum im Leben Wilhelms heran. Er wurde sechzig und schrieb sein Testament. Er nannte sich jetzt einen Greis. Er fühlte sich krank, konnte eine Zeitlang nicht reiten, weil sich sein Fuß entzündet hatte, spielte aber weiter den Gardeoffizier. Zur Silberhochzeit bekam er von seiner Frau ein Aquarell geschenkt, sie malte nach wie vor in ihrer Freizeit. Augustas Bild zeigte ein Segelschiff, mit Ritter und Edelfrau Luise, sie war inzwischen herangewachsen. Friedrich Wilhelm wird ein Jahr später, 1858, Victoria von Großbritannien heiraten, während seine Schwester Luise, Liebling ihres Vaters, gerade 20 Jahre alt ist. Seit 1856 ist sie Großherzogin von Baden, als des Großherzogs von Baden Friedrich I. Gemahlin, konnte also recht früh unter die Haube gebracht werden. Sie ist allerdings mehr die Tochter ihrer Mutter als ihres Vaters, neigt den konstitutionellen Ideen Augustas zu und teilt deren Vorliebe für alles Englische. Auch ihr Gatte, der seinem Schwiegervater ja einigen Dank schuldet aus den Tagen des Aufstands, wird mit ihr der sogenannten kleindeutschen Lösung zustreben. Daraus ergibt sich möglicherweise ein Widerspruch zu ihrer Mutter, aber ganz rein von unterschiedlichen Zielen, vielmehr schwankenden Varianten, ist die großdeutsche Theorie Augustas ja nie gewesen. Dem älter werdenden Prinzenpaar stand 1857 also die Heirat ihres Sohnes ins Haus. Der Prinz Friedrich war Offizier, natürlich, aber doch nicht so vollständig, wie ihn sich der alte Herr gewünscht hatte. Alter Herr ist hier keine Unziemlichkeit; Wilhelm bezeichnete sich selber ja als Greis, wie wir wissen. Bei der Ernsthaftigkeit seines Charakters sind auch solche Einlassungen nicht allein spaßig zu nehmen. Nun ist klar, daß ein junger Mann, auch wenn er eine Armee von der Höhe 233 zur

Höhe 234 in einer vertretbaren Frist zu befördern weiß, was nicht so einfach zu sein scheint, wie es sich die Geographen vorstellen, zwischen diesen eigenwilligen Eltern mit derart ausgeprägter Energie keinen leichten Stand hat. Körperlich war dieser Friedrich ein wahrer Mann, athletisch-kräftig, mit einem breiten und sanftem und klarem Gesicht, damals noch nicht vollbärtig. Es war Augusta leichtgefallen, ihren Sohn für die Ideale des Liberalismus aufzuschließen, geistig war er durchaus ihr Geschöpf. Leider aber hatte sie zu wenig daran gedacht, ihn nicht nur wie einen Mann aussehen zu lassen, sondern ihn auch zum Mann zu machen. Daß die Beziehung zwischen Vater und Sohn auf den Austausch sachlicher Mitteilungen und gelegentliche Rügen beschränkt blieb, entsprach ganz dem spartanisch soldatischen Ideal Wilhelms. Eine Zeitlang vermochte der Onkel Friedrich Wilhelm IV. den jungen Mann an sich zu ziehen. Aber er legte wohl zu wenig wert auf Freundschaft, um sich als verantwortungsvoller Pädagoge betätigen zu sollen. Schließlich aber setzte sich doch wieder der Einfluß Augustas auf den Sohn durch. Übrigens wußte diese Mutter auch, was sie mit der Schwiegertochter ins Haus bekommen würde. In Vicky, wie die junge Dame zärtlich genannt wurde, sah sie eher eine Verbündete als eine Feindin, die ihr den Sohn nahm. Daß sie beide in völliger Übereinstimmung diesen jungen Menschen lenken würden, daran zweifelte Augusta ebensowenig wie die junge energisch-nüchterne Schwiegertochter Victoria. So ist es denn auch gekommen.

Wilhelm, der Testamentsstifter, rechnete längst nicht mehr mit der Möglichkeit, in die Thronfolge einzutreten; sein Sohn würde ihn überrunden, soviel war für Wilhelm gewiß. Was blieb dem Sechzigjährigen? Die Anhänglichkeit seiner vielen anderen Söhne, das Offizierskorps, das den Generaloberst mit dem Charakter eines Feldmarschalls tief verehrte und in ihm das Vorbild sah. Zum Jubiläum bekam er von diesen seinen Söhnen ein Gedächtnisschild geschenkt. Aber ach, die Schlachten, die diese hochmütigen Knaben hatten eingravieren lassen, waren nicht von Wilhelm geschlagen worden. Er war bloß immer Randfigur gewesen. Und Louis Schneider brachte ein Sonderheft zum Jubeljahr heraus; der König und Bruder ließ seinem nahen Verwandten einen schönen Degen geben, machte ihn aber doch bloß zum Gouverneur der Festung Mainz, ihn bei der Besetzung des Postens eines Kommandierenden übergehend. Noch was? Die Einführung des Zündnadelgewehrs hatte Wilhelm gegen alle Widerstände durchgesetzt, bei Sedan sollten dieses Gewehr und der Korporalstock siegen. Wie so oft in seinem Leben wurde der geehrte Jubilar und Testamentar durch die Entwicklung überrascht. Wieder drehte sich das Rad der Geschichte überraschend; nach einem Schlaganfall übergab ihm der König Friedrich Wilhelm IV. die Amtsgeschäfte im Oktober 1857.

Königin für einen Tag

Berlin, im Dezember 1857 …

Der König ist krank, es lebe der König. Ich könnte nicht sagen, daß uns die Übergabe der Amtsgeschäfte mehr gebracht hat als Ärger jener Art, der mit interimistischen Ämtern nun einmal verbunden ist. Jedermann weiß, daß der König lebt, nur etwas erkrankt ist. Und gerade der Berliner Hof negiert alle Wahrheiten, die seinem eigenen Schlendriran stören könnten. Solange sie ihren König noch haben, bleibt er ihr König. Bin mit Wilhelm einig darin, daß, sollte es dahin kommen, wir wirklich Könige in Preußen werden, die Mehrzahl der Minister entfernen. Unsere Partei – lächerlich, von Partei zu reden, wo es sich um einen kleinen Kreis von Männern handelt, die wissen, was zu geschehen hat und die vor allem wissen, was sie wollen – muß das Eintagskönigtum beenden. Die oktroyierte Verfassung, wie sie im Grunde noch besteht, ohne daß sich ein Mensch darum kümmert, wird einer konstitutionellen Monarchie Platz machen. Wir alle sind fest davon überzeugt, daß uns eine Mehrheit stützen wird. Praktisch sind uns die Hände gebunden; die amtierenden Minister legen fix unf fertige Akten zur Genehmigung vor, ohne sich darüber näher auszulassen. Es ist, als lebten wir in einer belagerten Festung. Der König liegt, er kann kaum sprechen, sein Bewußtsein ist gestört, so daß er nicht viel von seiner Umgebung wahrnimmt. Die Ärzte raten zu Kuren, die bessern sollen. Aber in diesem Alter ist wohl keine wirkliche Wiederherstellung der vollen Gesundheit des Königs zu erwarten. Niemand wünscht seinen Tod, natürlich nicht, aber die förmliche Abdankung würde uns wie das Land in eine weit bessere Lage versetzen.

In Koblenz fühlte ich mich körperlich ausgezeichnet; hier plagen mich wieder die alten Leiden und Anfälle. Wilhelm kann nicht begreifen, weshalb ich oft tagelang wie im Dämmerzustand lebe, dabei launisch und aggressiv bin. Seine robustere Natur kennt dergleichen nicht. Und ich kann ihm und mir nicht helfen. Dazu dieses schauderhafte Berlin, und selbst Babelsberg bietet in dieser Jahreszeit kaum einen Trost.

Nach seinem Amtsantritt nimmt die Gestalt Wilhelms tragische Züge an. Von einem König und also auch einer Königin waren beide noch weit entfernt. Zunächst sah es sos aus, daß die Erkrankung Friedrich Wilhelms IV. einen leichten Verlauf nehme. Auch mehrere Schlaganfälle während des Sommers und des anschließenden Herbstes schienen leichterer Art und nicht bedrohlich; das Sprechzentrum war gelähmt, die Gehirnfunktion beeinträchtigt, abgesehen von den Störungen des Bewegungsapparates. Die Ärzte vermuteten, daß sich, wie häufig nach einem oder sogar einer Serie von Schlaganfällen, fortschreitend Besserung einstellen werde. Aber die Krankheit nahm einen negativen Verlauf. Für die regierende Kamarilla und die Königin bedeutete die Lähmung Friedrich Wilhelms IV. nicht etwa auch die Lähmung ihrer Geschäfte. Dieser ehrenwerten Gesellschaft mag der Gedanke nicht ganz fremd gewesen sein, ihre Kabinettswirtschaft könne schließlich auch mit einem verdämmernden König und mit einer Königinwitwe weitergehen. Allein, diesem Gedanken stellten sich zu viele ernste Hindernisse in den Weg; so war in Preußen noch nicht regiert worden. Namentlich der wachsame Bismarck, der zu Wilhelm seit langem eine besonders innere Beziehung hatte, der Prinz war sogar Pate eines seiner Kinder, beurteilte die Lage härter, als sie vielleicht gewesen; er nannte eine Haremsregierung, was die Manteuffel errichten wollten. In den zurückliegenden Jahren hatte sich Wilhelm nicht immer günstig über Bis-marck geäußert, der als Delegierter und Inhaber manch eines Amtes merkwürdige Reden hielt, allein, ihr beider Verhältnis stand doch auf sicheren Füßen. Schwerer als Bismarcks Gerede von der Haremsregierung wogen freilich etliche der verfassungsrechtlichen Bedenken. Für einen solchen Fall wie der jetzige war die Anwartschaft auf die Krone ein für allemal durch die Tradition geregelt. Westphalen mußte das Innenministerium räumen, die Königin, also die Gemahlin des kranken Königs nachgeben, und Anfang Oktober 1858 setzte Friedrich Wilhelm IV. sein Friedrich Wilhelm IV. unter die Abdankung und die Berufungsurkunde, die aus einem Prinzen und Feldmarschall und wenig geliebten Bruder einen Preußenkönig machte.

Jetzt dauerte es nur drei Wochen – Friedrich Wilhelm IV. hatte am 7. Oktober faktisch abgedankt, und am 26. Oktober leistete der Prinzregent vor den beiden Häusern des preußischen Landtags den Eid auf, nun, auf diese ominöse Verfassung und entließ das alte Kabinett bis auf den letzten Mann. Belesene Leute wissen, daß die folgende Periode als die der *Neuen Ära* bezeichnet wird, und an dieser hatte Augusta einen großmächtigen Anteil. Über den jeweils letzten Stand der Dinge war sie, die vorerst noch in Koblenz aushielt und mit ihrem Stab Hof hielt, gut unterrichtet. Wie auch schon bei anderen Gelegenheiten übernahm Augusta, die sich ganz als Königin fühlte, obschon bisher nur von einer Regentschaft in Stellvertretung die Rede gewesen war, die Rolle der Aktiveren. Wilhelm indessen sah sich noch lange nicht gesalbt und gekrönt; ihm war vieles an diesem Interim lästig, er schrieb der Augusta von einer Qual, die ihm bei der Unheilbarkeit seines Bruders auch nicht mehr genommen werden würde. Es gehörte zu seiner Natur, schwierige Probleme, die er nicht ganz überschauen konnte, sorgenbeladen anzugehen. War er erst einmal dabei, ging alles einigermaßen glatt, so schoß er wieder über das Ziel hinaus und verlor leicht jedes Maß. Augusta sah ihren Weizen blühen. Sie hatte ihren Gemahl und Regenten wissen lassen, was er tun müsse, nämlich Manteuffel und die ganze Clique davonzujagen und durch ihre Favoriten aus der Wochenblattpartei ersetzen. Anders als zur Revolutionszeit hatte sie nun durchaus ein Konzept und auch Leute an sich gezogen, denen sie es zutraute, aus der günstigen Situation etwas zu machen.

Zuerst konnte Augusta in der Tat auch Erfolge verbuchen. Die neue Ära begann mit einem gewaltigen Aufräumen durch Augusta, die nicht einmal nominell Mitregentin war. Was die staunenden Preußen sahen, was die europäische Diplomatie flugs in die Hauptstädte schrieb, was die befreundeten wie verfeindeten Verwandten feststellten, war sensationell genug: Dieser Säbelrassler, der sich ungern entschied, und schon gar nicht schnell entschied, dieser Feldmarschall an der Schwelle zum Greisenalter hatte etwas gewagt. Eingeweihte wußten oder ahnten, wieviel Einfluß aus dem Koblenzer Gezücht ihm den Nakken gesteift. Mehr aber noch als solche Realien, mögen bei dem Charakter Wilhelms Vorstellungen anderer Art bewirkt haben. Er hegte die tiefste Verachtung für dieses politische Gehabe aus

Geheimdiplomatie, Überrumpelung und Kabinettswesen. Fast alle Vertrauten der Königin – an dem einen Tag der Regentschaft, als sie mit die Fäden zog –, rückten in Ministerstellen auf; ein Süddeutscher Fürst mit einem ausgemacht miserablen, das heißt liberalen Ruf, Hohenzollern-Sigmaringen, überdies mit einem Bonaparte verwandt, ersetzte Manteuffel im höchsten Amt, das Preußen zu vergeben hatte. Sein Stellvertreter wurde ein Auerswald.

Rudolf von Auerswald verfügte in Augustas Augen über eine vorzügliche Biographie. Zur Zeit seiner Berufung hatte der Vierundsechzigjährige eine lange politische Karriere aufzuweisen. Teilnehmer an den Befreiungskriegen, war er später als Landrat und Oberbürgermeister kreuz und quer durch Preußen geworfen worden und wurde 1848 kurzfristig Ministerpräsident. Aber diese ganze Revolution war ja kurzfristig. Es nimmt sich schon fast wunderbar aus, daß sich Wilhelm ausgerechnet diesen Auerswald, ein Revolutionär doch immerhin in seinen Augen, zehn Jahre nach dem März in ein so hohes Amt schwatzen ließ, einen Mann, der notorisch in allen Landtagen zur liberalen Opposition gehört hatte. Auch hier spielte, neben dem Einfluß Augustas auf Wilhelm, sicherlich eine Rolle, daß beide Männer befreundet waren, sich vertrauten, obwohl sie gelegentlich an anderen Fronten gekämpft hatten. Dergleichen Konstellationen lagen Wilhelm sehr, als ritterlich, gentlemanlike. Schließlich aber, als Minister ohne Portefeuille, besaß Auerswald nicht die volle Amtsgewalt, was seinen Einfluß auf die Regierung freilich nicht schmälerte.

Ein Kantianer, also ein Schüler des Philosophen – auch Auerswald stammt übrigens aus Marienwerder, und allen Ostpreußen hing ohnehin der Ruf an, nicht die richtigen Preußen zu sein –, namens Flottwell, mit dem Reformer Schön befreundet, übernahm eines der wichtigen Ministerien, das des Inneren. Flottwell gehörte nun allerdings zur äußersten Rechten, der bei der Wahrnehmung seiner Amtsgeschäfte als Regierungspräsident in verschiedenen Ländern und Landschaften, darunter in der Provinz Posen, scharf gegen alle Feinde vorgegangen war und die Germanisierung der polnischen Provinz durch Ansiedlung von Deutschen zu fördern gesucht hatte. Eduard von Bonin wurde von Wilhelm zum Kriegsminister gemacht. Minister für Kultur im Kabinett der Neuen Ära wurde Moritz August von Bethmann Hollweg, der als Kopf oder Chef der Wochenblattpartei galt. Welcher von den Bethmann Hollwegs der bedeutendere ist, läßt sich an Hand der Biographie des Moritz leicht ermitteln; er stand Augusta sehr nahe. Als Jurist hatte der Mann eine Professorenkarriere hinter sich, ehe er das Kulturelle übernahm. In Berlin war er Professor, in Bonn ab 1842 sogar Kurator der Universität. Überdies besaß er gewaltigen Grundbesitz im Rheinischen und verfocht als Abgeordneter eine liberale Politik nach innen und eine Art Westöffnung nach außen. Er hinterließ uns sogar ein juristisch bedeutsames Buch über den Zivilprozeß, auch heute noch überall hoch beliebt, obschon meist ganz überflüssig. Finanzminister wurde Erasmus Robert von Patow, auch ein Minister der Revolutionszeit und Mitglied des Erfurter Parlaments. Die Liste dieser Namen deckt sich fast mit Augustas Teegesellschaft an den Donnerstagen. Einen besonderen Schlag ließ Augusta gegen Herrn von Bismarck-Schönhausen durch ihren Favoriten Alexander von Schleinitz führen. Ersterer wurde als Botschafter nach St. Petersburg verbannt und aus dem Wege geräumt, letzterer erhielt das höchst wichtige Ministerium für das Äußere, wurde also Bismarcks Vorgesetzter, wofür sich jener mit dem Ausdruck Haremsminister rächte. Bismarck war mit starken Worten immer schnell bei der Hand, zumal dann, wenn er eine Schlappe erlitten hatte. Diese kluge Frau kannte Bismarck nun schon recht gut, er war einige Male Gast in Babelsberg gewesen, hatte sich höflich devot benommen, aber Augusta nicht getäuscht. Er selbst hat sie jedenfalls zu seinen zähesten Gegnern gerechnet; sie selbst wußte in ihm einen starken Gegenspieler, sie mochte den Typ nicht, aber, so ist zu vermuten, die Stärke, die er spielte, das zur Schau gestellte Männlich-Heroische verabscheute sie noch mehr. Er war so belesen, so erzgescheit wie sie, und sie vermutete, daß er einen Plan hatte. Welchen? Das herauszufinden, hielt sie für unnötig; besser aufgehoben war Bismarck in Petersburg.

Plötzlich aber kam Glanz in das Palais Unter den Linden; zuzeiten drängten sich Hunderte geladener Gäste um ihren Herd, will sagen, Teetisch. Wie bei Preußens verbreitet, wurde getanzt, und alsbald sollte der neue Heros am Musikhimmel, Richard Wagner, hier einen begeisterten Kreis anbetender Verehrerinnen haben. Dazu mußte der ehemalige Rebell freilich erst durch Wilhelms Neffen, Ludwig von Bayern, nach München geholt werden. Kurz, es entfaltete sich der Glanz preußischen Königtums nicht im Berliner Schloß, das blieb offizielleren Veranstaltungen vorbehalten, auch nicht in Babelsberg, das in der Regel als Sommerschloß galt und erst gegen Ende des jeweiligen Sommers bewohnt war, sondern im Palais Unter den Linden. Ein würdevolles Paar bot sich der Mischgesellschaft dar; der alternde Monarch, noch immer bolzensteif, im kleinen Anzug der Garde mit Tanzsporen, kein bedeutender Unterhalter, aber ein verläßlicher, berechenbarer König; Augusta, eine alternde Frau, die überall auftauchte, eine vernünftige Bemerkung fallenließ, hier rügte, dort lobte, deren Äußerungen aufgenommen wurden nach guter alter Salonsitte, von Wilhelm jetzt nicht mehr so kritisch verfolgt. Man hatte sich in einem ziemlich langen Leben auf eine recht gemütliche und vertretbare Verkehrsform zusammengelebt. Wunder waren nicht eingetreten, aber es waren auch damals zu Weimar keine geplant worden.

Diese neue Besatzung des preußischen Staatsschiffs erregte in der Öffentlichkeit ein gewaltiges Aufsehen; schon der Begriff Neue Ära spricht für das verbreitete Gefühl, mit den neuen Leuten setze ein Umschwung und ein besseres Zeitalter ein. Daß ihm die Linke Lob spendete, machte Wilhelm mißtrauisch gegen den eingeschlagenen Weg. Auch aus dem Ausland erhielt der neue König manche Zustimmung aus London vom männlichen Pompadour der Königin Victoria, Albert, zu welcher Familie Wilhelm durch die Heirat ihrer Kinder in noch größere Nähe geraten war, kam Beifall. Revolution vom Thron aus nannten sie, was in Preußen derzeit geschah.

Wilhelm selbst vermutete jedoch weitaus sachlicher, daß es ihm kaum gelingen würde, alle schönen liberalen Hoffnungen zu erfüllen. Was ihn verärgerte, war das mehr oder minder versteckte Gerede, Augusta steuere ihn. Niemand traute ihm demnach soviel Verstand zu, etwas Vernünftiges zu tun. Augustas Feinden war keineswegs verborgen geblieben, wie sie ihre Personalpolitik betrieb, daß sie mit Einfallsreichtum einige Veränderungen im Staate Preußen vorbereitete. Und sie überschüttete den Regenten Wilhelm mit Ratschlägen, überall war sie, immer bestens unterrichtet. Ihre Lage ließ ihr in Wirklichkeit freilich in der Öffentlichkeit keinen Spielraum, in Preußen gab es keine regierenden Königinnen. Gehässiges wurde ihr nach der in Berlin üblichen Intriganz angedichtet, Mißtrauen gesäht, weil sie eine Frau war, die das Gebärgeschäft höchst mangelhaft betrieben hatte und nun in einem Alter stand, wo Nachkommenschaft kaum mehr zu erwarten. Ungefährlich waren die kleinen Angriffe auf ihre Person nicht. Der Begriff Neue Ära erfuhr eine Abwandlung in *Augustaische Ära*, ein Begriff, von der Presse einmal lanciert, der sich schnell einbürgerte. Augusta konnte mit Feinden leben, das hatte sie gelernt, sie brauchte sogar welche, um sich aufzuregen und um mobil zu machen, nicht aber Wilhelm. Hatten die Konservativen durchblicken lassen, er sei eine bloße Marionette in der Hand anderer, sagten ihm die Minister bald nach, er wisse nicht mehr genau, was er tue. Wieder kam es zu häuslichen Auftritten, er bewies ihr, wieviel Schuld sie an solchen Verbalinjurien habe; Augusta hielt entgegen, daß niemand gegen Klatsch und Gerücht und Gezücht aufkomme, daß ein kluger Mann dergleichen nicht zur Kenntnis nehme. Aber Wilhelm war kein kluger Mann, er war ein empfindlicher, ein ehrliebender Mann mit einem Komplex, der alles Verhalten regelte oder maßregelte.

Am 8. November 1858 gab der Herrscher so etwas wie eine Regierungserklärung ab, das heißt, er hielt eine Ansprache vor seinen Ministern, in der er ihnen bedeutete, was er von ihnen erwarte und was er selber zu leisten gedachte. Das Pendel, das vor wenigen Wochen für Augusta so günstig ausgeschlagen, schlug nun überraschend und glashart zurück. Wilhelm nannte die Grundpfeiler, auf welche er aufzubauen gedachte; er machte den mehr oder weniger bestürzten bis nachdenklichen Herren klar, daß ihn der abgenötigte Eid auf die Verfassung nicht aus der Gottesgnadenschaft entlasse. Neuem gegenüber wolle er aufgeschlossen sein, aber auf Exekutive und Legislative entschlossen einwirken und sich von allen Extremen fernhalten. Vor allem, so erklärte er den aufhorchenden Herren, »warne ich vor der stereotypen Phrase, daß die Regierung sich fort und fort treiben lassen müsse, liberale Ideen zu entwickeln, weil sie sich sonst von selbst Bahn brächen«.

Unter die Lupe nahmen die Zeitgenossen in ihrer Mehrheit diese Rede nicht so, wie wir es heute tun, aber wir haben es auch leichter, weil wir schon wissen, daß die Neue Ära in der alten Ära, vielmehr dem alten Schlendrian endete. Dabei wäre es auch damals leicht gewesen, sich auszumalen, wohin der Hase lief, wenn ein König sich anmaßt, die beiden Gewalten im Land nach den Gesichtspunkten seiner gottbegnadeten Einsicht zu maßregeln und diesen Humbug für religiöse Eingebung ausgibt. Es war immer das alte Lied; Wilhelm machte alle Schwenks des konservativen Lagers mit, das sich an der jeweiligen politischen Situation orientierte. Er war liberal, wenn die Liberalen in der Vorhand, und konservativ, wenn die Konservativen die Macht hatten. Er war der alte Pragmatiker der Macht, und Augusta blieb die alte Visionärin ohne Macht. Tatsächlich konnte sie nur bis zu einem gewissen Grad auf ihn einwirken. Bis zu einem gewissen Grad heißt, bis ihren Gatten als Rückschlag auf seine anscheinend entschlossenen Handlungen die zurückflutenden Wellen der öffentlichen Nachrede trafen. Innerlich war er noch immer so unsicher wie in seinen Jugendjahren; das stabilste blieb ihm der Befehl einer inneren Stimme, einer Erkenntnis zu folgen, dazu fehlte ihm Substanz. Und der Verdacht, sein Ärger gegen einen Manteuffel habe sich eher aus Gründen der verletzten Würde seiner Gottesgnadengesandtschaft gerichtet als aus konzeptionellen Überlegungen, ist so leicht nicht zu entkräften. Augusta galt ein Manteuffel vielleicht als Tropf, den sie mit einem Tritt beseitigte, nicht aber die Reaktion, die der Mann wie kein anderer in der fraglichen Ära verkörpert hatte.

Was Augusta befürchtet, wohl auch vorhergesehen hatte, vollzog sich rasch. Dem Kabinett, dem Staatsministerium der Neuen Ära war nur kurze Dauer beschieden, es zerfiel innerhalb kurzer Frist ohne Widerstand von selbst. Ein wenig wurde zwar zuvor kulturkämpferisch herumgedoktert, in allen Sachen von Belang schwenkte Wilhelm um und ein. So bedeutete er Bismarck, er habe sich vorgenommen, beide Ministerien, das des Äußeren wie das Kriegsministerium selbst zu leiten. Da fragt es sich, ob er Minister berufen hatte, um sie als Laufjungen zu beschäftigen. Einer Schreckensnachricht folgte die andere; vorderhand trat ein, was Augusta schon kannte: ihr langsamer Gemahl, der immer eine gewisse Zeit brauchte, um sich mit einer neuen Situation zu arrangieren, lebte sich in die neue Würde ein. Im Jahre 1863 ist keiner der Minister der Neuen Ära mehr im Amt, sie alle sind wieder auf subalterne Beamtentätigkeiten zurückgestuft, meist fernab Berlins verbannt. Beklagen durfte sich allerdings keiner der Herren, hatte ihnen doch der König am Tag der Einweihung schon deutlich gesagt, was er von ihnen erwartete, Beratung, nicht also Handlungen, wie sie normalerweise Minister vornehmen, zwar nicht in Preußen und nicht bislang, aber das Gerede von der Neuen Ära hatte eben doch mehr als eine Illusion belebt. Dies war nun vorbei. Bis zum Tod seines Bruders tat Wilhelm mancherlei, vor allem Kulturkämpferisches, wie oben schon gesagt, zuvor wurde er Großvater.

Im Palais Unter den Linden erblickte der Enkel Augustas und Wilhelms, der Sohn Victorias und Friedrichs, am 27. Januar 1859 nicht ganz leicht das Licht der Preußenwelt. Beinahe wäre die achtzehnjährige Victoria bei der Geburt gestorben, und der neue Preußenprinz, ein Wilhelm, trug Dauerschäden an Schultergelenk und Arm davon. Ob durch Schuld der Ärzte, wie die Mutter meinte, oder durch Gottes Ratschluß, blieb ungeklärt. Victoria war gewarnt, sie hielt deutsche Ärzte für unfähig, einen Verband anzulegen, ein Vorurteil, das noch einmal Folgen zeitigen sollte. Noch waren alle voller Freude, der Großvater ließ eine Medaille prägen. Einer kam, andere verließen diese Welt, in der es sich doch leben ließ; im Juni 1859 starb die Urgroßmutter des neuen Wilhelm, die russische Großfürstin und Weimarer Herzogin Maria Pawlowna hochbetagt; im November 1860 folgte ihr die Zarewna, Wilhelms Schwester Charlotte, nicht ganz so alt und längst verwitwet. Als sich die Großmächte anschickten, in die italienischen Angelegenheiten einzugreifen, das heißt, einen Krieg zwischen Italien und Österreich anzuzetteln, schlug der preußische Gesandte am Petersburger Hof, Herr von Bismarck, seinem König etwas vor, das diesem höchst sonderbar erschien. Bismarck wollte die preußische Militärmaschine gegen Österreich in Bewegung gesetzt sehen, um das innerdeutsche Problem militärisch zu lösen. Nicht das erste Mal griff dieser Bismarck mit merkwürdigen Vorschlägen in die hohe Außenpolitik ein; und auch hier ist die Frage erlaubt, ob der spätere Kanzler seinen Vorschlag ernsthaft erwogen wissen wollte. Selbstredend lehnte es der König ab, auch nur einen Augenblick darüber nachzudenken, ob Preußen Österreich in den Rücken fallen dürfe, von allen sachlichen Einwänden gegen diesen abenteuerlichen Plan abgesehen.

Briefpartner Karl Alexander, dem diese Idee zu Ohren gekommen war, und wie sollte sie das nicht, erhob Vorwürfe ob des wahnwitzigen Einfalls, und der Schwager beruhigte ihn; man dachte wieder einmal darüber nach, wie Bismarck loszuwerden sei, da er sich offenbar nicht kaltstellen ließ. Daß Augusta ein wenig an den Drähten der Puppen gezogen hatte, liegt auf der

Hand. Krieg lag nicht in ihren geistigen Spekulationen; so mag sie es für absurd gehalten haben, auf Bismarck, dessen Wirken sie aus der Ferne beobachtet, und seine Einfälle einzugehen. Zeiten des Säbelrasselns waren nicht die ihren. Wilhelm kam mit seiner Mobilmachung zu spät; glücklicherweise, mag Augusta geseufzt haben. Als Gelegenheit war, die Idee des Herrn von Bismarck-Schönhausen in Taten umzusetzen, durch diplomatische Schritte die Initiative zu behalten, ein wenig zu drohen und ein bißchen zu verhandeln, wie es Machtpolitiker überall und zu allen Zeiten getan haben und bis heute tun, da hatte Wilhelm seinen Gesandten mopsen wollen; so schrieb er dem Schwager nach Weimar. Unter mopsen ist vielleicht nicht der regelrechte Hinauswurf zu verstehen. Wie auch immer, die Gelegenheit war vertan, falls es eine war und nicht bloß ein Abenteuer geworden wäre.

Zwischenzeitlich aber befaßte sich der neue König mit dem, wovon er nur einen schwachen Begriff besaß, mit der Kultur. Freilich war ihm dieses Geschenk des Kulturkampfs gemacht worden, er hatte sich nicht nach dieser Art Auseinandersetzung gerissen. Die preußisch-deutschen Patrioten erinnerten sich anläßlich einiger herannahender Gedenktage ihrer republikanischen Vorkämpfer und gedachten, ihnen verschiedene Denkmäler zu errichten, eines für den Turnvater Jahn, eines Zuchthäuslers eigentlich bloß, der nur durch die Gnade König Wilhelms wieder ein wenig turnen durfte, eines für den Freiherrn vom Stein, der ein gewaltiger Mann war und dem Deutschland nicht nur ein Denkmal, sondern ein Monument zu weihen gehabt hätte, ein weiteres für den Freund der Deutschen, für Friedrich Schiller, den Wilhelm, auf Grund seiner Biographie, allerdings kaum für einen Dichter hielt, sondern für einen Deserteur, und wenn Schiller doch ein Dichter war, so lohnte es sich nicht, darüber zu reden, da ihm nur Schauspiele wie »Die Räuber« und einige andere Schändlichkeiten eingefallen waren, etwa der Tell, einen notorischen Majestätsbeleidiger. Augusta, die es noch mit der Witwe Schillers zu tun bekommen hatte, wie wir schon wissen, zu dessen Grab in Weimar die deutsche Jugend wallfahrte, hatte es wohl lange aufgegeben, Wilhelm einen höheren Begriff von Kultur zu vermitteln. Bilder, die sie ihm malte und schenkte, begriff er hingegen recht gut, da Augusta sich auf seinen Geschmack einzustellen gewußt hatte und allegorisch wurde, mit Symbolik zu hantieren wußte.

War dieser Denkmalsstreit an sich schon blödsinnig, zumal niemand mehr das Aufstellen verhindern konnte, so fiel Wilhelm auch zurück in seine alten Dummheiten eines sanften, romantischen Größenwahns. Bevor all dieses dichtende und reformierende Gesindel Denkmäler bekam, wollte er Friedrich Wilhelm III. in Stein hauen lassen, ausgerechnet einen Preußenkönig, über dessen geschichtliche Beurteilung keinerlei Meinungsverschiedenheit mehr bestand, der kein Denkmal verdiente, höchstens eins hinter den Taxusbüschen eines fürstlichen Parks versteckt, etwa zu Paretz. Obschon Wilhelm allein seines Alters wegen kaum noch ins Feld ziehen würde, zumindest nicht als wirklicher General, liebäugelte er damit, das höchste Kommando des inzwischen geschaffenen Bundesheers übertragen zu bekommen, woraus natürlich nichts wurde. Immer noch und wieder neu, blendete ihn der Schein der Macht. Als sich der Franzosenkaiser darum bemühte, mit Preußen ein Übereinkommen zu finden, oder wenigstens den Ton zu verbessern und deshalb ein Treffen vorschlug, stimmte Wilhelm zu, rückte aber mit einem so gewaltigen Haufen deutscher Fürsten an, daß an Verhandlungen nicht zu denken war. Es wimmelte von Prinzen, von regierenden Groß- und Mittelherzögen aus allen Winkelchen Deutschlands, und Wilhelm war ihr oberster Sprecher, der Primus inter pares aus dem versunkenen Heiligen Römischen Reich Deutscher Nation. Es ist kaum glaubhaft, und wenigstens wird es Augusta nicht geglaubt haben; nach zehn oder mehr Jahren bitterer, bitterster persönlicher Erfahrungen, hatte sich die fixe Idee vom Gottesgnadenfürsten im Kopf des Prinzregenten wie des Königs zur Überwelt verfestigt: Er, ein deutscher Fürst, Preußenkönig, an der Spitze fürstlicher Inzestprodukte, trat dem minderwertigen selbstgemachten Franzosenkaiser voller Aufdringlichkeit gegenüber, die dieser nicht belohnte. Daß bei dem Treffen nichts herauskam, wertete Wilhelm als einen besonderen Erfolg.

Von allen Faxen abgesehen, über die Augusta hinwegsehen konnte, kam auf diesen ihren Mann eine seiner Leib- und Lebens- und eine der Überlebensfragen zu, die Militärfrage. Hier hatte Wilhelm an sich durchaus recht, das Heer war miserabel und bedurfte einer Reorganisation, und wenn er überhaupt etwas verstand, dann vom Militär und von Militärpolitik. Allerdings brauchte man keine besonders tiefen Einblicke in das

Heerwesen zu haben, um das in langen Jahren entstandene Mißverhältnis zwischen, sagen wir, zivilem Wachstum und Stagnation der Armee zu konstatieren. Preußen gilt ja als der Hort des Militarismus schlechthin. Sieht man sich diese Periode aber aus der Nähe an, dann war der Preußenstaat Friedrich Wilhelms IV. eher schlecht geschützt. Denn seit 1815 – oder 1817 – war die Wehrverfassung beinahe unverändert beibehalten worden, während sich ringsum alles veränderte. Preußen war nächst Österreich die größte Landmacht auf deutschem Boden. Um 1860 zählte Preußen runde 18 Mio. Einwohner bei unveränderter Anzahl seiner Regimenter. Jährlich konnte Preußen 40 Tsd. Rekruten einberufen; gedient wurde bis zum 39. Lebensjahr, Linie und Landwehr, was ganz entscheidend ins Gewicht fiel. Dieses Dilemma war nicht nur den Militärs bekannt. Wilhelm hatte bereits nach dem Badenfeldzug den Abgeordneten das Heer ans Herz gelegt. Im vorliegenden Fall war die Heeresreform selbst unter parlamentarischen Bedingungen des preußischen Zweikammernsystems (und einem merkwürdigem Klassenwahlrecht!) nur schwer zu haben. Die Liberalen gebrauchten das Etatrecht natürlich als Waffe und Unterpfand gegen die Gottesgnadenmänner. Sie hatten es erlebt, daß sich ein Heer, je moderner und schlagkräftiger es war, um so besser gegen Demokraten gebrauchen ließ. Gegen Demokraten helfen nur Soldaten, dies hatte ihnen der gemütliche Wrangel nachhaltig eingebläut. Nun also sollten sie das Heer finanzieren, das sie mit flacher Klinge auseinandretrieb? Ein weiterer Streitpunkt war der Zustand der Landwehr. Um das Heer auf eine höhere Sollstärke zu bringen, mußten mehr Wehrpflichtige einberufen werden; mehr Rekruten brauchen mehr Ausbilder, Unteroffiziere, Feldwebel, mehr Gerät und Waffen, und dies alles kostete auch damals viel Geld. Die Landwehr war ein Kind der Revolution; Scharnhorst hatte ihr die Gestalt gegeben, die sie noch 1859 besaß. Die Freiwilligen der Befreiungskriege hatten in Preußen und in Deutschland eine helle Begeisterung für die Freiheit geweckt, das heißt, für die Republik schlimmstenfalls, für den Konstitutionalimus, wenn es nicht ganz so schlimm kam. Aber es ist nicht von der Hand zu weisen, daß eine Miliz dieser Art und eine Linie anderer Art nicht gut zusammenpassen können. Für Wilhelm lag der Fall indessen einfach so, daß er die Linie, also hier, das normale Heer gegen diese Miliz, die jederzeit rebellieren konnte, zu stärken wünschte. Preußens Könige besaßen die volle Kommandogewalt über Preußens Armee. Aber diese Verfassung sah auch vor, daß dem Parlament das Budgetrecht in der Finanzierung des Preußenheers zustand. Nun hatten im Landtag aber seit 1858 die Liberalen eine entschiedene Mehrheit, nämlich die absolute, was ja immer feiner ist als die einfache, aber nicht so fein wie die Zweidrittelmehrheit. Letztere war auch gar nicht nötig, nicht im vorliegenden Fall. Mit seinem Kriegsminister Bonin kam Wilhelm nicht voran; verfassungstreu verwies Bonin seinen Dienstherrn auf den Eid, den er geschworen, und schlug vor, dem Landtag entgegenzukommen, der nicht genau das Militär zu finanzieren gedachte, das ihn bei nächster Gelegenheit auflösen würde. Bonin wollte eine Reorganisation des Heeres und die Mannschaftsstärke eines Bataillons auf 800 Mann herabsetzen. Vermutlich hätte es noch einige Möglichkeiten mehr gegeben, Geld zu sparen und trotzdem das Ziel, die Armee zu modernisieren, zu erreichen. Allein, der König verwarf alle Vorschläge, feuerte Bonin und berief Roon ins Kriegsministerium.

Für Augusta deutete sich in diesem Wechsel an der Spitze eines wichtigen Ministeriums überhaupt ein Wandel an; sie schätzte Roon, sie hätte ihn vor Jahr und Tag gern zum Erzieher ihres Sohnes gemacht, war aber auf eine ehrliche Ablehnung gestoßen. Roon, der sich selbst als einen Reaktionär bezeichnete, wurde am Gedenktag der Schlacht von Leuthen, dem 5. Dezember, es ging auch jetzt nicht ohne Symbolik, ins Amt eingesetzt. Er hatte nicht nur das Vertrauen Wilhelms, auch die alten Militärs setzten Hoffnungen in Roon, die dieser dann auch erfüllte. Roon war übrigens Pommer, und ihn verband so etwas wie Junkersolidarität mit Bismarck. Und Roon unternahm auch einen Versuch, das Parlament auf die neue Ära in der Neuen Ära einzustimmen: am 5. Dezember 1859 Kriegsminister geworden, brachte er in der zweiten Februarwoche des Folgejahres einen Antrag zur Heeresreform in das Hohe Haus ein. Das kommende Heer sollte nunmehr in einer Gesamtstärke von 220 Tsd. Mann gegenüber den bisher bloß 150 Tsd. erhalten werden, über 60 Tsd. Mann mußten zu dreijähriger Dienstpflicht jährlich einberufen werden. Daß dabei ein paar Regimenter mehr abfielen, versteht sich, aber die Landwehr sollte von der Linie, also dem realen Feldheer, abgekoppelt werden. Dieser Plan kostete Geld, und zwar runde 33 Mio. Taler. Die Liberalen mäkelten ein wenig an dieser Reform herum, sie wollten nur zwei Jahre Dienstzeit gestatten und die Landwehr regulär erhalten haben, allein, sie parierten schließlich gut preußisch und stimmten dem Plan mit einer bedeutenden Einschränkung zu: Die Mehrheit, 350 Abgeordnete bei zwei Gegenstimmen, erklärte diesen Teil des Haushalts für vorläufig und behielt sich also eine Revision vor. Dies galt damals ebensowenig als eine Katastrophe, wie sich die heutigen Parlamente an den sorglosen bis leichtsinnigen Umgang mit Steuergeldern gewöhnt haben.

Verlassen wir einstweilen die reale Politik und begeben wir uns nach Potsdam, um nach einem anderen zu sehen. Es schickte sich nämlich der wahre König, Friedrich Wilhelm IV., an, die preußische mit der himmlischen Welt zu vertauschen, und aus seinem Bruder, dem Prinzregenten, einen König zu machen. Nach seiner halben Abdankung, als ihn der Schlag, Gehirnleiden steht für das Krankheitsbild bei den Chronisten, beinahe aller Lebensfunktionen beraubt hatte, war er ein wenig in Italien gewesen. Gebessert hatte sich sein Zustand jedoch nicht. Zurückgekehrt, lag er im Schloß Sanssouci ausschließlich zu Bett; vegetierte, wie Wilhelm sagte. Zuletzt erkannte der Kranke niemanden mehr, im Alter von 65 Jahren starb der König Friedrich Wilhelm IV. zu Sanssouci und machte Wilhelm damit zum Beherrscher aller preußisch Rechtgläubigen. Unterdessen war das calvinistische Bekenntnis ins allgemein protestantische erweitert worden, was vielleicht als so etwas wie eine verspätete Gründung einer Staats- oder Fundamentalkirche nach englischem Muster gedacht war. Während des Todeskampfes seines Bruders hatte sich Wilhelm im Schloß aufgehalten; er bewohnte die sogenannten Damenzimmer, obschon der Alte Fritz dort höchstwahrscheinlich nie eine Frau und schon gar keine Dame unter seinem Dach geduldet haben würde. Am 2. Januar 1861, kurz nach Mitternacht, verschied der König Friedrich Wilhelm IV. Das Eintags- und Interimsköniginnentum war beendet: Augusta sollte nie wieder so viel an wirklichem Einfluß auf Wilhelm haben, wie in dieser kurzen Periode der Neuen Ära.

Der Akt höherer Weihe

Der Begründer kurbrandenburgisch-preußischer Monarchie hieß bekanntlich Friedrich, als der erste Preußenkönig wurde er unsterblich, nicht so sehr wegen wirklicher Verdienste, sondern weil er es verstanden hatte, die Verhältnisse im Reich auszunutzen, um König zu werden. Die Krönung zum Herrscher über alle märkischen und ostpreußischen Dörfer und Flecken, Städte und Städtchen, über Kossäten und Ritterschaft vollzog dieser Friedrich sozusagen vorgreifend an sich selbst, indem er sich in der Schloßkirche zu Königsberg eine selbstentworfene Krone auf die Allongeperücke setzte und anschließend eigenhändig seine Frau zur Königin krönte. Die Salbungen zu König und Königin nahmen allerdings Geistliche zweier Glaubensbekenntnisse vor. Hät-ten sie gefehlt, so würde sich Friedrich ohne Zweifel selbst gesalbt haben. So geschehen am 18. Januar Anno Domini 1701, also rund 160 Jahre zurück.

Es gehörte sicherlich zu Augustas innigsten Wünschen, Königin zu werden. Und zwar sowohl wegen der damit sichtbaren Erhöhung, die eine Krone damals verlieh, als vielleicht auch der Hoffnung auf einen realen Zuwachs ihrer Hausmacht. Allein wie, unter welchen Umständen konnte sie, eine Prinzessin liberaler Allüren, einen Schwanz ehrgeiziger Parteigänger als Gefolge, mit reinem politischem Gewissen Königin von Preußen werden? Jedenfalls nur auf der Grundlage eines konstitutionellen Königtums. Das war sie nicht nur sich selbst, mehr noch war sie es ihren Verbündeten im Geiste schuldig.

Wilhelm, auf den es hier ankam, ging mit eigenen Plänen um; er wollte seine Krönung zum Anlaß nehmen, Altpreußentum sichtbar zu erneuern. Die Periode der Neuen Ära war nicht nur für Augusta ein so kurzes wie enttäuschendes Zwischenspiel geblieben. Als er ihr einige Details seiner Absicht andeutete, geriet Augusta in eine verzweifelte Panik. Was er vorhatte, erregte nicht nur ihren ärgsten Widerwillen; sie sah darin eine pragmatische Sanktion, eine Drohung: Wilhelm hatte nichts Geringeres vor, als sich wie sein Urahn zu Königsberg selbst zu krönen!

Diese Form mußte das Parlament der Preußen aufs äußerste brüskieren; denn der Streit, wie Preußens Könige Urkunden zu zeichnen haben, ob mit dem Schnörkel des Gottesgnadentums oder dem Mandat der durch den Landtag und der Regierung delegierten Macht, das war noch nicht vergessen. Dieser Brand schwelte noch, auch, und nicht zuletzt, war die Titelfrage eine Verfassungsangelegenheit von bedeutender Brisanz.

Es ist leicht, solche Vorgänge zweihundert oder dreihundert Jahre danach mit den Augen eines später Geborenen als Bagatelle zu bezeichnen; allein, es bedeutete für die Zeitgenossen des Königs, Friedrich Wilhelms IV. oder Wilhelms, eine weitreichende Entscheidung, ob sie sich unter eine Konstitution oder unter einer gottbegünstigten Person beugen wollten; und genauer hingesehen, ist es sogar auch heute bei etwas anderen Auspizien eine eminent wichtige Problematik.

Augusta, für die der Akt dieser merkwürdigen Krönung von Anno dazumal höchstens eine abgeschmackte Komödie, wenn nicht ein frivoles Spiel mit der wirklichen Religion bedeutete, sah schon, wie weit dieser geplante Mummenschanz über eine bloße Inthronisierung hinausging. Wilhelms Selbstkrönung sollte als Zeichen verstanden werden, daß es von nun an im Schnellgang rückwärts ging. Und sie mußte bald entdecken, wie bitter ernst ihm dieser Krönungsunfug war, so ernst, daß er keinerlei Vorstellungen mehr zugänglich blieb. Es nutzte also wenig, ihm vor Augen zu halten, was er selbst vor wenigen Jahren noch geäußert hatte, daß nämlich nicht einmal mit dem Sieg der Waffen über Meuterer die geschichtliche Entwicklung aufzuhalten sei und daß es anderer Konstruktionen bedurfte, um das fristgemäß abgelaufene Königtum ins nächste Jahrhundert hinein zu retten. Der alternde Mann, eingesponnen in sein antiquiertes Geschichtsbild vom gerüsteten Ritterkönig, umgeben von braven und gehorsamen Vasallen, hielt das von romantischen Literaten geschusterte Modell der deutschen Vergangenheit für ein erstrebenswertes Ziel, das der Verwirklichung durch eine Monarchenperson harrte. Diese Person wollte der Mann sein oder werden, der vor ein paar Monaten sein Testament verfaßte und sich von der Bühne der Geschichte zu verabschieden gedachte.

Aber Augusta, sich im Besitz eines anderen Bildes dieser Welt dünkend, gehörte eben zu sehr dieser kulturellen Periode an, um nicht wenigstens mit den Versatzstücken der Deutschtümelei zu liebäugeln. Gotischer Zierat, Fialen und Krabben, Rosettenfenster und hohe Spitzbögen, bunte Glasscheiben, durch die die preußische Sonne einen trügerisch-schönen Strahlenglanz zauberte, hatte sie selber genügend intus und ihrem Tudorschloß, entgegen dem Rat Schinkels, einverleibt. Da sie nichts an der Krönungsschrulle, die ihr Gefühl für einen eigenen Stil verletzte, ändern konnte, ließ sie es eben gehen und begnügte sich in ihrer intimen Clique des Teezeremoniells mit einigen anzüglichen Bemerkungen. Darin hatte sie es mittlerweile zu einer besonderen Meisterschaft gebracht. Ihre persönlichen Feinde fürchteten diese zungenschnelle Schlagfertigkeit der Prinzessin, die jede Schwäche entdeckte und bloßstellte. Bismarck, in solchen Situationen keineswegs überlegen und bei weitem nicht so gelassen, wie er sich gab, wurde wenig später zum Ziel ihres eisigen Spotts und ihrer hochnäsig-empörenden Meisterschaft im Rededuell.

Der neue König Wilhelm I. befaßte sich eingehend mit der Krönungszeremonie seines Vorfahren zu Königsberg, als sich die Frage stellte, wer ihn denn unter den Bedingungen einer halb und halb konstitutionellen Monarchie, so miserabel die oktroyierte Verfassung auch sein mochte, zum König krönen würde, ein bisher noch nicht eingetretener Fall in der Geschichte Preußens. Vielleicht der Präsident des Landtags? Oder sein persönlicher Kammerdiener? Da Augusta Sturm gegen den Gedanken lief, das Schauspiel von 1701 zu wiederholen, pflegte er seine heimliche Liebe in aller Zurückgezogenheit. Wilhelm erklärte seiner Clique zwar kategorisch, für ihn komme nur die Erbhuldigung in Betracht, aber durch welche Stände? Und welcher Bischof würde diesen Akt göttlicher Weihe vollziehen?

Wollte sich Wilhelm wirklich regelrecht krönen lassen wie einer der alten deutschen Kaiser, so mußte er ohne Zweifel zumindest eine richtige Krone haben. Man holte die alte Preußenkrone aus der Mottenkiste, wo sie seit den Tagen von Königsberg geruht hatte, besah sie und fand sie in einem mangelhaften Zustand. Das gute Stück war nicht bloß verstaubt, weil das Tragen von Kronen mittlerweile in Europa ganz aus der Mode gekommen war. Bei der Kostümprobe mit Krone, die Wilhelm sich antat, zeigte es sich, daß die alte monarchistische Monstranz nicht auf den runden Schädel des neuen Herrschers paßte, was auch begreiflich, denn sie war vor runden 160 Jahren für einen Perückenträger gegossen, getrieben, gehämmert und mit Edelsteinen geschmückt worden. Perücken fertigte man seinerzeit nach den Entwürfen französischer Sonnengötter in solch gewaltigen Dimensionen, daß der Haarhaufen bequem als Wochenbett einiger jungender Katzen dienen konnte. Was tun? Kam eine Neuanfertigung oder bloße Restaurierung und Verkleinerung des Umfangs der Krone überhaupt in Frage? Wäre die historische Patina nicht sichtbar zum Klamauk verkommen? Schließlich, wer so traditionsbewußt sein wollte, durfte die Ausrüstung eines Gottesgnadenkönigs nicht beim Krämer kaufen. Allein, ohne Krone konnte sich Wilhelm nicht vor seinem Gott sehen lassen. Also wurde eine neue Krone bestellt, nach den Abmessungen des neuen, schon ziemlich kahlen Kopfes. Immerhin wies Wilhelm – in einem Alter, wo man entweder weise wird oder anfängt zu verblöden – das Ansinnen zurück, die neue Krone, so wie sie vom Hofjuwelier kam, sicherheitshalber anzuprobieren. Eine Krone, belehrte er die Unwissenden, die ihn zur Probe drängten, werde erst beim Weiheakt aufgesetzt, nicht vorher, als sei sie bloß ein blecherner Hut.

Vergeblich hätte ihm Augusta auch bei größerer Geduld, als sie in diesem Fall aufbrachte, sagen können, daß einem Blechring mit einigen Edelsteinen darauf natürlich nicht das geringste Weihevolle oder Göttliche anhaften könne.

Augusta gewöhnte sich dann doch an die liebliche Vorstellung, Königin der Preußen zu werden, egal wie. Gleich seinem Vorgänger legte Wilhelm alle Einzelheiten der Zeremonie genau fest, verfügte zum Beispiel, daß die ihm auf den Samtkissen voran- oder nachgetragenen Gegenstände, die Insignien der Gottesgnadenmacht, unauffällig festgesteckt werden sollten. Bei der Länge der Zeremonie und der Hinfälligkeit ständischer Träger fürchtete Wilhelm die Lächerlichkeit, die beim eventuellen Herabfallen, eines Ordens vielleicht, entstehen und den Eindruck des Ganzen verderben könne. Nicht ohne ironisches Lächeln, freilich auch mit Respekt vor dem eisernen Willen dieses Herrschers zur Lächerlichkeit, hörte die kluge Augusta seine Anweisung, die Empore, auf welcher die königlich-preußischen Vasallen, Prinzen, Offiziere und Hofschranzen dem Weiheakt beizuwohnen hatten, so niedrig zu setzen, daß ihn, Wilhelm jedermann auch in voller Lebensgröße sehen kann.

Es ging dann aber doch nicht ohne Zwischenfälle ab, die bei

solchen Spektakeln offenbar immer auftreten. Um den Rahmen der Zeremonie zu vervollständigen, waren 102 Fahnen und 51 Standarten, wie die Chroniken melden, auch die neuen der vom Parlament bloß provisorisch genehmigten Regimenter, in einer Stellage untergebracht und im Königsberger Schloß aufgestellt worden. Einen Tag vor der Krönung begrub das schlecht gezimmerte Gerüst die ganze Herrlichkeit militärischer Insignien. Den neuen Herrscher hätte wahrscheinlich nicht einmal der Einsturz des Stadtschlosses von seiner fixen Idee abbringen können, sich selber zu krönen. Der gesamte zivile Mob des Landtages wie der seriösere des Herrenhauses war nach Königsberg zitiert worden. Ihnen allen erklärte der König am Vorabend des Krönungstages die eigentliche Bedeutung seines Vorhabens. Es war ein offenkundig notwendig gewordener Nachhilfeunterricht in Sachen Geschichte. »Die Herrscher Preußens empfangen ihre Krone von Gott. Ich werde deshalb morgen die Krone vom Tisch des Herrn nehmen und sie mir aufs Haupt setzen. Dies ist die Bedeutung des Königtums von Gottes Gnaden, und darin liegt die Heiligkeit der Krone, welche unantastbar ist.«

Niemand widersprach diesem offensichtlichem Unsinn, denn an keiner Stelle der Heiligen Schrift wird gesagt, daß die Bedeutung des gestifteten Königtums darin bestehe, sich selber zu krönen. Allein in der Ankündigung Wilhelms, daß er sich kraft dieses Vorganges für unantastbar halte, lag auch eine schwer zu überhörende Drohung. Augusta wußte, wie es um ihren Gatten stand, er glaubte wirklich an seinen Königsrang aus göttlichem Beschluß, hielt es für einen Frevel, nicht nur an seiner heiligen Person, sondern an Gott selbst, wenn jemand die Hand gegen ihn erhob. So war es nun allerdings jüngst schon geschehen, als ein Student auf ihn geschossen, aber verfehlt hatte. Der unsichere Schütze gab an, er habe den König töten müssen, weil dieser die Einheit der Deutschen, seinen eigentlichen und göttlichen Auftrag, nicht vollzöge. Nun ja, wo es um göttliche Beschlüsse geht, da steht eben der eine Glaube gegen den anderen, und wer die Macht hat, dem obligt die letzte Entscheidung, wer recht hat. Wilhelm hatte also Glück, es hätte ihn eine Kugel treffen können.

Früh am 18. Oktober 1861, einem sonnigen Tag, begannen die Feierlichkeiten. Vom Stadtschloß Königsberg bewegte sich unter den Klängen des Meyerbeerschen Krönungsmarschs, vom

Musikkorps des Garderegiments zu Fuß No. 1 intoniert, der Zug analog des Weges der früheren Selbstkrönung zur Schloßkirche. An der Spitze schritt der König Wilhelm I., wie wir ihn einfach schon jetzt nennen wollen, es folgten die Herolde, Leute mit den Steckkissen, dann der uralte Gemütsmensch General Wrangel; 77 Jahre alt, trug er dennoch so etwas wie das Reichspanier, schwankend, aber aufrecht, ein Symbol Preußens wie manch einer denken mochte, nicht aber Augusta, nicht an diesem Tag. Ein Oberburggraf von Brünning hielt das Reichsschwert; dem Kanzler des Reichs, einem Herrn von Zander, war das Reichssiegel anvertraut worden. Ihm zur Seite ging der uns schon bekannte Altliberale Herr von Auerswald, der doch eigentlich ein Konstitutionalist war. Einerlei, wer will bei solch einem Spektakel fehlen, und wer fragt nach Gründen? Die Krone aber durfte ein Fürst Radziwill seinem König tragen. Und der König selbst bot das Bild eines vollendeten, wiewohl etwas fetten Herrschers. Wilhelm ging bei allen Gelegenheiten in Generalsuniform, ausgenommen wenn er zu Kuren privat im deutschen Ausland weilte. So auch hier; die Uniform bildete gewissermaßen die Folie, auf der alle anderen Erhöhungen festgemacht werden konnten. Der schwarze Samtmantel des Ritters vom Schwarzen Adlerorden, den Helm auf dem Kopf, alle Orden der Kriege auf der Brust, in denen er erfolglos war und durch seine Anwesenheit in allerlei Stäben die Leute von ihrer Arbeit abgehalten hatte; so schritt der gewaltige neue Herrscher von Gottes Gnaden unter den Augen des gewöhnlichen Preußenpöbels dahin.

Augusta führte einen eigenen Zug aller Prinzessinnen an, alle gingen in makellosem Weiß. In Augustas liberalem Herzen glomm eventuell ein Zwiespalt; sie war deutsche Fürstin genug, um sich durch die Huldigung, die ihr durch den Herrn Gemahl geboten wurde, geschmeichelt zu fühlen. Ahnend, daß in der Folge nichts Gutes herauskommen würde, falls Wilhelm so fortfuhr, sah sie sich nach ihrem Sohn um. Friedrich gehörte ihr, er hing ihren Ideen an, auch er war skeptisch gegenüber den väterlichen Aufführungen. Er trug keinen Helm, also nicht die Pickelhaube, aber natürlich Uniform, da er Offizier war. Im weiblichen Gefolge befand sich die Tochter der Königin von England, Victoria, Augustas Schwiegertochter. So zog der helle Haufe in die große Schloßkirche ein. Ein Chor sang die alte Hymne Salvum fac regem. Im übrigen war auch der opponierende Teil der Familie von dem Aufwand so hingerissen wie bestürzt. Weiße Seide, goldener Brokat, grüner Samt, die Uniformen und schwarzen Rittermäntel, wahrlich, dergleichen war in Europa heute nur noch auf einer Opernbühne und für Geld zu haben. Befangen, geblendet blickte die neue Preußenkönigin nach vorn, zu ihrem Herrn Gemahl. Was tat er? Wilhelm kniete lange im Gebet vor dem Altar, dann stand er auf, ging, nachdem ihm der Krönungsmantel umgelegt worden war, ohne sich umzusehen, unbeirrt, nur Gott hinter und vor sich wissend, die Stufen hinauf zum Altar und nahm sich die Krone. Er nahm sich einfach die Krone. Augusta sah im Gesicht ihres Gatten den stillen Triumph, der mit diesem Akt der Wegnahme für Wilhelm verbunden war. Er gab ihr doch immer wieder Rätsel auf, obschon alles vorauszusehen war. Beidhändig setzte er die neue Preußenkrone auf, entschlossen, sie für immer zu behalten. Kirchenglocken fielen machtvoll ein, Kanonen schossen noch machtvoller Salut. Endlich griff der neue König nach Schwert und Zepter, hielt sie hoch, Jubel brach aus, verhalten, wie es sich versteht und der feierlichen Stunde angemessen war.

Später, nach der Zeremonie, erging sich Wilhelm wieder in seinem für einen Mann über 60 schwärmerisch anmutenden Ton. Er will angesichts der auf dem Kissen ruhenden Krone ein Zagen in der Brust verspürt und unwillkürlich die Hand zurückgezogen haben. Nach oben sehend (zum dreieinigen Gott?), will er ferner gewahr geworden sein, wieviel Kraft ihm der Anblick des Herrn am Kruzifix verliehen habe, sich diese Krone aufzusetzen. Getreu der historischen Choreographie ließ es Augusta geschehen, daß Wilhelm auch ihr die Krone aufsetzte, somit durfte sie sich für eine Königin halten. Und das hat sie auch getan. Wer ist schon frei von Eitelkeit; wen wärmt nicht die Gnadensonne, fühlt er sich nur auserkoren?

Was die Insignien betrifft, so dürfen sie nicht mit den alten Reichsinsignien verwechselt werden, der Krone des deutschen Kaisers, dem heiligen Speer Kaiser Ottos I., dem Reichsapfel. Allein Symbole müssen eben geschaffen werden, wenn sie fehlen. Schlimmer als dieser harmlose Mummenschanz war die Tatsache, daß Wilhelm aus der Zeremonie selbst einen unzeitgemäßen Anspruch ableitete, den Beruf des Königs als Berufung zur Restauration des König- oder Gottesgnadentums überhaupt aufzufassen. Dergleichen sah Augusta durchaus bevorstehend, als die Wonneschauer verebbt waren, die mit ihrer Krönung verbunden waren. Die ihn kannten, wußten, daß Wilhelm, zwar im allgemeinen entschlußlos, aber auch, hatte er sich einmal in einen seiner Einfälle eingebohrt, schwer aufzuhalten war. So gesehen war diese Selbstkrönung ein Vorspiel. Daß sich die Einstudierung im Spiegelsaal zu Versailles zehn Jahre später von der Probe zu Königsberg dann doch wesentlich unterschied, lag an Bismarck, an Roon und an Moltke, unter anderem.

Berlin, danach …

Lieber Herr von Schwe., nicht jedem war das Glück hold und ließ ihm Urlaub von unserer Krönung zu K., Dank für die Zeitungen. Es ist immer gut, nachzulesen, wie die Dinge von außen gesehen werden, wenn man allzusehr Mitspieler ist. Ich bin wahrscheinlich für den Augenblick allzu befangen, erstaunlich ist es aber immerhin, daß WIR eine solch große Anhängerschaft im Königreich haben. Für meinen Geschmack geht diese Art Königsanbetung über das gebotene Maß an Respekt für eine uralte, wiewohl überlebte Einrichtung hinaus. Oh, ich weiß, was ich sage, ich kenne meine Fehler gut genug, um mich ganz unbekümmert in unserer neuen Würde zu sonnen. Kommen wir zum Wesentlichen. Daß wir den parlamentarischen Pöbel nicht unbedingt lieben müssen, um mit ihm zu leben, hat die Entwicklung der letzten Zeit an den Tag gebracht. Nun befürchte nicht nur ich, die vielleicht alle Wendungen in den Anschauungen des Königs aus allzu großer Nähe betrachtet, daß sich aus der neuen Lage gefährliche Weiterungen ergeben werden, denen wir beizeiten etwas entgegensetzen sollten. Was haben wir schließlich mehr als unsere Kunst, zu überreden, darzulegen, mit Worten zu bessern. Die preußische Nationalversammlung konnte sich bislang nicht dazu durchringen, das Budget zu schlucken; ich sehe voraus, daß sich die Konflikte zwischen König und Regierung einerseits, und Parlament und König andererseits nach den Vorgängen in K. verstärken werden. Der König muß begreifen, daß ein Parlament schließlich ebenso gnadengestiftet sein kann wie das Königtum, wenn wir konsequent denken; die Welt ändert sich. Was mich erstaunt - und meine Schwiegertochter Victoria, die in eifrigem Briefwechsel mit Schloß Windsor steht, weshalb wir meist über die Auffassung

Ihrer Maj. Queen mother trefflich unterrichtet sind – ist die Tatsache, mit wieviel Gelassenheit man draußen die Dinge hier betrachtet. Sagte ich Ihnen dergleichen schon? Dann wiederhole ich mich; sollten wir im Umgang mit dem Parlament hier einmal wirklich alles Augenmaß verlieren, was leicht passieren kann, stehen wir vor einem 1848; glauben Sie ja nicht, daß der Brand gelöscht werden konnte. Ihre Augusta, Königin von Preußen.

Man blieb im Palais Unter den Linden No. 9 wohnen. Augusta war nunmehr Königin, und was hatte sie davon? Die Nähe zu einem König. Eine Fünfzigjährige, die zwei Kinder geboren hatte, mit einem eigensinnigen Kopf, durfte sich getrost eingestehen, daß ihren Wünschen und Vorstellungen keine Dauer und nur vorübergehend Erfolg beschieden war. Obwohl sie ihren Gatten in liberales Fahrwasser zu lenken gewünscht hatte, war ihr nicht entgangen, daß Wilhelm seinen Platz auszufüllen bestrebt war. Mag sein, dachte sie wohl, daß er sich in der neuen Würde tatsächlich außerhalb jeder Geringschätzung stehen sieht, daß ihn die Flegelei eines Oberbahnbeamten heute kaltlassen würde. Selbst als reifer Mann mit Generalsklappen hatte ihr Gatte unter einem unbegründbaren Mangel an innerer Sicherheit gelitten, sein Mißtrauen ruhte zwar auch jetzt nicht, aber Augusta sah wohl, daß sich Wilhelm von seinen Vorgängern unterschied. Zwar erweckte sein Arbeitszimmer noch immer den Eindruck äußerster Unordnung, sein Schreibtisch war eher noch voller mit Krimskrams und Erinnerungsstücken, aber seine Arbeitsmaterialien, größtenteils Militärisches oder Geschichtswerke, behielt er in Übersicht. Daß er sich hier keineswegs zur Ruhe setzte, war schon am Tagesablauf erkennbar.

Sekretäre bzw. Adjutanten besorgten in der Frühe alle schriftlichen Unterlagen und legten sie für ihn bereit. Zur Korrektur der Akten benutzte Wilhelm einen dicken weichen Bleistift, einen Zimmermannsblei, zeichnete aber mit Feder und Tinte wichtigere Urkunden. Dem Aktenstudium folgten die Audienzen der Minister und Beamten. Bei Wilhelm gab es keine wirklichen Günstlinge, nicht einmal Freunde. Augusta hatte es erfahren, zu Freundschaft war ihr Gemahl nur in bescheidenem Maße fähig, ein wohltemperierter Herrscher also, der alle nach Maß einteilte. Sie erkannte auch an, daß er sich nun bemühte, einem anderen zuzuhören, den Ausführungen zu folgen, selbst Widerspruch von Untergebenen – und ein Minister oder Feldmarschall war in seiner simplen Weltordnung ein Untergebener – vertrug er, wog Argumente ab, um sich doch immer in den Grenzen seiner Einsicht zu halten. Eine gewisse Bequemlichkeit pflegte er aber doch, wie Augusta an ihm entdeckte. An die Uniform war sie gewöhnt, allein trug er den blauen Waffenrock meist offen und schloß ihn erst wieder, wenn der Besucher eintrat. Auch hatte er die Gewohnheit beibehalten, einem befreundeten König in dessen eigener Uniform zu begegnen, was in seinen Augen wahrscheinlich den Gipfel vorstellbarer Höflichkeit im Umgang mit seinesgleichen darstellte selbst ein feindlicher Monarch stand ihm innerlich immer noch näher als ein liberaler Abgeordneter.

Außer dieser Nähe zum König durfte sich Augusta allerdings auch sagen, daß sie an seiner Seite über einen zwar riesigen Staat, nach damaliger politischer Geographie wenigstens, regierte, der von Ostpreußen bis weit nach Westen reichte. Zufälligerweise war ihr beider Amtsantritt mit einem wirtschaftlichen Auftrieb zusammengefallen, wobei das Wort zufälligerweise eher das Wechselverhältnis zwischen Politik und Konjunktur als positiven, als gefühlten inneren Zustand bezeichnet. Mit diesem König war, trotz der Turbulenzen während der vergangenen Neuen Ära, eine sehr bestimmte Hoffnung in die wachsende Stabilität der Entwicklung verknüpft. Das erkannte Augusta eher als Wilhelm, dessen Staat sozusagen ohne ihn am besten vorankam, wenn er die Fachleute unter sich ließ. Sie taten eine ganze Menge, die beiden Herrscher, weihten ein, bauten ab und wieder auf, etwa die Berliner Gerichtslaube, die sie flugs nach Babelsberg in Nähe des Tudorschlosses bringen und wieder aufstellen ließen. Politischer ging es allerdings im Landtag zu; die von einem Stinnes, Siemens, Krupp und Borsig installierte Industrie konnte wohl einen altertümelnden König und eine Königin klassizistischer Abkunft freundlich respektvoll dulden, in realiter aber hatten sie sich die Räume für ihre Visionen selber zu schaffen, was sie auch taten.

Ach, mag Augusta gedacht haben, was waren es für Zeiten, als wir mit Liberalismus einen gemütvollen Verein Idealisten vor uns hatten, mit denen man über so vieles trefflich reden konnte, nicht zuletzt über Kultur. Nach dem Amtsantritt Wilhelms I. gerieten die alten Blöcke in Bewegung, aus den Altliberalen, die das Preußenparlament bislang beherrscht hatten und es sich zuletzt ja doch entreißen ließen, was man ihnen nicht hatte entlocken können, spaltete sich eine neue Richtung ab, die Fortschrittspartei. Sie bestand aus den Leuten des politisch-ökonomisch orientierten Nationalvereins, dessen Mitglieder in allen deutschen Ländern, ausgenommen in Preußen, gehetzt wurden, und einigen Rest-Liberalen, die sich eine andere Politik wünschten. Aus Kreisen dieser Fortschrittspartei wurden die Stimmen gewaltig laut, die Augusta daran gemahnten, die Idee eines zentralistischen Deutschlands mit einem Preußenkönig an der Spitze nicht etwa sanft entschlafen zu lassen. Man war also im Grunde wieder bei der alten lahmen Schimäre der Frankfurter Versammlung angelangt, aber möglicherweise schon wieder in guter neuer Hoffnung, diesem König doch noch die Kaiserkrone von Volkes Gnaden auf den kahlen Schädel zu drükken, den er sich gerade mit einer selbstgemachten Krone geschmückt hatte. Noch aber schwebte die parlamentarische Lesung über dem Landtag wie über Wilhelm, die Heeresreform. Sie hätte jetzt endlich durch eine förmliche Verabschiedung Gesetzesrang bekommen sollen.Die neuen Fortschrittler aber warfen bloß alte Probleme neu auf, ohne was zu verabschieden, sie verlangten Herabsetzung der Militärdienstzeit auf zwei Jahre, wollten Erhalt der Landwehr, Gewerbefreiheit, Zivilehe, das heißt die rechtliche Anerkennung einer vor dem Standesamt geschlossenen Ehe, riefen nach der Regierungsverantwortlichkeit der Minister, manches mehr. Wohin die Deichsel zeigte, erwies sich also sehr schnell; das Parlament war nicht willens, sich mit einem Haushaltstitel abzuplagen; sie wollte das Schwein im ganzen auf die Schlachtbank gebracht sehen.

Im Oktober 1861 war Wilhelm selbstgekrönter Gottesgnadenherrscher geworden, im Dezember nahm die neue Fortschrittspartei den Altliberalen dermaßen viele Stimmen ab, daß sich ein völlig neues Bündnisverhältnis im Landtag abzeichnete. Mit 109 Mandaten war die Fortschrittspartei der große Sieger über die Altliberalen, das Katholische Zentrum, die Konservativen und eine sogenannte liberale Mitte; Gott allein wußte, was liberale Mitte hieß, wo nicht der Sumpf aus ewigen Opportunisten und Abwieglern. Sogar Roon, die Stütze Wilhelms in der Vorlage für die Heeresreform, hatte sein konservatives Mandat verloren. Dieser Wahlausgang traf Wilhelm wie ein Keulenschlag.

War er so tief in seine Kostümposse eingesponnen gewesen, daß er die Realität nicht mehr wahrnahm?

Augusta hätte diese Entwicklung als Fortschritt begrüßen müssen, hatte sie doch manches kleinere Scharmützel gegen die konservativen Minister und Cliquen verloren, den Krieg im ganzen aber scheinbar gewonnen. Der Wahlsieg der Linken, wie man den Fortschritt damals noch oder schon nannte, stürzte Wilhelm beinahe in Verzweiflung. Guten Willens und guten Glaubens hatte er gehofft, mit seiner romantischen Inszenierung zu Königsberg die Herzen des Volkes preußisch zu erwecken. Aber das Spektakel war spurlos am Volk vorbeigezogen. Im Januar 1862 unternahm Wilhelm einen erneuten Versuch, das Parlament patriotisch ständisch einzustimmen; in der Rede, die er zur Eröffnung der Legislaturperiode hielt, beschwor er alle Parlamentarier, das Hohe Haus in den Dienst des Vaterlands zu stellen. Niemals werde er zulassen, daß die fortschreitende Entfaltung unseres inneren Staatslebens das Recht der Krone, die Macht und die Sicherheit Preußens in Frage stelle oder gefährde. Wieder vermischte er die Rechte der Krone mit der Sicherheit seines Preußen; von Demagogie wird man dennoch kaum sprechen dürfen. Er hielt ja die Rechte der Krone für die Rechte schlechthin, andere Rechte hatte er nie gekannt und akzeptiert. In der Sache blieb die siegreiche Fortschrittspartei eisern; für sie war dieses Recht ihres Königs kein göttlich gestiftetes, sondern wurde durch eine Verfassung bürgerlich gewährt. Um das Budget mußte der neue Gottesgnadenherrscher eben wie jeder andere mit guten Gründen kämpfen, weil das Geld nicht vom Untertan, sondern vom Staatsbürger aufgebracht wurde. So lagen die Dinge, wie sie nicht einmal Augusta mehr vollständig übersah und gutheißen konnte. In der Form wurde die Absage an jede Art Staatsstreich klar und härter, als die Fortschrittspartei die Gewißheit aussprach, daß Volk und König und Verfassung ein unlösbares Band bildeten. Augusta fand ihren Herrn Gemahl, der vor kurzem noch so siegesgewiß an der Selbsterhöhung teilhatte, in der gesellschaftlichen Realität von 1862 angekommen, vor der Gewißheit seines Scheiterns bei der geplanten Wiedererrichtung des altpreußischen Untertanenstaates mutlos. Angesichts der drohenden Niederlage, die ihm sein Parlament bei Gelegenheit der Lesung der Heeresreform ohne Zweifel bereiten würde, hörte Augusta die alten Unarten ihres Gemahls, die Floskeln und Schaumschlägereien; er teilte seinem Kriegsminister mit, er werde es nicht überleben, nämlich ein Scheinkönigtum, wie es der belgische Kollege zu führen gezwungen war.

Augusta wußte und hörte zuviel von der Welt, um das Unumkehrbare daran zu negieren. Zwar war schon Friedrich Wilhelm IV. mit einer der ersten Eisenbahnen gefahren, und jetzt reisten sie selbst ja für gewöhnlich mehrmals im Jahr mit diesem neuen Verkehrsmittel, aber dem technischen Fortschritt entsprach eben längst nicht mehr die Struktur des Landes. Eventuell genügte es, abzuwarten, wie sich die nahe Zukunft gestalten würde. Nicht ahnend, daß ihrem Gemahl noch andere Möglichkeiten geboten werden könnten, dachte sie ihn sich als einen im ganzen loyalen Herrscher, der die Verfassung zu halten gewillt war, welche er beschworen hatte. Angesichts dieser parlamentarischen Verhältnisse wiegte sich die Königin vielleicht doch in dem Glauben, was sie einmal angestrebt und von Koblenz aus nicht erreichte, sei nun gleichsam als Deus ex machina preußische Wirklichkeit geworden: Die Altliberale, die Anglophilin hielt Zirkel mit ihren einstigen Favoriten, sie zog ihren Sohn und die englische Schwiegertochter näher an den Kreis heran, aber das Kommende hat sie nicht vorausgesehen. Trotz der Mehrheitsverhältnisse war die Ablehnung der Militärvorlage allerdings eher knapp; nur 177 Abgeordnete stimmten gegen den Antrag.

Wilhelm sah in der Ablehnung seiner Vorlage nur eine Katastrophe, seine schlimmsten Befürchtungen waren eingetroffen. Daher löste er, weil er nicht zum Sklaven des Parlaments werden wollte, dieses auf, was ihm verfassungsrechtlich zustand, aber er hätte seine Abgeordneten auch dann davongejagt, wenn dieser Akt mit einem Verfassungsbruch verbunden gewesen wäre. Er entzog ihnen sein Vertrauen, weil sie seinen Wünschen nicht entsprochen hatten. Da er in gewohnter Manier auch seine Minister rüffelte, die seiner Ansicht nach das Parlament in falschem Sinne beeinflußt hätten, machten sich auch die letzten Herren aus der Zeit der Neuen Ära davon, überließen einem neuerlich gedemütigten Mann der Fürsorge seiner Frau. Nur Roon, der Kriegsminister, blieb, und Ministerpräsident wurde ein Hohenlohe-Ingelfingen. Zu irgendwelchen Hoffnungen gab es indessen keinen Anlaß, war doch der Ausgang der kommenden Wahl alles andere als gewiß. Mit dem Fortschritt, das mußte sie ihrem Gatten wohl kaum noch erläutern, war keine Seide zu spinnen.

Inzwischen aber betrat ein Mann die Bühne, dem Augusta seit den Märztagen 1848 mißtraute. Bismarck kam zum Tee nach Babelsberg. Da Wilhelm in einem besonderen Verhältnis zu Bismarck stand, schienen diese Besuche nichts zu bedeuten oder bloß den Charakter eines parlamentarischen Gedankenaustausches zu haben. Kühl beobachtete Augusta einen respektvollen Mann, der sich kaum verändert hatte. Ihr Gatte beklagte, seiner Gewohnheit nach, das Schicksal, schilderte die Lage, in die ihn das Parlament gebracht, redete von seinen Sorgen, den jämmerlichen Zustand des Heeres betreffend. Bismarck stimmte ihm nicht in allen Punkten zu, er beließ es genau bei dem Aufwand an Bescheidenheit gegenüber den Pflichten, die einem König aus seiner Stellung erwuchsen.

Was war geschehen? Unter den sanften verbalen Massagen dieses Agenten der Junkerpartei nahm ihr Gatte eine ihr neue Haltung ein; der Abgeordnete Bismarck vermochte, was sie niemals geschafft und was auch kein anderer bei Wilhelm geschafft hatte, er gab diesem doch im Grunde kleinmütigen Mann das Bewußtsein einer bestimmten Sendung. War es das? Dann gelang Bismarck mehr als anderen. Wohin wollte er seinen König bringen? Augusta griff zu, flocht etwas von den Möglichkeiten ein, mit dem Parlament auf einen besseren Fuß zu kommen, die Budgetfragen seien auf der Basis von Offenlegung und Kompromiß ja durchaus lösbar. Übrigens stehe die Regierung ihrer britischen Majestät beinahe regelmäßig vor solchen Problemen, und das Inselreich wachse und befinde sich wohl dabei. Bismarck widersprach mit Vorsicht, er wendete sich an den König. Es bestünden doch wohl bestimmte Unterschiede zwischen dem englischen Konstitutionalismus und einem König in der Tradition Preußens. Überzeugt zustimmend nickte der König; nichts anderes predige er seit Jahren, bei allem Respekt vor dem United Kingdom.

Nach einigen Besuchen Bismarcks fragte die Königin direkt: Bedeuteten diese Besuche eine Veränderung in der Aufassung, daß Bismarck ein Tollkopf sei, der alles nur verschlimmere, nichts aber bessere? Man höre, daß seine Berufung zum Staatsminister nahe bevorstehe? Dies würde die ernstesten Differenzen heraufbeschwören. Wäre der Mann sich auf den Kompromiß einzulassen nicht in der Lage, was bliebe dann schließlich? Ein Lösung à la Wrangel? Augusta warnte; man habe es heute mit einem anderen Parlament zu tun als dem Landtag von 1849 und 1850; es gäre überall in Europa.

Wilhelm wies die Unterstellung zurück, er könne etwas Unerlaubtes, Hintersinniges mit diesem Mann vorhaben, der ihm manchmal wohltat, oft aber abstieß. Man sei sich darüber einig: kluger Kopf, gut zu gebrauchen, nicht aber für ein hohes Ministeramt. Einig, mit wem? Sie, Augusta, kenne keinen Mann von einigem Einfluß, der sich mit einem Bismarck verbinden würde, ausgenommen einen, den Kriegsminister. Wilhelm gab zu, daß Roon ihm geraten habe, sich den Mann Bismarck näher anzusehen. Dann schroff ablehnend, nichts sei entschieden.

Beklommen wartete Augusta das Resultat der Neuwahlen ab. Der Mai 1862 brachte dann wirklich den Erdrutsch, wie die heutigen Wahlforscher sagen. Die Fortschrittspartei gewann 24 Sitze hinzu, sie gebot nun über eine Mehrheit von 133 Mandaten. Die liberale Mitte wuchs auf 96, während alle anderen Parteien verloren. Die Konservativen verfügten sogar nur noch über 11 Abgeordnete. Dieses niederschmetternde Ergebnis betäubte den 64jährigen Wilhelm; die Familie, Königin, Kronprinz und Schwiegertochter bestürmten den König, mit diesem starken Parlament endlich einen Kompromiß zu schließen. Augusta bewies ihm, daß er einen Verfassungsbruch begehe mit nicht abzusehenden Folgen, falls er ohne Haushalt, ohne Sicherung der Heeresausgaben durch das Parlament weiter nach Gutdünken Geld ausgebe. Und zuletzt, bei einem Staatsbankrott, mußte doch der Bittgang in das verhaßte Parlament angetreten werden, mit erheblich größeren Zugeständnissen an diese nicht zu brechende Mehrheit. Es mußte nicht einmal zur bewaffneten Revolution kommen; die Versammlung hielt alle Trümpfe in der Hand. Selbst seine Minister schreckten vor einem offenen Konflikt mit den siegreichen Parteien zurück. Wilhelm kämpfte mit Tränen, allein ein vernünftiger Entschluß war ihm nicht zu entlocken. Es kamen traurige Tage mit großen Spannungen. Was würde der König tun? Wollte er das Parlament unter Zwang setzen? Wilhelm, ohne einen Ausweg vor Augen, gab sich verloren. Er war gescheitert, das neue Königtum am Ende. Er werde zurücktreten, falls seine Heeresreform dem Parlament zum Opfer falle. Rücktritt, den wollte auch die Familie nicht sofort.

In Wahrheit litt er unter der wachsenden Isolierung in allen Kreisen; obgleich er gar keinen Begriff von einem Volk, schon gar nicht von einem Staatsvolk besaß, kränkte es den empfindlichen alten Mann, wenn die Berliner seiner Kutsche den Rükken zudrehten. Jede Akte, die von seinen Ministern gegengezeichnet werden mußte, hielt er in der Furcht zurück, dieser oder jener Herr könne seine Paraphe mit formalen Begründungen verweigern. Was ihn noch stärker mitnahm als diese Querelen vor der Haustür, war der Niedergang seines Rufes selbst unter seinesgleichen, mit denen er doch einst ein neues Herrschertum zu errichten gedacht hatte. Was also lag näher, als sich in dieser ausweglosen Lage mit einem Schlage zu befreien, die Krone niederzulegen und die kommende Arbeit seinem Sohn Friedrich aufzuhalsen? In der Stille seines Arbeitszimmers im Tudorschloß entwarf der König die Abdankungsurkunde.

Augusta? Vielleicht glaubte sie sich am Ziel; ihr Sohn würde an ihrer Stelle regieren, würde ihre Ratschläge in Politik umsetzen, ein neues konstitutionelles Königtum nach dem Muster Englands, nach den europäischen Erfahrungen mit Revolutionen und Konterrevolutionen errichten, in Praxis umsetzen, was notwendig ja doch einmal geschehen mußte. Nicht ohne Mitgefühl blickte sie auf den sorgenvollen alten Mann, der im Babelsberger Park auf und ab ging, sich seiner Grenze gewiß. Er wollte zur Kur fahren, seine Gesundheit wiederherstellen, den Dingen hier ihren Lauf lassen, da er die Richtung nicht mehr bestimmte. Augusta bedachte, wieviel sie seiner Nachsicht und Ritterlichkeit verdankte, wenn nicht alles. Man saß jetzt oft still beieinander, in einer besseren Gemeinsamkeit als früher; Eintracht, das war das richtige Wort für diesen neuen Ehefrieden. Alles kam ganz anders.

Es war Roon, der Bismarck als Retter des Königtums empfahl. Hatte der immer den Gedanken im Hinterkopf gehabt, trotz aller öffentlichen Niederlagen und des miserabelsten Rufs, sich einmal an erster Stelle Preußens wiederzufinden, so konnte Augusta den Märztag nicht vergessen, als ihr der Abgeordnete Bismarck einen so unsittlichen wie ungeheuerlichen Antrag gemacht. Mittlerweile war Zeit verstrichen, nur daß sich ihrer Beobachtung nach der Mann kein bißchen zivilisiert hatte. Als Abgeordneter verschiedener Gremien, ein glückloser Diplomat von 47 Jahren, fiel er meist wegen seiner bizarren Darlegungen auf, die niemand verstand. Als ihn Roon um die Mitte des September 1862 nach Berlin gerufen hatte, kannten sie beide die

Familienkonstellation viel zu gut, um mit der Tür ins preußische Haus zu fallen. Bei Augusta wäre Bismarck schon deshalb abgeblitzt, weil ihr dessen Förderer als Gegner in der politischen Arena bekannt war. In einer Ochsentour mußte sich Bismarck dem Kronprinzen Friedrich empfehlen; es war nicht Brauch bei Preußens, sich selber zur Kanzlerschaft zu drängen.

Schon einmal war sein Name im Zusammenhang mit einer Regierungsbildung gefallen, aber Friedrich Wilhelm IV. mochte den rauhen Ton dieses Junkers wie sein Auftreten nicht. Allerdings sah Bismarck klar, was auf Preußen zukommen mußte, der Konflikt mit Österreich; darüber zu reden, enthielt er sich allerdings klüglich, wohl wissend, wie rasch er sich auf der Schloßtreppe wiedergefunden hätte. Übrigens durften sich auch alle anderen in diesem Stück als Wahrsager betätigen, wäre der Gedanke an einen Bruderkrieg nicht allen als ungeheuerlich erschienen. Die Idee, anläßlich des jüngsten Krieges, der Österreichs Kräfte im Süden band, loszumarschieren und die »preußischen Grenzpflöcke einzuschlagen, so weit man komme«, ein Vorschlag des Herrn Bismarck, war von Wilhelm erschrocken zurückgewiesen worden. Soweit war man denn doch noch nicht in diesem Deutschland der Fürstenkamarilla, daß man wie ein Borgia jede Gelegenheit zur Machterweiterung nutzte.

Nun ging in diesen entscheidenden Tagen natürlich das vage Gerücht in Preußen um, Bismarck werde unter Umständen ins Ministerium berufen. Der Kronprinz gab seinen Eindruck von diesem Besuch an die Mutter weiter, von ihr erfuhren es die liberalen Parteigänger, obschon der Begriff liberal auf das ganze Lager nur mit Anmerkungen versehen brauchbar ist. Augusta setzte fest auf die Macht der Lagersituation. Ihr mutloser, zum Abdanken bereiter alter Gemahl, der sich das vollständige Scheitern aller seiner Hoffnungen eingestanden hatte, schien ihr längst am anderen Ufer. Über dieses Parlament setzte sich niemand ungestraft hinweg, schon gar nicht ein kleiner Krakeeler vom Schlage dieses Bismarcks. Der unterließ es klüglich, die Königin überhaupt gezielt zu fragen, sie aufzusuchen, deren Einfluß auf Wilhelm er richtiger einschätzte als andere. Es ist recht bezeichnend für das unbestimmte Temperament des Königs, daß er annahm, Bismarck werde sich angesichts eines übermächtigen Parlaments, einer dermaßen im Dreck steckenden Staatskarosse, dem äußeren Druck unterwerfen, vielleicht raten, und zwar zum

Rücktritt und zur Übergabe der Krone an einen jüngeren, besseren, moderneren, an den Sohn Augustas. Bismarck aber hatte dem befreundeten Roon längst angedeutet, wie sehr es seinen Hals nach dem Fallbeil, nach der realen Macht gelüstete. Nicht ohne Bangen war er zum Kronprinzen gegangen; wie weit der König dem Urteil seines Sohnes nachgab, konnte Bismarck nicht wissen.

In der ehrenwerten Familie hatte sich angesichts des mißmutigen, schwer demoralisierten Wilhelms ein Wandel abgezeichnet. Sollte Augusta allein deshalb dem drohenden Rücktritt ihres Gatten vom Königsthron entgegengestanden haben, weil ein solcher Schritt eine Rückstufung von der Königin zur Königinmutter bedeutete hätte? Über den Juli war allerdings unentwegt darüber beraten worden, wie das Problem zu lösen sei, wie ohne Minister und ohne Etat, gleichsam außerhalb des nun doch immerhin geltenden Rechts, die Staatsausgaben ungeheuer zu erhöhen seien. Das wußten selbst Gottkönige spätestens seit der französischen Revolution. Auf Dauer brachte die unkontrollierte Verschuldung nicht nur den Haushalt, sondern den Staat zu Fall. Bismarck war die große Unbekannte in der Gleichung. Die Königin führte ihrem Gemahl in einer höchst eigenhändigen schriftlichen Darstellung die Schwächen des Altmärkers vor Augen. Das Leben dieses Herrn zeichne sich durch eine dauernde Unzuverlässigkeit aus. Einmal putsche er, ein anderes Mal schlage er sich bedenkenlos auf die Seite schwärzester Reaktion, als ein Parteigänger Manteuffels. Vergeßlich war Wilhelm nicht, er entsann sich noch gut an die Koblenzer Zeit mit der Schreckensherrschaft der Manteuffelhorde. Weiter führte die Königin in ihrem Aid-memoire als Tatsache an, daß der ins Auge gefaßte Mann während seiner Abgeordnetenzeit nicht einmal den Beifall derer erweckt hatte, die ihnen beiden doch familiär nahestanden, den deutschen Fürsten. Dieses habe Bismarcks Großmachtgerede denn auch wirklich das heftigste Grauen eingeflößt. Seine Schwenkung zugunsten richtiger Auffassungen der Interessen Preußens in Deutschland habe selbst bei denen, die der geschickten Behandlung des wichtigen Stoffes volle Anerkennung zollten, kein persönliches Vertrauen erweckt.

Dies war Diplomatensprache der feinsten Art; das hieß nichts anderes, als daß einer gelegentlich die richtigen Auffassungen vertrat, was selbst Gegner anerkannten, denen aber dennoch aus der Sache kein Gewinn erwuchs, sie mißtrauten diesem Fuchs. In der Sache legte Augusta dar, wie sie den Charakter des Mannes beurteilte, der sich um ein so hohes Amt bewarb. Halt, von Bewerbung war im Juli 1862 noch keine Rede.

Im übrigen besaß Bismarck nicht eben das maßvolle, gezügelte Temperament, das man von einem untergeordneten Laufbotenminister erwartete, wie ihn sich Wilhelm wünschte. Er war aufbrausend, er war Zyniker, er nannte die Dinge beim Namen. Daß die Minister von dem Einfall, ihnen Bismarck vor die Nase zu setzen, nicht erfreut sein konnten, überrascht schon nicht mehr. Hohenlohe-Ingelfingen, ein Mensch, nachgewiesen ohne alle politische Begabung, eine bloße Figur, rümpfte die Nase, seine Meinung wiederholend, mit Bismarck werde der Bock zum Gärtner gemacht. Selbst Wilhelm mißfiel eher noch immer das persönliche Auftreten Bismarcks, der ja auch bloß bei der Landwehr und nicht bei der Linie gestanden, er war ein Ersatz, in allem. Es ist also nicht zuviel gesagt, wenn Bismarck, der ganz gewiß gut Bescheid über seine Gegner wußte, mit einigem Bangen zuerst zum Kronprinzen ging, zu einfacher Audienz. Auch Friedrich Wilhelm hatte sich unter dem Einfluß seiner Mutter Augusta, die mehr und mehr im Hause regierte, zu einer anderen Haltung bekehrt, mag er den Vater auch für verkalkt gehalten haben. Der reale Verzicht des Alten auf den Preußenthron stimmte keinen heiter, die doch den national-konstitutionellen Rechtsstaat herbeisehnten. Es war das alte, seit den Märztagen immer wieder angestimmte Lied, es gelüstete sie wohl alle nach der Macht, allein sie ahnten, daß sie keinen Gebrauch mehr von ihr machen würden, sollten sie diese Macht mit dem Parlament teilen müssen. Um gegen das Parlament zu regieren, dazu gehörte ein weit höheres Geschick, als sie es sich zutrauten, und vor allem gehörte dazu eine weit höhere Energie, als sie ein Mitglied dieser königlichen Familie besaß. Nicht einmal gebündelt hätten diese Kräfte zu einer Hoffnung gereicht, sich gegen das Parlament durchzusetzen. Flehend bat der Kronprinz seinen Vater, den Rücktritt zurückzustellen. Auch Augusta vertrat plötzlich diese Meinung.

Damit machte sie den Weg für Bismarck frei, den sie haßte und dem sie alle Knüppel der Welt zwischen die Beine zu werfen gedachte. Es hatte sich gezeigt, daß keiner ihre Anhänger, allesamt treffliche Partylöwen und ausgemachte Schwätzer, die

Ärmel aufkrempeln wollte, um in die Mistgrube Parlament hinabzusteigen, sich mit Gott und dem Teufel, mit Liberalen und Fortschrittlern bis aufs Messer zu raufen. Dergleichen blieb natürlich ungesagt; man ging in Babelsberg und im heimischen Palais miteinander um, als hätte man eine Leiche im Keller.

So rückte der 22. September 1862 heran; im Park des Babelsberger Tudorschlosses wurden die Blätter gelb, über der Havel brauten Nebel, die Schwäne wurden fett, als der Herr von Bismarck-Schönhausen zur Audienz beim König vorfuhr. Im neugotisch eingerichteten Arbeitszimmer Wilhelms hatten beide Herren eine ihren würdige Aussprache. Nebenbei gesagt, darf man dieses Treffen als ein Meisterstück Bismarcks betrachten, vielleicht sein schwierigstes und bestes. Dieser verrufene Zyniker und Machtspezialist verstand sich ganz ausgezeichnet auf den lyrisch-larmoyanten Ton, womit er genau das traf, was auch sein Herr zeitlebens für das Echte und Wahre gehalten hat.

Der König setzte also seinem Untertan Bismarck näher auseinander, in welcher Zwickmühle er sich befinde. Er wolle nicht regieren, sprach er, von sich selbst hingerissen, aber doch auch wieder trocken genug, »wenn ich es nicht vermag, wie ich es vor Gott, meinem Gewissen, und meinen Untertanen verantworten kann«. Hier konnte ihm Bismarck zustimmen; schwerer als das Gewissen wog allerdings der Umstand, daß ihn dieses Parlament gar nicht dazu kommen ließ, vorzugehen, wie Gott es wollte. Wäre Bismarck bloß Zyniker gewesen, dann hätte er jetzt nicht mit warmen Worten und vollständig aufrichtig versichern können, daß sein König nicht zurücktreten dürfe, solange noch ein altmärkischer Edelmann lebe. Der altmärkische Edelmann saß ja allerdings vor dem König, dieser brauchte bloß zuzugreifen. Nun ist die Szene gewiß Hunderte Mal aus der einzigen Quelle abgeschrieben worden, die wir von diesem Gespräch unter vier Augen besitzen, der Überlieferer dieser Quelle ist Bismarck selbst. Augusta stand im Hintergrund, der Kronprinz ebenfalls, und so sei der Text noch einmal ohne Zögern für alle auf- und abgeschrieben, die sich an dergleichen Kost labsalen, da wir keinen anderen haben, keinen so komprimiert auf das Wesentliche gerichtet.

Bismarck: Ich fühle wie ein Kurbrandenburgischer Vasall, der seinen Lehnsherrn in Gefahr sieht. Alles was ich vermag, steht Ew. Majestät zur Verfügung.

Der König: Sind Sie bereit, ohne und gegen die Mehrheit des Landtages zu regieren? Ohne genehmigten Haushalt? Ohne die Heeresreform preiszugeben?

Bismarck: Ja.

Der König: Dann ist es meine Pflicht, mit Ihnen die Weiterführung des Kampfes zu versuchen, und ich abdiziere nicht.

An sich ist die Berufung eines Ministers eine zu belanglose Sache, um lange darüber zu reden. Minister sind politische Eintagsfliegen, sie sind entbehrlich, während Beamte immer den Staat verkörpern. In diesem Fall aber kam der Berufung eine besondere Bedeutung zu. Ein König, der seinen Kanzler verabscheute, aber nie ganz durchschaute, ein Kanzler, der den Gestus der Vasallentreue mit treuem Augenaufschlag bis ans Ende durchhielt, womit er sich eine ungeheure Last auflud, der diesem seinem Herrn dennoch immer absolut gnadenlos seinen Willen aufzwang, eine Königin, die meinte, alles zu durchschauen, nur kein Mittel fand, sich der Vergewaltigung durch diesen einen Bismarck zu widersetzen, wahrlich, diese Gruppe könnte Stoff für ein Shakespearedrama abgegeben haben.

Nachdem sich die beiden im Grundsatz einig geworden waren, verließen sie das Arbeitszimmer und gingen hinaus in den herbstlichen Park, um ihr Gespräch zu vertiefen. Der König offerierte seinem künftigen Kanzler ein Schriftstück, das Regierungsprogramm des neuen Ministers. Der war noch gar nicht offiziell berufen, zeigte aber schon die Krallen. Bedeutsamer, mit Blick auf die nahe Zukunft, als der treusinnige Dialog im Zimmer, fällt diese Fortsetzung des Regierens im Freien aus. Bismarck legte dem Monarchen recht geschickt in den Mund, was dieser insgeheim wünschte. Sein Ministerpräsident oder Kanzler legte knapp dar, wie er zu regieren gedachte, nicht als konstitutioneller Minister, sondern als Diktator. Und er drohte, sollte sein König nach Anhörung aller vernünftigen Gründe anders entscheiden als er, der weitsichtige und einsichtige märkische Vasall, werde er lieber mit dem König untergehen, als Ew. Majestät im Kampf mit der Parlamentsherrschaft im Stich zu lassen. Das alles war Theater, begründet auf der sicheren Kenntnis um den Charakter dieses Königs, der Wachs in den richtigen Händen sein konnte, und unnachgiebig in den falschen.

Vielleicht ist an der Wiedergabe dieses Gesprächs von Bismarck selbst später erheblich retuschiert worden, zuverlässig dürfte die Mitteilung sein, daß Wilhelm das Regierungskonzept zerriß und genau dem Mann Carte blanche gab, der ihm gerade auf seine Art beigebracht hatte, daß er gegen die Verfassung regieren werde, auf die sein König geschworen hatte, oder mit ihm untergehen, wenn der König nicht auf seinen Minister hören wollte. Daß Wilhelm durch die neuen Aussichten angeregt war, bewies er noch am Abend desselben Tages. Er ernannte Bismarck, ohne einen zu fragen, zum interimistischen Vorsitzenden des Staatsministeriums, also des Ministerrats, er berief ihn zum Staatsminister.

Augusta erfuhr erst einen Tag später, was sich in ihrem Haus und in ihrem Park abgespielt hatte, sie erfuhr es durch ihren Gatten selbst. Zwar bemäntelte der seinen Entschluß, einen Diktator zu berufen, weil ihm nicht ganz wohl bei dem Gedanken war, mit den üblichen Ausflüchten. Aber das Ministerium selbst habe, sagte er still, nach Bismarck gerufen, was nicht stimmte, und so müsse man sich beugen. Die Familie parierte, weil auch nichts mehr zu ändern gewesen wäre, nicht aber die Öffentlichkeit. Sie nannte, was im Park zu Babelsberg zusammengebraut worden war, beim Namen, nämlich einen Staatsstreich .

Am 23. September reagierte die Kammer; gemeinsam mit ihren Bündnisgenossen verweigerte die Fortschrittspartei der Heeresreform Wilhelms die parlamentarische Zustimmung, sie strich sogar noch die vorläufig gewährten 6 Mio. Taler aus dem Haushalt. Nun mußte die Vorlage ins Preußische Herrenhaus, wo das Gesetz gar keine Aussicht gehabt hätte, zu passieren. Aber Wilhelm hatte sich Kraft von seinem märkischen Vasallen einblasen lassen, was keiner vermuten, nicht einmal die Familie. Kühn ernannte er im Gegenzug seinen interimistischen Staatsminister zum Ministerpräsidenten. Bismarck benötigte fünf Tage, um einen ersten Schlag gegen das Hohe Haus zu richten, er zog den Haushalt zurück, was verfassungsrechtlich möglich, da dieser noch nicht verabschiedet war. Am 30. dieses Monats hielt er vor der Budgetkommission die berühmte Rede, in der er verhieß, nicht durch Reden und Majoritäten werden die großen Fragen der Zeit entschieden, sondern durch Blut und Eisen. Das Weitere ging in einem Tumult unter; eine solche Rede hatte das Parlament noch nicht gehört. Und es wollte auch keine ähnliche mehr hören. Der König aber weilte in Baden-Baden und feierte in der Familie Augustas Geburtstag.

Das Treffen zu Jüterbog und die Folgen

Jüterbog ist eine südlich von Berlin gelegene Stadt mit einem kleinen Bahnhof, der vermutlich heute noch so aussieht wie damals vor vielleicht hundertdreißig Jahren, als seine Nebeneinrichtungen im Bau waren. Wie die meisten Bahnstationen märkischer Ackerbürgerstädte, liegt er ein wenig abseits des Zentrums. Ahnungsvoll sträubten sich die Kleinkommunen seinerzeit dagegen, eine Eisenbahnlinie durch die Stadt führen zu lassen. Und die heutigen mühsamen Planfeststellungsverfahren, bei denen sich die Bürger gerichtlich darüber belehren lassen können, daß es ihrer Ansichten über die Ruinierung ihrer Lebensräume gar nicht bedarf, haben eine lange Geschichte verlorener Positionen. Zu Friedrich Wilhelms Zeiten jedenfalls wurden die Bahnlinien so gebaut, daß sie die Stadt eben mal gerade so berührten; die Ränder solcher Kleinstädte sehen heute demzufolge recht kurios aus. Wilhelm mußte auf der Rückreise von Baden-Baden nach Berlin den Bahnhof Jüterbog passieren, den wir hier ein wenig ambitioniert als freistehend beschrieben haben, weil es dem heutigen Bahnreisenden möglicherweise gar nicht mehr auffällt, welche Geschichte die Trassenführungen haben können.

Der König hatte keine blasse Ahnung, was ihn zu nächtlicher Stunde erwartete; er gedachte, seinen neuen Staatsminister Bismarck nach dem Frühstück zu sprechen, um sich über die parlamentarischen Unternehmungen unterrichten zu lassen. Bismarck aber reiste ihm allein entgegen, er setzte alles auf eine Karte. In der Tat konnte er nur hoffen, seinen König vor dessen Ankunft in Berlin zu erwischen, um ihn auf die Katastrophe vorzubereiten und womöglich im Sinne der Regierung zu präparieren. Bismarck rechnete mit seiner Überredungskunst und mit seiner Ausstrahlung, Hilfe hatte der neugebackene Herr im Staatsministerium nach kurzer Amtsszeit allerdings auch bitter nötig. Selbst treu-konservative Parteigänger begannen von ihm abzurücken, seinen schnellen Sturz erwartend.

Zunächst einmal war das alles nur Gerede, nichts irritiert mündige Bürger nun einmal mehr als unklar gehaltene Versprechungen, aber hier war nichts versprochen, sondern blankgezogen und gedroht worden. Bismarck hatte dem Parlament Kampf bis aufs Messer angesagt. Er kannte seine Grenze; wo die der anderen lag, mußte er noch herauskriegen. Wie, wenn sich das Hohe Haus selbst auflöste, wenn es die Straße und die mündigen Bürger zu Hilfe rief, dergleichen hätte dem Wirken Bismarcks in der Tat ein rasches Ende bereiten können. Öffentlich leugnete der Kanzler, sagen wir mal schon Kanzler, Grundsätze zu haben. Das heißt, er behauptete verwegen, ein echter Machtpolitiker zu sein, den nichts Moralisches anfocht. Der Witz ist, daß ihm die Rolle geglaubt wurde. Allein, betrachtet man die reale Lage, dann sah es mit der Macht des Kanzlers mehr als kläglich aus.

Roon, der doch diesen Kanzler und Premier in eigener Werkstatt fabriziert hatte, bekam es allerdings mit der Angst, weil er die Schwäche der Regierung richtig einschätzte, er warnte seine Genossen dringlich davor, geistreiche Exkurse abzuhalten, die keinem nutzten und allen nur schadeten. Ihm, wie allen anderen steckte die Furcht vor der Revolution noch tief in den Knochen. Zunächst also waren es Bismarksche Rodomontaden, kein Gerede aber war die schiefe Lage, in die Bismarck sich mit seinem Schachzug gebracht hatte, den Haushaltsplan zurückzuziehen. Sein Blatt schnell völlig auszureizen, das war ihm wirklich gelungen, ohne daß sein König vorerst vom Ernst der Auseinandersetzung zwischen Krone und Parlament etwas ahnte. Regelrecht wäre es zugegangen, wenn die Regierung nunmehr einen überarbeiteten Haushalt angekündigt, ausgearbeitet, eingebracht und neu hätte lesen lassen, was zwar damals so umständlich gewesen ist wie heute, aber, wie alle Anbeter des Parlamentarismus plappern, die miserable Kehrseite der segensreichen Medaille des plebiszitären Mit-, Gegen- und Durcheinander. Nur der märkische Vasall Bismarck hatte im Park des Tudorschlosses zu Babelsberg seinem Gottesgnadenkönig in die Hand versprochen, ohne parlamentarische Absegnung die Finanzierung der Heeresreform durchzubringen. Und sie war nur gegen das Parlament zu haben. Das hatten schließlich die beiden Verschwörer und Staatsstreichler unter der Babelsberger Pergola ganz genau gewußt. Bismarcks Tage wären also auch dann gezählt gewesen, hätte er jetzt vor seinen König treten müssen und bekennen, ich habe das Maul nur vollgenommen,

Ew. Majestät, der märkische Vasall ist am Ende seines krautjunkerlichen Lateins, geben Sie mir den Gnadenstoß! Darauf aber rechneten Augusta und ihre liberal-konservative Liga.

So ungefähr, und in den einfachsten Spekulationen beschrieben, war die Situation.

Was Bismarck nächtlicherweise unternahm, das weist ihn freilich als einen Kenner psychologischer Phänomene aus. Zu Jüterbog trat er seinem König gleichsam aus dem Dunkel heraus entgegen, wie in den alten Zeiten der Deutschen, als die Vasallen Heinrich dem Vogeler die Krone an den Vogelherd darbrachten, ohne daß der arme Kerl zuvor etwas davon geahnt; er nahm die Krone, sie bekam ihm aber nicht, wie man in der Schule lernt, und trat den bitteren Gang nach Italien an; deshalb nennt man einen schweren Weg auch heute noch einen Canossagang.

Ein Vasall sucht immer Nähe zum Lehnsherrn und sei es in der Eisenbahn. Daß ihm dieser Mann hier ganz allein entgegengereist war, überraschte Wilhelm natürlich. Die Nacht ist noch nicht zu Ende, sagte das eine Gespenst zum anderen, altisländisches Sprichwort. Bismarck beruhigte, alles stehe recht gut, die Lage ist hoffnungslos, aber nicht ernst, ihm läge nur eben daran, vom Vasallen zum Lehnsherrn im vorhinein eingehend darlegen zu dürfen, was sonst von anderer Seite an den König herangebracht werde, mit möglicherweise bösen Folgen. Während der gemeinsamen Weiterreise setzte Bismarck seinem Monarchen die in Wahrheit furchtbare Lage auseinander, in die er sich und seinen König, der ihn entweder decken würde, oder fallen lassen mußte, manövriert hatte. Was er selber über dieses wichtige Gespräch, offenkundig später redigiert, mitteilte, war eine ziemlich lächerliche Anhäufung von leeren Phrasen. Wirklich erörtert wurde die politische Situation natürlich doch, anders hätte es jeden Sinn verloren und zur Glaubensfrage werden müssen. Was unmittelbar morgen zu geschehen habe, das war schließlich der Grund des Treffens. Der Premier aber liefert in seiner Rechtfertigung vor allem eine Reaktion des Königs auf die angewendete Taktik des Kanzlers. Wilhelm prophezeite mit Recht ihrer beider Untergang, als er in vollem Umfang informiert war. Er sah voraus, wie er sich im Staatsrat unter den Augen seines Sohnes und Roons blamieren mußte, wenn er, was? Man werde ihnen beiden den Kopf abschlagen, prophezeite er.

Es ist ganz merkwürdig; die förmliche Hinrichtung des französischen Ludwig mit dem automatischen Beil, dieser humanistischen Tötungsanlage, wirkte seinerzeit auf die lebenden Monarchen außerordentlich belebend, womit die Sache also doch einen Sinn bekommt. Die Furcht vor dem Beil war allen Autokraten zur Abend- und zur Morgenandacht geworden. Die beiden Komödianten im nächtlichen Eisenbahnzug lebten sich heftig in diese Art Spekulation ein, wofür wir als Beleg die Bekenntnisse des alten Bismarck besitzen. Man werde also geköpft, nicht unverdient, aber kopflos ist nun einmal kopflos, sagte der Lehnsherr. Und der Vasall?

Bismarck: Dann sind wir tot, aber sterben müssen wir früher oder später doch, und können wir anständiger umkommen?

Der König erhob keine Einwände.

Bismarck: Ich selbst für die Sache meines Königs. Und Eure Majestät, indem Sie Ihre königlichen Rechte von Gottes Gnaden mit dem eigenen Blut besiegeln, ob auf dem Schafott oder auf dem Schlachtfelde, ändert nichts an dem rühmlichen Einsetzen von Leib und Leben für die von Gottes Gnaden verliehenen Rechte.

Kehrt man diesen Bericht um, dann kommt sinngemäß heraus, daß Wilhelm sich kaum anders ausgedrückt haben dürfte, als sein Kanzler. Abgesehen davon, daß es einen Unterschied zwischen dem schmählichen Ende unter einem automatischen Beil und einem Kampf gibt.

Wie auch immer, Bismarck legt in seiner Darstellung großen Wert darauf, zu betonen, daß der König das Steuer immer fest in der Hand gehalten habe, daß alles der Wille des Gottesgnadenherrschers gewesen sei, während er, der Kanzler, selbst ihn nur mit dem allerausgesuchtesten Respekt auf seine heiligen Pflichten habe hinweisen dürfen.

Indessen ging es bei dem Jüterboger Treffen nicht um Kanzelreden, um Belehrungen in protestantischen Glaubenssachen, sondern darum, den Monarchen auf nichts weniger als auf einen Verfassungsbruch einzustimmen, den sein Kanzler plante, planen mußte, nach der Aufgabe, die ihm sein Monarch gestellt hatte. Es mag wenig Sinn haben, in Umkehrung der Beziehung zwischen König und Kanzler Wilhelm als das Opfer einer überlegenen und geschickten Manipulierung hinzustellen; so dumm war der König nicht, um nicht zu erkennen, wohin es führen könnte, wenn aus dem hohlen Gewäsch vom mit Blut zu besiegeIndem Gottesauftrags der bittere Ernst einer Revolution werden sollte. Zu diesem Problem schwieg er, schwieg auch später in Beziehung zu dem Jüterboger Treffen. Den Ton, der ihn einstimmte, auf das kommende vorbereitete, den liebte er selber viel zu sehr, als daß er seinen Minister auf den Teppich der Realitäten eines konstitutionell regierten Preußens herabholen durfte. Etwa: Was werden Sie tun, wenn es losbricht wie schon einmal, wenn Revolution ausbricht, siegt, uns beide davongejagt, die Präsidialrepublik ausruft? Was, um Gottes willen, ist dann noch zu besiegeln, denn das eine ist dann nur noch soviel wert wie das andere Blut. Sie werden, wie auch ich, nach England gehen, und wir beide werden darauf hoffen, daß man uns gnädig wieder zurückläßt und sei es als Bürger Bismarck und Kaufmann Oelrichs. Es gibt noch andere Tode, die wir beide sterben könnten, als die auf einem Schafott. Vom Gottesgnadentum wissen die Nachkommen dann wenig rühmenswertes mitzuteilen.

Sehen wir, wie weit diese Überlegung mit der Verfassungswirklichkeit im Einklang lag.

Preußen hatte zwei Kammern. Im Fall der Heeresvorlage hatte das Herrenhaus erwartungsgemäß die Ratifizierung des Teilhaushalts verweigert und der Landtag den Militäretat aus der Vorlage herausgenommen, den Resthaushalt allerdings bestätigt. Darauf erklärte das Herrenhaus den Gesamthaushalt für Rechtens, was bedeutete, daß die Heeresvorlage abgelehnt worden war. Bismarck löste den Landtag am 13. Oktober 1862 auf und kündigte an, auch die Heeresvorlage als verfassungsmäßig zu betrachten, vorbehaltlich einer späteren Zustimmung des Landtages. Die ganze Partie stand pari. Das Hohe Haus, im Januar 1863 wieder einberufen, verweigerte wiederum die Herausgabe der Millionen für das Heer, und so steigerte sich der Vorgang von einem Budgetstreit zum Verfassungskonflikt. Bismarck und sein König leugneten, daß ein Verfassungsbruch vorliege, für die Mehrheit des Parlaments handelte es sich jedoch um einen klaren Bruch der Konstitution. Dies schlug sich in einem entsprechenden Abstimmungsergebnis über diese Frage nieder: 255 Abgeordnete hielten den Verfassungsbruch für gegeben, nur 68 sahen im Vorgehen der Regierung eine legale Anwendung. Man wird hier bemerken, daß kein anderes unabhängiges Instrument wie ein Oberstes Gericht die Frage nach verfassungsrechtlichen Gesichtspunkten geprüft hat, es gab keins.

Nach und trotz der Abstimmung über die Verfassungsfrage blieb der Landtag hartnäckig bei seinem Nein zu dem Militärposten im Haushalt, er ließ sich lieber auseinanderjagen. Der Ruf dieser Regierung war nun allerdings katastrophal schlecht, da sie es sich mit Sonderklauseln und Notverordnungen mühsam am politischen Leben erhielt. Um das Geschrei in der Presse über seine Diktatur zu steuern, erließ Bismarck die sogenannte Preßordonanz. Jede rebellische Zeitung konnte nach zweimaliger Verwarnung verboten werden, ohne Widerspruchsrecht. Über Preußen senkte sich der Schleier eines nicht erklärten Ausnahmezustands. Nicht so sehr der Verfassungsbruch schreckte den König auf, sondern die neue Presseknebelung. Er bekannte, vor Sorgen nur noch schlecht zu schlafen, er klagte über ernste und schmerzhafte körperliche Leiden, und er wußte noch nicht einmal, was in Zukunft an Strapazen auf ihn wartete.

Wilhelm konnte seine alte Schwäche nicht ablegen; er entschied sich bald so, bald anders. Dieser schwankende Charakter hatte bisher allen zu schaffen gemacht, nun erfuhr auch Bismarck, der als das genaue Gegenteil mit stupender Konsequenz an einem einmal gefaßten Entschluß festhielt, was es bedeutete, mit unterschiedlichen Meinungen zu tun zu kriegen, einen Mann lenken zu müssen, der auf jede Stimme hörte, freilich nicht lange hörte. Der martialische Kanzelrednerton Bismarcks vermochte es zwar immer wieder, Wilhelm in das Staatsgeschirr zu zwängen und zu tun, was er für gottgewollt hielt. Er hat nie verwundert nachgefragt, weshalb Gott seinem Kanzler meist eher als ihm selber sagte, was er gerade mit dem König vorhatte. Bismarcks machiavellistischen Reden sind sicherlich größtenteils Manöver gewesen. Nicht seinen König fürchtete der Kanzler, sondern eine weit komplexere Gefahr, die aus den Verhältnissen selber entstand und täglich und mit überraschenden Wendungen neu erstand. Wir befinden uns im Zeitalter auch der nachklassischen Politik, die schon deshalb nicht spielerische Machtpolitik sein konnte, weil alle mittlerweile mächtig genug und gerissen genug waren, um im politischen Chorus mitzusingen.

Was Wilhelm nicht verstand, wußte seine Frau. In der Familie Wilhelms erwuchs Bismarck sozusagen die vielköpfige Hydra nie schlafender Beobachtung und Rachsucht. Augusta fand ihre Befürchtungen, was diesen Herren betraf, sogar noch weit überboten. Für sie war der König eine Marionette in der Hand dieses rücksichtslosen, dieses so energischen wie gewissenlosen Hasardeurs.

In den wenigen Wochen Herrschaft des neuen Favoriten stellte Augusta eine Veränderung, wenn nicht den grundlegenden Wandel an ihrem Herrn Gemahl fest. In der Tat hatte sich, seit Bismarck verstärkt Einfluß auf Wilhelm nahm, eine recht komplizierte Familienarithmetik ergeben. Nur der Herrscher selbst vermochte noch daran zu glauben, daß er seinen Premier lenkte und nicht umgekehrt, dieser ihn, freilich mit klugem Geschick, ohne die empfindliche Monarchenseele zu verletzten. Was sich zu nächtlicher Stunde in Jüterbog und auf der Bahnfahrt nach Berlin zwischen König und Vasall abgespielt hatte, sollte sich bei diesem und jenem Anlaß in abgeschwächter Form wiederholen. Würde Augusta die volle Kenntnis davon besessen haben, wie Diener und Herr, Vasall und Lehnsherr miteinander umgingen, hätte ihre Besorgnis für die Zukunft nicht größer sein können. Bismarck exerzierte das Verfahren ständig neu, er vermittelte dem König die Vorstellung, die dieser von seiner Rolle wünschte; der Kanzler riet, der König handelte nach einigem Zaudern so, als sei nicht nur sein eigener und alleiniger Wille, was gerade geschah, sondern die aus der Gottesgnadenschaft entstammende schwere Pflicht eines Königs. Immer bot der Vasall vorsorgend an, mit seinem König in Treue unterzugehen, nicht nur bildlich, sondern in Verfolgung eines gemeinsamen hohen Ziels, das des Erhalts der Monarchie preußischer Observanz. Der Entwurf ist so großartig wie jämmerlich; Gott wollte den Preußenstaat auf Thron und Altar erhalten wissen; andere sagten mittlerweile für Thron Militär, mit einem Land als Depot und konnten mit dem landesherrlichen Altar gar nichts mehr anfangen. Daß in diesem Weltbild sozusagen alles seinen Platz hatte, auch die Revolution gottgewollt sein mußte, falls es wirklich in Preußen nach göttlichem Budget ablief, hätte aus dem alten General einen spekulativen Philosophen machen müssen.

Dem schlichten Soldaten Wilhelm war das Phänomen des Heldentodes wie das Sterben für die feudale Idee ikonographisch völlig vertraut, er besaß Symbole vom Leben wie vom Sterben, ihm fehlte nur die reale Anschauung des Feldherrn und wirklichen Kriegers, auch wenn er an allen Feldzügen der Krone teilgenommen hatte. Vieles, allzu vieles an seinen Gewaltträumen war romantische Phantasie, eher die Vorstellung von seiner Rolle in dem historischen Drama als diese selbst. Jedenfalls aber bewährte sich das von Bismarck gewählte Verfahren immer erneut; seine Ehrerbietung, die den König gefügiger machte, als ihm guttat, war trotzdem zweifellos nicht nur gespielt, so nützlich sie auch gewesen sein mag. Allein, dieser Machtspezialist war in anderer Weise als sein trockener König in sich selbst verliebt; er liebte vielleicht die Macht als Aufgabe. Der König stellte sich den Kampf als feudale Lebensgrundlage nur vor, der Kanzler suchte ihn, um des Geschmacks an der Macht und um der Freude an politischer Gestaltung willen. Bismarck besaß die größere Initiative, ein Visionär, der es vermochte, die Schritte, die er gehen mußte, ums ans Ziel zu kommen, geschmeidig und glashart zu planen. Er konnte sich vorstellen, was seinem Herrn traumatisch manchmal ungeheuerlich erschien, daß er davor zurückschreckte. Im besonderen Fall: den Kampf mit Österreich um die Vormacht in Deutschland.

Im Laufe seiner langen diplomatischen Karriere hatte der spätere Kanzler sicherlich auch das österreichische Temperament als ein ihm fremdes verabscheuen gelernt. Traf der König seine Standesgenossen stets auf der Ebene traditionell historischer Gleichheit und brüderlicher Familienbande, so mußte sein Premier den Stock- und Hofmeister abgeben, dem das saure Geschäft der Regelung des täglichen Verkehrs mit einer Großmacht oblag. In wenigen Monaten hatte dieser Premier die Öffentlichkeit dermaßen aufgemöbelt und so gründlich geschockt, daß ein Echo des aufgestörten offiziellen Preußen bis in die Babelsberger Abgeschiedenheit beziehungsweise der kleinen Residenz zu Berlin drang. Wilhelm war es eigentlich zufrieden; sein Premier hatte ihm ein Stück Souveränität zurückgegeben, als er das dem König verhaßte Parlament überging und sich nicht einmal sonderlich Mühe gab, diesen Gewaltakt zu bemänteln. So wäre Wilhelm gern selbst vorgegangen, aber die Öffentlichkeit reagierte empfindlich auf die Zurücksetzung des Landtags. Der ehemalige Kartätschenprinz hatte ja doch als spät zur Regentschaft gekommener König durch eine maßvolle Politik, die der Neuen Ära, zunächst Hoffnungen geweckt und Sympathie beim Volke errungen, was schon seltsam genug ist.

Erdrutschartig verschlechterten sich in der kurzen Zeit des Bismarckschen Diktats die Beziehungen selbst zu den Preußen, die Wilhelm als Volk bezeichnete, weil sie ihm Untertanenrespekt bezeugten. Es war eben nicht zu ändern; das alte Preußen ließ sich auf keine Weise mehr zurückholen, falls es je ein Volkskönigtum in Preußen gegeben haben sollte, und nicht nur die Verhältnisse eine scheinbare Nähe zwischen Altem Fritz und jungen Domänenbauern erlaubt hatte. Bismarck aber spiegelte dem König vor, dieser stehe noch in der Gottesgnadenschaft des Mittelalters, da er unter gotischen Spitzbögen tanzte und jedermann ihn bewunderte; der Kanzler selbst bekam auf diese Weise Ruhe, um seine Idee von einem durch das übermächtige Preußen geführte - und nicht bloß im Geiste, weil überlegen, geführte – neue Staatengebilde, das neue deutsche Kaiserreich, in welchem der Monarch nicht von Gottes, schon gar nicht von Volkes Gnaden, sondern von Fürstens Gnaden, wie er es ja wünschte, zum Cäsar gekrönt wurde. Als sein König dieses Planes endlich inne wurde, war es zu spät zur Umkehr.

Augustas Meinung über Bismarck stand schon lange fest. Sie hatte es für ein Unglück gehalten, diesen groben und hinterhältigen Junker dermaßen mit Macht auszustatten. Aber dieser Kerl hatte ihr Spiel um die Macht in kurzer Zeit nicht nur durcheinandergebracht, sondern umgestoßen. Es mußte also die Kärrnerarbeit der Entfernung dieses Premiers beginnen. Augusta hatte nie ein politisches Amt innegehabt, so war es Brauch in Preußen und nicht nur in Preußen. Und es ist nun einmal ein eigen Ding, wenn ehrgeizige und gescheite Frauen als Gattinnen ebenso ehrgeiziger, aber weniger kluger Männer daran gehindert werden, eine Rolle in der Politik zu spielen. Friedrich Wilhelm, Augustas Sohn und Schwiegersohn Victorias, war keine Privatperson, er war Heerführer; wie es hieß, ein ganz guter, längst saß er im Rat. Wie soll man das Ding in dem kuriosen Ver-fassungsstaat nennen, wo jeder ungestraft nach seinen Vorstellungen mit der Verfassung umgehen durfte, Ministerrat, Kabinettsrat, Kronrat? Dort traf er mit den neuen Männern des Königreichs zusammen, die dessen Macht repräsentierten, mit Roon, dem Kanzlermacher, der ihm beinahe als Erzieher beigesellt worden war, mit Bismarck und natürlich dem König, der seinem Rat vorsaß. Diesen jungen Mann, ihren Sohn, schickte Augusta jetzt an die Front, zu der ihr der Weg durch die Tradition verlegt war. Und der Kronprinz hatte ausreichend Gelegenheit, die Formen des Verkehrs zwischen Vasall und Herrn, zwischen König und Kanzler zu studieren. Als die Berufung Bismarcks zum Ministerpräsidenten bekannt geworden und nicht mehr zu verhindern war, hatte der Kronprinz seiner Mutter mitfühlend beschrieben, daß sie nunmehr ihren erbittertsten Feind als Gegenspieler vor sich habe. Ihren Einspruch, ihre lauten Proteste und schriftlichen Beschreibungen der Gefahr, die mit Bismarck real werde, hatte der Gatte keineswegs einfach negiert. Auch er hatte Vorbehalte gegen seinen Vasallen; das äußerte sich vor allem in einem ununterbrochenen Kleinkrieg mit dem Kanzler. Von der Familie ständig beargwöhnt, mußte der Kanzler seinen König immer wieder neu von sich überzeugen oder bezaubern.

Die Sitzungen des Rates waren stets gespannt, oft lag mehr Unausgesprochenes in der Luft, als daß Probleme besprochen wurden. 1863 zählte der Kronprinz 32 Jahre, sein Vater 66; und Roon war runde sechzig. Gemeinsam mit Bismarck bildete der Kronprinz Friedrich Wilhelm hier sozusagen die Riege der jungen Männer. Hochgewachsen, männlich, elegant, ganz Garde, ein guter Reiter wie auch sein Vater, was für einen Kavalleristen ja immerhin von Bedeutung, von einnehmendem Wesen, würdevoll, aber nicht arrogant, so wird der junge Herr geschildert. Allerdings stammen diese freundlichen Urteile über den Kronprinzen meist aus späterer Zeit, in der die Kriecher und Katzbuckler Nachrufe auf ihn fabrizierten und sein trauriges Schicksal besangen. Zu Lebens- und Wirkungszeiten galt er eher als entschlußlos oder gar einfältig. Sicher war er nur im weiblichen Familienkreis, er liebte die Königstochter, die noch hochnäsiger als seine Mutter war und zumindest auf ihre gute Familie verweisen durfte. Daß Fritz von der Mutter gelenkt wurde, ist völlig glaubhaft; sie verstanden sich au fond; zu seinem Vater war das Verhältnis auch deshalb ein wenig gespannt. Die Fotografien, die in der fraglichen Zeit der Kronprinzenära gemacht wurden, zeigen ein breitflächiges Gesicht mit Vollbart und hoher glatter Stirn, großer Nase und hellen Augen unter geraden Brauen. Das Haupthaar ist nach hinten gekämmt, das Kinn gelegentlich ausrasiert. Aber dieser noch junge Mann trägt Generalsepauletten auf dem dunklen Rock und einige Orden, natürlich den Adlerorden des Hauses. Etwas grob Männliches, aber auch Sympathisches geht von dieser Figur aus. Kronprinz Friedrich Wilhelm konnte als ein vollkommener Mann gelten, nur hatte er einen Fehler, und dieser machte ihn Bismarck hoffnungslos unterlegen; er hatte nur den Willen seiner Mutter und seiner Gemahlin. Als Zeitungsleserin, als Referentin außen- und innenpolitischer Neuigkeiten, als Zentrum eines großen Zirkels Opponierender, konnte Augusta nur auf zwei Wegen ihren Befürchtungen Ausdruck geben, im direkten Gespräch, in der dauernden und aufreibenden Auseinandersetzung mit ihrem Gemahl oder auf dem Umweg über ihren Sohn. Einfluß auf Entscheidungen hatte überhaupt nur der Kronprinz, demzufolge suchten sich die Frauen seiner Stimme zu vergewissern. Ihre Schwiegertochter Victoria bildete das Mittelstück dieser Fronde um Augusta, Vicky hielt Verbindung nach Old England, wo die europäischen Entwicklungen zwar nicht ausschließlich durch die preußische Brille gesehen, aber doch verfolgt wurden. Jedenfalls konnten die Briten durch bestimmte neue Konstellationen in der Mitte Europas zu neuen Bündnisstrategien gezwungen sein, die sie gar nicht wollten.

Die Frage aber ist, was Augusta angestrebt hat oder was sie noch erreichen konnte. Wohin es sie trieb, ist dagegen gewiß: Zu einem liberalen nationalen wie konstitutionellen deutschen Staat unter Preußens Führung, von den Gnaden deutscher Fürsten. Einer Republik? Schwerlich. Augusta hatte ein preußisches Großdeutschland vor Augen, halb fürstliche Struktur, halb Zentralstaat mit einer führenden, erblichen Dynastie. Sie wünschte Presse-, Lern-, Lehr- und Geistesfreiheit in diesem Deutschland, weniger Militär, politisch mehr Kompromisse, Zugeständnisse an die Liberalen und den notwendigen Interessenausgleich. Dieser Vorstellung nach wählte sie ihre Verbündeten aus, sie kommen fast alle aus dem ökonomisch entwickelteren Westen und bringen einen Hauch Jakobinertum mit. Der Preußenstaat kam ihr wie ein fernes Überbleibsel vor. So weit, so gut. Ihrer Lage nach, der einer Königin von Preußen, die von der Macht, selbst von der Verwaltung ausgeschlossen blieb, konnte sie sich nur über andere ausdrücken, mußte versuchen, als Spiritus rector auf das Ganze einzuwirken. Der Staat aber, den sie sich vorstellte, ähnelte letzten Endes doch weniger dem britischen Vorbild, sondern dem französischem Legalismus neuerer Art.

Bismarck, den Augusta für gefährlich reaktionär, für engstirnig dumm hielt, dieser Bismarck sah viel weiter; zu jener Zeit dachte er schon daran, mit dem Chef der Arbeitervereine, Ferdinand Lasalle, Fühlung zu nehmen, ein weit vorausliegendes

Terrain anvisierend. Mit der proletarischen Gesellschaftsklasse dämmerte die Arbeiterfrage herauf, ein Problem der nächsten, höheren Größenordnung. Die weiten Reformüberlegungen Bismarcks, die Dimension seiner Machtpolitik gegenüber der Sozialdemokratie, hat Augusta nicht ahnen können, und dergleichen Pläne wären ihr als vermessen und verwegen vorgekommen. Alles an diesem Gegner verwirrte Augusta. Die Spielzüge dieses Kanzlers blieben für sie unberechenbar. Als ihr bekannt wurde, der Kanzler haben während des Verfassungskonflikts dem Parlament damit gedroht, das überkommene Dreiklassenwahlrecht in Preußen zugunsten eines neuen, eines allgemeinen und gleichen Mehrheitswahlrechts zu beseitigen, überschüttete sie ihre Umgebung mit Argumenten. Wieder einmal hatte sich Bismarck als der alte Manövrierer gezeigt; jetzt wollte er den Pöbel in den Palast holen, morgen würde er wieder den getreuen Vasallen herauskehren. Auch Wilhelm hat natürlich nicht verstanden, was sein Treiber eigentlich bezweckte. Die es betraf, hatten den harten Flügelschlag der Geschichte wohl gespürt; dieses neue Wahlrecht hätte namentlich die Fortschrittler empfindlich getroffen, die bislang härtesten, kompromißlosesten Widersacher der Heeresvorlage. Wie, sollte nun ausgerechnet der Pöbel das volle Wahlrecht erhalten? Wollte dieser Bismarck die Partei schwächen, die ihr am nächsten lag und weil sie ihr, Augusta am nächsten lag?

Gewiß, zu der angedrohten Wahlrechtsreform kam es nicht, Bismarck wird weder im Sinn noch die Möglichkeit gehabt haben, sie durchzusetzen, aber es sind die überraschenden Angriffe, die verwirrten, immer noch eine Stichkarte, die er aus dem Ärmel zog und seine Feinde beschäftigte. Augusta verstand auch nicht zu unterscheiden, wo und wann Bismarck bluffte, und er bluffte oft, Verstellung war ihm ein Bedürfnis. Gegner über die Absichten zu täuschen, die er wirklich hatte, das hielt ihn beweglich.

Sein Konzept aber, die *kleindeutsche Lösung,* lehnte Augusta in der Tat ab; hier hätte es keinerlei Gemeinsamkeit gegeben, auch wenn diese gesucht worden wäre. Daß sie auf ihrem Weg keine kleindeutsche Lösung sah, hat tiefe Ursachen. Ein norddeutscher Staatenbund aus Mittelmächten (in deutschem Maßstab) hielt sie für ein verfehltes Ziel. Wir haben weiter vorn darlegen können, aus welchen anderen ideellen Wurzeln das Weltbild der Königin von Preußen gespeist wurde. Hierin kehrten sich die Beziehungen um; war Augusta Pragmatikerin im liberalen Großmaßstab, so war sie hier Visionärin, und die Idee vom deutschen konstitutionellen Kaiserstaat, vielleicht, sah sie keinesfalls auf dem Weg des Kleindeutschlands. Bismarck sah diese Lösung noch weniger, aber er ließ die Dinge heranreifen. Und von der Karte im Ärmel des Kanzlers, der Kriegskarte mit Österreich, hatte Augusta in der Zeit kaum einen Begriff. Zu gut deutsch, in der Frage des Wahlrechts wollte der große Ausprobierer und Visionär der Abwechselung halber dem störrischen Legalismus der Fortschrittler mit einer absolut realen Gewalt auf die Beine helfen, und die fielen darauf herein, bis alles wie eine Seifenblase platzte. Das Proletariat war ja 1848 nicht zuletzt durch den Klassenegoismus all dieser vorgeblich so idealistisch gestimmten Liberal-Philosophen aus der Bürgerklasse schmählich um ihren Anteil an der Revolution betrogen worden. Kein Handwerksgeselle, der seine Knochen auf der Barrikade hingehalten hatte, saß in der Kammer, nicht einmal das volle Koalitionsrecht hatte sich die arbeitende Klasse erkämpfen können. Statt ihrer saßen die Fett- und Pfeffersäcke breit in der politischen Macht, na, sagen wir, ein bißchen. Die Ziele der Augusta waren allemal ehrenhaft, nicht aber auf der Höhe der Zeit.

Für Bismarck war der Krieg mit der Fronde, mit dem im Rat stumm ausharrenden, ihm sichtbar feindlich gesonnen Kronprinzen, allgegenwärtig. Wilhelm mag die Obstinanz seines Sohnes nicht einmal bemerkt, schon gar nicht für verfehlt gehalten haben. Ein junger Mensch eben, Soldat zumal, der hatte das Maul zu halten, wenn Vorgesetzte redeten, freilich aber stand er als Kronprinz in einer Zwischenposition, und es war recht gut, daß er diesem Kanzler, der alle naselang eine neue Schrekkensmeldung parat hatte, entgegenstand. Im Rat geschah überdies längst nicht mehr alles. Bismarck hatte seine Züge auf dem Schachbrett der Macht getan, wenn sich die Minister des Königs unter dessen Vorsitz am grünen Tisch trafen.

Um Abwechslung in den Frontverlauf zu bringen, hieß Augusta den Sohn, an anderer Stelle den Kampf gegen Bismarck aufzunehmen, dort, wo er empfindlicher zu treffen war, in der Öffentlichkeit. Denn: Die Meinung unter dem Preußenvolk über diese Regierung war außerordentlich schlecht. Sie war sogar noch miserabler, wie zu Zeiten Friedrich Wilhelms IV. vor dem März. Bismarck mußte etwas unternehmen, und er hatte seinen Herrn dahin zu bestimmen gewußt, gegen die ihm wie diesem mißliebige Presse mit der sogenannten Preßordonanz vorzugehen. Die Vorlage wurde nicht eben aufwendig beraten; das Ganze war vermittels der Überrumpelungstaktik Bismarcks im Rat schlankerhand abgemacht. Und dieses Gesetz war allerdings ein allzu deutliches Signal, wie rasch das Staatsschiff nach rückwärts in die Vormärzzeit lief. Kaum war es ihr bekannt, so lief Augusta Sturm gegen diesen in ihren Augen ungeheuerlichen Mißgriff des Ministers, vorerst ohne Erfolg. Aber auf ihren Teegesellschaften aus Altliberalen und den jüngeren Fortschrittlern wurde kein Blatt vor den Mund genommen; erschien der König in diesen Tagen im Salon seiner Gattin, so konnte er davon ausgehen, einige Wahrheiten anhören zu müssen und sich einer gewaltigen Übermacht gegenüberzusehen. Damit nicht genug, Augusta stiftete den Sohn an, sich schriftlich an seinen Vater zu wenden, um ihm die verheerenden Auswirkungen des Preßedikts auf die Politik Preußens nach außen und innen vor Augen zu führen. Der Brief ist nun freilich verräterisch schwach, gemessen an den kraftvollen Unternehmungen Bismarcks, die man nicht billigen muß, deren Zielstrebigkeit man aber anerkennen sollte.

Ob dieses Gesetz zeitgemäß war, steht auf einem anderen Blatt. Der Kanzler hatte sich aktuell zu wehren gewußt und Zähne gezeigt. Wilhelm war von dieser verwandtschaftlichen Seite her nicht zu beeinflussen, nicht von seiner Frau, nicht durch eines seiner Kinder. Der Vater behandelte den Brief denn auch exzeptionell, indem er darauf verwies, daß es ein Fehler von Kronprinzen sei, durch Bekundung liberaler Neigungen nach Popularität zu haschen. Er stellte sich mit dieser Bemerkung vor seinen Kanzler, der sich allerdings auch die Zustimmung zu seinem Pressegesetz bei ihm geholt. Es entsprach den Vorstellungen Wilhelms von Treue, ein gegebenes Wort zu halten, was ein schöner Zug ist, wenn ein solches Wort nicht leichtfertig gegeben wird. Aber als Belästigung empfand der auf einem diktatorischen Nebenweg ertappte Wilhelm doch das ewige Gemecker um dieses so wohltuend beruhigende Pressegesetz. Bei Tisch oder wo die Familie sonst zusammenkam, verbat sich der König energisch jede Kritik an der von ihm gebilligten Maßnahme. Auch an Bismarck schrieb Friedrich Wilhelm, übersandte aber zur Vorsicht eine Zweitschrift an den Vater. Bismarck gegenüber äußerte er das, was ihm ja nahegelegt worden war, sich herauszuhalten aus der Politik. Er distanzierte sich förmlich von den Maßregeln der Regierung. So wurde die Auseinandersetzung wieder einmal dort geführt, wo sie tatsächlich noch immer am wirkungsvollsten ist: Im Theater. Wilhelm, den doch keine Kritik anfocht, war eigentümlicherweise so empfindlich wie empfänglich für den Ausdruck der öffentlichen Meinung auf den weltbedeutenden Brettern, mochten die Stücke auch hundsmiserabel sein. Er ging häufig ins Theater und offenbar gern und nicht nur wegen der Mädchen vom Ballett. Zu jener Zeit mögen seine Gelüste auch etwas sparsamer geworden sein, da wir alle nicht jünger und schon gar nicht feuriger werden. Die Macht der Öffentlichkeit auf der Bühne wie in den Zeitungen mag er in London in mehr als einer, also nicht bloß der für ihn ungünstigen Variante erlebt haben, als sein Nomenklator Bunsen ihn in den Dschungel der Meinungsmanipulation eingeführt und ihn mit den Finessen des Enthüllungsjournalismus, dieser so niederträchtig-heuchlerischen wie zugleich wirksamen Waffe, wenn einer aus dem öffentlichen Leben ausgeschaltet werden soll, vertraut gemacht hatte. Dieser Verdacht klingt wie ein Widerspruch, da Wilhelm ja die Preßordonanz seines Premiers nachdrücklich unterstützte, ist aber keiner. Was er im Königreich Victorias für möglich und nützlich hielt, das schloß er für Preußen als schädlich aus. Nach der Aufhebung der Presseknebelung kurz vor Ausbruch der Revolution, waren die Zeitungen zu einer verhältnismäßig gefährlichen Macht geworden. Wilhelm hat zeitlebens das Bloßstellen einer Schwäche des politischen Gegners als Lästerung des wahren Protestantengottes empfunden, es verursachte ihm Flecke auf der Haut. Die Öffentlichkeit war jedenfalls offenbar zu einer solchen Macht geworden, daß sie Gottes Ratschlüsse wirkungsvoll in Frage stellen konnte. Dies wurde an einem Beispiel aus der Preßordonanz-Ära deutlich.

Im Schauspielhaus wurde ein Stück mit dem Titel »Der Geheimagent« aufgeführt. Wilhelm war unglücklicherweise Zeuge einer Beifallsbekundung des Publikums geworden, als auf der Bühne der Satz fiel: »Das Ministerium ist zu entlassen.« Vielleicht wäre diese ihm ärgerliche Geschichte beiläufig behandelt worden, da gar kein Zusammenhang mit dem Staatsminister Bismarck bestanden hatte. In Zeiten der Unterdrückung von Meinungen kommt es gewöhnlich zu solchen, oft eher vagen als treffenden Ventilierungen auf Bühnen, in Kabaretts und in Opern. Es war nicht der erste und es sollte nicht der letzte Fall sein. Die Vossische Zeitung, sonst eher regierungsfreundlich, hatte sich jedoch genötigt gesehen, über den Vorfall im Theater wie über einen Skandal zu berichten. Dort habe das Publikum sein Mißfallen über diesen gewaltigen Herren Bismarck auf offener Szene durch Beifall bekundet. Das ärgerte Wilhelm, er hatte auch früher in eigener Person und handgreiflich das Theater zu kommandieren versucht. Sogleich wies er seinen Premier an, eine Gegendarstellung in die Öffentlichkeit zu bringen. Bismarck sollte die Redaktion der Vossischen zu einer Richtigstellung zwingen. Nach Auffassung des Königs war ihm nämlich im Gegenteil aus dem Parkett Beifall entgegengeklungen, so daß er aufstehen und sich verbeugen mußte. Der Anlaß dazu war ebenso läppisch wie der erste Satz: »Sie wissen, daß ich das Wohl des Volkes im Herzen trage.« Falls die Claque ihm hier wirklich Beifall gespendet hat, könnte es sich nur um eine satirische Einlage gehandelt haben. Daß Wilhelm dieses Ministerium zu entlassen habe, dieser Wunsch scheint hingegen glaubhaft beklatscht.

Das Beispiel zeigt, wie angespannt die Verhältnisse inzwischen waren. Wenig später aber wurde die Sache ernst, als der Kronprinz in aller Öffentlichkeit in Danzig äußerte, wie tief er das Zerwürfnis zwischen König und Volk bedauere. Ferner behauptete er, von den Presseverordnungen der Regierung nichts gewußt zu haben und nicht daran beteiligt gewesen zu sein. Daß der Thronfolger zusammen mit Mutter und Gattin in seinem Hause notorische Revolutionäre empfing, daß Fritz offen mit der Opposition im Landtag, der Fortschrittspartei, sympathisierte, wußten ohnehin alle im Staate Preußen. Für den König war das Maß voll; er verfügte die Inhaftierung des Kronprinzen, wollte den Sohn zur Besserung auf eine Festung bringen lassen. Dieser Befehl setzte ihn zu Hause natürlich einer ganzen Reihe von Auseinandersetzungen aus. Dahin also habe es jener Herr gebracht, mittlerweile schon als Seine Majestät, unser Kanzler, höhnisch apostrophiert, daß sich der Vater vom Sohn scheiden wolle. Augusta führte ihm schließlich vor Augen, was er riskierte, wenn er dem einen Konflikt, den zwischen Regierung und Landtag, einen zweiten, den familiären hinzufügen und öffentlich machen würde. Dies müßte eine ungeheure Wirkung in der europäischen Öffentlichkeit zeitigen und die Welt an den Konflikt zwischen Friedrich II. und dem Soldatenkönig erinnern; unrühmlichen Angedenkens. Auch damals hatten die europäischen Höfe und Verwandten zur Mäßigung aufgerufen. Den Kronprinzen in Ehrenhaft zu nehmen, das lenke überdies das Augenmerk auf den eigentlich Schuldigen, dem er sich völlig unterworfen habe.

Wilhelm zögerte, da auch Bismarck dazu riet, den Fall mit Stillschweigen zu übergehen, ihn bestimmte, seinen Befehl zu überdenken. Bismarck zeigte hier, daß er nicht etwa ein Scharlatan war, der seinen Herrn bloß die Kapriolen des Respekts vor der Königsidee vorzuführen wußte. Er hat auch später in den immer komplizierter werdenden Familiensituationen das richtige zu tun gewußt und seine Feinde mehr geschont, als die es doch verdienten. Aber: Der Kronprinz hätte schließlich von einem Tag auf den anderen sein König werden können; der Kanzler behielt die Übersicht, heißt das, und er behielt sie als einziger, muß hinzugefügt werden. Der altmärkische Vasall auf Biegen oder Brechen behandelte das Geschwätz des Kronprinzen nicht als Verrat, sondern wie eine Dummheit. Andererseits aber zwang er mit diesem Zug seine Gegner in der Familien-Fronde zur Dankbarkeit. Er hat nie mit anderen Verbündeten gerechnet, als mit Roon und später mit Moltke, was ihn nicht daran hinderte, diese beiden wie seinen König vor Albernheiten zu bewahren. Was ihn jedoch überlegen machte, das war ein Konzept: Als einziger in diesem verhängnisvollen Dreieck aus König, der Fronde und ihm blieb er Sieger, ganz einfach weil er wußte, was er wollte, was zeitgerecht auf der Tagesordnung stand, mochten die Wege dahin auch noch so verschlungen aussehen oder sein. Und man darf nicht vergessen, daß sich dieser Bismarck nicht ohne Ernst auf allen überkleinstaatlichen Parlamenten herumgeschlagen hatte; er kannte seine Pappenheimer von innen und außen. Die eingangs aufgeworfene Frage, was denn die Clique um Augusta, was der Kronprinz mitsamt Anhang von einem erfolgreichen Bismarck zu fürchten gehabt, lautet schlicht: nichts. Er leistete die Kärrnerarbeit, durch die sie existierten, und zu echten Anstrengungen solcher Art wären sie nie fähig gewesen. Sie hatten abgewirtschaftet, und Bismarck ließ sie weiter fürstlich leben.

Für den Kronprinzen wuchs sich das einmalige schwache Aufbegehren zur permanenten Niederlage aus. Wilhelm schrieb ihm einen Drohbrief; darin stand, daß bei Wiederholung derartiger Äußerungen Friedrich Wilhelm die Abberufung (von seinem Kommando) nach Berlin zu gewärtigen hatte, und überdies den Verlust seiner Stellung im Kronrat. Der Kronprinz unterwarf sich sofort, was seine Bedeutungslosigkeit beweist, da es auch ohne ihn weitergegangen wäre, versprach, künftig untertänigst zu gehorchen und sich zurückzuhalten. Solcher Art waren die Verbündeten der Königin, die alle Freiheit für die Preußen wollten. Damit hatte sie in ihrem Kampf gegen Bismarck aber doch einen Verbündeten verloren, für, ja, wofür? Für ein bißchen mehr Meiungsfreiheit, Pressefreiheit, Freiheit in der Kultur? Augusta, die weimarische Prinzessin, hatte sich nicht an das ebenso eisige wie sentimentale preußisch-patriotische Klima gewöhnen können, aber die wirklich formenden geschichtlichen Kräfte kümmerten sich um diesen liberalen Quark nicht.

Wahlen mußten nun einmal stattfinden, mit der bloßen Auflösung des Parlaments war es nicht getan. Es war nur eine kurze Atempause. Und daß sich dieses alte Preußen auf seinem Weg zum modernen Bürgerstaat nicht vollständig aufhalten ließ, zeigte sich denn auch niederschmetternd bei den Wahlen im Oktober 1863, ganz abgesehen davon, daß die neue Regierung altmärkischer Vasallen außenpolitisch recht mittelmäßig abgeschnitten hatte. Die Fortschrittspartei erfuhr eine erneute Steigerung ihres Stimmenanteils; sie hielt nunmehr 141 Mandate, die sogenannte liberale Mitte kam auf 106 Sitze, dies bedeutete die gewaltige parlamentarische Zweidrittelmehrheit, die auch sogleich dazu genutzt wurde, die Preßordonanz aufzuheben. Die Fronde um Augusta hatte an der parlamentarischen Niederlage Bismarcks ihren Anteil, vielleicht ohne zu ahnen, welchen Kräften sie Vorschub leistete. Die breitere europäische Öffentlichkeit amüsierte sich königlich über die Ignoranz der Preußen, das politisch isolierter war als zu Zeiten des alten Bundestags. Und was machte die Zweidrittelmehrheit mit ihrem Sieg? Nichts, sie pfiff darauf, wie der König auf der Flöte im Märchen Tucholskys.

Einigkeit und Recht und Freiheit

Seit 1848 hing das Versprechen in der Preußenluft, den Staat in ein neues Deutschland aufgehen zu lassen. Die sogenannten drei Reichseinigungkriege gaben den Deutschen schließlich das wiedererstandene Reich, allein es war eher kompliziertes politisches Werk als Vereinigung der Schwaben mit den Pommern, der Ostpreußen mit den Franken und wer noch einen deutschen Dialekt sprach, redete, schrieb, von dem ein anderer deutscher Stamm nicht das mindeste verstand. Man möchte als Heutiger doch zu gern der Frage nachgehen, was denn nun wirklich des Deutschen Vaterland ist und wer es gewollt hat angesichts der Wiedervereinigung von 1990 als einem neuerlichen Versuch, das Vaterland der Deutschen zu schaffen; daß Deutschland eine Erfindung der Dichter sei, nach Willibald Alexis, möchte man doch ungern glauben, stellt aber fest, wieviel Wahres an der Bemerkung ist. Eines aber kann unbedenklich behauptet werden: Jeder der Vereiniger hat sich stets ein ganz anderes Deutschland vorgestellt, als er es zuletzt bekam.

Wilhelm dachte an die Wiederherstellung eines Heiligen Römischen Reiches Deutscher Nation, an dessen Spitze der deutsche Kaiser von den sieben Kurfürsten gewählt wurde, der einen Kanzler berief und einige Reichsinstitutionen, wie das Reichskammergericht zu Wetzlar, dachte an ein Deutschland unbeschränkt herrschender Fürsten, deren Untertanen auch noch das religiöse Bekenntnis ihres Fürsten anzunehmen hatten, Jus regio, cius religio. Mit einem Unterschied, es war ein Deutschland, in dem Dampflokomotiven von einer zur anderen Grenze rollen mußten, vom Land Preußen, sagen wir, der Prignitz, in das Land Mecklenburg, sagen wir bis Schwerin und so fort. Ein paar Eisengießereien und etliche Großschmieden hätten in dem Staat Wilhelms für die militärische Rüstung zu sorgen gehabt und die Spinner und Weber dasTuch für die blauen Uniformen vielleicht ein wenig automatischer hergestellt als bislang.

Augusta, die großdeutsch war, dachte wohl eher an einen gewaltigen liberalen Zirkel, an Journale für die gebildeten Stände, an Illuminaten- und Gelehrtengesellschaften, kurz, an ein ästhetisches Deutschland mit einem House of Lord und einigen plebiszitären Einrichtungen. Der Mann auf der Straße, der in den Flecken und Dörfern, Kleinstädten und Zwergresidenzen empfand landsmannschaftlich, er redete und fühlte sächsich, preußisch, bayerisch und so fort; der eine mochte den anderen Landsmann nicht, auch wenn er bloß eine deutsche Meile weiter wohnte. Anders stand es um das Großbürgertum einer sich entwickelnden Industrie, die Großkaufleute und last but not least, die technisch-wissenschaftlichen Erfinder, die es nun doch auch schon in größerer Zahl gab; diese dachten an einen Zentralstaat, der ihnen die Last der Zölle von den Schultern nahm, der protektionistisch die Ausfuhr von Waren begünstigte und die Einfuhr fremder Waren, ausgenommen die Rohstoffe, finanziell belastete, der den proletarischen Pöbel in mächtigen industriellen Reservearmeen zu freiem Gebrauch auf billigen Lohnstufen hielt.

Der spätere Reichsgründer Bismarck, der doch wenigstens ein gläubiger Nationalist hätte sein sollen, bekannte des öfteren, daß er für deutsche Nationalität keinen Sinn habe. Trotzdem redete er von Nation und Nationalparlament; es muß also doch ein stärkeres Gefühl der Zusammengehörigkeit mit im Spiel gewesen sein als die Aufzählung dessen, was der Nation entgegenstand, ahnen läßt. Seine Strategie zielte, vordergründig betrachtet, auf die Abtrennung der norddeutschen Landesteile und die Vereinigung in einen durch Preußen geführten Bund. Bismarck war davon überzeugt, daß von zwei derart großen Flächenstaaten in Deutschland wie Österreich und Preußen viel größere Gefahren für das Gleichgewicht der Macht ausgingen als von einem Staatenbund des Nordens. Preußen war nun allerdings kaum an einem Konfliktherd in einem der Balkanstaaten interessiert; hier sollte seiner Auffassung nach die Bündnispflicht enden. Wie recht der große Machtspezialist hatte, zeigte sich ja auch 1914, einem Datum, von dem wir 1863 nicht mehr gar so weit entfernt sind. Ähnlich tief wie Bismarck haben auch andere gesehen; wieder aber unterschied sich der Premier von ihnen dadurch, daß er nicht über den historischen Fall nachdachte, sondern handelte, als er die Zeit für gekommen hielt. Überraschend für alle politischen Vorausdenker verlangte er im Januar 1863 im Bundestag zu Frankfurt plötzlich ein gesamtdeutsches Nationalparlament. Dafür erhielt er den Beifall der Großdeutschen, nicht aller, gewiß, aber einer auffallenden Mehrheit. Seine Gegenspielerin Augusta mag die Bismarcksche Welt nicht mehr begriffen haben, als sie sich vor Augen führte, mit welcher Gesetzgebung als Mitgift Preußens der Kanzler ihres Herrn Gemahl in den großen Nationalstaat hineinwollte. Sie selbst, als Nationalkonstitutionalistin, wie auch Fritz, ihr still gewordener, kaltgestellter Sohn, hätten wohl jubeln können, allein, wie paßte die Bismarcksche Konstruktion zusammen, einerseits den Preußenstaat ältester Observanz zu fördern und sich damit in der Gnadensonne Wilhelms zu wärmen, andererseits Preußen in einem liberalen Deutschland aufgehen zu lassen? Nein, diesem Hund war nicht über den Weg zu trauen.

Weil aber Österreichs Interessen in einem solchen Reichstag zu kurz kommen mußten, war es eben besser, einen engeren, einen kleinen Bund zu schaffen, ohne Österreich, dem es überlassen blieb, sich mit einem eigenen Bund im Südosten auszustatten. Diese Botschaft vernahmen die Anhänger der kleindeutschen Lösung gar gern. Politisch antwortete Österreich mit dem Vorschlag, den bisherigen Bund zu erneuern, zu reformieren. Nicht das Bismarcksche Reichsparlament wollten sie, sondern einen Bund, in dem die deutschen Staaten durch Berufene vertreten waren. Nun, eine Erneuerung war das nicht, eher die Neuauflage des Ständestaates. Der politische Bürger des heutigen Bundesstaates mag immerhin bedenken, daß eine Ständevertretung nicht eo ipso rückständig sein muß. Selbst der Versuch, ein ständisches Parlament zu errichten, ist in dem modernen Deutschland nie, wohl aber in der Ersten Österreichischen Republik gemacht worden. Die Bundesgewalt sollte an ein Gremium aus fünf Delegierten übergehen; Preußen, Bayern und Österreich sollten einen ständigen Sitz in Frankfurt bekommen, zwei andere deutsche Länder sich in einem Rotationsmodell ablösen. Österreich aber sollte den Vorsitz des Fünfergremiums in Permanenz innehaben. Im Frankfurter Bund, so wie er bestand, war die Stimmung gegenüber diesem Vorschlag nicht völlig ablehnend, was doch immerhin überrascht. Das Fürstenpack der kleinen deutschen Staaten geriet natürlich in helle Begeisterung, hätte ihnen doch dieser merkwürdige Bund ein langes bequemes Fauldasein beschert.

Verfolgt man dieses Auf und Ab im Bundestag, überblickt man die häufigen Schwankungen der Protagonisten, dann erscheint die schroffe Handlungsweise Bismarcks geradezu vorsorglich logisch. Daß die Zusage Preußens zu dem Vorschlag Österreichs nötig war, ist in Wien völlig klar gewesen. Die dortigen Politiker kannten aber auch Wilhelms sentimentale Vorstellung, die mittlerweile bereits Grünspan angesetzt hatte, von der Güte deutscher Fürsten. Es war ein guter Schachzug Österreichs, die deutschen Fürsten zu einer Geheimkonferenz nach Frankfurt zu laden, um die Details zu beraten. Die Konferenz sollte am 16. August 1863 in Frankfurt stattfinden. Was Wilhelm betrifft, so hielt er sich mit Augusta zur Kur in Bad Gastein auf. Franz Josph I., Kaiser, ein bis dahin glücklich bis sorglos regierender Herrscher, was man so glücklich nennt in diesem bis zur Hochspannung geladenen Europa, machte sich höchstselbst nach Bad Gastein auf, um den lieben Amtsbruder in den allergewinnendsten Formen österreichischer Höflichkeit nach Frankfurt zu laden.

Wilhelm laborierte an verschiedenen Beschwerden herum, die das Alter mit sich bringt. Augusta war nervlich erschöpft; die Niederlagen in ihrer Hausmachtpolitik wirkten nach; kurz, der fröhliche junge Kaiser Franz Joseph, in weißgrüner Uniform, in der er für Wilhelms Augen aussah wie ein Hausmeister, konnte den mürrischen alten Knaben nicht zu einer Zusage bewegen, sich nach Frankfurt zu begeben und sich dem österreichischen Diktat zu beugen. Zwar machte Wilhelm bloß Einwände, wollte mehr Zeit für die Beratung des Vorschlags, wollte eine Ministerrunde vor den eigentlichen Fürstentag eingeschoben wissen. Ob sich Franz Joseph über die Absichten des alten Herrn täuschen ließ, ja, ob der überhaupt welche hatte, ist zweifelhaft. Er nahm die Einwände nicht ernst und reiste ab, um Wilhelm sogleich die förmliche Einladung ins Haus zu schicken. Vielleicht machte der Kaiser auch das erste Mal Bekanntschaft mit der Eigenheit Wilhelms, Entscheidungen hinauszuschieben, so lange es nur ging. Andererseits ist es fraglich, ob der so folgenschwere Entschluß Wilhelms, seine Teilnahme am Fürstenkongreß abzusagen, zum größten Teil auf bloße Verärgerung zurückgeht, weil der junge Mann ihn wie einen alten Esel behandelt hatte. Denn zweifellos kannte Wilhelm, der gern und gründlich Akten las, die Note seines Premiers zu diesem Fürstentag.

Was Wilhelm indessen tief verstimmte, war die Entdeckung, wie ihn seine fürstlichen Amtskollegen in dieser für alle wichtigen Lage eingeschätzt hatten. Hintenrum erfuhr er nun, wieweit sie bereits im Einverständnis mit dem Kaiser Franz Joseph I. waren. Der Aufruhr war entsprechend groß, als die Herrschaften im Fürstenfrack von der Absage Wilhelms erfuhren; selbst der Schwager aus Weimar, der Großherzog Karl Alexander, sonst ein gescheiter Mensch, schätzte die Situation falsch ein und schrieb dem alten Herrn eine Abmahnung. Er, Wilhelm, möge Deutschland durch sein persönliches Erscheinen (in Frankfurt) erfreuen, schrieb der Großherzog. Diese Geschichte ist indessen so vertrackt wie ihre Folgen heute einsehbar. Um den alten Mann herum waren sie alle emsig bemüht, sie suchten ihn umzustimmen, erklärten ihm oft und noch öfter den Fall. Allein, der Alte blieb störrisch, er wollte Deutschland nicht durch seine Anwesenheit in Frankfurt erfreuen und unter Umständen très humble serviteur Österreichs werden, kein Diener dieses eleganten Schwätzers Franz.

Die Königin Augusta bestürmte ihn natürlich auch. Er hielt ihr wie dem Herrn Schwager entgegen, was er vorhersah, daß der junge Mann aus Schönbrunn die Fürsten beschwatzen könnte, ihn zum deutschen Kaiser zu küren, ein Fall, der mittlerweile ohne Zustimmung Preußens undenkbar geworden war. Seine Mitfürsten ließen indessen nicht locker, sie schickten den König von Sachsen. Obwohl der Monarch fest blieb, hätten seine Nerven vielleicht doch nachgegeben ohne diesen Bismarck, der höchselbst anreiste, um seine Meinung darzulegen. Seltsamerweise funktionierte auch in diesem Falle die Überredungskunst des Premiers, der sein altes, nun schon mehrfach erprobtes Modell anwendete, den König gleichsam vor das Angesicht Gottes aufzupflanzen, eines Gottes, der durch ihn, Bismarck, verkündete, was er für Preußen vorgesehen. Bismarck konnte dem König in letzter Minute einen Absagebrief entreißen.

Bad Gastein …

Lieber Bruder, wir alle sind in einer unbeschreiblichen Verfassung. Wilhelm zumal steht beinahe vor einem körperlichen Zusammenbruch. Dein Brief stürzte ihn in Zweifel über seine nächste Aufgabe, und das Ziel schien uns erreicht. Es ist – nein, ich muß schreiben, es war – die große Gelegenheit, zu einem deutschen Nationalstaat zu kommen, in voller Harmonie unter der Ägide angestammter Fürstenrechte, alles Dinge, die Wilhelm im Grunde seines Herzens bejaht, von denen er schwärmt. Jetzt ist alles anders gekommen. Bismarck heißt der neue Herr auf dem Thron, und Wilhelm hat sich in völliger Abhängigkeit von seinem Premier begeben. Wie ich es vorausgesehen, nein, es ist viel schlimmer gekommen, als es je anzunehmen war. Bismarck kam, redete eine Weile unter vier Augen mit dem König, und ich wiederhole Dir, daß wir die Fahrkarten zum Fürstenkongreß bereits in der Tasche hatten, der König kam heraus, gefaßt, nachdenklich … Madame, wir können nicht reisen, es geht zurück nach Berlin. Was Bismarck tat, was er gesagt hat, niemand anders als die beiden wissen es. Wir anderen werden kaum noch eines aufklärenden Wortes gewürdigt. Mit der Absage stehen wir wieder vor einer ganz ungewissen Zukunft.

Übrigens ist Bismarck allein durch seine Präsenz eine Aufregung. Wilhelm fühlt sich wie unter Aufsicht gestellt, unter einer Vormundschaft. Er besaß, wie Du ja weißt, nie genug Selbstvertrauen, um sich zu behaupten, jetzt hat er auch den Rest Würde an seinen Premier abgegeben. Sollte es jedoch dahin kommen, daß sich Bismarck in der Staatsfrage durchsetzt, sehe ich einen Krieg voraus. Schreibe unbedingt noch einmal an Wilhelm, teile all unseren Verwandten mit, wie die Dinge hier stehen, laß die ausländischen Höfe intervenieren. Wird Wilhelm in die Ecke gedrängt, so muß er handeln, die Flucht nach vorn antreten. Wir müssen ihm offen sagen, daß Bismarck tödlich für uns ist, daß dieser Mann schleunigst aus der Regierung entfernt werden muß, anders gibt es eine Katastrophe. Ich selbst will tun, was in meiner Macht steht, um diesen unsauberen Kerl unmöglich zu machen. Fritz ist mir nun leider dabei keine Hilfe. Wäre sein Verhältnis zum Vater besser als es ist, könnte er vielleicht mehr erreichen als ich, aber gegen ihn wie auch gegen Victoria sind die Widerstände groß. Unsere Gegner argwöhnen die Engländerin in Victoria. Mag sein, daß sich meine Schwiegertochter nicht eben klug und diplomatisch genug verhält, wenn sie in allen ihr zugänglichen Zirkeln die würdige Vertreterin ihrer Dynastie gegen uns, als einen kleinen Partner, herausstellt. Du siehst aber, wie sehr sich die Dinge hier verschlechtert haben, und daß sie einer Katastrophe zutreiben, scheint mir nach der Absage völlig sicher, wenn wir nicht alles tun, um Wilhelm aus den Fängen dieses Hundsfotts zu befreien, Augusta, Königin von Preußen.

Was folgte, war dieses Mal vielleicht nicht bloß Theater; nach überstandener politischer Roßkur, die ihm sein Premier verordnet hatte, bekannte Wilhelm zwar in den üblichen sentimentalen Tiraden, daß er sich wie ausgelaugt fühle; »Nervenaufregung mit Weinkrampf, daß ich heute noch miserabel bin«, mit diesem Billett mußte sich Karl Alexander zufriedengeben. Mehr hat Wilhelm für die Reichseinigung nicht getan, aber das, was er unterlassen, nämlich sich in einem erneuerten Fürstenbund der Hegemonie Österreichs zu unterwerfen, entsprach seiner Neigung, dem Premier instinktiv zu folgen; es kam Bismarck entgegen, und das war denn auch wichtig genug. Mit dieser Absage seines Königs war der Kanzler ein beträchtliches Stück auf seinem Weg vorangekommen.

Der Düppeler Siegesmarsch nach Königgrätz

Für Augusta stand es fest, daß Wilhelms Entschluß, den Frankfurter Fürstentag zu meiden, ausschließlich auf Betreiben Bismarcks gefaßt wurde. Sie hatte gut begriffen, welche Rolle ihr in diesem Dreiecksspiel zugefallen war, die einer Randfigur. Wie schnell war ihre Niederlage gekommen, und vor allem, wodurch wurde sie herbeigeführt? Durch Bismarck allein. War es so leicht, mit ihr fertig zu werden? Gewiß durchschaute sie, was sich hinter ihrem Rücken abgespielt hatte. Wilhelm ließ sich von ihr gar gern seine Situation darlegen, und sie war eine gute, eine ausgezeichnete Erklärerin, er ein vortrefflicher Schweiger. Für gewöhnlich kam er bei ihren Diskursen ins Nachdenken, und es blieb jeweils abzuwarten, welche Stellung er letzten Endes zu dem besprochenen Vorgang einnehmen würde. Alles hing von dem Besuch seines Premiers ab, dem es mit Leichtigkeit, fast mühelos gelungen war, seinem König die Welt wieder vom Kopf herer Ideen auf die Füße schnöder Realität zu stellen. Bei seiner Scheu vor Auseinandersetzungen zog sich der alte Mann oft in sein Arbeitszimmer zurück, las, schrieb, dachte nach, was sollte er tun, da es kein Telefon gab? Kam er wieder heraus, dann war seinem Gesicht abzulesen, wie die Würfel fallen würden. In der Regel auf die Seite des Premiers Bismarck, stellte wenigstens Augusta fest. Schlimmer als alles, sie fand kein anderes Mittel, als zu reden, denn es focht ihn immer weniger an, was sie vorbrachte. Er hatte ihr zu oft im Geist recht gegeben und anders handeln müssen, um den Druck der Familie nicht als Kabale gegen diesen tätigen Mann Bismarck aufzufassen, der angriff, meist mit einem Überraschungsmoment.

Hilflos ergrimmt, erfand Augusta für Bismarck den Titel: Seine Majestät. Wohl wissend, wie sehr sie damit das Ehrgefühl Wilhelms und die Vorstellungen von seinen durch göttlichen Ratschluß bestimmten Entscheidungen verletzte. Im Regelfall verband sie eine Frage mit der ominösen und beleidigenden Floskel, Seine Majestät, unser Kanzler. Ob er seinem König schon aufgeschrieben, was dieser zu tun? Nun war Wilhelm eine wahrlich trockene Natur und nahm immer für bare Münze, was man ihm sagte. Der Funken Humor, hatte er ihn je besessen, mußte ihm in dieser bedrückenden Lage vollends verlorengehen. Und Bismarck unterlief kein schwerer Fehler bei der Behandlung seines Monarchen; er war höflich rücksichtsvoll, zeigte aber ausschließlich dem Amt des Königs die Art Respekt, die auch Wilhelm einem König gezollt hätte; die Person schien ganz hinter dem Kostüm zu verschwinden. Hätte der Premier sich vorlaut benommen, über Augusta gelästert, es wäre ihm vielleicht schlecht bekommen.

In den Tagen, damals hatte die ganze Sippschaft den König bestürmt, unter allen Umständen nach Frankfurt zu reisen, Augusta, mit der Wilhelm nun doch in einer ruhigen und gattenfreundlichen Beziehung alt zu werden gedachte, der obstinate Sohn und Kronprinz Friedrich Wilhelm, die hochedle englischblütige Schwiegertochter Victoria, die ihm einen Enkel geschenkt hatte, und neuerdings auch die längst verheiratete Tochter. Daß ihn überdies nach seiner Absage – und er war seiner Sache keineswegs so sicher, wie er vorgab, was sie alle genau wußten – alle lieben Verwandten mit Briefen bombardierten, ihn aufforderten, ihm zuredeten, kränkte ihn noch schwerer. Sie mögen seinen eigenen hochtönenden Rodomantaden mit eigenem Geschwätz begegnet sein, von der heiligen deutschen Kaiserkrone, die von ihm und seinesgleichen vergeben werde, würde dieser Fall wirklich noch einmal eintreten. Sollte Seine Majestät, der Kanzler Bismarck-Schönhausen, neuerdings die Rechte der Krone okkupiert haben, und in Preußen nach Belieben schalten und walten? Ein übler Kerl, Zyniker und Rechthaber.

Dieses Spiel ging fast über die Kräfte des alten Königs, er tat schließlich, was er immer getan hatte, durch Zweifel, durch Gründe und Gegengründe spekulierte er sich zu einer faulen Ausrede durch. Jetzt kam er dahin, sich seine Unentschiedenheit so zu erklären: Fürsten können nicht die Geschäftspraxis entwickeln wie Männer vom Fach. Höhnend persiflierte der Kronprinz den Alten: »Wenn Bismarck meinem Vater eine Allianz mit Mazzini proponierte, so würde mein Vater anfangs verzweifelt im Zimmer herumgehen und ausrufen: Bismarck, Bismarck, was machen Sie aus mir! Dann bliebe er mitten im Zimmer stehen und spräche: Wenn Sie jedoch meinen, daß das im Interesse des Staates unerläßlich sei, so läßt sich am Ende nichts dagegen einwenden.« Es versteht sich, daß dergleichen Unfreundlichkeiten die Runde machten und dem alten Mann nicht eben schmeichelten.

Für den armen charakterschwachen König wurde der Alltag zur Qual; im Conseil bedrängten ihn Roon und Bismarck, vor dessen rücksichtslosen Attacken er sich nachgerade zu fürchten begann, zu Hause las ihm Augusta bei Tisch schonungslos die Leviten aus der Journaille mißgünstiger ausländischer Blätter und vermittelte ihm das Gefühl, ein schwacher, ein halb blödsinniger und höchst notdürftiger Preußenkönig zu sein. Und selbst die hiesige Presse schonte ihn nicht mehr, das Pressegesetz, die Preßordonanz, die seiner Empfindlichkeit einen gewissen Schutz geboten, zog nicht mehr. Der Sohn, einigermaßen diszipliniert, ließ sich hinter vorgehaltener Hand in Diplomatenkreisen gern über die wahren Verhältnisse am Preußenhof aus, Schwiegertochter Victoria, eine eingebildete Dame, die ihrer Mama in lebhafter Korrespondenz auch und gerade solche Einzelheiten vom Preußenhof mitteilte, die besser en familie geblieben wären, blies sich zu einem Pfau auf. Alle naselang reiste sie mit dem Enkel nach England zur Großmama und kehrte regelmäßig königlicher erhöht zurück, als je eine Königin in Preußen sich angemaßt hatte. Über verschiedene Kanäle gelangten geheime Nachrichten in die britische Presse und damit an die Weltöffentlichkeit. Es war auch kaum möglich, dem Kronprinzenpaar seinen empörenden häuslichen Umgang mit der demokratischen Opposition zu untersagen; von Fall zu Fall vielleicht konnte der Vater und König ein Wort fallenlassen, stieß aber natürlich nur auf das obstinate Schweigen des Paares, das sich der Unterstützung durch Augusta stets sicher war. Leider auch konnte man der Ausfragerei bei Tisch oder sonstwo kaum entgehen; Augusta wußte immer, was ihm, dem König, von seinem Premier vorenthalten worden war.

Geht man davon aus, daß schriftliche Äußerungen wie die oben wiedergegebene dem König nicht bloß hinterbracht wurden, sondern daß ihm die Familie ihre Meinung unvermittelt ins Gesicht hinein sagte, so wird schon erklärlich, daß Wilhelm sich körperlich unwohl und krank fühlte. Allein gelassen wie er war, blieb ihm doch nur der Halt in diesem Premier, der ihm immer gute Gründe für das aufzählen konnte, was zu tun er vorhatte und wofür der Minister des Königs das Friedrich Wilhelm seines Herrschers benötigte. Die Szene in der Eisenbahn bei Jüterbog wiederholte sich ungezählte Male, bei kleinen und bei größeren Anlässen. Es war längst dahin gekommen, daß Bismarck dem Alten unentbehrlich geworden war, er hielt ihn für ein nie fehlendes Genie, für ein machiavellistisches zwar, dem am Ende nicht völlig zu trauen war, aber mit sicherem Gefühl für das zu Machende. Aber auch der Premier ließ Nerven bei diesem Spiel, er kämpfte nicht nur gegen die Schrullen des Königs, den er im Grunde bloß für einen liebenswerten alten Trottel hielt, sondern gegen die Fronde, der ihm feindlich gesonnenen Familie. Der Wankelmut des Königs, seine ständige Unentschlossenheit, die Scheu vor Entscheidungen und dann auch wieder überraschend erteilte Befehle, das half ihm häufig, aber es half nicht zuverlässig, dauerndes Lauern war erforderlich. In einer der wichtigsten Fragen, an der Preußens Rolle in naher Zukunft hing, war Bismarck Sieger geblieben. Der Alte fuhr nicht nach Frankfurt und ließ die lieben falschen Fürstenbrüder unter sich bleiben, sondern er reiste zur Truppeninspektion nach Rastatt, was ihm allemal erholsamer war.

Die Truppen Preußens aber sollten alsbald nicht bloß besichtigt und für kampftauglich befunden werden, sie sollten in einen realen Krieg ziehen, wie er vorherzusehen war und zumindest von Bismarck vorhergesehen wurde. Die Sache begann, wie alle Kriege, mit einem kleinen und nebensächlichen, einem gewöhnlichen Konflikt in einer Kette anderer gewöhnlicher Konflikte, die immer irgendwie beigelegt worden waren und werden, weshalb alle meinen, alles sei schon nicht so schlimm, das Wetter werde sich verziehen. Einst waren im Dämmer spätmittelalterlicher Staatsverträge die Herzogtümer Schleswig und Holstein an Dänemark gefallen und sollten, um es noch mal nachzubeten: »up ewig ungedeelt bliewen«. Einige Jahrhunderte hindurch blieb dieser Zustand so ziemlich bestehen und die Herzogtümer ungedeelt gut dänisch allerwege. Diese stillschweigende Balance wurde nicht einmal durch die verrückte Regelung gestört, daß Holstein Teil des deutschen Staatenbundes wurde, hingegen Schleswig dem dänischen Staat zugehörte. Da offenbar aber nicht immer alles so bleiben kann, wie es einmal ist, mag alles auch ganz brauchbar sein, kam es zu ersten Streitereien, die vorderhand im sogenannten Londoner Protokoll geschlichtet wurden. Das Rezept ist uralt, obschon wenig brauchbar; England und die anderen Großmächte übernahmen die Friedensgarantie für Dänemark und Schleswig und Holstein. Völkerrechtlich hätte es sogar noch einen Frieden von Westfalen gegeben, in dem die europäischen Großmächte den Deutschen einen ewigen Frieden nach dem Dreißigjährigen Krieg garantierten, aber der war bei dieser Gelegenheit unbrauchbar. Verträge, sagen die Diplomaten, müssen gehalten werden. Schön, das Londoner Protokoll enthielt eine folgenreiche Klausel; sie besagte, daß bei Erlöschen der dänischen Königslinie ein Prinz von Sonderburg-Glücksburg nachrücken sollte. So ungefähr wurde es 1863 zwar auch gemacht, der Glücksburger Christian IX. bestieg den Dänenthron, worauf der Herzog von Schleswig-Holstein Friedrich III. sich anheischig machte, beide ungedeelten Herzogtümer meerumschlungen dem deutschen Staatenbund zuzuführen. Dies war den deutsch-nationalen Volksteilen recht, nicht aber den dänenfreundlichen billig. Am 18. November 1863 erließ Christian IX. eine neue Verfassung, Schleswig kam zu Dänemark, eine völkerrechtliche Regelung stand aus und wurde auch gar nicht erst gesucht. Große Aufregung allüberall.

Wilhelm hielt die Schleswigfrage für eine der kompliziertesten, die jemals dagewesen sei. Das war sie nicht, sie war im Gegenteil eine der allersimpelsten Gelegenheiten, einen schwebenden Krieg auszulösen und an eine Neuaufteilung Deutschlands zu schreiten, was längst überfällig und nötig und bei dem Kräfteverhältnis auf keinem anderen Weg zu erreichen war. Kompliziert wurde die Schleswigfrage indessen durch das gültige Londoner Protokoll, weil es von Preußen ratifiziert worden war. In diesem Protokoll wurde eine deutsche Nationalbewegung in Dänemark nicht nur nicht anerkannt, ja, nicht einmal genannt. Es war, wie alle oder die meisten Verträge, ohne die realen Bedürfnisse der Völker gemacht. Die in Deutschland anschwellende Nationalbegeisterung war ein solcher realer Fakt; und die Deutschen sahen eine Möglichkeit, den ihnen seit Jahrzehnten vorenthaltenen Nationalstaat durch Krieg und Kampf zu gewinnen, irgendwie, zwar auf Umwegen, aber unabwendbar.

Der Beobachter und Psychologe Bismarck hatte vorhergesagt, daß Deutschland, wenn es denn jemals eines geben sollte, am ehesten durch ein einigendes gemeinsames Blutopfer entstehen würde. Nach seiner Idee sollte und konnte es nur ein durch Preußen geführtes (halbes) Deutschland sein. Zudem war der von den

Beteiligten vor Ort eigentlich als dynastischer Konflikt geführte Krieg schnell revolutionär geworden; eine Neuauflage des Volkskriegs von 1812 drohte, bei höchster Ungewißheit für den Ausgang. Schwerlich wären die Gewehre beim Landsturm wieder einzusammeln gewesen, wenn Milizen den Sieg miterfochten hätten. Insofern war die Lage in der Tat kompliziert, es fragt sich nur, ob Wilhelm alle, wirklich alle Konsequenzen zeitig genug sah, Konsequenzen, die auch Bismarcks Variante mit einschloß. Nach Meinung Wilhelms hätte es genügt, das Londoner Protokoll herzustellen, da er befürchtete, die revolutionären Demokraten würden nur alles verderben. Indessen kam ihm hier der Bund in die Quere oder entgegen, der mit einem Expeditionskorps eingriff.

Bismarck aber hatte anderes im Sinn; er bekannte, daß ihn bei dieser Sache weder die revolutionären noch die legalistischen Seiten interessieren durften, sondern daß ausschließlich die Eingliederung des ganzen ungedeelten oder teilweisen Schleswig-Holsteins in Preußen auf der Tagesordnung stand. Als er seinem König am 26. November 1863 anläßlich einer Sitzung auseinanderklamüserte, wie er Preußens Aufgabe sah, hielt Wilhelm diesen Einfall für dermaßen verrückt, daß er den Protokollanten anwies, Bismarcks Einwurf nicht mitzuschreiben. Es ist des weiteren aber schon bemerkenswert, wie leicht der bockende Gaul dann doch über die Stange sprang. Bismarck bestand auf der Protokollierung seines Vorschlags. Nun wurde es ernst. Wilhelm blieb noch redlich bei seiner Auffassung, Preußen habe nicht das mindeste Recht auf eines der Herzogtümer im Norden, ließ aber das Nachdenken über eventuelle Revision oder einen Zusatz zum Londoner Protokoll immerhin als denkbar gelten.

Inzwischen aber standen Hannoveraner und Sachsen, entsprechend der Beschlußlage des Bundestags, tief in Holstein.

Was mag nun Augusta in den kritischen Tagen gedacht haben, als sie zusah, wie sich zwischen Wilhelm und seinem Premier, Seiner Majestät, der Graben vertiefte? Mit Befriedigung stellte sie wohl fest, daß der König sich endlich ermannte und seinem Minister verbot, in der Öffentlichkeit von einer Annexion zu sprechen oder zu schreiben. Bismarck fand andere Wege, seine Ideen zu verbreiten. Der Einmarsch von Bundestruppen war durch den Bundestagsbeschluß hinreichend gedeckt; gedeckt schon, aber Law and Order bedeutet nicht zugleich Recht in der Wirklichkeit. Die einzigen Mächte, die eine Wirklichkeit herstellen konnten, waren nun einmal Preußen und Österreich. Beide forderten zunächst die Dänen auf, die gerade erlassene Verfassung zurückzuziehen und das Londoner Protokoll hinsichtlich Schleswig und Holstein wieder herzustellen. Es war ein kurzgefaßtes, im Grunde nur Stunden bietendes Ultimatum. Würdevoll lehnten die Dänen ab. Preußen und Österreich schritten zum Krieg.

Nunmehr betritt erstmals eines der größten Strategenwunder der neueren Zeit und vielleicht aller Zeiten die Bühne der Geschichte; Helmuth von Moltke, 1800 in Parchim geboren, als Sohn eines Offiziers und landwirtschaftlichen Bankrotteurs in dänischer Kadettenanstalt zum Seconde-Leutnant herangehungert, seit 1822 in preußischem Dienst, mittlerweile 63 Jahre alt, ein bohnenstangelanger dürrer Mensch, der seine Glatze unter einer Cäsarenperücke verbirgt, um dessen Gestalt die Uniform schlottert. Preußens unsoldatischer erster Soldat. In diesem Kopf entstehen reihenweise Aufmarschpläne, logistische Protokolle sind wie in Schubladen in den Ganglienzellen dieses mathematischen Gehirns gespeichert, alles wird hier zur Arithmetik. Viel herauszukriegen ist nicht aus dem Mann, er spricht wenig und für einen Offizier zu leise. Aber Wilhelm, der von planungsmäßiger Kriegsführung immerhin soviel verstand, um die ihm vorgelegten Pläne seines Generalstäblers für verwirrend korrekt zu halten, pflegte sich diesem Geist zu fügen. Freilich wagte er es nie, den schweigenden Mann anzusprechen. Lieber fragte er andere, was Moltke denn eben gesagt und gemeint hatte, als diesem schweigsamen Orakel des Krieges ins Wort zu fallen. Nie haben König und Generalstäbler über etwas gestritten, einmal, später, in der Schlacht bei Königgrätz, fragte Wilhelm seinen Generalstäbler aber doch, was er für Pläne im Fall des Rückzugs der Truppen vorgesehen habe. Da war die Schlacht schon entschieden – und zwar für Preußen.

Moltke war einige Zeit dem Kronprinzen als Adjutant gegen dessen Willen beigegeben worden. Besonders gut waren die beiden schon deshalb nicht miteinander ausgekommen, weil Moltke alles, nur kein Liberaler war. Für ihn, der jede Lage, gleich welche, als Aufgabe betrachtete und sozusagen nach den Regeln einer Gleichung untersuchte, herrschte in Preußen bloß die Anarchie. Die Redereien im Parlament hielt er für vollständig überflüssig, weil das erstrebte Resultat leicht über eine rechnerische Lösung erreicht werden konnte. Soweit war man dank der vor kurzem ins Laufen gebrachten Heeresreform immerhin gekommen, eine moderne und kampfstarke Armee ins Feld führen zu können. Nur verweigerte das Parlament die Mittel zu einem Krieg außerhalb Preußens, vermochte einen äußeren Feind nicht zu sehen. Es ging, was sonst, auch ohne Zustimmung durch die Herren Volksvertreter. Wilhelm versagte es sich, mit ins Feld zu ziehen, auch der österreichische Kaiser blieb in Wien, und am Ausgang dieses Krieges war eigentlich auch kaum ein Zweifel angesichts der Größenordnung. Oberbefehlshaber des Preußenheeres wurde der gemütvolle General Wrangel, ein achtzigjähriger Greis im Zustand fortgeschrittener Gehirnsklerose, von dem alle hofften, er werde wenigstens nicht stören. Leider hielt sich Wrangel für einen Blücher und ein Feldherrngenie und infolgedessen nicht an den vorzüglichen Feldzugsplan seines genialen Generalstabschefs; er griff den dänischen Gegner an der falschen Stelle an und bekam Senge, vielmehr nicht er selbst, sondern seine Soldaten. Generäle pflegen in der Regel im Bett zu sterben. Die Österreicher operierten ein wenig glücklicher; indessen hatte der Preußengeneral seine Truppe in eine Lage hineinmanövriert, daß eine Belagerung nötig geworden war, die der Düppeler Schanzen. Eine Festung zu knacken, war schwierig und würde einige Opfer kosten. Preußens Heerführer trug in die Negativspalte seiner Kriegsagenda an 1188 Tote und 4846 Verwundete ein. Heute mag man darüber die Nase rümpfen, allein so verschwenderisch mit Leben waren die Generale damals nicht, was manch einen überraschen mag, weil es anders in seinem Friedenslesebuch steht. Eine Truppe konnte (und kann bis heute) nur schwer ersetzt werden. Düppel wurde ein Wendepunkt und bestätigte die Politik des erzgescheiten Premiers.

Wilhelm stand am Morgen des 18. April 1864 auf dem Kreuzberg (in Berlin) und wollte eine Truppe besichtigen, was ihm allemal ein Hauptvergnügen war. Gegen 14 Uhr wurde ihm die Nachricht vom Sieg überbracht. Die Preußen um ihn herum sangen das Preußenlied, vor dem Palais Unter den Linden sammelten sie sich zum Preußengebet. Augusta wußte nicht ganz genau, auf wessen Seite sie selber mitfeiern sollte. Nun wurde alles wieder gut. In gehobener Stimmung reiste der König noch im April nach Holstein, um seine Truppen zu sehen und sich als Held feiern zu lassen. Ach, es wurde wieder einmal alles bloß

Komödie. Zwischen den Orten Gravenstein und Atzbüll nahm der Generalfeldmarschall König Wilhelm I. die Parade ab. Die siegreiche Kampftruppe, Soldaten, die bestraft wurden, wenn ihnen ein Knopf an der Montur fehlte, mußten sich zum Kampf kostümieren, wie sie gestürmt hatten, auf der Mütze tarnendes Grünzeug, das Kriegsmesser im Gürtel, die Hosen ein wenig erdverschmutzt, wie es bei einem Sturmangriff leider unvermeidlich. Der Militärkapellmeister Piefke, einer vom Leibregiment - nennen die Wiener nicht einen auffallend preußisch auftretenden Deutschen Piefke, sollte das daher kommen? – hatte eilends einen Siegesmarsch komponiert, den Düppeler Sturmmarsch. Ältere Zeitgenossen konnten ihn neben den Klavieretüden des Herrn Cerny noch gelegentlich in ihrem Notenheft finden. Und die Pfaffen kamen natürlich zuhauf geeilt, um den Gottesgnadenkönig zu feiern, und die Dichter ließen sich auch nicht lumpen, obschon sie ja realiter gar nichts gewonnen hatten. Wie immer riß die Intelligenzia gewaltig das Maul auf. Noch sonderbarer als dieses Theater mutet das folgende an. Nach vollbrachtem Sieg über die bösen Dänen überreichte Wilhelm seinem Premier einen Stock, vielmehr Stab.

Der Kolporteur dieser Geschichte hat viel über den Sinn dieses Prügels nachgedacht. Er kommt zu dem Schluß, daß einzig die dem Bismarck grame Königin auf den Einfall kommen konnte, diesem ein so zweideutiges Präsent zum Weihnachtsfest 1864 zu machen. Aber Bismarck hätte eben nicht Bismarck sein müssen, ohne dem königlichem Knüppel einen verborgenen göttlichen Fingerzeig zu entnehmen. Er wollte den Stock blühen lassen wie weiland Gott den Stab Aarons aus dem vierten Buch Mose, Kap. siebzehn, wo sich der Stab in eine Schlange verwandelt und allerlei unheiliges Heil stiftet. Dort kann man es selbst nachlesen und eigene Überlegungen anstellen, wie diese Knüppelgabe gemeint gewesen sein könnte. Übrigens war der Krieg nicht zu Ende. Die kriegführenden Parteien konnten zu London keinen Vertragsfrieden schließen, wie es auch heute für ganz normal gehalten werden muß, Frieden erst nach völliger Niederwerfung des Feindes ins Auge zu fassen. Dieser Fall trat aber doch ein, und der Dänenkönig mußte, geschlagen, wie er war, im Oktober 1864 um Frieden bitten. Er versprach, künftig der Prügel zu gedenken, die er von einem so überlegenem Gegner bezogen hatte, und die Herzogtümer herauszugeben. Sein eigentliches Ziel eines territorialen Zuwachses für Preußen konnte Bismarck bei den Friedensverhandlungen zu Wien aber nicht erreichen. Noch nicht. Der Tag des zweiten Reichseinigungskrieges stand ins Haus.

Dieser Tag begann am 25. April 1865, als Wilhelm seinen Kriegsminister Roon zu sich zitierte, aber was heißt zitierte, als er anfragte, wann Roon Zeit habe, zu ihm, dem König, zu kommen, um die neue Situation zu besprechen. Die neue Situation war im Grunde die alte, die durch Düppel und den Sieg der Österreicher keineswegs zu einer Verständigung geführt hatte. So konnte Bismarck in Ruhe den Abend abwarten, dessen Ausgang zwar ungewiß war, aber der den Schwebezustand beenden würde.

Augusta konnte, nein, sie mußte auch abwarten. In kritischen Zeiten des Schwertergeklirrs und des Kanonendonners verwirrten sich ihr stets irgendwie die Fäden; Krieg und ähnlich gewaltsamer Unfug der Männer paßte nicht in ihr Konzept. Einmal, 1848, war Mitfühlendes in ihr für ihren Wilhelm, den armen Flüchtling, geweckt worden, und sie konnte ihm reinen Herzens ihre Treue versichern; ein weiteres Mal, anläßlich des Badischen Feldzugs, verlegte sie sich aufs Abwarten, und die Kriegsepisode in Holstein hatte ihres Eingreifens nicht bedurft. Ihr Feld war die Spekulation, das Voraussehen oder die Inspiration, die allen Frauen eigen ist, sagte der weise Fontane, der sich vielleicht für einen Liberalen hielt und weit eher Nationalkonstitutionalist war, wie seine Königin einst. Wir werden noch sehen, wie sich Augusta in den Kriegen ein eigenes humanitäres Feld bestellte, eine im Grunde nach Aufgaben suchende tätige Frau, deren Samaritertum ein eigenes Kapitel verdient, in dem ihr Gemahl nicht dominierend erscheinen wird. Wo stand sie zu Beginn des zweiten Reichseinigungskriegs, den übrigens kaum einer in Preußen so nannte? Erst die Weisheit der Historiker entschlüsselte uns diese beiden Kriege als einen Vorläufer des dritten, letzten. Ernsthaft aber haben die Königin und ihr Klüngel in diesen Monaten wenig mehr von sich reden gemacht. Ausgenommen die beginnende Samaritertätigkeit, über die wir gesondert sprechen werden.

Die Diplomatie selbst war härter, zielbestimmter geworden. Der Einladung an Roon durch Wilhelm war ein Briefwechsel zwischen den beiden siegreichen Monarchen vorausgegangen. Österreich wollte dem Zollverein beitreten, was bedeutete, daß die tatsächlich zukunftsweisenden Schritte im Norden bereits gegangen waren; die zahllosen Zollschranken in Deutschland nutzten nicht einmal mehr dem jeweiligen fürstlichen Fiskus. Sie waren überholt, und was in Wirklichkeit überholt ist, ist es auch in der Theorie, so ungefähr erklärt Marx in London einen eingetretenen geschichtlichen Umbruch. Aber Wilhelm, der Herzensbruder aller Gottmonarchen, verhielt sich wie einer der wirklich Reichen, die bekanntlich ihr Kleingeld zählen. Seit langer Zeit, in diesem Fall beinahe ein Vierteljahrhundert, war sein Fiskus, und also er in Persona auch, Nutznießer der durch den Zollverein eingeleiteten Handelserleichterungen. Bei einem Eintritt Österreichs erwartete er eher eine Verschiebung der Verhältnisse zu Ungunsten Preußens. Er sagte nun aber nicht wie jeder Kaufmann: Mit Ihnen, Herr Kaiser, mach ich keine Geschäfte, Sie wollen mich hereinlegen, und das habe ich nicht nötig. Denn: Der Kaiser Franz Joseph I. schrieb, wie unerschütterlich fest überzeugt er davon sei, daß ihrer beider Bündnis die sichere Schutzwehr der bestehenden Rechtsordnung gegen die großen politischen und sozialen Gefahren unserer Zeit bildet.

So klein, so lächerlich gering an Zahl die preußische Marine sich gegen die Orlogflotten der Seemächte auch ausnahm, ließ Wilhelm seine Marinestation von Danzig nach Kiel verlegen. Was nun eigentlich zwischen Roon und Wilhelm zur Sprache kam, ist schnell erahnt, die Aussichten Preußens, seine Kampfstärke, wie es bei einer Auseinandersetzung abschneiden würde, das war der Gesprächsgegenstand. Wie sich die Auffassungen Wilhelms gewandelt hatten und in der Farbe Bismarcks glänzten, zeigte sich in der Sitzung des Ministerrats einen Monat später. Am 29. Mai erläuterte der König diesen Herren nämlich, daß der Krieg dort oben nicht allein als eine preußische, sondern als eine nationale Aufgabe aufzufassen sei. Im Klartext hieß das aber bald, Konfrontation mit Österreich. Die Preußen forderten nicht wenig und vor allem, sie forderten, was Österreich auch dann nicht gewähren durfte, wenn es gewollt und die Berechtigung eingesehen hätte: Anerkennung des Augustusburgers auf dem Thron bei gleichzeitiger Dauerpräsenz preußischen Militärs und Anerkennung der Militärhoheit Preußens, den Besitz der Städte Friedrichsort, Sonderburg, Düppel und Kiel, die Besetzung Rendsburgs, Anschluß an den preußischen Zollverein – unter Ausschluß Österreichs – und Aufnahme in Preußens Telegraphennetz und Post. Ins Auge gefaßt wurde der Bau eines strategisch wichtigen Kanals zwischen Nord- und Ostsee, der dann ja auch, als er fertiggestellt worden war, lange Zeit historisch ganz zutreffend Kaiser-Wilhelm-Kanal hieß.

Bismarck schlug zwar vor, die nördlichen Gebiete einfach zu annektieren, weil der Krieg mit Österreich eben nicht mehr zu umgehen sei – und Moltke, der Mathematiker kriegerischer Operationen, den Politik kaum stärker interessierte, wies die Gunst der militärischen Stunde nach –, allein, der Kronprinz warnte, dieser Krieg könne sich zu einem europäischen Konflikt ausweiten, den wollte nun doch keiner. Eine Entscheidung fiel in dieser Sitzung also nicht. Nicht immer erledigt sich eine Sache durch Liegenlassen, die Weisheit aller entscheidungsträgen Bürokraten; in diesem Fall aber wollte keiner irgendwas länger aus dem Griff lassen, als es der andere zuließ. Im Grunde zeigte sich die zum Krieg ansteigende Tendenz bloß in Querelen.

Im August 1865 schlossen die Gottesgnadenherrscher zwar noch einen faulen Frieden im Vertrag zu Bad Gastein; Österreich sollte in Holstein befehlen, Preußen in Schleswig. Dieses Diplomatenstück hielt der König Wilhelm für so meisterlich, daß er seinen Premier darüber zum Grafen machte. Natürlich aber trieb alles weiter auf einen Krieg zu; einen Bruderkrieg, wie der Kronprinz dem Vater beschwörend vor Augen hielt. Nun hatte wieder die Stunde der Familie geschlagen.

War Augusta immer hilflos, wenn Kriegerisches geschah, so war sie es weit weniger, wenn sich kriegerisches ankündigte. Ihr Gewährsmann, der Sohn Friedrich Wilhelm, saß im höchsten Rat Preußens, er konnte die Vorgänge bis ins kleinste verfolgen und bekam sicher auch immer früh genug Wind von den Zwiegesprächen Wilhelms mit seinem altmärkischen Vasallen. Daß der Kriegsausbruch sehr nahe bevorstand, ließ sich leicht voraussehen. Augusta bombardierte ihren Gemahl mit Briefen, in denen sie ihre Meinung inoffiziell aussprach, da sie offiziell nicht gehört wurde. Ihre Pläne, aber vielleicht ist Pläne zuviel gesagt, denn Augusta hatte eigentlich keine, die sich nachweisen ließen, es waren immer Ideen, sie wollte nur vermitteln, auf den Weg bringen, zielte auf Kompromisse. In ihrem Verständnis ließ sich eben alles auf der Grundlage von einem Ausgleich finden. Bismarck, der innerhalb seines eigenen Horizonts dachte und nur denken wollte, hielt sie für herrschsüchtig, da sie sich einmischte. Doch dieser Frau fehlte alles Zeug zu wirklicher Herrschaft, ihr fehlte die Fähigkeit, entschlossen auf ein klares Ziel loszugehen, unbekümmert um das, was um sie herum geschah und was dabei auf der Strecke blieb. Allerdings sah sie die Gefahr mit aller Deutlichkeit; Preußen, einmal im Krieg mit Österreich, würde dem demokratischen Parlamentarismus in Deutschland, nicht bloß in Preußen, einen tödlichen Schlag versetzen. Durchaus ahnte sie, daß ein Sieg preußischer Waffen das Ende all ihres Strebens nach einem anderen Preußen bedeutete, aber die Zeit, das sah sie mit Grauen, ging über sie hinweg. Ihr Gatte hatte sich vollständig aus ihrer Bevormundung gelöst, wenn es denn eine war; sie selbst hielt sich für vernünftig, für vernünftiger als dieser alte Mann, der im Banne Bismarcks plötzlich überraschend tätig wurde, und zwar militärisch

Die erste Phase des Krieges, den natürlich auch Augusta nicht als einen Einigungskrieg auffaßte, sondern als einen Annexionskrieg, hatte Preußen innerlich gestärkt. Ihr Feind aber, Bismarck, war stärker denn je aus diesem Spektakel hervorgegangen, und was stark ins Gewicht fiel: Er hatte Wilhelm zu einer neuen inneren Sicherheit verholfen, da er ihm den Glauben ließ, das Erreichte dort oben im Norden sei ausschließlich sein eigenes Werk. Ihr Einfluß auf Wilhelm wurde auch aus einem anderen Grund schwächer. Bismarck, der alles in Bewegung gebracht hatte, schuf Umstände, die es dem König gestatteten, sich oft für längere Zeit an verschiedenen Orten aufzuhalten. Augustas schwache Nervenveranlagung ließ sie alle Vorsicht bei ihren Gesellschaften vergessen. Der Umgang mit ihr wurde immer schwieriger, daß ihr absonderliches Benehmen schon unangenehm auffiel. Jede neue Botschaft, die ihr Sohn oder jemand anderes mitbrachte, verstärkte in ihr das Gefühl der Ohnmacht gegenüber den Entwicklungen, die sie für entsetzlich hielt. Wilhelm redete überhaupt nicht mehr mit ihr über wichtige Fragen, er gab anderen, bequemeren Partnern den Vorzug. Stumm und ergrimmt ließ er ihr stürmisches Ausfragen, ihre heftigen Klagen über sich ergehen. Diese Atmosphäre im Haus, eine nervös erregte Frau, die überall Verrat witterte, die immer hoch aufgeladen war, vergiftete auch die Umgebung.

In diesen Zeiten kamen aber viele Herren zu ihrem Gatten in diskreter Audienz, die mehr oder minder am Gehör laborierten. Sie zogen sich in das Arbeitszimmer des Königs zurück. Die wißbegierige, schwer leidende Frau, die sich überall von Feinden umgeben sah, veranlaßte, daß eine Hörleitung von ihrem Schlafzimmer aus ins Arbeitszimmer Wilhelms gelegt wurde. Stunden verbrachte sie nun mit dem Vergnügen, das kranke Ohr an die Hörmuschel gepreßt, die Gespräche Wilhelms abzuhören. Sie wähnte, daß ihr Spionieren geheim bliebe, allein sie hätte wissen müssen, daß ihre Schrullen Hofgespräch und Stadtklatsch werden würden. Aber sie konnte nicht anders mit ihrem Mann über das sie Bewegende sprechen, weil er sich entzog, weil er durch seine Haltung ihr gegenüber bekundete, für wie überflüssig er sie hielt, für wie überkanditelt ihr Bestreben, sich in seine Geschäfte zu mischen. Mit Bismarck sprach sie nicht, sie haßte ihn aus der Tiefe ihrer im Grunde schwachen Seele. Wenn sie ihn irgendwo traf, und das heißt, in Nähe Wilhelms, so pflegte sie ihn zu brüskieren; und der Kanzler bekannte später, sich vor dem Blick dieser Frau, ihrem Haß und ihrer versteckten Kampfeslust gefürchtet zu haben.

Mit sich selbst kam sie nie ins reine; anders hätte sie eine Trennung von Wilhelm, die heilsam für sie gewesen wäre, immerhin erwogen. Vielleicht fühlte sie sich einem solchen eigenen und kühnen Schritt nicht gewachsen, vielleicht auch schreckte sie davor zurück, sich mit all ihren Verwandten zu überwerfen. Und überhaupt war es längst zu spät zum Handeln. Sie wäre nicht die erste aufsässige Prinzessin oder Königin gewesen, die im Hausarrest, in einem Stift oder Sanatorium sicherheitsverwahrt worden war. So setzte sie den inzwischen längst aussichtslosen Kampf gegen Bismarck und seine Clique mit schwächer werdenden Kräften fort. Immer noch war ihr Bruder in Weimar der Partner ihres Gewissens. Er wußte mehr von seiner Schwester als jeder andere, und er war hin und wieder auf ihrer Seite. Auch er fürchtete den kommenden Krieg, den Bruderkrieg, auch Karl Alexander warnte seinen Schwager Wilhelm vor den Folgen einer Annexion, bedeutete ihm, daß er, einmal damit begonnen, eventuell nicht mehr aufhören könne mit den Annexionen und die Existenz anderer Staaten gefährden könne. Die in Mecklenburg verheiratete Schwester Alexandrine hielt einen solchen fürstlichen Krieg für das Fürchterlichste, was man denken kann. Ein gewichtiger Streiter der Gegenpartei erwuchs Wilhelm in der Schwiegertochter. Victoria hielt den Krieg für überflüssig und den Premier bloß für einen bösen Mann, der alles verschulde. Und Wilhelm selbst blieb die reale und furchtbare Dimension der heraufziehenden Auseinandersetzung nicht verborgen.

In den Märztagen von 1866 ward dennoch mobilisiert. Es wurde sicherheitshalber aber auch das Abgeordnetenhaus aufgelöst. Wilhelm nahm am Paradeexerzieren teil, was ihn immer augeflockert und freudig gestimmt hatte. Nun fiel er seiner Umgebung durch einen Verfall auf, der sich in Gesicht und Haltung ausdrückte. Bismarck bewies mal wieder, wie gut er sich auf seinen König verstand, wie der Treiber auf das Vorführen eines Kamels, als er mitfühlend feststellte, fühle sich der König gesund, dann sei er reaktionär, fühle er sich krank, eher liberal. Niemand fiel es mehr auf, wie tief respektlos der Premier inzwischen seinem König gegenüber auftrat, nicht aber gegenübertrat. Daß Wilhelm an Magenkrämpfen litt, bedeutete bestenfalls eine chronische Gastritis, schlimmstenfalls Magengeschwüre, Erkrankungen, die auch psychosomatisch bedingt sein können. Zudem wußte Wilhelm bereits, daß die Österreicher zum Krieg rüsteten; zu ihrem diplomatischen Gleichmut und Schlendrian stand diese Rüstung kaum im Widerspruch. Allein der Kriegsprofessor, das Strategenwunder Moltke, hatte nicht nur die fix und fertigen Aufmarschpläne gegen Österreich im Kopf und auf dem Kartentisch, er rechnete seinem König auch vor, daß 355 Tsd. Preußen aus ebenso vielen Zündnadelgewehren jeweils 5 mal in der Minute schießen könnten, während die Österreicher gerade auf einen Schuß in der gleichen Zeit kämen.

Dennoch, Wilhelm konnte sich dieses ungeheuren Drucks nicht ganz entziehen, er zögerte die Entscheidung von Woche zu Woche hinaus, mäkelte an den diplomatischen Noten seines Premiers herum, suchte nach neuen Möglichkeiten, in Verhandlungen aus der Bredouille zu kommen. Bismarck griff zum inzwischen mehrfach bewährten Mittel, seinem König zu suggerieren, er allein entscheide alles, weil er im Grunde bloß einen quasi göttlichen Willen vollziehe, da Gott nun einmal ein starkes Preußen wolle, zum zweiten, daß seine Entscheidung völlig unbeeinflußt falle. Er fand wieder in den respektvollen Ton des altmärkischen Vasallen zurück. Freilich setzte er seiner Note an den König auch die Fußnote hinzu, daß die Stunde für einen Krieg günstig wie niemals sei. »Die Überzeugung aber darf ich dabei doch nicht verhehlen, daß uns, wenn es jetzt gelingt, den

Frieden zu erhalten, die Kriegsgefahr später, vielleicht in Monaten unter ungünstigeren Verhältnissen bedrohen werde.«

Österreich schien die Lage entweder anders und also falsch einzuschätzen, oder es behandelte die Frage lax und in vollem Hochmut einer wahren Großmacht, die selbst durch solch einen Verlust zweier Landstriche im Norden wenig an Masse einbüßte. Es lehnte die Vermittlung der europäischen Mächte zum Frieden ab und verwies die Lösung an den Bundestag. Dies aber war ein Bruch des Bad Gasteiner Abkommens, was Wilhelm endlich von dem Druck befreite, sich als einen Kriegstreiber verstehen zu müssen, wie ihm seine Frau bislang unter die Nase reiben durfte; freudig drückte er dieses neue Bewußtsein in dem Brief an den lieben Fürstenverwandten aus. Preußens Truppen rückten aus. Nun war den Spielregeln nach Österreich am Zug, Wien tat, was erwartet werden konnte; es bestimmte den Bundestag, ein Bundesheer zur Züchtigung Preußens zu mobilisieren. Gleich nach der Abstimmung erklärte der preußische Gesandte den Austritt seines Staates aus dem Bund. Es gab noch ein paar Aufgeregtheiten, weil die Versammlung den Gesandten daran gemahnte, daß der Bundestag laut Paragraph I als Verein unauflösbar sei, aber der Gesandte packte mit Ruhe seine Sachen und ließ das Rumpfgremium mit sich allein.

Wir übergehen hier die Ereignisse auf dem Kriegsschauplatz, zumal nur von Siegesmeldungen zu reden wäre. Moltke hatte Gelegenheit, seinen höchst komplizierten Aufmarschplan genauestens und ungestört befolgen zu lassen; zu der Stunde brach dieser Troupier, zu einer anderen festgesetzten jener Troupier in alle möglichen Himmelsrichtungen auf, bis sie alle irgendwo und irgendwann in der Hand des Generalstäblers zusammenkamen und zu ihrer Überraschung genau auf dem eruierten Schlachtfeld. Nun, dergleichen ist höchst selten, wie man zugeben muß. Wilhelm war in Berlin geblieben, aber Sohn Friedrich Wilhelm mußte natürlich ins Feld ziehen, an ihm vollzog sich ein Wunder, ganz anderer als strategischer Art. Er, dem die Kriegslage noch vor Monaten höchst widerwärtig erschien, meldete seiner Mutter nun siegestrunken militärische Erfolge in dichter Reihe; er ließ sie im Stich, ging ins Lager des siegreichen Feindes über. Endlich, am 30. Juni 1866 riß sich der wieder gesundete König vom Berliner Schreibtisch los, um auf den Kriegsschauplatz zu eilen. Mit ihm reiste das sogenannte Große

Hauptquartier, Roon, Moltke, Bismarck, alles in allem 146 Offiziere, ein bißchen groß war das Große Hauptquartier ja vielleicht, aber es stand auch Großes auf dem Spiel. Immerhin wurden ganze sechs Eisenbahnzüge gebraucht, um alle Herren mit Gepäck und Dienerschaft nach Böhmen zu befördern. In Gitschin erreichte den König die Nachricht, daß der österreichische Heerführer Benedek sich mit der Hauptmacht bei Königgrätz festgesetzt habe. Moltke brachte dem König diese Botschaft, und er riet anzugreifen. Wilhelm erklärte sein Einverständnis, weil er ja ohnehin die Lage nicht wirklich überblickte, zog sich an und fuhr an die Front. Um 8 Uhr, heißt es, am 3. Juli 1866, erkletterte der alte Herr seine ruhige Stute namens Fenela, stülpte die Pickelhaube auf und ließ sich auf den Feldherrnhügel bei dem Dorf Sadowa tragen. Was sich seinem Soldatenauge bot, war der Aufmarsch eines Großteils der preußischen Armee. Bis zum Mittag feuerte die österreichische Artillerie in diese Haufen, der Angriff geriet ins Stocken. Moltkes Strategie beruhte bekanntlich auf dem Grundsatz: Getrennt marschieren, vereint schlagen. Und so warteten die Preußen denn auch auf den Flankenstoß der II. Armee, die in einem abgezirkelten Eilmarsch aus der Tiefe Böhmens herangezogen worden war. Diese ließ auf sich warten. Ein Meldereiter erschien, Moltke las eine Nachricht und schob sie in den Rockaufschlag. Wilhelm erkundigte sich bei seinem Generalstabschef nach dessen Plänen für einen geschlossenen Rückzug vom Schlachtfeld; eine Katastrophe, ähnlich der bei Jena und Auerstedt, sah er im Geiste herannahen. Bismarck lenkte sein Pferd an Moltke heran und hielt ihm sein Zigarrenetui hin. Moltke nahm vernünftigerweise die bessere der beiden Stücke, die das Etui enthielt. Daraus will Bismarck auf den sicheren Sieg geschlossen haben. Kurze Zeit daraud erschien dann auch wirklich der Kronprinz mit der frischen Armee. Am Abend des 3. Juli 1866 war nicht nur die Schlacht, sondern der Krieg gewonnen.

RACHE FÜR SADOWA

Unter diesem Schlagwort wurde der dritte und letzte Reichseinigungskrieg geführt. Augusta hat am Triumph ihres Gatten, für den es einen Stichtag gibt, den 20. September 1866, teilgenommen. Teilnehmen müssen, aus Räson? Unter preußischer Sonne reifen seltsame Früchte. Hatte sich der Sohn trotz liberaler Gefühle angesichts begeisternder Siege euphorisch geäußert und noch auf dem Schlachtfeld den Orden Pour le mérite mit dem Bildnis Friedrichs II. dankbar empfangen, hatte die englische Königstochter sich vor denselben Waffen geneigt, um zu bekennen, auch sie sei eine Preußin, so war die Königin noch vor der Entscheidung zu solchen Taten übergegangen, die ihr lagen.

Sie ließ sich die Versorgung der Verwundeten und Sterbenden angelegen sein, denn zu einem solchen Sieg gehörte auch eine gewisse Anzahl unvermeidlicher Blessuren, gehören Sterbende und Tote, die freilich keine medizinische Versorgung mehr benötigen. Das Humanitätsgeschäft ließ sich gut an; bis zum nächsten Krieg wurde Augusta Patronin einiger Hilfsorganisationen, bis sie endlich 1879 einen Orden stiftete, die Augustamedaille für Verwundetenhilfe, eine Auszeichnung des Sanitätspersonals. Das Rote Kreuz wurde als Organisation, nebenbeibemerkt, weit früher gegründet.

Eigenartigerweise beschäftigte sich ein Land mit der Lage der Kriegsverwundeten, das an keinem der jüngeren Kriege mehr teilgenommen hatte, die Schweiz. Ursprünglich 1863 gründeten einige Bürger von und um Genf das sogenannte Internationale Komitee vom Roten Kreuz. Der Verein gab sich eine Satzung, die zugleich als ein Vorläufer der Genfer Konvention gelten darf. Die obengenannte Augustamedaille wurde von ihr gestiftet, der spätere Kaiser Wilhelm II. erweiterte die Stiftung seiner Großmutter 1889 zu drei Ordensklassen, und fortan hießen sie Rote-Kreuz-Medaillen. Der Liga der Rotkreuzgesellschaften vom Jahre 1919 trat erst die Weimarer Republik bei, kurz nach ihrer Gründung. Aber der deutsche Rote-Kreuz-Orden, bestehend aus einem großen Balkenkreuz mit einem runden Emblem in der Mitte, das ebenfalls ein Kreuzsymbol trägt und später erst die Aufschrift *Deutsches Rotes Kreuz* bekam, geht in der Grundform auf die Stiftung der Medaille durch die damalige Königin von Preußen zurück. Für die eigentliche Organisation eines regelrechten Vereins war die Zeit nicht reif, und Augustas Sache wäre es auch kaum gewesen, sich mit aufreibender Sekretärsarbeit abzugeben. Allein der Gedanke einer staatlich zu fördernden Aufgabe bei der Pflege Verwundeter noch vor den Kriegen ihrer Zeit, stellt dieser Königin ein gutes Zeugnis aus. Die meisten Verwundungen waren damals schrecklich, ohne Hoffnung auf Heilung; zwar zerschlugen die neuen Gewehrprojektile nicht mehr die Knochen total, wie in den Kriegen zuvor, was stets mit Amputationen endete, aber dafür war das Feuertempo erhöht worden. Häufig wurde noch mit der Blankwaffe angegriffen, dem schweren Säbel, der ungefähr wie ein Schlächterbeil wirkte und klaffende Wunden hinterließ, selbst Knochen teilte. Das Feuer der im Kaliber größer werdenden Geschütze besorgte den Rest. Die Verwundetenfürsorge mußte also durchaus verbessert werden. Wilhelm war auch nicht der Barbar, als der er galt. Bei den Feldzügen, an denen er teilgenommen hatte, kümmerte er sich oft persönlich um Verletzte, mehr fürsorglich als wirklich helfend.

Augusta mag zunächst nicht an den Sieg geglaubt, wird ihn nicht eben erhofft haben, falls sie sich treu geblieben war. Die ersten Siegesmeldungen, die sie bekam, hielt sie für übertrieben groß; daß eine Schlacht im großen Stil neuerer Zeit stattgefunden hatte, an der ihr Sohn als Chef einer Armee beteiligt war, darüber schrieben auch die Zeitungen. Wie immer fiel nach dem überraschenden Sieg bei Königgrätz-Sadowa der König in das andere Extrem; hatte er lange gezaudert, sich an die Politik Bismarcks binden zu lassen, so wollte er nun nach Wien marschieren, um dem Kaiser den Frieden förmlich zu diktieren. Er wollte auf einmal ungeheuer viel, nämlich alles, und vergaß ganz, was er stets gesagt, daß er sich als deutscher Fürst unter seinesgleichen bewegen wolle. Die Annexion Schleswig-Holsteins, nebst einer Bundesreform nach Preußens Vorstellung, der Kostenerstattung für diesen Krieg, etliches an deutschen Fürstentümern, Teile von Sachsen, Hannover und so weiter, und so weiter widersprachen den Worten. Erfüllten sich hier die Vorhersagen seines Weimarischen Schwagers, der ihm auf den Kopf zugesagt hatte, er werde, wenn er einmal Blut geleckt, nicht aufhören können und die Rechte anderer mit Füßen treten? Es scheint so, daß ihn der Überschwang seiner sanguinischen Natur auch im Alter nicht weiser werden ließ: Er wollte partout in Wien einrücken.

Indessen war sein Premier unerwartet gegenteiliger Auffassung. Hatten die Nachbarn die Auseinandersetzung der beiden deutschen Großmächte noch für notwendig und gleichsam natürlich gehalten und waren ihr weder mit Ratschlägen noch mit Drohungen nahegetreten, so änderte sich das nach dem Fall der Österreicher bei Königgrätz von Grund auf. Rußland und Frankreich ließen beinahe zeitgleich erkennen, daß sie einem Einmarsch in das überwundene und zur Kapitulation bereite Österreich nicht hinnehmen würden; der Zar Alexander II., eine Neffe Wilhelms, drückte seine Erwartungen dahin aus, der König werde mit dem geschlagenen Kaiser freundlich umgehen. Napoleon III. war von Kaiser Franz Joseph I. gar förmlich um Friedensvermittlung ersucht worden. Bismarck bremste also, und es gibt einige Gründe für die Annahme, daß er sich keineswegs nur der Einsicht beugte, Preußen werde bei diesen Gegnern, sollten sie einmal dazu werden, kein Sadowa, sondern ein Borodino zu erwarten habe. Will heißen, er war kein Realpolitiker der billigeren Art. Er hatte eine Vision gehabt, ein starkes Preußen mit Kern im norddeutschen Raum und ein nicht minder starkes Österreich als Ordnungsmacht im Ost- bis Südeuropäischem. Und er war seinem Ziel ein so gewaltiges Stück näher gekommen, daß er nichts übereilen wollte, nicht den Weg ins Abenteuer gehen jedenfalls.

Zu Nikolsburg schwatzte ihm sein Monarch etwas vom faulen Frieden vor, brüskierte seinen Kanzler, dem er seinen neuen Rang doch eigentlich verdankte. Wie ihm Bismarck entgegentrat, das hätte auch Augustas Respekt verdient, und sie hätte mit ihm Frieden schließen können. Daß Österreichs Kampf gegen Preußen nicht strafbarer sei als der Preußens gegen Österreich und daß der Sieg keinen dazu berechtigte, sich das Richteramt über den anderen anzumaßen, wie Bismarck weise erläuterte, hätte seinem König ja immerhin einleuchten müssen, weil er doch aus dem gleichen Stoff gemacht war wie sein geschlagener Amtsbruder. Trotzdem blieb er störrisch taub und blind für die Situation; konnte nicht einsehen, daß Preußen kaum in der Lage sein würde, den explosiven slawischen Raum auch nur halbwegs zu ordnen, wohl aber konnte Österreich dieses Problem vielleicht lösen, ein Dutzend Staaten und Ethnien in dem Vielvölkerstaat zusammenzubringen und den Frieden zu erhalten, was immer bedeutet, das Gleichgewicht zwischen Gegensätzen herzustellen.

Österreich hat das Problem nicht gelöst. Keine 60 Jahre nach Königgrätz-Sadowa zerbrach die Vielvölkermonarchie und riß die Welt in einen Abgrund. Bismarck hat die Ansprüche Preußens allerdings erst nach dem dritten der Reichseinigungskriege für saturiert gehalten, aber er sah zweifellos nach Sadowa die Gefahren voraus, die seinem König erwachsen mußten, wenn er Norddeutschland und den Balkan bis tief nach Oberitalien hinein unter das Dach eines neuen Reichs hätte vereinigen wollen. Der Kanzler setzte seine ganze Person aufs Spiel, als er sein politische Schicksal mit der Frage verband, Krieg bis zur Vernichtung Österreichs oder Vertragsfrieden mit Habsburg. Lieber bot er den Rücktritt an. »Was sollte«, mahnte Bismarck seinen König, »an diese Stelle Europas gesetzt werden, welche der Österreichische Staat von Tirol bis zur Bukowina bisher ausfüllte?« Aber nein, sie konnten nicht einmal die Karte lesen und bestanden auf ihrem vollen Sieg. Von den Militärs mag nichts anderes erwartet werden, die Antwort lag beim König. Bismarck nahm alles so wichtig, wie es auch gewesen ist; dieses Mal wird es ihm ernst mit dem Rücktritt gewesen sein, nicht Drohung.

Verstand aber auch Augusta, weshalb sich ihr Sohn die Gelegenheit entgehen ließ, Bismarck zu verabschieden und sich im Gegenteil auf die Seite des Ministerpräsidenten zu schlagen?

»Nachdem mein Ministerpräsident mich vor dem Feind im Stiche läßt und ich hier außerstande bin, ihn zu ersetzen, habe ich die Frage mit meinem Sohn besprochen, und da sich derselbe der Auffassung des Ministerpräsidenten angeschlossen hat, sehe ich mich zu meinem Schmerz gezwungen, nach so glänzenden Siegen der Armee in den sauren Apfel zu beißen und einen so schmachvollen Frieden anzunehmen.« Mit diesem theatralischen Donner und übrigens falscher Bewertung der Sache wandte sich der Preußenkönig wieder den angenehmeren Aufgaben zu. Da man schon unterwegs war, besah man sich das Wien wenigstens aus der Ferne, bedauernd, sich dort nicht als Löwe präsentieren zu dürfen, weil Bismarck es verboten hatte und als Ministerpräsident nicht zu ersetzen war, hier nicht zu ersetzen. Die Betonung liegt auf hier. Der Friedensvertrag wurde in Nikolsburg beziehungsweise in Prag fertiggestellt und gegengezeichnet. Für Österreich hätte es schlimmer kommen können; es sollte 20 Mio. Taler Entschädigung zahlen, mußte aus dem deutschen Staatenbund austreten und die Auflösung des Deutschen Bundes akzeptieren. Man erkennt die Handschrift Bismarcks, der kaum auf Dank von seiten Österreichs rechnen durfte, diesen aber wohl verdient hatte. Nun wurde alles wieder gut. Der Gottesgnadenkönig küßte den altmärkischen Vasallen stürmisch und unter allen Tränen, zu denen er fähig war, ernannte ihn zum Generalmajor und Chef eines Reiterregiments, verlieh ihm einen Orden, das Ritterkreuz des Hohenzollernordens. Außerdem bekam er Geld, nicht wenig, 400 Tsd. Taler. Auch Roon und Moltke, der den Friedensvertrag schon deshalb mißbilligte, weil das Spiel noch einige Probleme enthielt, die er gern gelöst hätte, allein alle fügten sich und verfügten sich nach Berlin, um sich für den ihnen vorenthaltenen Triumphzug zu Wien schadlos zu halten.

Der hiesige überbot alles, was man aus früheren Tagen kannte. An dem schon bekanntgegebenen Tag, dem 20. September 1866, schritt und ritt und fuhren sie alle durch das Brandenburger Tor und die Straße Unter den Linden, vorbei an einigen hundert erbeuteten Geschützen, Fahnen und dergleichen und der eigenen Behausung, bis zum Lustgarten. Dort hatten sie eine riesige Borussia aufgestellt und Feldaltäre. Der sklerotische alte Wrangel, den sie dieses Mal doch nicht mehr mitgenommen hatten, da er in Schleswig abgesetzt werden mußte, durfte hier wenigstens den Zug eröffnen, dann ritten der König und Bismarck, Roon und Moltke und der Kronprinz Friedrich Wilhelm, im frischen Siegesschmuck der Orden. Sogar der Schwager aus Weimar machte seine Aufwartung. Es kam, wenn zu keiner Aussöhnung zwischen den Gatten, so doch zu freundlicher Geste; einem solchen Sieger war die Achtung nicht zu versagen, aber Augusta ahnte wohl, daß sie ihr Spiel ein für allemal verloren hatte.

Das heißt, sie hatte keine Partei mehr. Auch das Parlament war bei Königgrätz still zu Grabe getragen worden, die Vertreter, die es gestern noch gewagt hatten, diesem Krieg die Mittel zu verweigern, was ihnen nichts nutzte, beugten sich nun öffentlich. Bekannte Abgeordnete wie der Professor Baumgartner, wie der Abgeordnete Twesten taten in Sack und Asche Buße. Schon am 3. September 1866 hatte das Parlament per Nachtrag die Kriegsausgaben genehmigt, zu früh, um nicht nach Unterwerfung zu riechen, zu spät, um ehrenhaft zu sein. Der Abgeordnete Ihring, Jurist und Professor, gab sich geschlagen. »Ich beuge mich vor dem Genius eines Bismarck.« Der konnte es in der Gewißheit gelassen hinnehmen, wissend, daß ihm dieses Pack immer wieder aus der Hand fressen würde. Das Hohe Haus mit Konservativen, Nationalliberalen, Katholischem Zentrum, Liberaler Mitte und der Fortschrittspartei stand nunmehr ganz auf seiten der Sieger von Sadowa. Damit wären wir beim dritten der Reichseinigungskriege, der mit einer Kaiserproklamation endete.

Augenscheinlich wuchsen ihr die politischen Angelegenheiten über den Kopf. Wie sich die Welt in diesem Kopf spiegelte, dafür gab es keine analoge historische Dimension mehr, falls es sie je gegeben hat. Paradoxerweise nahm ihr Ansehen als Königin von Preußen eher zu, wuchs mit der Verehrung für ihren Gatten, dem doch genau das fehlte, was sein Premier, der Kanzler, in so hohem Grade besaß, Gefühl für das Machbare einerseits und zugleich die Fähigkeit zur Vision, zur Voraussicht. Augusta sah wohl, daß dank dieses Kanzlers ihr Gatte in seine Rolle hineinwuchs; er, den sie doch verzagt und voller Selbstzweifel kannte. Hielt er sich in Berlin auf, so pflegte er die Abendvorstellung eines Theaters zu besuchen, sich danach bei ihr zum Tee einzufinden und zu plaudern. Augustas Haß auf Bismarck, ihr Mißtrauen in die Politik des Kanzlers fanden kaum noch Verbündete. Ihr Sohn Friedrich war eben 35 Jahre alt, ein erfolgreicher General und nach seiner Niederlage gegen den Feind Bismarck dessen geschworener Anhänger geworden. Der Gedanke, ihren Sohn in wenigen Jahren gleichsam umgekrempelt zu sehen, erfüllte sie mit Verwunderung und Bitterkeit. Obschon sie nicht Augenzeuge der Auseinandersetzung zwischen Wilhelm und seinem Premier geworden war, kannte sie die Vermittlerrolle Friedrichs, der den Hinauswurf Bismarcks verhindert hatte. Im Tagebuch ihres Sohnes aus der Zeit der Berufung des Altmärkers ins Staatsministerium, gegen die doch die ganze Familie zusammenstand, hätte die Königin von Preußen Bemerkungen wie diese finden können: »Arme Mama, wie bitter wird gerade diese ihres Todfeindes Ernennung sie schmerzen!« Und heute? Ohne Zweifel war ihr Sohn mit solchen Betrachtungen zurückhaltender geworden, geblendet von der Aura des Siegers. Und Vicky, die Tochter einer mächtigen Königin in einem von Augusta bewunderten Staatswesen, fühlte plötzlich schwärmerisch preußisch, ein junges Ding von 28 Jahren, vierfa-che Mutter immerhin. Der Enkelsohn Wilhelm, ein Siebenjähriger, hatte an der Seite seiner Großmutter den glänzenden Einzug der Truppen mit Vater und Großvater an der Spitze erlebt. Daß er dem Spektakel aus ganzer Knabenseele zustimmte, war kein Wunder. Nein, alle Welt wurde plötzlich preußischer als die eingesessenen Preußen. Der Herr Schwiegersohn und Tochter Luise überschlugen sich im preußischen Patriotismus, sie, die noch vor zwei Jahren den alten Herrn mit Bitten und Gesuchen bombardiert hatten, den Frieden zu wahren, diesen Bismarck als sein böses zweites Ich zu verjagen, sie gelüstete es nach dem neuen Glanz. Die Front der Familie, sie zerbrach, sie schmolz einfach dahin.

Angesichts der Lage in den öffentlichen Angelegenheiten, der Politik und Wirtschaft nach dem Sieg, der Tatsache, daß sich die altgewohnten Parteien aus dem Nach-März auf einen Staat einrichteten, der groß werden wollte, stand die Königin von Preußen einsam da. Noch immer vereinigte sich an ihrem Tisch die geistige Elite Preußens. Professoren und liberale Politiker, Juristen und Naturwissenschaftler tranken bei Augusta Tee und redeten über ihre Fach- und Sachgebiete. Allein, es war ein anderer Ton aufgekommen. Man nannte die Dinge nicht mehr so direkt beim Namen, ließ durchblicken, daß auf dem einmal eingeschlagenen Weg am Ende wirklich das versprochene Deutschland unter Preußens Führung liegen könnte, machte keinen Hehl aus der neuen Auffassung, Bismarck verfüge vielleicht doch über alle Fähigkeiten, ein besseres Zeitalter heraufzuführen. Augusta spürte die zurückhaltende Skepsis der jüngeren Garde gegenüber ihrem Stil der Libertinage, des kühlen Schwärmens für den Bürger- und Vernunftstaat. Ihre Sprachgewandtheit, ihre Lebenskenntnis, nicht Weltkenntnis, die Liebenswürdigkeit Augustas, ihre innere Sicherheit und Gewißheit verschafften ihr noch Respekt, aber der galt zu einem wachsenden Teil ihrer äußeren Rolle als Königin eines siegreichen Herrschers. Und sie selber wurde schneller alt. Gewiß, mit ihren 55 Jahren konnte von einem wirklich vorgeschrittenem Alter keine Rede sein, aber das Zeitalter hatte gewechselt, und sie war nicht imstande, der neuen Ära das Siegel des Liberalismus aufzuprägen. Soweit sah sie klar. Daß ihre körperlichen Gebrechen merklich zunahmen und ihr bald nicht mehr erlauben würden, sich frei und ungehindert zu bewegen, sah sie voraus. Was ihr schadete, das nutzte ihm; verhalfen die Erfolge Bismarcks Wilhelm zu einem König aus eigener Kraft, so sah sich Augusta angesichts des neuen Arbeitseifers ihres Gatten stärker in den Hintergrund versetzt. Aber er schonte sie. Wenn er an ihren Séancen teilnahm, so vermied er es, sich über tagespolitische Dinge zu äußern. Sie mutmaßte übrigens, daß ihn sein Premier nach eigenem Ermessen und Belieben zu problematischen politischen Entscheidungen hinzuzog. So blieben ihr nur die gewöhnlichen Gelegenheiten, Wilhelm die Meinung zu sagen, ihre eigene oder die der großen Welt über die Politik seines Premiers, die Wilhelm für seine eigene hielt. Die Suggestionskraft Bismarcks war groß, sein Einfluß auf die ganze Familie wuchs stetig.

Das Ehepaar behielt die Regel bei, sich während der Tafel zu zweit über allerlei Nachrichten auszutauschen. Die Wut Augustas wie ihre Ohnmacht gegenüber dem übermächtigen Kanzler als einem unsichtbaren Gegenspieler, machten sich bisweilen darin Luft, Wilhelm mit Klatsch zu schockieren, der womöglich frei erfunden, ihm zumindest aber neu war. Sie wendete das Verfahren umso öfter an, als es immer wieder klappte, Wilhelm zu verärgern. Sie wußte wohl, was er tun würde den eigenen unausgestandenen Zorn auf seinem Premier abzuladen. Was Augusta nicht kannte, war der Grad der Vertrautheit, des Vertrauens zwischen Wilhelm und Bismarck. Es wäre ihr auch nicht gegeben gewesen, solche Freundschaft zu verstehen. Daß der durchtriebene Kanzler diesen seinen König tatsächlich beinahe zärtlich liebte und daß der König seinen Kanzler zwar gelegentlich rüffelte, sich seinem Urteil aber auch dann blindlings unterwarf, wenn er die Gründe für Entscheidungen nicht verstand, das hatte ihr Sohn Friedrich im Feldlager begriffen und der Familie zu vermitteln gewußt. Das komische an dieser Geschichte war die Umkehrung der Machtverhältnisse; je mehr sie der geschickten Lenkung ihrer Wünsche verfielen, desto weniger Macht besaßen sie tatsächlich. Sie, Augusta, schickte den König diebisch vergnügt mit irgendeinem Gerücht über seine Handlungen oder Äußerungen ins Conseil, wo er seinem Premier mit dummen Fragen die Laune verdarb, Klage darüber führte, daß man ihn ignoriere. Bismarck hatte schließlich alle Hände voll zu tun, ihn wieder zu beruhigen. Oh, sie kannte ihren Gatten recht gut, auch wenn sie ihn nicht ganz verstand. Ihre Gäste trugen ihr zu, wie der König auf andere wirkte. Daß ihn die Damen vergötterten, obschon er ja immerhin die sechzig überschritten hatte, ließ Augusta kalt, aber zunehmend genossen auch sonst kluge Männer aus konservativen wie liberalen Kreisen die Vorträge Wilhelms. Sie lobten seine Haltung und sein Wissen offenkundig aus Überzeugung.

Jedoch mußte die Königin bald erkennen, daß ihr mit solchem Geplänkel nicht mehr zu helfen war. Ein Unfall sollte hinzukommen, eigentlich nicht schwerwiegend, ohne komplizierte Verletzungen. Vielleicht im Zusammenhang mit beginnender Osteoporose, würde sie, wie die Ärzte vorhersagten, im Bewegungsapparat behindert sein. Auch ihre ursachenlose Schwerhörigkeit sollte wachsen. Und sie mußte schließlich alle ihre Disziplin aufbieten, um sich zu beherrschen. Sie reiste in verschiedene Bäder, wie die Ärzte rieten, das brachte immerhin Besserung. Augusta entdeckte leicht den Zusammenhang zwischen ihrem Wohlbefinden und einem Ortswechsel. Baden-Baden hatte beispielsweise den Vorteil, daß sie ihre Tochter Luise traf.

Luise und selbst ihr Schwiegersohn, einst ein Mitstreiter im Kampf um den Konstitutionalismus und einen kleindeutschen Fürstenstaat, hielten sich jetzt überraschend zurück, wenn es um die Beurteilung der Lage des neuen Bundes ging, den sich dieser Bismarck ausgedacht hatte. Die Unart der Liberalen, sich überall schnell an Veränderungen anzupassen, blühte und gedieh. Im übrigen hatte sie ihren Anteil an der neuen Lage, mehr als ihr lieb sein konnte. Sie war die Königin eines im Volk beliebten Herrschers, aber sie wurde nicht in gleichem Maße geliebt, kaum verehrt.

Während des Krieges hatte Augusta sich an die Spitze sanitärer Organisationen gestellt, sie hatte grauenhafte Wunden und Verstümmelungen gesehen. In den Lazaretten war es noch furchtbarer zugegangen als in den Hospitälern; Morphium stand in geringen Mengen zur Verfügung, Verbandszeug, Mull und Scharpie gingen rasch aus. Junge Männer starben nach dem Verlust ihrer Gliedmaßen, blauschillernde Arme und Beine mit vorgeschrittenem Wundbrand infolge eines nicht zu behandelnden Starrkrampfs. Daß sie, Augusta, selbst einige Anstöße zur humanitären Betätigung geben konnte, hatte sie nun allerdings in einer neuen Rolle festgelegt, einer, die ihr weniger lag als die einer gestaltenden Politikerin. Nun, dieser Krieg wie der kommende, von dem alle Leute in ihrer näheren Umgebung sprachen, als sei er unumgänglich, würden Hunderttausende ruinierte Männer hinterlassen, die sich an Krücken fortschleppten. Blut und Eisen.

Daß Bismarck mit einer höchst schwachen Mehrheit, zumindest mit einer fragwürdigen und sich anpasserisch aufführenden Basis wechselnd agierte, das schien auf einmal keinen mehr zu stören. Abgeordnete, die vor Jahr und Tag noch zu denen gehört hatten, die das Banner des nationalen Konstitutionalismus hochgehalten, erschienen nun in Rudeln beim König, und es war nicht zu erfahren, was sie im Arbeitszimmer Wilhelms wohl aushandelten. Augustas Idee, von ihrem Arbeitszimmer im oberen Stockwerk des Palais Unter den Linden eine Sprechanlage bis hinunter in Wilhelms Arbeitszimmer legen zu lassen, weil es bequemer war, als sich hinunter zu bemühen, wenn sie etwas von ihm wollte, diese harmlose Sprechanlage ließ sich keineswegs so einfach als Abhöreinrichtung nutzen, wie ihre Feinde über sie verbreiteten oder wie sie es nicht wünschte. Allein, sie erlag natürlich doch den Verlockungen, sich heimlich einzuschalten, wenn Wilhelm wichtige Leute empfing. Ja, sie ließ sich vom Personal überraschen, wissend der üblen Nachrede. Hin und wieder kam einer der alten Herren zu vertrautem Gespräch, Bunsen etwa, und sie stellte immer öfter mit Befremden fest, wie sehr sich die Haltungen der Leute verändert hatten, ohne jeden inneren, ohne sittlichen Grund, warfen sie alle Grundsätze über Bord. Wie nun? Hatte man denn nicht in Preußen etwas dem trefflichen angelsächsischen System ähnliches geschaffen, den parlamentarischen Streit um jeden Dreck? Bunsen, einst glühender Anhänger des Parlamentarismus und Liberalismus, auch er ließ sich offenbar gern von der erfolgreichen Politik des Premiers überzeugen.

Was sich tatsächlich im Hauptquartier zwischen Bismarck und dem König abgespielt hatte, mag Augusta nur unvollständig aus dem Mund ihres Sohnes erfahren haben. Wilhelm hatte seinen Sieg durch die Bestrafung der Sachsen, die er für am Krieg schuldig hielt, abzurunden gedacht. Das hätte die Auflösung des Königreichs Sachsen bedeutet. Bismarck hatte den Kronprinzen Friedrich um Hilfe gerufen, worauf der ins Hauptquartier eilte, um sich ein Bild von der Lage zu machen. Er erfuhr doch immerhin erstaunliches und kam zu dem Schluß: »Seit den letzten drei Tagen hat ihm Papa solche Dinge gesagt, daß er gestern abend geweint hat und sich ordentlich scheute, wieder hineinzugehen. Ich hatte mithin beide zu beruhigen.« So der

Sohn Augustas. Was Wilhelm als einen schmachvollen Frieden bezeichnete, war in Wirklichkeit das kluge Kalkül des Möglichen, worin sein Premier nun einmal Meister war. Der eine Sieg, vielmehr dessen friedliche Resultate, hatten indessen die Verhältnisse nicht dauerhaft arrangieren können.

Sonderbarerweise sind die Nebenumstände dieses Krieges kleinlicher, als die Ergebnisse vermuten lassen. Augusta hatte zwar den Krieg verabscheut, der Gang der Ereignisse hatte sie jedoch keineswegs von ihrer gewöhnlichen Sommerreise abhalten können. Sie verbrachte also die kritische Zeit in der Sommerfrische, was vielleicht und sicherlich ihren Krankheiten zuzuschreiben ist. Ihre Tochter deutete ihr schriftlich die Hoffnung an, nach Königgrätz könne sich ein einiges, freies Deutschland bilden. Bismarck, so schrieb sie vor dem Krieg, will einen Junkerstaat, der der Zeitrichtung unserer Tage und der ganzen modernen Welt trotzt. Ein liberales Preußen sei für ihren Vater mit seinem Geist von militärischem Despotismus noch viel weniger ein Ideal als für Bismarck. Die Königin Augusta verzögerte ihre Abreise vielleicht auch, um ihren Gatten zu ärgern, der seine große Truppenschau zu Berlin nicht ohne sie abhalten wollte. Es handelte sich zwar nur um einige Tage, aber es war doch immerhin ein Zeichen ihres Mißvergnügens, wie die Dinge nun liefen.

Mitte Juni 1866 stimmten die Fortschrittler mit den Konservativen für einen Aufruf, die Verwundetenfürsorge betreffend; bei den Juliwahlen setzten sich die Konservativen an die Spitze der Mandatsträger im Landtag; die linke Opposition, sagen wir mal, gab 100 Sitze an die Konservativen ab. Damit war der seit 1862 schwelende Budgetstreit beigelegt. Wilhelm vermerkte seine Genugtuung: »Wir sehen bei uns, was Konsequenz zuletzt über eine völlig vergiftete Gesellschaft durchzusetzen vermag.« Die ersten Wahlen zum Reichstag des Bundes am 12. Februar 1867 waren allerdings demokratisch, direkt und gleich. Nach den Streitereien über den Umfang der Siegesbeute im Feldlager vollführte Wilhelm eine seiner für ihn so typischen Schwenks; aus Groll wurde neuaufflammende Liebe. Er hatte seinen erfolgreichen Kanzler schon 1865 zum Grafen gemacht, jetzt machte er ihn auch noch reich, als er ihm 400 Tsd. Taler in die Hand drückte, mit der Aktennotiz: »Ihr treu ergebener König Wilhelm.«

Politisch stand der Ausgestaltung eines neuen Bundes nichts mehr im Weg. Mit den ehemaligen Altliberalen, den neuen Nationalliberalen und dem Freisinn, will heißen, den Freikonservativen, was einen buntscheckigen Haufen ergab, schneiderte Bismarck den neuen Staat, das Gewand des preußisch-deutschen Bonapartismus, ungeachtet des feudalen Patriarchats seines Königs: Den Norddeutschen Bund, mit der ewigen preußischen Präsidialschaft, dem andauernden verfassungsmäßigen Recht, Krieg zu erklären und Frieden zu schließen. Der preußische König bekam die Rechte eines Fürsten zuerkannt. Im großen und ganzen kam die Aufgabe, einen deutschen Bundesstaat unter Preußens Führung zu bilden, aus den Tagen des Frankfurter Vorparlaments auf eine eigene Weise zu einem Abschluß, mit dem auch Wilhelm zufrieden sein konnte. Ganz froh wurde er dieses sich konstituierenden neuen Reichstags nicht, da ihm auffiel, daß sich die Hauptstadt Berlin bei Gelegenheit dieser Wahl höchst sozialdemokratisch benommen; es sind die rotesten Wahlen zum Reichstag geworden, die Berlin seit dem März zu bieten gehabt hatte. Sonst aber war alles gut, Preußen bekam an 70 Tsd. Quadratkilometer dazu, die Länder Hannover und Hessen-Nassau büßten ihre Autonomie ein, womit nichts verloren war.

Hier müßte jetzt noch von den enormen Geldzuflüssen erzählt werden, die Preußens Finanzen bereicherten. Die Militärausgaben mußten alle neuen Bundesländer allein tragen, was sehr weise gewesen ist; der neue Reichstag hatte sich übrigens auf Bundesebene in der Frage des Militärbudgets nur für wenige Jahre festlegen lassen. Etwas an Geld soll doch noch gezählt werden. Bismarck bildete aus dem beschlagnahmten Vermögen des hannoverschen Königshauses den sogenannten Welfenfonds, eine vorausschauende Maßnahme. An Erträgen sollen jährlich etwa 600 Tsd. Mark in die Kassen des Fonds geflossen sein, über dessen Verwendung Bismarck nur dem König Rechenschaft zu legen hatte. Es war ein reiner Reptilienfonds, aus welchem Gelder für geheime Missionen abgezweigt wurden. Wir werden gleich sehen, wozu die Masse des Vermögens, das der Bankier Bleichröder beaufsichtigte, zuletzt verwendet wurde.

Bis zum nächsten Krieg gestalteten sich die Beziehungen des Kanzlers zu seinem König unterschiedlich. Wilhelm vermochte es ebensowenig wie Augusta, den Bismarckschen Winkelzügen parteipolitischer Unbedenklichkeit zu folgen. Das führte zu Querelen, so daß der märkische Vasall wieder einmal zu dem mehrfach erprobten Mittel angedrohten Rücktritts greifen mußte. Das geschah 1869 aus einem heute nicht mehr ganz einsichtigen Anlaß, vielmehr ist es wohl die Menge der königlichen Mißgriffe gewesen, die den Kanzler ärgerten. Natürlich wurde sein Angebot zurückgewiesen, und Wilhelm war sich der Tatsache längst bewußt, daß sein schwer zu behandelnder Premier unentbehrlich geworden war. Wie immer brachte der König seine Klagen vor die Familientafel. Bismarck, erklärte er, vertrage durchaus keinen Widerspruch mehr, so daß man über viele Dinge nicht mehr diskutieren könne. Aber einen Hinweis Augustas darauf, wie die Verhältnisse nun lagen, hätte der König auch nicht akzeptieren können, bei Strafe des Untergangs seines neuen Königtums.

In diesem neuen Bund fehlten einige Staaten, um den Gedanken des Nationalstaates zur Realität werden zu lassen: Württemberg und Bayern. Und es fehlte am Ideellen: die deutsche Kaiserkrone.

Augusta hatte aus den Veränderungen um 1866 und unmittelbar danach ihre eigenen Schlüsse gezogen. Obschon ihr Handlungsspielraum enger geworden war, auch weil ihre Hausmacht gegen den übermächtigen Kanzler keine Chance mehr zu haben schien, setzte sie auf das deutsche Kaisertum nichtpreußischer Observanz. Ihre Familie, Sohn Friedrich zumal, sah in der Errichtung dieses Kaisertums die logische Vollendung aller liberalen und konservativen Träume. Für Augusta handelte es sich um ein durchaus modernes Kaisertum, bei dem es sich weniger um die Erbkaiserschaft aus dem Gnadenschatz Gottes und der Kirche handeln sollte, als um den geistig-liberalen Staat aus den Träumen nach den napoleonischen Kriegen. Tochter Luise hatte ihr ganz in diesem Sinne geschrieben und auch ihren Gatten in das englisch orientierte liberal-konstitutionelle Bündnis einzubinden gewußt.

Luise hat ihren Vater nicht gehaßt, sie suchte ihn zu verstehen, hat aber gleichwohl streng über seinen blechernen Militarismus geurteilt. Für den Sohn der Augusta lagen die Fragen noch offener; aus den konservativen bis altliberalen Kreisen im neuen Bundesstaat tauchte die Lieblingsidee der Frankfurter Parlamentarier erneut auf, das kommende deutsche Kaisertum an einen Preußenkönig zu verschenken. Für Wilhelm, das sah Augusta, bestand kein Widerspruch mehr zwischen einer Art Wirtschaftsliberalismus, wie ihn der Konservative Bismarck durch flankierende staatliche Tätigkeit oder Untätigkeit steuerte, und dem alten Landesvatertums, das für ihn Gipfel des Untertanenglücks und die Befriedigung königlicher Ansprüche darstellte.

Und der Kriegsanlaß schlich sich sozusagen über die Hintertür ein. Bismarck war es stets bewußt geblieben, wieviel der neue deutsche Bundesstaat dem Entgegenkommen seiner beiden mächtigen Nachbarn verdankte, den Russen, die Wilhelm nach wie vor liebte, und den Franzosen, die der König ebenso heftig verabscheute, wie er seinem Neffen auf dem Zarenthron alle despotischen Züge nachsah. Auf der Pariser Weltausstellung 1867 stellte sich der König von Preußen gewissermaßen selbst aus, was ein sinniger Einfall gewesen ist: Auf dem Marsfeld bei Paris stand eine Reiterstatue Wilhelms ganz aus Stahl und eine gewaltige Kanone von 50 Tonnen, auch aus Stahl, nämlich von Krupp. Was dieser Aufwand denn nun eigentlich bezweckte, war der Königin nicht zu erklären. Sie selbst blieb der Veranstaltung lieber fern, aber Wilhelm zeigte sich bereitwillig in der französischen Öffentlichkeit in Uniform, gelegentlich auch im Gehrock auf dem weitläufigen Gelände der Weltausstellung. In seiner Begleitung befanden sich der Kronprinz und Sohn Augustas, ein guter Tänzer, ein Weltmann besten Benehmens, überall geschätzt, und natürlich Bismarck in der weißen Uniform seines Kürassierregiments.

Einen schreienderen Gegensatz als diese Gruppe preußischer Repräsentanten und den Pariser Hof kann man sich schwerlich denken. Daß Wilhelm in vielen Jahren seinen Abscheu gegen die Königsmörder nicht überwunden hat, daß er sich kein historisches Bild der Revolution machen konnte, versetzte ihn jetzt auch nur in den Stand, alles miserabel zu finden, was sich ihm bot. Das unterhaltende Theater fand er frivol, dem Kaiser der Franzosen, dem kleinen Napoleon III. mit der auffallenden Barttracht schmeichelte er indessen ein wenig. Unter den Gästen war auch der Zar Alexander II., wie schon erwähnt, Bismarck, von den Gastgebern beargwöhnt, und Moltke, Generalstäbler, einige Damen, kein großes Gefolge. Man tanzte viel und versuchte es, sich so gut wie möglich zu unterhalten. Alle wußten, wie tief der Stachel Sadowa oder Königgrätz im französischen Fleisch steckte. Frankreich erwartete für sein Stillhalten ein Entgegenkommen in anderen außenpolitischen Problemen, und genau das fürchtete der Kanzler. Und die Zeitungen taten das Ihre, um den deutschen Gästen deutlich zu machen, wo ihnen die Grenze gezogen werden würde. Daß sich die französische Nation die Wiederherstellung eines deutschen Reiches nicht gefallen lassen dürfe, hämmerte die Presse den Lesern ebenso ein, wie sie nach einer Rache schrie, Rache für Sadowa. Ganz begründet scheint uns Heutigen dieser Racheschrei nicht, denn das Volk der Franzosen hatte in Königgrätz nichts eingebüßt, was seine Regierung nicht bereits vorher preisgegeben. Es war wie immer das Atmosphärische, die Stimmung gegen und für etwas, das zu benennen sich noch alle scheuten.

Frankreich, die Franzosen, einige, sahen im Rhein die Grenze ihres Landes. Um die offensichtliche Benachteiligung bei der Teilung des Kuchens nach dem Krieg von 1866 wettzumachen, erhob der Franzosenkaiser Ansprüche auf Luxemburg, ein Ländchen, das nach Auflösung des alten Deutschen Bundes in der Luft hing. Das Ländchen sollte einem abgekauft werden, dessen Besitzrecht eventuell auch nicht geklärt war, aber Wilhelm gedachte nicht, altes deutsches Land zu verhökern, schon gar nicht an die gehaßten Franzosen. Infolge seiner Ablehnung verlangte es den Franzosen ebenso nach Krieg wie den Deutschen. Es geschah, was stets geschieht, wenn die Kriegspartner sich nicht recht entschließen können, zu offenen feindseligen Handlungen überzugehen, weil sie die Zeit noch nicht für reif halten, Krieg zu führen: die Außenmächte brachten einen Konferenzausgleich zustande. Das Großherzogtum Luxemburg kam unter die Garantie der Signatarstaaten nach dem Muster des Londoner Vertrags bei der aufbrechenden dänischen Krise vor Jahr und Tag. Mit diesem Vertrag war das eine Problem zwar gelöst, aber das andere warf seinen Schatten voraus. Frankreich hatte den Siegern von Sadowa ultimativ verboten, die sogenannte Mainlinie zu überschreiten, und das hieß aber, die süddeutschen Staaten, mit denen Bismarck allerdings längst geheime Verträge geschlossen hatte, und die sich nicht um das französische Verbot scherten, dem kommenden Deutschland einzuverleiben. Für die Einbeziehung der Staaten Bayern, Württemberg und einige kleinere in den Norddeutschen Bund galt der Main jedenfalls als eine Markierung der gegenseitigen Interessen. Daß es sich übrigens keineswegs um eine bloße Idee handelte, wird deutlich, wenn man verschiedene Äußerungen Industrieller der rasch wachsenden Fabriken des Bundes mit heranzieht; der Main ist nicht nur politische Grenzscheide, sondern auch Wasserstraße für Kohle und Stahl geworden.

Zwar existierte Luxemburg als neutraler Staat weiter, allein mit der Regelung waren die französischen Ansprüche auf Gebietserweiterung nicht aus der Welt geschafft. Übrigens gibt es keinen anderen europäischen Staat als den der Deutschen, der seit dem Dreißigjährigen Krieg mit seinen Garantiemächten leben mußte. Der König erkannte allerdings bald an, daß sein Kanzler insofern Weitblick bewiesen hatte, als er die Machtgelüste der Franzosen sozusagen abgewiesen und Luxemburg gerettet hatte. Nichts lag dem Kanzler in der Stunde ferner als Frieden um jeden Preis. Der Kanzler entwickelte auch weiter unbeirrt seinen Plan, steuerte auf eine Gebietserweiterung Preußens in ganz anderem Stil.

Augusta, noch immer und sogar mehr denn je prodeutsch, was in diesem Falle gegen die kleindeutsche Variante heißt, wie sie sich abzeichnete, begrüßte sogar einen Schachzug ihres überlegenen Feindes, als Bismarck mit der Gründung, besser gesagt, der Reform des schon bestehenden Zollvereins ein quasi gesamtdeutsches Zollparlament schuf. Seinen König machte der Kanzler zum obersten Dienstherrn dieses Ersatzparlaments, da es kein politisches gab. Aber dieses Zollparlament war denn auch in Wahrheit politischer als alle anderen Vereine dieser Periode. Die Königin konnte ihrem Gatten darin nur zustimmen, Präsident dieses deutschen Parlaments zu werden, sie spendete auch Beifall, als sich das Gremium darauf einigte, daß ab dem 1. Januar 1868 die Souveränität der Mitglieder des Bundes in Handelsfragen endete. Beinahe wäre es auch gelungen, aus dem Zollverein ein Vollzugsinstrument des neuen Nationalstaates zu machen, da verweigerten die süddeutschen Delegierten ihre Zustimmung.

Bis in das Jahr 1870 hinein stockte die Partie; als Sohn Friedrich der Mutter eine neue Überraschung bescherte. Er teilte ihr mit, daß sich der Kanzler mit der Idee trug, dem Bundestag einen Vorschlag zu unterbreiten, nach dem, wäre es dahin gekommen, Wilhelm zum Kaiser ausgerufen werden sollte. Bestürzt war Augusta nicht, obwohl sie dem Kanzler keineswegs traute. Das ist bezeichnend für die unausgesprochenen geheimen und nicht ganz so geheimen Wünsche und Hoffnungen nicht nur Augustas, sondern vieler Leute ihrer Umgebung. Sie erhob vielleicht vor sich selbst noch Einwände; denn der eingeschlagene Weg hatte bereits zwei Kriege ausgelöst, und die wegwerfenden Bemerkungen Wilhelms nach seinem Aufenthalt in Paris, was den Zustand der Franzosen betraf, würden die Nei-gungen zu riskanten Unternehmungen nur noch anfeuern. Friedrich, der Sohn, führte allerdings zum Beweis, daß die Zeit für die Kaiserproklamation reif sei, eine überraschende Tatsache an: im Freistaat Bayern sollte eine breite Volksbewegung entstanden sein, die stürmisch nach einem Kaiser aus Preußen verlangte. Ungläubig mag Augusta den Kopf geschüttelt haben, und warnend stieg in ihr vielleicht das Bild auf, das sie in den Märztagen von dem Kanzler ihres Gatten erworben hatte. Und übrigens glaubte sie doch, die bayerische Mentalität aus den Berichten ihrer Gäste und Freunde her richtiger beurteilen zu können als ihr Sohn. Von einer Patriotenpartei pro-preußischer Färbung, wie ihr Sohn jetzt behauptete, war nie die Rede. Bayern besaß einen jungen König, der die Künste liebte und ein so ungeheurer Verschwender war, daß selbst die Staatseinkünfte eines Jahrzehnts nicht ausreichten, um die Finanzen einigermaßen zu regulieren.

Dieser Plan Bismarcks, falls er ihn tatsächlich ernsthaft verfolgt hat, zerschlug sich am Einspruch der süddeutschen Kleinkönige und natürlich des Franzosenkaisers. Aus den Erfahrungen des zurückliegenden Jahrzehnts ersah Augusta jedenfalls die entschiedene Haltung Napoleons III., der doch allen deutlich gesagt hatte, er werde einen weiteren Machtzuwachs Preußens nicht hinnehmen.

In diesem Januar 1870 war sich das Paar anscheinend ganz einig, soweit es die unmittelbare Zukunft betraf. Wilhelm wäre nur schwer an den Krieg mit Österreich heranzubringen gewesen. Als die Dinge liefen, wie er es nur wünschen konnte, überschlug er sich mit hochgeschraubten Forderungen an den Unterlegenen. Was den Krieg mit Frankreich anging, so war ihr Gatte nicht so leicht in Harnisch zu bringen, obschon sein Franzosenhaß kaum nachließ, so meinte Augusta. Man fuhr also wie immer zu den verschiedenen Kuren und Besuchen und überließ dem schwer arbeitenden Kanzler das Geschäft des Regierens. 1870, am 22. März, wurde der alte König der Preußen, den alle liebten, bis auf diejenigen, die ihn weniger liebten und Schlimmes befürchteten, wie etwa der ebenfalls nicht mehr junge Friedrich Engels, 73 Jahre alt; seine Königin, die eine Menschenfreundin gewesen ist, ohne umgänglich zu sein, sollte im Herbst dieses Jahres 59 werden. Das Paar hatte sich in den schwierigen Jahren der Ehe wie der politischen Zeitläufte zusammengerauft, wie man so sagt, einer kannte den anderen. Wichtiger als Streit war ihnen der schonende Umgang geworden, was nicht heißt, sie wären bei Gelegenheit nicht auch aufeinander losgegangen. Augusta hätte wohl einräumen können, daß ihr Feind Bismarck ihr nicht nur in allen Punkten überlegen entgegengestanden; er hatte ihnen nach den Kriegen so etwas wie die Gewißheit künftiger Ruhe schaffen sollen. Sie selbst meinte, es sei ihnen nun wohl zu gönnen, das Ihre zu verzehren, ein Mann, Mitte 70, und eine Frau an der Schwelle des Alterns. Der Kanzler hatte es anders bestimmt.

Irgendwie scheinen sich die gewaltigen kriegerischen Verwicklungen immer aus Anfängen heraus zu entwickeln, die der Nachlebende kaum noch versteht. Will sagen, 150 Jahre nach einer Katastrophe sind alle mehr oder weniger davon überzeugt, es hat nicht gelohnt; bei der Zahl der Opfer, gemessen am Resultat des erschöpfenden Krieges, hätte sich alles besser friedlich arrangieren lassen. Vielleicht handelt es sich bei der Besetzung des spanischen Thrones, die 1870 auf der Tagesordnung stand, aber um eine größere Angelegenheit; wenn ja, dann war der Fall zur berühmten Emser Depesche der Sache nach längst beigelegt. Der Prinz Leopold von Hohenzollern-Sigmaringen, eine süddeutsche Linie – seit 1849 war das kleine Fürstentum an Preußen abgetreten worden, und von einem Hohenzollern-Sigmaringen war schon die Rede –, wurde nun von Bismarck für die Königsrolle auf den spanischem Thron vorbereitet. Naturgemäß galt es für den Kanzler, zuerst Madrid für den Plan zu erwärmen, einen kleinen Hohenzollernprinzen ohne Fürstentum und keinerlei persönliche Vorzüge zum König einer so alten Monarchie zu machen. Vergleichbares war schon einmal gelungen, auf dem Rumänenthron saß seit 1866 bereits ein Bruder des neuen Kronprätendenten, aber hier handelte es sich noch um kein ordentliches und historisch begründetes Königtum, sondern um ein Fürstentum, und Rumänien stand nicht im Mittelpunkt der damaligen Welt, also Europas. Ganz anders lag der Fall in Spanien.

Der Kanzler wünschte wohl zuerst, mit der Wahl eines Hohenzollern zum spanischen König, der dem preußischen König innig verbunden war, das Ansehen Wilhelms zu heben. So wird jedenfalls allgemein angenommen. Daß sich der Kaiser der Franzosen angesichts einer neuen Machtkonstellation zur Nachgiebigkeit veranlaßt sehen könnte, mag Bismarck nur allein angenommen haben. Im Januar 1870 steuerte er noch keinen Krieg an.

Hat Augusta gewußt, daß es ihre letzte Kraftprobe werden sollte? Sie brauchte keine großen Anstrengungen zu unternehmen, Wilhelm von diesem Schritt zurückzuhalten. Der Prinz Leopold hatte die ihm schließlich förmlich angebotene Kandidatur angenommen, er stand nun zur Verfügung, wie man heute sagt. Ist einer gescheitert, dann sagt er folgerichtig, er stehe nicht zur Verfügung, als ob andere Schuld an seinem Unvermögen sind. Gleich, aus welchen Gründen Leopold König von Spanien werden wollte, ob ihn Ehrgeiz trieb oder ob die diplomatische Aktivität des Kanzlers die Sache so schnell vorangetrieben hat, es gelang diesem nicht, seinen Souverän dieses Mal nach seiner Pfeife tanzen zu lassen. Wilhelm standen die Erklärungen und Beschwörungen Augustas vor Augen. Und die internationale Lage, nennen wir sie so, obwohl es ausschließlich um Europa ging, wohlbemerkt ohne das Inselreich, war nun allerdings im Frühjahr 1870 alles andere als auf Frieden eingestimmt. Bismarck faselte etwas von einer unvergleichlichen Weltstellung des Hauses Hohenzollern, allein, der König widerstand.

Wilhelm hat übrigens zu dieser Stunde nicht so an die Waffenüberlegenheit Preußens geglaubt wie sein Kriegsminister, immer noch Roon, und sein Generalstabschef, immer noch Moltke, inzwischen auch schon 70 Jahre alt.

Bad Ems ist ein uraltes liebliches Nest an der Lahn. Damals lag es in der Provinz Hessen-Nassau und verfügte in schöner Landschaft mit lindem Klima über zahlreiche Heilquellen. Die Römer, Sachverständige in Sachen Lebenskultur, hatten sich hier schon purgiert und gebadet, sich massieren und mit Heilschlamm behandeln lassen. Wilhelm, dessen Gesundheit einst sehr robust, pflegte sich in diesem Bad regelmäßig für längere Zeit aufzuhalten, meist zu Beginn des Sommers. Im Herbst bevorzugte das preußische Königspaar nach wie vor sein Schloß Babelsberg, während es in anderen Jahreszeiten oft getrennt zu Kuren reiste. In Bädern trug Wilhelm für gewöhnlich Zivil, Gehrock, Weste und Hose zum Kragen mit Umlegeecken und Zylinder. Das Kurregime hielt er streng ein, wechselte von der Trinkhalle zum Bad im Fangoschlamm, um die Behandlung durch einen ausgedehnten Spaziergang zu beschließen. Sein Zivilkabinett, sein alter Kammerdiener, etliches an Adjutanten, war auf das Geringste beschränkt; denn Wilhelm wollte kuren, nichts anderes. An die Affäre der spanischen Thronfolge dachte er kaum. Auf der Kurpromenade in Bad Ems begann sich die Sache still weiterzuentwickeln als der französische Botschafter erschien.

Der Gesandte Benedetti verlangte eine Garantieerklärung des Königs, daß sich keine neuerliche Bewerbung um die spanische Krone durch einen Angehörigen des Hauses Hohenzollern ergeben werde. Das lehnte Wilhelm ab. Er konnte schließlich wohl nicht anders, als den Leiter der preußischen Politik, den Kanzler, von dem Affront Mitteilung zu machen. Das besorgte ein Geheimrat Abeken, er schickte ein Telegramm, eine Depesche, und stellte den Vorfall kurz dar. Bismarck ließ den Text veröffentlichen, leicht redigiert, wovon man sich überzeugen kann, wenn man beide Texte miteinander vergleicht. Der Vorwurf, der Kanzler habe mit einer verschärfenden Redaktion der Abeken-Depesche den Krieg provokativ herbeiführen wollen, ist erst später erhoben worden. Angesichts der auf beiden Seiten des Rheins aufziehenden Kriegsbesessenheit scheint es eher fraglich, ob eine andere Bearbeitung des Telegramms den Krieg verhindert haben könnte.

Daß Bismarck den Krieg mit Frankreich für unvermeidlich, daß er den brüskierenden Auftritt Benedettis für keinen Alleingang des französischen Geschäftsträgers hielt, ist nicht umstritten. Am 19. Juli 1870 überreichte der Botschafter die Kriegserklärung Frankreichs an die Deutschen, das heißt, der Bündnisfall trat ein, das Bundesheer wurde mobilisiert. Wer übrigens die Hauptschuld am Krieg auf deutscher Seite sucht, dem sei eine unverdächtige Quelle genannt: Der Generalrat der Kommunistischen Internationale zu London erklärte, daß der Krieg auf deutscher Seite ein Verteidigungskrieg und damit ein gerechter Krieg sei.

Augusta hielt sich in Koblenz auf, Wilhelm in Bad Ems; sie

wurde von der Nachricht der Kriegserklärung völlig überrascht. Das Paar hielt intensiven brieflichen Kontakt, und so erfuhr Augusta aus den Mitteilungen ihres Gatten brühwarm von dem Überfall Benedettis in Bad Ems. Sie hatte ihm vorgeworfen, daß er nicht kraftvoller und energischer regiere, jede Maßnahme seines Kanzlers im Nachhinein nur noch absegne. Er wiederum führte Beschwerde über Bismarck, der in Varzin unerreichbar fern weilte. Man hat den Eindruck, die Leute seien ununterbrochen unterwegs gewesen. Wilhelm war wütend auf seinen Kanzler, dem er die mißliche Lage zuschrieb, in der er sich plötzlich sah. Sehen wir, wie sich die Sache entwickelt hatte.

Augusta erhielt die Bemerkungen Wilhelms vom Besuch Benedettis um den 10. Juli. Was ihr der Gatte mitteilte, enthielt die Quintessenz der Vorgeschichte des Krieges. Benedetti habe den Wunsch geäußert, daß die Kandidatur zurückgezogen werde. »Ich erwiderte, das stünde nicht bei mir, sondern bei dem Kandidaten«, schrieb Wilhelm und fügte nicht ganz richtig hinzu, Preußen habe mit der Sache gar nichts zu tun, nur er persönlich wisse als Chef der Familie davon. Von dem Rücktritt Sigmaringens am 12. Juli erfuhr Augusta ebenfalls umgehend: »Mir ist ein Stein vom Herzen gefallen.«

Augusta hätte sich also getrost zurücklehnen und wie ihr Gatte den Fall für abgetan halten dürfen. Aber auch Benedetti wußte genau, wie die Dinge nach der Absage Sigmaringens lagen. Einen Anlaß, sich weiter damit zu beschäftigen, bestand kaum noch. Der französische Außenminister, Herzog von Grammont, zeigte sich aber seinem Berliner Gegenspieler nicht gewachsen. Bismarck hielt ihn, nebenbei bemerkt, für den dümmsten Mann Europas; jener wies also seinen Geschäftsträger an, den Dingen noch einmal nachzugehen, sich schriftlich garantieren zu lassen, daß dergleichen Bewerbungen nicht mehr vorkämen, und so kam es zu dem Vorfall am 13. Juli in Bad Ems. Einen neuerlichen Besuch Benedettis lehnte der König als überflüssig ab. Bismarck, auf den er jetzt blickte, nachdem er seiner Augusta die neue Lage geschrieben hatte, weilte nicht mehr in Varzin, sondern war beunruhigt nach Berlin gereist, einen Tag vor dem Besuch Benedettis. Dort fand der Kanzler das Abeken-Telegramm vor, und er sah zweifellos, welch ein Vorteil sich für seine Pläne aus der Dummheit und Borniertheit seines Gegenspielers ergab. Die Form der Emser Depesche, die Bismarck dem Schriftstück gab, ist weniger irreführend als ironisch, genau das, was die Leute in Frankreich nach dem als eigene Niederlage empfundenen preußischen Sieg bei Königgrätz am wenigsten vertrugen: Abfertigung des französischen Botschafters durch den Adjutanten vom Dienst, hieß es über die Ablehnung Wilhelms, Benedetti zu empfangen. Dergleichen ist kein diplomatischer Brauch.

Während die Franzosen Rache für Sadowa und die Preußen, aber auch die Bayern und die Württemberger, alle Neigungspreußen und Anhänger der Bismarcklösung, Rache für Bad Ems schrien, schrieb der König traurig an seine Königin, er hoffe, es lasse sich noch eine Lösung finden, also der erklärte Krieg würde nicht wirklich stattfinden. Endlich war sich das alternde Paar ganz einig über diesen Bismarck, als ihnen beiden der Depeschentext in voller Schönheit bekannt wurde. »Das ist der Krieg!«

Es war der Krieg.

Für Augusta brachten diese Tage möglicherweise eine neue Erfahrung. Das Paar hatte sich schriftlich darüber verständigt, die Kuren abzubrechen und auf schnellstem Wege nach Berlin zurückzureisen. Die Eisenbahnfahrt des alten Königs wurde für ihn zu einem erstaunlichen Triumph, dicht an dicht warteten die Leute auf den einfahrenden Zug, ihm schlugen Begeisterung und Verehrung entgegen. Dieses Mal wußte er das Parlament auf seiner Seite. Noch auf dem Potsdamer Bahnhof verkündete er die Mobilmachung. Als Bundesfeldherr wollte er, trotz seines Alters, mit ausrücken und in den Krieg ziehen. Aber auch Augusta fand, was sie selbst überraschte, in diesem ihr doch eigentlich fremden Volk eine neue Verehrung. Sie trafen sich in Berlin, in ihrer alten Wohnung. Vor den Fenstern, auf dem Opernplatz, drängten sich Menschen. Erstaunlicher noch: am wenigsten stieg die Kriegsbegeisterung anscheinend diesem alten Mann und Feldherrn zu Kopf, da er auch jetzt nicht versäumte, auf die Gefahr und mögliche Not hinzuweisen.

Wie gesagt, er kannte die Beschaffenheit des Bundesheeres nicht mehr gut genug, um seine Schlagkraft einschätzen zu können. Der alte naive Glaube an die Treue des Hohenzollerngottes brach durch, als Wilhelm einen Bettag anordnete. Er selbst betete an den Gräbern der preußischen Könige im Mausoleum zu Charlottenburg. Dann gingen sie beide daran, als sorgende

Menschen, das Nötigste für eine Flucht zu packen. Er dachte jetzt sicher an die Tage der napoleonischen Herrschaft und die Flucht nach Ostpreußen. Dann kam der Abschied. Nach einem gemeinsamen Gottesdienst im Berliner Dom am 31. Juli, zwei Wochen nach Kriegsausbruch, lagen sie sich weinend in den Armen, König Wilhelm und Königin Augusta, dann stieg der alte Soldat in die Eisenbahn und reiste ab an die Front. Was Augusta verwundert haben mag, ihr Gatte hatte sie förmlich für die Dauer seiner Abwesenheit aus Berlin mit der Wahrnehmung königlicher Rechte betraut; sie war seine Stellvertreterin geworden. Viel zu entscheiden war nicht. Am 4. August erhielt Augusta die erste Siegesnachricht. Von nun an berichtet er ihr bis ins kleinste über die Einzelheiten des raschen siegreichen Feldzugs. »An die Königin Augusta. Unter Fritzens Augen heute einen glänzenden, aber blutigen Sieg erfochten durch Stürmung von Weißenburg und des dahinterliegenden Geisberges.« Und so fort.

Wie aber hat sich Augusta damit abgefunden, daß ihr Gatte, der von allen Verehrte, inzwischen sogar von ihr selbst Respektierte, nach den bekannten Klagetönen zu Beginn des riskanten Unternehmens Krieg, den er doch nicht gewollt, wenigstens nicht vorsätzlich herbeigeführt hat, in einen Siegesrausch verfiel? In seinen Nachrichten an seine Königin – sie wird in diesen Tagen tatsächlich zu einer Hauptperson in seinem Dasein, was vielleicht nur folgerichtig ist – beschreibt er Siege, die entweder nicht er erfochten hat oder die ihm von anderen respektvoll geschenkt wurden, wie wir sehen werden. Immerhin, der 73jährige Mann verbringt die Tage auf dem Pferderücken, gönnt sich kaum Ruhe, will überall sein, immer mit entscheiden. Mit jedem seiner wirklichen oder eingebildeten persönlichen Siege steigt sein Selbstwertgefühl, am Ende seines Lebens ist er wirklich der, der er immer sein wollte, der Feldherr, der Sieger im Herrn. Denn seine Dankbarkeit gegenüber diesem Siege gewährenden Gott nimmt nicht ab, sondern zu. Wilhelm erlebt einen weiteren grandiosen Wandel. Wie immer in seinem Leben, wenn er sich am Ende des Weges angekommen sah, gab ihm sein Gott eine neue Aufgabe. Er ist dankbar, tief dankbar angesichts dieser wunderbaren Siege. Augusta konnte in Berlin nur ausharren, die Briefe und Berichte ihres Gatten hinnehmen, erstaunt über das Unberechenbare, daß die Weimarerin, Goethes Schülerin, lieber Schicksal als Vorsehung genannt haben mag. Aber kein Zweifel, sie war ihm so nahegekommen wie es ihrer beider Natur nach nur möglich.

Da Augusta kein Soldat ist, wir uns aber in den Kriegsverlauf eindenken wollen, dies: Der Bundesfeldherr Wilhelm von Preußen verfügte zu Beginn des Krieges über rund 520 Tsd. Mann. Die Franzosen stellten unter ihrem Feldherrn 336 Tsd. ins Feld. Nach übereinstimmenden Angaben stieg die Kopfzahl des deutschen Heeres in dem nur wenige Monate dauernden Krieg auf 1,3 Millionen, konnte also mehr als verdoppelt werden, was vielleicht mit Koordinierungsmängeln zu Anfang erklärt werden kann. Die deutschen Kräfte traten in drei Armeen aufgeteilt an, in der Rheinpfalz, an der Saar und Mosel. Die 2. Armee wurde vom Prinzen Friedrich Karl befehligt, die 3. durch den Kronprinzen Friedrich Wilhelm, zu ihr gehörten auch alle süddeutschen Verbände. Gemäß dem Aufmarschplan des Generalstabs kam es zu dem oben schon genannten Gefecht bei Weißenburg. Wörth und Spichern erlagen dem preußischen Ansturm. Es mag verwundern, daß nur gesiegt wurde, und zwar schnell, angesichts eines an Bewaffnung und Aufrüstung ziemlich ähnlichen Gegners, der sich auf einem dauernden Rückzug befand. Bei Metz sammelte der Franzosenfeldherr sein Heer, und – wir zählen nur noch die Schlachtorte auf – unterlagen bei Mars-la-Tour, bei Vionville, bei Gravelotte und St. Privat; am 18. August schloß das deutsche Bundesheer 180 Tsd. Franzosen unter Marschall Bazaine in der Festung Metz ein. Hierauf geschah, was in der Tat nur geschehen konnte, der andere Marschall der Franzosen Mac-Mahon eilte mit einem Entsatzheer nach Metz und mußte, bei Sedan abgefangen, kapitulieren. Da sich Napoleon III. bei dieser Armee aufhielt, kam er in schimpfliche Gefangenschaft. Da wir uns in einem Zeitalter befinden, in welchem der Schauspieler den Staatsmann zu verdrängen begann, schließen wir diesen kurzen Siegesbericht, den kürzesten, der sich über diesen folgenschweren Krieg überhaupt schreiben läßt, mit der Wiedergabe zweier Handschreiben. »Mein Herr Bruder! Da es mir nicht vergönnt war, in der Mitte meiner Truppen zu sterben, so bleibt mir nichts übrig, als meinen Degen in die Hände Eurer Majestät zu legen.« Schrieb der Kaiser der Franzosen an den König der Preußen. Der antwortete im gleichen Stil: »Mein Herr Bruder! Indem ich die Umstände, unter denen wir uns begegnen, bedauere, nehme ich den Degen Eurer Majestät an und bitte Sie, einen Offizier zu bevollmächtigen, um über die Kapitulation der Armee zu verhandeln, welche sich so tapfer unter Ihrem Befehl geschlagen hat. Meinerseits habe ich den General von Moltke hierzu bestimmt.«

Wen es wundert, daß sich der Herr Bruder zwar in die Hände seines Besiegers geben, nicht aber für seine Armee sprechen durfte, mag bedenken, daß die Franzosen neben einem Kaiser auch noch eine Regierung hatten.

Nach diesem freundlichen Gedankenaustausch ritterlichster Art fielen sich Vater und Sohn im preußischen Hauptquartier gerührt in die Arme. Friedrich hielt, was sie errungen hatten, noch nicht für einen dauerhaften Frieden und sprach von der Weltgeschichte als einem Weltgericht, was bedeutete, daß er Preußen für mehr als eine Kriegspartei hielt, sondern als den Vollstrecker eines höheren Urteils. Wilhelm selbst wurde auf Schritt und Tritt an die Hinrichtung des französischen Königspaares erinnert. So lange können Zeitalter, vielmehr die Reflektion über Vergangenes, andauern.

Mit dem Generalstabschef Moltke war das Einvernehmen nicht mehr ganz so groß wie zur Zeit der beiden anderen Kriege. Moltke hatte viel einzuwenden gegen die Entschlußfreude seines Souveräns, er bemängelte die opferreiche Kriegführung des Bundesfeldherrn. Der mögliche Eindruck, daß die Franzosen kampflos verloren hätten, täuscht; die dabei waren, wußten sehr gut, daß sie einen harten Krieg mit einem tapferen Gegner hinter sich gebracht hatten. Nun also blieb den Politikern das saure Geschäft, einen annehmbaren Frieden für alle Seiten zu schließen. Zunächst schloß Moltke mit dem Kommandanten der Festung eine Kapitulation. Drei Dutzend Generäle, über 80 Tsd. Mann, etliches an Geschütz und Gerät, an 6 Tsd. Pferde und den Kaiser bekamen die Preußen. Am 2. September 1870 trafen sich die beiden Monarchen, nicht in Sedan, sondern im Schloß Bellevue bei Donchéry. Wieder wurden Höflichkeiten ausgetauscht, Napoleon meinte, daß er durch Presse und Parlament, durch die öffentliche Meinung zum Krieg getrieben wurde, und daran war nur allzuviel Wahres, worauf Wilhelm entgegnete, daß ihn Gott in den Siegerstand erhoben habe. Kurz nach der Begegnung reiste der Franzosenkaiser ab, nach Schloß Wilhelmshöhe bei Kassel, dem Ort seiner Internierung. Anschließend ritt König Wilhelm die Spaliere seiner Armee ab, der Ritt dauerte, den Versicherungen von Augenzeugen nach, von 14.30 bis 19.30 Uhr und war von den üblichen königlichen Tränen begleitet. Wir finden, wenn wir danach suchen, in den vielen zeitgenössischen Darstellungen kaum einen außerdeutschen König oder Staatsmann, dem Tränen des Schmerzes oder der Freude geflossen sind. Vielleicht haben die Berichterstatter nur nicht richtig hingesehen oder sie haben außerpreußische Tränen für weniger wichtig gehalten, allein, das Geweine ist anscheinend doch eine Gemütsangelegenheit und eine Zeitaltererscheinung gewesen. Am folgenden Tag, einem 3. September, fand so etwas wie ein Siegesdiner im Hauptquartier des Bundesfeldherrn statt.

Eine Kleinigkeit geschah, als der König in seiner ursprünglichen Grußadresse, in welcher der Generalstabschef Moltke als Leiter des Bundesheeres genannt worden war, seinen Pressesekretär Schneider, den wir schon als Komödienschauspieler kennengelernt haben, zu der Redaktion des Textes veranlaßte. Nicht Moltke, sondern er, Wilhelm, habe das Heer geführt. Geführt, geleitet, der Siegesruhm war dem König ohnehin nicht mehr zu nehmen. Nun ist der Krieg Preußens gegen Frankreich zu Ende, aber der Frieden war in der Tat noch nicht gewonnen. Die Früchte des Sieges sollten doch immerhin nicht bloß ideeller Art sein, sondern sich auch berechnen lassen. Auf die Rechnung sollten das Elsaß und Lothringen gesetzt werden. Die Kriegsziele des Königs und seines Kanzlers deckten sich ohnehin nie vollständig; Bismarck sah mit dem militärischen Sieg über Napoleon die Hindernisse auf dem Weg zur Reichseinigung beseitigt. Wilhelm schrieb am 7. September an Augusta, daß Deutschland jene Landabtretung verlangen müsse.

Daß sich ein neuer Widerstand mit und innerhalb der Pariser Kommune herausbildete, unmittelbar im Anschluß an die Kapitulation der Armee, daß Preußen seine Gefangenen freiließ, um die Kommune zu unterdrücken, dieses kurze, aber bedeutsame Zwischenspiel bis zum Friedensschluß berührt unsere Erzählung über Augusta wenig. So dürfen wir der Spur auch nicht folgen; daß die Königin im fernen Berlin vornehmlich Siegesnachrichten empfing und nicht viel zu regieren hatte, kommt auf das Konto des Kriegsverlaufs. Am 19. September 1870 stand Wilhelm in der Nähe der Stadt Paris; wie seinerzeit vor Wien, sollte er auch jetzt die Stadt selber nicht betreten.

Von den Hügeln der Vorstadt östlich von St. Denis sah er hinunter auf Paris.

Mitte September war Paris von der preußischen Armee eingeschlossen; es sollen auf den Kilometer 1600 Soldaten gekommen sein, bei einer 90 Kilometer langen Front. Das heißt, noch war man von einem Frieden weit entfernt. In der Präfektur nahe bei Versailles richtete sich der König ab 5. Oktober auf eine längere Belagerung der Stadt Paris ein. Augusta hielt alsbald die Darstellung des Tagesablaufs ihres Gatten in Händen. Wie gewohnt spartanisch, erhob sich Wilhelm gegen 7 Uhr, trank Kaffee und ließ sich von seinem Freund Schneider die Zeitungen vorlesen. Ab 9 Uhr traten die Hofbeamten an, Moltke erstattete Bericht, falls es etwas zu berichten gab, das Zivilkabinett tagte. Roon und Moltke blieben fast den ganzen Tag in der Nähe, nicht aber Bismarck. Diniert wurde spät, oder früh, wie man es nimmt, nicht vor 16 Uhr, dann folgte Aktenstudium bis zum Abend und die Teegesellschaft, bei der alle, nach den Worten des Kronprinzen, beinahe einschliefen. Zwar sah der Vater blühend aus, wie Friedrich fand, aber seine Stimmung war gereizt, er reagierte nervös auf alles Unvorhergesehene. Diese Eigenart kannte Augusta an ihrem Gatten. Demnach liefen die Dinge nicht, wie er sich gedacht hatte. Das taten sie auch wirklich nicht. Die Kapitulation der Festung Sedan hatte den Krieg nicht entschieden beendet; bis zum Jahresende mußte Preußen Stadt auf Stadt, Festung auf Festung buchstäblich und mühsam knacken. Toul fiel am 23. September, Straßburg am 27. Aber erst einen Monat später ergab sich Metz mit fast 175 Tsd. Mann. Es folgten Rückschläge. Orleans mußte wieder geräumt werden, die Armee bei Coulmiers auf dem Rückzug eine Niederlage hinnehmen. An einen siegreichen, einen glorreichen Einzug in Paris war nicht zu denken, obschon der Kapellmeister Piefke schon wieder einen seiner Siegesmärsche zu komponieren anfing.

Wenden wir uns wieder Augusta zu, die Siegesnachrichten bloß annehmen konnte, nicht aber Krieg führen. Umso entschiedener griff sie auf seiten derer ein, die einen Vertragsfrieden mit Frankreich anmahnten. Der mögliche französische Aggressor war besiegt, der Krieg, den Preußen jetzt führte, galt einer Republik, die zum Friedensschluß bereit war. Augusta riet also dringend zur balance of powers, dem Ausgleich, dem Gleichgewicht der Kräfte. Die Königin, die von militärischen Siegen nie besonders beeindruckt wurde, schrieb ihrem Gatten, was er jetzt bekämpfe, sei ein republikanisches Defensivsystem.

Es ist schon ein eigen Ding mit dieser schwierigen Frau; sie stand ihrem Mann treu an der Seite, wenn er Hilfe brauchte, wie 1848 und etliche Male danach, und sie bekannte sofort wieder republikanische Farbe, wenn die äußere Gefahr für ihn vorüber. Das republikanische Defensivsystem, wie sie es auffaßte, war jedoch die Republik schlechthin, mag sein, mehr im Geiste als in der Realität, aber so bereitet sich in der Geschichte nun einmal der Wandel vor. Ein Zustand muß erst visionär erledigt, ein anderer erst konstituiert worden sein, ehe an einen Vollzug geschritten werden kann. Augusta kannte die Realität der Republik nicht. Sie besaß kaum andere als sporadische Nachrichten aus der kämpfenden Stadt, die voller Patrioten war. Für Augusta nahm dieser Kampf vielleicht den klassischen Ausdruck des Ringens um Menschenbefreiung an, ähnlich wie im Coriolan des großen Shakespeare. Es sei nur erwähnt, was sich weiter begab: Am 18. März 1871 riefen Nationalgarde und das Pariser Proletariat die sozialistische Republik aus, die Kommune. Sie endete am 29. Mai, und Mac-Mahons Truppen schlugen sie nieder. Daß sich der Zentralrat zu London sogleich auf die Seite der Kommunarden schlug, ist weniger erstaunlich, auch wenn Marx den Versuch, eine sozialistische Republik zu errichten, für verfrüht hielt. Preußen wurde immerhin übereinstimmend als Aggressor verurteilt, nachdem das Kriegsziel gewechselt hatte. Aber zu dem Brief Augustas im Herbst, als es noch um eine liberale Republik ging. Wilhelm schrieb ergrimmt zurück: »Was heißt das, das republikanische Defensivsystem, das wir bekämpfen? Hat denn die Republik etwa uns den Frieden angeboten?« Womit er sich auf der realen Linie der Internationale befunden hätte; denn die preußische Übermacht vor Paris durfte bei Strafe des Untergangs eben nicht übersehen werden. Allerdings hatte die Republik Frieden angeboten, nicht aber auf Elsaß und Lothringen verzichten wollen, wozu sie auch gar nicht berechtigt gewesen wäre. Die Friedensverhandlungen, von Bismarck einerseits und von Jules Favre als Außenminister andererseits geführt, waren um den 20. September bereits gescheitert.

Auch die Freundlichkeit zwischen den Gatten litt weiter, als sich Wilhelm entschieden für die Annexion Elsaß und Lothringens aussprach. Es seien Auswüchse der Sentimentalität, schrieb er ihr, weil der Krieg nicht in vier Wochen aus gewesen. Inzwischen waren der Königin von Preußen Berichte von unglaublichen Brutalitäten des preußischen Militärs glaubhaft zugegangen. Sie schrieb ihrem Bruder Karl Alexander nach Weimar, was sie über ihren Gatten jetzt dachte. Er könne Sentimentalität und humanitäre Empfindungen nicht unterscheiden. Sie sprach von einer zunehmenden Entartung, die kommende Zivilisation werde Abrechnung verlangen. In Paris wütete Hunger. Augusta, voller Empörung, als ihr zugetragen wurde, worauf sich die Belagerer geeinigt hatten, wandte sich an den König und an ihren Sohn, verlangte, die französische Hauptstadt mit Lebensmitteln zu versorgen. Bismarck dagegen ließ die Welt wissen, wie er vorzugehen gedachte. »Wir haben Zeit, bis sie ihre Hunde und die schönen langhaarigen Katzen gegessen haben werden.« Beruhigend schrieb der Kronprinz an seine empörte Mutter. In der Sache gab er der Aushungerung die beste Chance, Paris zu erobern, weil diese grausame Maßregel eben doch mehr an Menschenleben erspare, als eine Belagerung und ein Sturm kosten würden. Der König schwankte zwischen Bombardierung und dem verordneten Tod durch Hunger, ganz wie sein Generalstabschef, der herumrechnete, was sich militärisch aus einem Beschuß durch Artillerei positiv ergeben könnte. Da er zu keinem Schluß kam, blieb es beim Hunger. Während die kriegführenden Männer im Hauptquartier aufeinander losgingen, sich nicht einigen konnten, was zu tun, während sich Roon, mit Moltke zerworfen, krank meldete, mobilisierte Augusta die ihr verbliebenen zivilen Streitkräfte zum humanitären Aufmarsch. Elisabeth, die Witwe König Friedrich Wilhelms IV., die Kronprinzessin als Gegnerin Bismarcks ohnehin, alle Damen beschworen den rat- und entschlußlosen Bundesfeldherrn, Paris zu verschonen, als sich die Idee durchzusetzen begann, die Lichterstadt, das Herz der zivilisierten Welt, doch zu bombardieren. Elisabeth gar erbat sich vom Schwager die Schonung der Stadt als Geschenk zu ihrem Geburtstag.

Bismarck, der ja auch nicht für die Bombardierung war, erhielt allerdings Nachrichten von der Aktivität Augustas, die ihn zur Abwehr ihres Einflusses veranlaßten. Das Spiel war zu oft gespielt worden, die Kugel immer in die gleiche Richtung gerollt; gewann die Königin an Einfluß auf den König, liefen die

Dinge in eine andere als die von Bismarck vorgezeichnete Richtung. Da der Kanzler seit Wochen nur auf Berichte seiner Agenten angewiesen war, ahnte er den Umfang der Briefe und Bitten. Er wehrte sich instinktiv, als er dem König seine Besorgnis über die humanitären Bestrebungen der Berliner Kreise um die Königin ausdrückte. Bismarck berichtete später, daß seine Bemerkungen beim König einen Zornesausbruch verursacht haben. Und Bismarck beließ es jetzt nicht mehr beim Stillhalten. Er drängte darauf, anzugreifen, die Stadt zu beschießen, schrieb selbst verärgerte Briefe an Roon und an Moltke, die er der Tatenlosigkeit bezichtigte. Was er befürchtete, war längst Gewißheit; der Stillstand des Krieges hatte eine Menge politisches Terrain gekostet.

Nach dem Weihnachtsfest begann am 5. Januar 1871 der Beschuß der offenen Stadt, was der König sogleich nach Berlin seiner Augusta mitteilte, es war die 140. Nachricht an sie seit Kriegsbeginn und das letzte Gefecht von Bedeutung, das Augusta gegen Bismarck verlor. Wäre sie für die Beschießung gewesen, hätte das am Entschluß des Kanzlers, der treibenden Kraft in dieser Frage, etwas geändert?

Während die Lichterstadt unter Beschuß lag, vollzog sich der letzte vorbereitende Akt der Reichsgründung: Am 1. Januar 1871 trat die neue Bundesverfassung in Kraft, ausgehandelt zwischen dem Norddeutschen Bund und den süddeutschen Ländern. Es hatten die deutschen Souveräne, wie es heißt, einen ewigen Bund zum Schutz des Bundesgebiets geschlossen. Dieser Bund sollte den Namen DEUTSCHES REICH bekommen. Das Präsidium des Bundes, heißt es weiter, steht dem Könige von Preußen zu, welcher den Namen DEUTSCHER KAISER führt. Der Kaiser hat das Reich völkerrechtlich zu vertreten, im Namen des Reichs Krieg zu erklären und Frieden zu schließen, Bündnisse und andere Verträge mit fremden Staaten einzugehen, Gesandte zu beglaubigen und zu empfangen.

Kaiser, Deutsches Reich, das stand am Ende des langen Weges zu einem neuen Staat, seine Vorstellung von einem deutschen Bundesstaat unter Preußens Führung sollte sich also vollenden. Beim Neujahrsempfang, den Wilhelm gab, behandelten ihn denn auch alle wie einen neuen Kaiser der Deutschen. Zumal sein Schwiegersohn, der Großherzog von Baden, die neue Lage sprachregelnd aufnahm. »Der heutige Tag war dazu bestimmt, das ehrwürdige deutsche Reich in verjüngter Kraft erstehen zu sehen.«

Auch der König hätte sich doch wohl über das durch Bismarcks Geschicklichkeit Zustandegebrachte freuen sollen. Aber Wilhelm hatte eigene Sorgen, ihn plagte die Titelfrage. Sein Sohn, der Kronprinz, hatte dergleichen vorausgesehen. Ab Datum des Inkrafttretens der neuen Verfassung hätte Wilhelm den neuen Titel Kaiser führen müssen. Der alte Herr schlug sich mit Selbstzweifeln besonderer Art herum: Er sah zwar das Ziel, das schon sein Bruder beschrieben hatte, erreicht, befürchtete jedoch den Untergang Preußens in diesem neuen Staat unendlich größerer Dimension und einer Vielfarbigkeit, zu der Preußen eben nur das Schwarzweiß beizusteuern hatte. Und diese Sorge war echt, wie der Zustand des deutschen Bundesstaates eine größere Klammer als das kreuzbrave Preußen brauchte. Noch fehlte diesem Staat ein wichtiges Land, Bayern. Als die Reichsverfassung in Kraft trat, hatte Ludwig II. von Bayern die Zustimmungsurkunden noch nicht nach Versailles geschickt, ja, die Kammer Bayerns hatte den Vertrag noch nicht einmal ratifiziert. Und nicht nur der Bayer zögerte, auch Württembergs König verweigerte die Unterordnung. Es kam zu Verhandlungen, noch in Versailles, doch am Ausgang war nicht zu zweifeln. Am Ende gab sich Württemberg damit zufrieden, ein wenig Souveränität zu behalten, nämlich die Post und ein paar Kilometer Eisenbahnschienen, und der bankrotte Bayer erhielt einen Batzen Geld aus dem Welfenfonds, woraus zu ersehen, daß nichts über eine eiserne Reserve für die Notzeiten geht. 4 720 000 plus 480 000 an Provision für den bayerischen Unterhändler legte der Kanzler heraus, der kaufte, was man kaufen konnte, um sich nicht zu schlagen. Ludwig II. behielt die Militärhoheit, was angesichts der realen Machtverhältnisse nichts bedeutete, bloß Geste war, aber an solchen Gesten hatte der Kanzler reichlichen Vorrat. Ferner fehlte es an der allgemeinen Zustimmung zum neuen Titel.

Bismarck hatte mit Holnstein einen Brief verabredet, vielmehr ihn anscheinend selbst diktiert, der in die deutsche Geschichte eingegangen ist, weil der König von Bayern seinem Onkel Wilhelm von Preußen die Kaiserkrone präsentierte. Damit erfüllt sich der Traum Wilhelms, die Kaiserkrone nur aus den Händen von seinesgleichen anzunehmen. Allerdings war er ja gar nicht gewillt, den neuen Titel wirklich zu führen, wie der Kronprinz zutreffend vermutete. Ludwig, der Bayer, war ebenfalls nicht davon überzeugt, daß ein neuer deutscher Kaiser nötig war, allein, ihn konnten die 4 Millionen überzeugen. So fügte er sich und schrieb den Brief Bismarcks ab, den Holnstein überbracht hatte. Als der König das Schriftstück, das mehr den Charakter einer Note hatte, in Händen hielt, war er außer sich. Er teilte seiner Frau mit, daß es sein halbes Grab bedeutete, den preußischen Namen in den Hintergrund treten zu lassen. Aber er ahnte sicher, daß an der Sache nichts mehr zu ändern war. Er tat das, was er regelmäßig geübt hatte, zögerte die Sache hinaus, lamentierte herum, um sich am Ende zu fügen.

Zu allem Überfluß schalteten sich auch nocht die Parlamente ein, der neue Norddeutsche Reichstag dankte alleruntertänigst, die Berliner wollten empfangen werden, um ihre Bücklinge zu machen. Wilhelm wollte sie erst dann sehen, wenn er die Zustimmung seiner Fürstenbrüder in den Händen hielt. Die kam unvermeidlich, und sie kam schon am 16. Dezember 1870 nach Versailles: Alle deutschen Souveräne stimmten dem neuen Titel DEUTSCHER KAISER zu. Nun war dem armen Wilhelm kein Loch zur Flucht mehr geblieben, und er parierte, empfing die Delegationen am 18. Dezember, mahnte beim Gotttesdienst in der Schloßkapelle den Hofpastor Rogge, nicht etwa vom deutschen Kaiser zu sprechen.

Übergehen wir das lange Hin und Her vor der Kaiserproklamation; es liest sich weder schön, noch enthält es einen einleuchtenden Fingerzeig auf das, um was er hier eigentlich ging. Der König mäkelte noch ein wenig, wollte den Titel Deutscher Kaiser in Kaiser von Deutschland geändert wissen, als ob das etwas verbessert hätte. Am 12. Januar 1871 ließ er seinem Kanzler, der sich krank gemeldet hatte, zur Kenntnis bringen, er werde keinesfalls weitergehen als bis zu seinem Titelvorschlag. Wollte er den Eindruck erwecken, anderenfalls Verzicht zu leisten? Kaum, er wollte den Titel Kaiser, wollte aber die preußische Suprematie deutlicher ausgeprägt sehen, was nun wieder von den süddeutschen Fürsten nicht zu kriegen gewesen wäre. Und noch etwas verleitete Wilhelm zu dieser Nörgelei, der Mangel an Einsicht in die Notwendigkeit; er erfuhr natürlich, was sein Freund Bismarck, der märkische Vasall, mit ihm, seinem Lehnsherrn, da eigentlich angestellt hatte. Das sollte der Mann noch zu spüren bekommen.

Der unwiderruflich letzte Termin des Gründungsdramas rückte heran. Wilhelm, mit seinem Sinn für Symbolhandlungen, hatte als Krönungs- und Proklamationstag den historisch bedeutsamen 18. Januar gewählt, an einem 18. war Preußens Königtum begründet worden, an einem 18. sollte es in dem neuen Reich aufgehen, was einen Preußenkönig zwar traurig stimmen konnte, aber nicht mehr zu ändern war. Wilhelm hatte eine schlechte Nacht, am Morgen viel gebetet und trat nun im Glanz der Uniform auf die Bildfläche des Spiegelsaales von Versailles. Das geschah gegen 12 Uhr. Zuvor hatte der neue Herrscher der Deutschen seinem Schwiegersohn, dem Großherzog von Baden, eingeschärft, ihn bei der Proklamation als Kaiser von Deutschland auszurufen, nicht etwa mit dem von Bismarck ausgehandelten Titel. Der Schwiegersohn versprach es. Ein glanzvoller Einzug aller möglichen Leute in den Saal mußte folgen. Es wurde wieder viel gebetet und auch gesungen. Die Pickelhaube unter dem Arm, sollte Wilhelm eigentlich beim Altar stehen, trat aber herunter, um sich die Fahnen anzusehen, die an der anderen Seite des Saales aufgestellt worden waren. Schließlich folgten offenbar lustlose Vorlesungen verschiedener aber sehr notwendiger Texte. Bismarck trug einen blauen Waffenrock, was er eigentlich nicht gedurft hätte. Er war zum Generalleutnant befördert worden.

Nun weiß jedermann, den die Geschichte dieses Volkes interessiert, wie sich der Großherzog von Baden aus der Affäre zog: Deutscher Kaiser durfte er nach dem Befehl des alten Herrn nicht sagen, Kaiser von Deutschland hätte ihm mit Recht die Rüge des Schmiedes dieses neuen Reiches, Bismarck, eingebracht. So rief er: »Seine Kaiserliche und Königliche Majestät, Kaiser Wilhelm, lebe hoch! Hoch! Hoch!«

Anschließend wurde alles wieder gut. Wilhelm nahm den Kniefall seines Sohnes entgegen, manche sagen, er verhinderte ihn, dennoch mußte Friedrich lange auf die Krone warten. Alle anderen, ausgenommen sein Kanzler, bekamen freundliche Worte gesagt und kaiserliche Händedrücke. Seinem märkischen Vasallen, dem er doch alles verdankte, gönnte er keinen Blick. Aber er schrieb seiner Kaiserin nach Berlin, wie er die Dinge sah, nämlich welchen Schmerz er darüber empfand, den Preußentitel nicht mehr zu führen.

Er brachte nicht den Kaisertitel mit in den Frieden, sondern 4 Milliarden Kriegsentschädigung. Das nächste Jahrzehnt war von dem sogenannten Kulturkampf bestimmt, den wir heute gar nicht mehr ganz begreifen. Ob Bismarck tatsächlich an eine Gefahr für das neue deutsche Reich aus dem Katholizismus glaubte, ob er nur einen Gegner brauchte, der es ihm erlaubte, Ordnung an ganz anderer Stelle zu schaffen, mag als Frage immerhin zugelassen werden. Daß sich Augusta den Titel Kryptokatholikin einhandelte, weil sie wie stets Partei für diejenigen nahm, die sie unterdrückt sah, zumal in einer für sie nebensächlichen Frage des Glaubens, brachte sie doch nicht wieder in eine neue Fronde gegen den übermächtigen Kanzler.

»Als alle immerfort 18. Januar feierten«, so Fontane, als alle reich wurden, jeder Geld fand, als sich der Staat rascher entwickelte, was die Nachbarn mit Sorge sahen, behielt der alte Herr, der nunmehr Kaiser war, seinen Stil bei. Das Paar wohnte weiter in dem Haus Unter den Linden, das sie einst gemeinsam gebaut hatten. Wollte der Kaiser baden, so mußte er sich eine Badewanne ausleihen, beim Hotel de Rome; endlich erlaubte er es doch, ein Badekabinett in seiner Suite einzubauen. Er pflegte die Sektflasche mit dem Stift, für seine Aktenarbeit gebrauchte er für gewöhnlich einen Zimmermannsbleistift, um zu zeichnen und bestand darauf, bei nächster Gelegenheit aus der angebrochenen Flasche serviert zu kriegen. So wurden sie alle langsam alt. Der Kanzler, der seinen Kaiser oft monatelang nicht zu Gesicht bekam, pflegte sich von anstrengenden Veranstaltungen zu suspendieren. Das Regieren ging, abgesehen vom Kulturkampf, der irgendwann als unsinnig abgeblasen wurde, und abgesehen davon, daß der Kaiser die taktischen Züge seines Kanzlers nicht begriff, vorzüglich. Noch einmal trat der Kanzler, um sich selbst treu zu bleiben, zurück, nämlich im Dezember 1872, natürlich nicht für lange, aber Roon ging in den Ruhestand. Der Kanzler, der alte Gegenspieler Augustas, kränkelte, blieb oft für längere Zeit auf seinen Gütern, auch Augusta hatte ihre Leiden. Bismarck nahm in den Augen seines Souveräns die Allüren einer Diva an, wo Bismarck nur amtsmüde geworden war; auch als der Kanzler 1877 aus dem Amt scheiden wollte, mußte er zum Ausharren überredet werden. Dann gab ein Klempner mit Namen Hödel zwei Schüsse auf den 80jährigen Kaiser ab, Hödel hatte Bilder von Bebel und

Liebknecht in der Tasche, als ihn die Polizei festnahm; seit 1877 saßen Sozialdemokraten mit einem Dutzend Abgeordneter im Reichstag. Ein Jahr später, im Juni 1878, schoß ein Doktor Nobiling dem alten Kaiser eine Ladung Schrot in den Rücken. Die Verletzungen waren schwer. So schwer, daß Wilhelm die Geschäfte, nicht die Regentschaft übertrug, aber der alte Kaiser erholte sich wieder.

Die SDAP – Sozialdemokratische Arbeiterpartei – ist 1874 mit sechs Abgeordneten im Reichstag vertreten. Am 30. März 1876 brachte Bismarck den Antrag ein, die Partei zu verbieten. Handhabe hierzu bot das preußische Vereinsgesetz von 1850; indessen bedeutet Verbot hier nicht, daß der Partei sozusagen total der Boden entzogen werden würde. Automatisch hätten die Bundesländer das Gesetz sicherlich nicht übernehmen können. Der Gesetzesantrag von 1876 fiel aber ohnehin im Reichstag durch. Im übrigen verdoppelten sich die SDAP-Sitze im Reichstag nach den Wahlen im folgenden Jahr. Das heißt, 1877 saßen die Sozialdemokraten mit 12 Abgeordneten im Reichstag. Das Attentat auf den Kaiser gab Bismarck Gelegenheit, sein Ausnahmegesetz erneut einzubringen; am 24. April 1878 fiel das Gesetz erneut durch und wurde erst nach einem dritten Anlauf am 19. Oktober 1878 vom Reichstag verabschiedet. Das Sozialistengesetz, wie es bald hieß, erlegte der Partei erhebliche Beschränkungen auf, hatte aber nur zur Folge, daß es die Sozialdemokratie mit taktischen Mitteln verstand, in verschiedenen Ebenen weiter zu bestehen und rasch an Mitgliedern zu wachsen, wie sich zeigen sollte. Die Vorstellung, als habe mit dem Sozialistengesetz die Partei aufgehört zu bestehen, ist falsch. Möglicherweise hat Bismarck auch gar nicht damit gerechnet, sie aus der Politik auszuschalten, sondern die Sozis nur in eine für seine komplizierte Bündnispolitik günstige Stellung bringen wollen. Ganz glücklich ist nicht einmal sein Kaiser über dieses Gesetz gewesen, das 1888 auslaufen sollte, also auf 10 Jahre befristet war. Bismarck schlug nach dee Tod Wilhelms I. und seinem neuen Herrn, Wilhelm II., vor, die Laufzeit des Gesetzes um drei Jahre zu verlängern. Der folgte ihm auf diesem Weg nicht und sah sich bei den Juniwahlen 1893 einer auf 44 Sitze angewachsenen sozialdemokratischen Reichstagsfraktion gegenüber. Stärkste Partei war die SPD, wie sie nun schon hieß, damit nicht geworden. Zentrum, Nationalliberale und Deutschkonservative lagen auf den Plätzen vor ihnen. Aber 1877 war der Reichskanzler erst 63 Jahre alt, er ließ sich einen Vollbart stehen und schneiderte dem neuen Reich ein passendes Bündniskostüm.

Augusta griff kaum noch in die Politik ein. Sie erlebte es, daß ihr Gatte und sie selbst zu Denkmälern wurden, sie machten ihre zahlreichen Reisen, fanden sich zu den entsprechenden Jahreszeiten immer an denselben Plätzen ein. Daß sich zu den Stunden, wo das Gesicht des alten Kaisers am Fenster seines Arbeitszimmers zu sehen war, Berliner und Fremde versammelten, um einen Blick auf den alten Herrn zu erhaschen, nahm Augusta wohl als folgerichtig hin, da sie alle so erfolgreich gewesen sind. 1887, zum Geburtstag des Kaisers – er wurde 90, konnte noch ohne Hilfe gehen, alles essen, in Maßen, die durch sein Alter gesetzt wurden, las und schrieb – bekannte er vor ihr und den Gästen, daß früher hier kein Mensch zu sehen war, nämlich auf dem Opernplatz. Im Sommer hielt er sich in Bad Ems auf. Und er wurde leutselig, was vielleicht nur darauf beruhte, daß man ihm alle Aufmerksamkeit der Welt schenkte.

Da sich Augusta weniger in der Öffentlichkeit zeigte, wurde sie schließlich eine geheimnisvolle Person, eine Unperson, von der allerlei Gerüchte umgingen. Den Herbst verbrachte sie mit diesem kräftigen, arbeitsamen, nimmermüden Greis, der ritt, so lange er in den Sattel kam. Zu Weihnachten waren sie alle in Berlin, Söhne und Töchter, Schwiegerkinder und Enkel. Die Großeltern beschenkten das junge Volk, endlich aber feierte das Paar ein seltenes Fest, das der Goldenen Hochzeit. Augusta war 1879, nach 50jähriger Ehe mit diesem schwierigen Mann, 68 Jahre alt geworden, vieles hatte sich abgeschliffen. Bismarck, der sich gut auf Menschen verstand, beobachtete das Paar, seinen Souverän, der alles durch ihn geworden war, und seine alte Feindin. Aber man war doch aneinander müde geworden, müde und gelassener. Wilhelm sorgte sich um ihre schwache Gesundheit. Als sie schwer erkrankte, während er zur Kur in Bad Ems war, bekannte er seinem Generaladjutanten, wie sehr ihn diese Erkrankung beunruhigte. »Seien Sie erst einmal fünfzig Jahre verheiratet, zanken sie sich jeden Tag mit Ihrer Frau und stehen Sie vor der Alternative, daß diese Gewohnheit aufhören soll, dann werden Sie auch unglücklich sein."

Es amüsierte ihn aber doch, wenn er zusah, wie sie sich selbst im Rollstuhl Haltung gab, dick Schminke auflegte. Auch sein Gehör ließ jetzt stark nach, oder sie sprach nur zu leise, wie Wilhelm vermutete. Erhob sich Augusta aus dem Rollstuhl, so mußte sie einen Stock benutzen. Ihre alte Gewohnheit, alles und jeden energisch zu kritisieren, mit einem zu großen Aufwand, wie ihm schien, ärgerte ihn vielleicht weniger, weil er nicht mehr alles mitbekam. Augusta hatte ihren abendlichen Teesalon ins Parterre verlegt, da er nur noch schwer die Treppen hinaufkam. Dort hockten sie bis spät zusammen. Die Gäste beobachteten, wie Augustas Kräfte verfielen, ihre Hände zitterten beim Einschenken des Tees, bei einer Verrichtung, für die sie ihre Hände brauchte. Augusta wurde von einer zarten Gebrechlichkeit, wie es heißt, um so stärker fiel ihre Aggressivität auf, die sich bei allen Gelegenheiten zeigte.

Nachrede

Wir sind am Ende mit der Lebensgeschichte der Kaiserin Augusta, deren irdische Existenz zwar noch ein Weilchen dauerte, ohne daß sie mehr gewann als den Nimbus einer Kaiserin. Wilhelm, den Augusta nun auf seinem einfachen Bett mit dem Tode ringend sah, sie selbst im Rollstuhl, von Altersbeschwerden geplagt, war beinahe bis zum letzten Tag seines Lebens aktiv gewesen. Sie sah ohne Bedauern und ohne Neid auf den sterbenden Gefährten ihrer Tage, längst vergangener Tage. Und die sich heute, in der Nacht vom 8. zum 9. März 1888 im Sterbezimmer des deutschen Kaisers befanden, der kein Volkskaiser, sondern ein Fürstenkaiser sein wollte, solange, bis ihm sein Kanzler die Krone aufzwang, zählten selber schon zu den Jahrhundertzeugen; die stille Tochter Luise, deren Gatte, ein Großherzog, einige wenige uralte Vertraute. Der Sohn Augustas mit der Schwiegertochter weilte, ebenfalls sterbenskrank, in San Remo; der sollte zweiter deutscher Kaiser werden.

Nun, alles hatte sich in diesem ihrem Leben höchst sonderbar gefügt. Eigentlich war das letzte Jahrzehnt ihr bestes gewesen, trotz aller Leiden und Sorgen. Eine konstitutionelle Monarchie, nach britischem Modell, hatte leider nicht an ihrem Weg gelegen; immerhin, zum 90. Geburtstag dieses erst am Ende erfolgreichen Lebens ihres Gatten waren alle deutschen Bundesfürsten zur Gratulationscour in Berlin, dazu die bedeutendsten europäischen Könige, Prinzen, Kronprinzen, selbst der Sultan und der römische Papst hatten dem deutschen Kaiser Achtung gezollt.

Und sie selbst? Nun, sie mußte mit dem zufrieden sein, was ihr dieser Bismarck gelassen hatte, der auch schon ein betagter Mann war.

Wo blieb er denn übrigens, in dessen Händen ja doch alle Geschäfte lagen. Was sollte man schließlich ohne ihn noch anfangen? Ja, also die Konservativen und ihre lieben Nationalliberalen standen im Bündnis gegen ein paar Mann vom Zentrum, diesen sogenannten Deutsch-Freisinnigen – was die wohl mit dem deutschen Kaiserreich vorhatten –, außerdem gab es keinerlei Kämpfe schwierigerer Art im Reichstag, so weit sie, Augusta, noch sah.

Jetzt erschien der Enkel des sterbenden Monarchen, der kommende Kaiser Wilhelm II., der arme Krüppel, obschon man wenig davon sah, nun auch schon ein Mann in den besten Jahren, verheiratet, General, wie sich versteht. Die Eltern hielten gar nichts von diesem Sohn; ob es denn stimmte, daß Victoria ihm den Besuch des kranken Vaters in San Remo verweigert hatte? Wohl möglich.

Vielleicht wäre die Erkrankung zu vermeiden gewesen. Es wäre durchaus nicht nötig gewesen, bei der Einweihung seines Kanals in persona anwesend zu sein und sich der argen winterlichen Witterung auszusetzen. »Ich bin der größte Pantoffelheld Deutschlands«, pflegte Wilhelm von sich zu sagen. Warum nur? War sie denn die Überlegene? Das doch wohl nicht. Ihrer beider Meister hieß doch wohl Bismarck.

Sie blickte versunken auf den Sterbenden, der redete; die Tochter beugte sich zu ihm, allein sie, Augusta wußte genug von ihm. An den Feierlichkeiten zur Beisetzung würde sie aber nicht teilnehmen, höchstens bis zur Treppe mitgehen.

Sie starb nur kurze Zeit nach ihm, am 7. Januar 1890; die Witwenschaft verbrachte sie, einsam geworden nach seinem Heimgang, auf Schloß Babelsberg, das sie und er vor langer Zeit gebaut hatten.

Und am 20. März 1890 fiel ihr Feind; Bismarck wurde entlassen, seinem letzten Abschiedsgesuch war umgehend stattgegeben worden. Das hat die Kaiserin nicht mehr erlebt, und es hätte sie kaum noch gefreut. Die Zeit war über sie alle hinweggegangen.

Es brach die Zeit der Denkmäler an. Das Berlin des dritten und letzten deutschen Kaisers schmückte sich mit Bildwerk.

Darunter war auch eins der ersten Kaiserin, Augusta. Es stand auf dem Opernplatz, nahe ihrem Palais Unter den Linden No. 9, und zeigt eine ältere Dame, sitzend, im fließenden Gewand, Mantel oder Kleid dürfen wir bei einer Statue nicht sagen. Auf dem Marmorrelief sind die Taten der Kaiserin dargestellt, und in der Hand hält sie die Rolle einer wohltätigen Stiftung in Sachen Krankenpflege, Waisenbetreuung und dergleichen. »Der Kaiserin und Königin« stand auch noch zu lesen. Geschlossener Mund, Festigkeit des Willens, Ernst und eiserne Gemessenheit soll das Bildwerk ausgedrückt haben. Die Offiziere des Standorts nannten dies eine Warntafel und die Kaiserin Isegrimm, also den Wolf in der Fabel.

Augusta hat ihren Gatten nicht lange überlebt, sie wurde neben ihm im Mausoleum zu Charlottenburg bestattet. Die Grabinschrift lautet: Seid fröhlich in Hoffnung, geduldig in Trübsal, haltet an am Gebet.

Inhalt